혼자 꾸는 꿈은 꿈이지만, 함께 꾸는 꿈은 현실이 된다.

시민이 활동으로 함께 만드는

지역사회 시민교육론

혼자 꾸는 꿈은 꿈이지만, 함께 꾸는 꿈은 현실이 된다.

시민이 활동으로 함께 만드는

지역사회 시민교육론

김창엽

KNOWLEDGE COMMUNITY 공동체

머리말 | PREFACE

이 책은 평생교육의 실천 마당인 지역사회에서 시민교육을 어떻게 해야 할지에 대한 생각을 나누기 위하여 기술하였다. 지금, 여기의 지역사회에서 주목받고 있는 시민교육의 실태와 우려를 다음과 같이 살펴볼 수 있다.

첫째, 시민교육에 대한 개념 규정이 되지 않은 상태에서 시민교육이 이루어지고 있다. 시민, 교육, 시민교육에 대한 뜻과 가치에 대한 고민이 부족한 상태에서, 시민을 대상으로 교육을 하므로 시민교육이라는 행태가 일어나고 있다. 개념적 차원의 시민교육과 강령적 차원의 시민교육이 충돌하는 경우도 있다.

둘째, 시민교육의 목표가 불명확하다. 왜 시민교육을 해야 하는지에 대한 주체적 고민과 논의가 일천한 상태에서 시민교육이 실시되고 있다. 여타의 평생교육 프로그램에 대해 차별성과 독특성을 드러내기가 용이하지 않다. 시민교육을 사업목적으로 하지 않은 단체와 조직에서 시민교육을 실시하기도 한다. 자기 단체의 주장을 펼치고 세력을 확대하기 위한 자원동원 차원에서 시민교육을 활용한다는 지적을 받을 수 있다.

셋째, 시민교육의 주체가 혼돈스러운 상태에서 시민교육이 진행되고 있다. 국가와 시장, 시민사회 사이에는 협치 못지않게 긴장과 견제가 작동한다. 솔발처럼 긍정적 관계로 기능할 수 있다. 그럼에도 불구하고 지금, 여기 국가와 시장 영역에서 시민사회 영역에 대한 시민교육을 실시하는 경우가 다반사이다. 시민사회의 위축과 왜곡이 발생할 수 있다.

이런 현상은 시민교육에 대한 고민과 논의가 부족하고, 시민교육 실시 경험이 일천하며, 시민교육 결과의 축적이 미흡한 것이 원인일 수 있다. 평생교육이 그 근본 의미와 가치를 충분히 살리지 못하고 개인의 이익에 주목하는 프로그램 운영 등에 치우치는 반면에 시민교육은 상대적으로 공공선과 공적 가치에 집중해야 한다는 주장을 제대로 하지 못하고 있다. 인간화를 지향하는 교육을 지역사회에서 시민교육을 통해 구체화하는 측면에서 아쉬운 부분이 아닐 수 없다. 따라서 이 책은 지역사회에서 시민교육 활동가들이 지역사회 구성원과 부딪히고 어울리며 함께 할 수 있는 시민교육 내용과 방법을 정리하고, 이를 두루 나누는 데 목적을 두고 있다.

이 책은 이런 목적 아래 시민교육에 대한 이론적 고찰과, 실제 지역사회에서 사용할 수 있는 구체적이고 실질적인 시민교육의 내용과 방법을 제시하는 데 주목하였다. 이 책의 특징은 다음과 같이 말할 수 있다.

첫째, 시민교육의 개념을 톺아보았다. 우선, 시민의 개념을 시민성을 갖춘 존재로서 구성하였다. 부르주아의 자본축적에서 비롯한 3단계 생성 파동으로 시민형성과정을 포섭하였고, 시민성을 더불어 사는 인간으로서의 품성, 인간을 비인간화시키는 요인을 간파하고 이를 극복하는 실천, 더불어 사는 모습을 구체적으로 꿈꾸고 이를 현실화하는 방법 모색과 실천이 유기적으로 결합된 것으로 개념화하였다. 다음, 교육이란 무엇인가에 대한 시론적 접근을 시도하였다. 교육의 의미를 개념화하고, 교육의 존재 영역을 정리하였으며, 교육의 작동 단계와 원리를 짚어보았다. 끝으로, 시민교육의 개념을 정의하였다. 시민교육은 현상의 시민이 시민성을 갖춘 시민으로 되어지도록 하는 교육이라고 파악하였다.

둘째, 지역사회와 지역사회 발전을, 지금까지 익숙하지 않은 관점으로 따져보았다. 우선, 지역사회를 공간적 의미로 국한하여 살펴보는 것을 넘어서, 다양한 관점으로 살펴보았다. 다음, 지역사회 발전을 물리적 영역과 경제적 영역의 확장과 강화와 다르게, 지역사회 구성원이 지역사회에서 민주적 통제력과 지배력을 획득하는 것이라고 주장하였다. 끝으로, 지역사회 구성원의 인간화가 지역사회 발전의 본모습이며, 시민교육의 목표로 설정되어야 한다고 판단하였다.

셋째, 지역사회 발전을 가져오기 위한 시민교육의 실제를 짚어보았다. 이를 위해 지역사회 시민교육의 당위성과 목적, 지향과 원칙 등을 살펴보았고, 시민교육 활동가의 자질과 역할을 들여다보았으며, 시민교육의 내용과 방법을 제시하였다.

이 책은 4부 13장으로 구성되었다. 1부에서는 시민의 생성과 시민교육의 토대를 살펴보았다. 2부에서는 시민교육의 오래된 새 논쟁, 새로운 옛 논쟁을 짚어보았다.

3부에서는 지역사회와 시민교육을 따져보았다. 4부에서는 지역사회 시민교육 조직과 시민교육 활동가론을 들여다보았다. 각 부의 내용을 개괄하면 다음과 같다.

1장에서 시민의 생성과 시민교육의 토대를 톺아보았다. 우선, 시민·시민성의 생성과 시민교육이라는 주제로 살펴보았다. 다음, 교육 톺아보기를 시도하였다. 끝으로 시민교육을 따져보았다.

2장에서 시민교육의 생태계로서 시민사회와 NGO를 짚어보았다. 우선, 시민사회와 시민교육을 살펴보았다. 다음, NGO와 시민교육을 따져보았다.

3장에서 신사회운동과 시민교육을 살펴보았다. 우선, 신사회운동의 성격을 짚어보았다. 다음, 신사회운동의 행위양식과 신사회운동적 시민단체의 활동 특성을 들여다보았다. 끝으로 신사회운동의 흐름과 시민교육을 연결시켜 주목하였다.

4장에서 동상이몽의 시민교육을 살펴보았다. 우선, 같은 이름이지만 다른 내용을 가진 시민교육을 짚어보았다. 다음, 시민교육의 동상이몽을 해석하는 틀로서 헤게모니 이론을 소개하였다.

5장에서 시민교육이 답하고 넘어야 하는 비판을 짚어보았다. 우선, 냉소주의와 함께하는 무임승차와 뒷담화를 살펴보았다. 다음, 시민조직의 최대 고민인 재정 문제를 들여다보고 재정 지원에 대한 시각들을 따져보았다. 끝으로, 시민운동에 대한 고전적 비판을 들여다보았다.

6장에서 시민교육과 법의 관계를 살펴보았다. 우선, 실정법의 뿌리로서 자연법을 따져보았다. 다음, 악법에 대한 준수 여부를 분석하였다. 끝으로 헌법을 재방문하여 살펴보았다.

7장에서 지역사회와 발전을 들여다보았다. 우선, 지역사회의 개념과 유형을 따져보았다. 다음, 지역사회 발전의 개념과 토대를 살펴보았다. 끝으로, 지역사회 발전과 삶의 질을 짚어보았다.

8장에서 지역사회 시민교육의 지향과 목적을 살펴보았다. 우선, 지역사회 시민교육의 지향을 따져보았다. 다음, 지역사회 시민교육의 목적을 되짚어 보았다. 끝으로, 지역사회 시민교육을 다층적으로 들여다보았다.

9장에서 지역사회 시민교육의 내용과 형태를 다루었다. 우선, 시민교육을 구조화된 시민교육과 비구조화된 시민교육으로 구분하여 살펴보았다. 다음, 지역사회 시민교육의 내용을 구성하여 짚어보았다. 끝으로, 지역사회 시민교육 프로그램과 성공요인을 따져보았다.

10장에서 지역사회 시민교육의 방법을 판단하였다. 우선, 구조화된 시민교육에서 사용하는 방법을 살펴보았다. 다음, 비구조화된 시민교육 영역을 짚어보았다. 끝으로, 지역사회에서 활용하는 시민활동 방법을 중심으로 비구조화된 시민교육 방법을 따져보았다.

11장에서 지역사회 시민교육 기반으로서의 시민단체를 판단하였다. 우선, 지역사회 시민단체를 개괄하였다. 다음, 지역사회 시민교육 기반으로서의 시민단체 구축을 살펴보았다. 끝으로, 지역사회 시민단체의 성격과 활동형태를 따져보았다.

12장에서 지역사회 시민단체의 운영과 관리를 살펴보았다. 우선, 지역사회 시민단체의 운영 관리를 개괄하였다. 다음, 시민단체의 조직문화와 외부조직 관리를 짚어보았다. 끝으로, 지역사회 시민단체의 연대를 따져보았다.

13장에서 시민교육 활동가를 짚어보았다. 우선, 시민교육 활동가의 구실을 따져보았다. 다음, 지역사회 시민교육 활동가의 자질과 역량을 들여다보았다. 끝으로 지역사회 시민교육 활동가가 해야 할 것과 하지 말아야 할 것을 꼽아보았다.

이 책에서 제시하고 소개하는 시민교육에 대한 이론적 고찰, 그리고 내용과 방법이 시민교육 활동가가 지역사회에서, 삶의 터와 결 곳곳에서 시민교육을 시민과 함께 만들어 나갈 때 조금이나마 참고가 되었으면 좋겠다는 기대가 있다. 이 책에 기술된 시민교육에 대한 이론과 방법을 그대로 사용할 수도 있지만, 가급적 시민교육 활동가와 지역사회 구성원이 만나서 관계를 맺으며 시민교육을 만들어 가는 그 때, 그 장소, 그 상황, 그 내용에 맞게 변형하거나 보완, 또는 새롭게 만들어 사용하는 것이 바람직하다. 이 책이 창발적인 그리고 만남과 관계 맺기의 주제와 대상에 걸맞은 시민교육을 만들어 나가는 마중물로 사용된다면 더할 나위 없는 기쁨이 될 것이다.

그러나 저자는 이 책의 구성과 내용에 부족한 점이 많다는 것을 자인한다. 이는 전적으로 저자의 모자람, 경험과 삶의 실천의 부족함, 시민교육의 실천적 연구에 대한 게으름에서 비롯된 것이다. 이 책의 내용에 대한 앞으로의 그 어떤 질책과 비판도 겸손하게 받아들이고, 나아감과 나아짐의 발판으로 삼을 것이다.

이 책을 완성하기까지 많은 도움이 있었다. 이 책은 저자가 살아오는 동안 관계를 맺었던 많은 사람들과 일들을 통해서, 그리고 관련 분야의 경험과 자료들을 통하여 만들어졌다. 모든 관계와 사람들, 일들, 삶에 감사를 드린다. 이 책의 출간을 기꺼이 허락해 주신 공동체의 김동훈 대표와 김동근 전무 그리고 관계자 여러분께 깊은 고마움을 표한다.

늘 함께 있으면서 저자에게 힘과 생각을 삶에서 길어 올려주고, 서로를 완성시켜 준다는 뜻을 깨우쳐 주는 각시, 그리고 말없이 응원해 주는 아들에게 더할 나위 없는 감사와 사랑을 드린다.

창문 너머 하얗게 서리 앉은 나뭇가지를 바라보며
2021. 1.
김 창 엽

차 례 | CONTENTS

제1부

시민의 생성과 시민교육의 토대

1장 시민 · 시민성의 생성과 시민교육

2장 시민교육의 생태계 : 시민사회와 NGO

3장 신사회운동과 시민교육

장 | 1

시민 · 시민성의 생성과 시민교육

시민교육이 무엇이라고 정의하는 것은 쉬운 일이 아니다. 이는 시민교육을 바라보는 관점과 접근 경로에 따른 다양한 해석이 있다는 것에 기인하기도 하지만, 시민이 무엇이고, 교육이 어떤 것인지에 대한 고민이 미흡한 것이 이유이기도 하다. 시민교육의 토대가 되고, 시민의 속성으로 수용되는 시민성에 대한 규정이 부족한 탓이기도 하다. 여기서는 시민과 시민성의 생성과정, 교육의 본디 의미를 따져봄으로써 시민교육의 개념을 짚어본다.

1. 시민의 단계별 생성 파동과 시민성

현재 수용되고 있는 시민에 대한 개념의 단초를 역사에서 최초로 그리고 구체적으로 찾을 수 있는 것은 도시국가인 아테네에서이다. 당시 아테네는 모든 시민이 자신들의 삶에 영향을 미치는 정책을 수립하고 집행하는 데 참여하고 의사결정을 하였다. 그러나 아테네의 시민 개념은 다음과 같은 이유로 현재의 시민 개념과 연결되지 않고 있다. 우선, 아테네의 시민사회는 신분사회로서 노예를 중심으로 한 경제체제를 토대로 운영되고 있었다. 현재의 시민 범주는 모든 사람을 포괄하는 반면에 아테네의 노예들은 시민으로서 인정되지 않았다. 다음, 아테네의 시민사회는 역사의 특정 기간에만 존재하여 현재와 이어지지 않는다. 아테네는 역사의 격랑에 휩쓸려 그 존재를 상실하게 되고, 현재의 시민과 구체적이고 실제적으로 연결되지 못한다.

역사적 시간과 현재의 시민사회를 통합할 수 있는 시민 개념의 맹아는 중세에서 비롯된다. 중세의 장원제도[1]에서 각 장원의 물적 필요를 충족시키기 위하여 재화를 수집하고 유통하는 기능을 부르주아(Bourgeois)[2]가 담당하고 있었다. 재화유통을 맡은 부르주아는 자본 축적, 지식과 경험의 축적, 관점의 변화 과정을 거치면서 근대적 시민으로 형성된다. 시민혁명을 거치면서 인간의 삶과 지위에 대한 관점의 질적 변화를 가져오고, 이것이 시민성의 근원으로 자리 잡게 된다. 시민 개념은 이 시민성에 터하여 그 뜻이 보태지고 만들어진다.

1) 시민의 단계별 생성 파동

시민(市民)의 본디 뜻은 저잣거리 사람들, 즉 장돌뱅이를 가리킨다. 현대적 시민의 뜻과는 상당히 거리가 있는 개념이다. 흔히 민주주의의 효시라고 거론되기도 하는 아테네의 시민들도 현대적 시민의 지위를 가진 것으로 보기 어렵다. 이는 아테네가 반인간적인 노예제를 생산토대로 활용하였고, 이를 기반으로 시민이라 일컫는 현상이 존재했기 때문이다. 현대적 시민의 의미는 민주주의[3]를 키워오고 완성하고자 하였고, 인간으로서 더불어 살고자 하던 사람들의 의지와 활동 속에서 만들어진 것으로 볼 수 있다. 이러한 맥락에서 시민은 더 나은 사회를 향한 운동을 통해 자기의 모습을 만들어 나가게 되며, 자기의 정체성을 키워가 발전시키는 존재를 가리킨다.

---

1) 영주가 지배하는 장원을 기반으로 사람들의 삶이 이루어지는 서양 중세의 사회제도를 의미한다. 영주는 장원에서 왕과 같은 존재이고, 장원은 독립된 작은 국가와 같은 속성을 가지고 있었다. 일반적으로 장원 안에서 사람의 일생이 시작되고 마무리되었다.

2) 부르주아(Bourgeois)는 '성안에 사는 사람'이라는 뜻이다. 동서양을 막론하고 성벽으로 둘러싸여 외부의 침략에서 상대적으로 안전한 지역에는 왕, 귀족 등 지배계급이 거주하였다. 이 지배계급은 일상적인 생활에 필요한 의식주 마련을 직접 하지 않았다. 성 밖에 거주하는 사람들 중 이러한 일을 할 만한 사람을 뽑아 성안에 거주하며 일을 하게 하였다. 이런 과정을 통해 성안에 살게 된 사람들을 '성안에 사는 사람'이라는 뜻을 가진 부르주아(Bourgeois)라고 한다.

3) 민주주의를 뜻하는 democracy는 demos(민중)와 kratos(지배)의 합성어로, '민중에 의한 지배'를 뜻한다. 즉, 모든 사람이 모두를 위해 모두를 조율하는 것을 가리킨다.

저잣거리(시, 市)에서 이익을 확보하기 위하여 장사를 하는 사람(민, 民)의 뜻을 가진 시민이라는 말은 지금의 시민이라는 말과 뜻과 다르지만 중세에 맹아가 싹 튼 시민을 지칭하는 말로서 그럴 듯하다. 중세 장원을 지배하는 영주는 재화유통의 효과성과 효율성을 높이기 위하여, 부르주아를 장원이 아닌 제3지대[4]에 머물며 일을 하도록 하였다. 부르주아는 각 장원에서 필요한 재화를 수집, 생산, 유통시키고, 이후 해외무역으로 영역을 확장하게 된다. 이 과정에서 부르주아는 자본을 축적하게 되고, 지식과 경험을 쌓게 되며, 인간과 사회에 대해 새롭게 인식을 하게 되고, 새로운 관점을 갖게 된다. 시민 생성은 이러한 부르주아의 발달 과정과 밀접한 관련이 있다. 중세의 시민이 현대의 시민으로 전환하는 과정에 다음과 같은 세 차례의 단계적 시민생성 파동이 존재한다.

(1) 1단계 시민생성 파동

시민생성 파동의 1단계는 장원 안에 있던 부르주아들이 도시에 거주하면서 자본과 경험 그리고 지식을 축적하기 시작하는 시점에서 일어난다. 중세 장원제도 아래에서 민중은 농업을 위주로 일을 하는 노예 내지 농노의 입장을 가지고 있었다. 부르주아의 상황도 크게 다르지 않았다. 성안에 들어가 지배계급의 일상생활을 책임지는 것이 일반 민중과 다를 뿐, 이들 역시 지배계급에 의한 정신적, 신분적 억압상태에 있었다. 이러한 부르주아들이 장원이 아닌 별도의 장소에 주거하게 된 것은 여러 가지 의미가 있다. 우선, 일상적인 속박에서 벗어나게 된다. 개인의 자유와 소중함을 인식할 수 있게 된다. 다음, 정신적 해방을 누릴 수 있게 된다. 새로운 지식을 획득하고 경험을 확보하여 지배계급의 정신적 압제를 벗어날 토대를 형성하게 된다. 끝으로, 자본 축적을 하게 된다. 이들이 질적 변화를 가져오며 시민생성의 과정을 구축하게 된다.

4) 특정 지역에 재화유통을 담당하는 부르주아들이 모이게 되면서, 이 지역은 후에 도시로 확대되고 발전한다.

부르주아의 자본 축적과 지식 획득, 경험 확보를 살펴보면 다음과 같다.

① 부르주아의 자본 축적

서구의 민주주의는 자본의 축적을 바탕으로 이루어졌다고 할 수 있다. 이는 중세 피지배계급인 부르주아가 자본을 축적하여 독자적인 세력과 힘을 구축하고, 이를 기반으로 지배계급과 다투어 민주주의를 구축하였다는 것을 의미한다.[5] 부르주아는 잉여 재화의 확보와 생산수단 소유, 그리고 구매력 보유의 수단을 확보하고 이를 통해 자본을 축적하게 된다. 부르주아의 자본 축적 과정을 다음과 같이 살펴볼 수 있다.

첫째, 부르주아는 잉여 재화의 확보와 판매를 통해 자본을 축적한다. A장원에 속해 있는 부르주아는 B장원에서 A장원이 요구하는 재화를 초과 구입한 후, A장원에 요구된 재화를 공급하고 잉여 재화는 별도 판매하여 이익을 확보할 수 있다. 예를 들어, 산촌인 A장원에 소속된 부르주아는 어촌인 B장원에서 생선 200마리를 구입한다. 이는 A장원에서 요구한 100마리보다 2배 규모이다. 부르주아는 100마리의 생선을 A장원에 보내고, 나머지 100마리는 별도로 판매하여 이익을 취한다. 이런 방법으로 확보한 이익이 자본 축적으로 이어진다. 이러한 자본 축적은 중세 장원경제 기간 동안 지속적으로 이루어진다.

둘째, 부르주아가 생산수단을 소유하고, 생산물을 직접 판매함으로써 자본을 축적한다. 농촌인 C장원에 속한 부르주아는 C장원에서 요구한 재화를 다른 장원에서 구매하지 않고, 자신이 마련한 생산수단을 통하여 재화를 생산하고, 이를 C장원에 유통시켜서 이익을 확보할 수 있다. 예를 들어, C장원의 부르주아는 그동안 호미 200자루를 D장원에서 구입하여 100자루는 C장원에 유

5) 자본 축적만이 서구 민주주의의 기반으로 작동한 것이 아니다. 중세 지배구조, 즉 앙시엠 레짐(ancien régime)을 배제하는 데 부르주아의 자본 축적이 일정한 역할을 한 것은 인정할 수 있다. 그러나 부르주아는 자본가로 발전하면서 노동자, 농민을 시민계급에서 배제하여, 비민주적 성향을 드러낸다. 자본축적은 민주주의를 구축하는 중층적 요인 중 하나로 판단되어야 하며, 여러 요인 간의 상호작용 속에서 의미를 찾을 수 있다.

통시켰고, 나머지 100자루는 자신이 직접 다른 곳에 유통시켜 이익을 확보하였다. 이 과정에서 자신이 구입한 호미의 생산원가가 구입가보다 낮은 것을 알게 되었고, 직접 인부를 고용하고, 자료를 확보하고, 생산시설을 갖추어 호미를 직접 생산한 후 장원과 다른 곳에 유통시켰다. 이러한 생산수단 소유는 이후 산업혁명을 통한 대량생산과 연결되어 자본가 계급 형성의 토대로 작동하게 된다.

셋째, 부르주아는 생산원료를 구입하는 과정을 통해 구매력을 확보함으로써 자본을 축적한다. 부르주아는 생산수단을 통하여 생산을 하기 위해 원재료를 구입하게 된다. 원재료 구입은 부르주아에게 구매력을 갖추게 한다. 이 구매력은 원재료 비용을 낮출 때 사용될 수 있고, 이 경우 잉여이익이 발생하게 된다. 예를 들어, 호미 1자루 값이 1,000이다. 이 1,000은 재료인 쇠와 나무값이 200이고, 나머지 800은 노동력이다. 구매력을 내세워 재료비를 100으로 낮추게 되면, 부르주아의 이익이 커진다. 부르주아는 구매력을 활용하여 원료를 낮은 비용으로, 안정적으로 확보하려는 노력을 하게 된다. 산업혁명 이후 대량생산 체제가 이루어지면서 해외에서 원료공급 시장을 구축하려는 경향이 나타나며, 이것은 식민지 확보와 연결되는 제국주의로 전환된다.

이러한 잉여 재화의 확보와 판매, 생산수단의 소유와 생산물 판매, 생산원료 구입과 구매력 확보는 부르주아가 재화유통을 위해 필요한 원재료를 구입하고, 이를 가공하여 재화를 생산하고, 이 재화를 유통시키는 일련의 기제를 갖추게 된다는 것을 의미한다. 이는 부르주아가 자본을 축적하게 되는 결정적 계기가 된다. 이러한 방식의 자본 축적은 해외무역 등으로 확대되며, 이를 통해 부르주아는 더욱 많은 자본을 축적하게 된다. 이러한 부르주아의 자본 축적을 정리하면 [그림 1-1]과 같다.

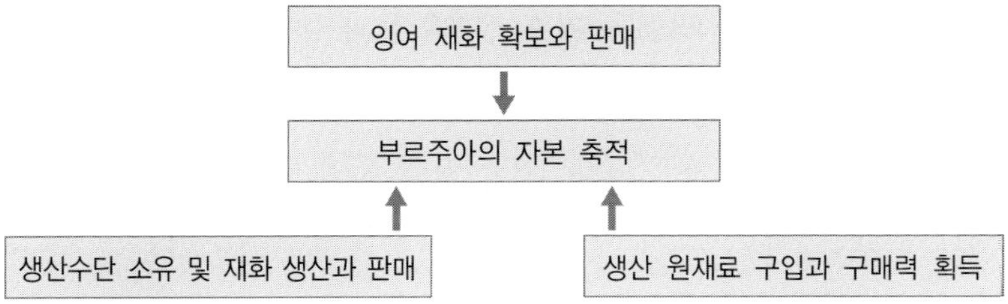

[그림 1-1] 부르주아의 자본 축적 경로

부르주아는 이런 경로를 통해 축적된 자본을 바탕으로 실질적이고 구체적인 힘을 보유하게 된다. 이 힘은 부르주아의 세력 결집의 토대가 되며, 향후 시민혁명을 통해 왕족과 귀족 등의 중세 지배계급과 다투어 앙시엥 레짐(ancien regime)[6]을 배제하고, 시민의 생성으로 이어지게 된다.

② 부르주아의 실용적 지식 획득과 경험 확보

중세 장원체제에서 장원이 아닌 도시에 거주하면서 재화 유통을 맡은 부르주아는 필연적으로 실용적 지식을 획득하고 다양한 경험을 축적하게 된다. 이는 재화의 거래에 있어서 계약, 조사, 관련 법적 사항, 거래 방식 등의 실용적 지식과 역량이 있어야만 하기 때문이다. 이와 함께 재화의 유통 과정에서 발생하는 다채로운 일과 사건, 환경 등은 부르주아에게 사회를 꿰뚫어 보고 다르게 볼 수 있는 성찰적 경험을 축적하게 하였다. 이러한 부르주아의 실용적 지식과 경험 축적을 [그림 1－2]와 같이 정리할 수 있다.

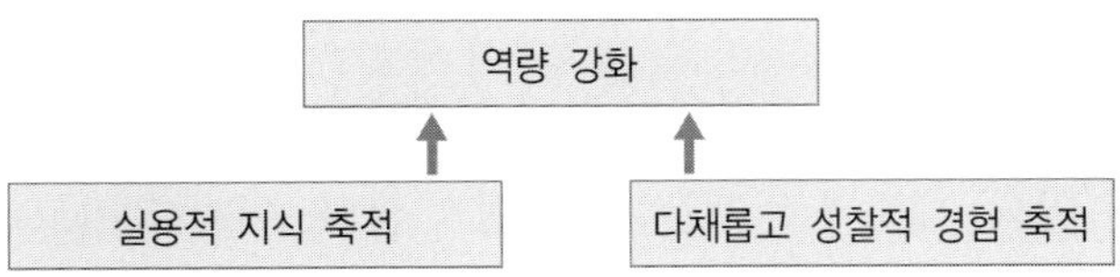

[그림 1-2] 부르주아의 실용적 지식과 경험 축적

---

6) 유럽의 중세 구체제를 가리킴

이렇게 축적된 지식과 경험은 이후 실용학문과 대학의 출현으로 이어지게 된다. 장원에 사는 사람들 가운데 도시로 나가 공부를 한 후 재화 유통에서 일하고자 하는 사람들이 생겨나게 된다. 이는 중세 장원 체제에서 노예 또는 농노 상태에 있는 사람으로서 자연스러운 욕구일 수 있다. 이들은 민법, 계약법, 물류 유통 등 실질적 내용을 가르칠 수 있는 사람이 있는 도시로 몰려들게 된다. 이들에 의해 도시가 번성하게 되고, 가르치고 배우는 과정을 통해 해당 지식과 경험은 학문으로서의 체계를 갖춰 나가게 된다. 도시를 중심으로 진행된 실용지식 교육의 틀은 이후 대학으로서의 체제를 갖추게 되고, 많은 실용지식의 경우 대학에서 정규학과로 개설되어 학문의 지위를 갖게 된다.

이것은 이후 시민들이 스스로의 삶의 기제를 형성하는 데 크게 기여하게 된다. 이와 같이 정신적 해방, 지식과 경험 확보, 자본 축적 등이 시작되어 시민 생성의 탯줄이 생성되게 된다.

(2) 2단계 시민생성 파동

시민생성의 2단계 파동은 부르주아 역량의 수직적 인식 확장과 수평적 역량 확장이 이루어지면서 나타난다. 중세 이래로 부르주아는 지속적으로 수평적 역량 확장과 수직적 인식 확장을 가져온다. 수직적 인식 확장은 관점과 인식의 전환, 즉 인간의 존엄과 권리, 자유와 평등에 대한 자아성숙이 내면적으로 뻗어나가는 것을 가리키며, 수평적 역량 확장은 자본의 축적, 지식의 발달, 경험의 확장 등을 의미한다.

중세의 장원제도는 기본적으로 장원을 중심으로 한 폐쇄적 양태를 기반으로 한다. 이렇게 폐쇄적인 장원에서 한번 고착된 사고방식이나 사회 체제, 그리고 관점과 인식, 태도가 바뀌는 것은 쉽지 않다. 이러한 사고방식과 체제, 관점과 인식 그리고 태도는 장원 체제에 강력한 응집력을 줄 수 있는 반면에 체제를 고착시키고, 변화가 일어날 수 없게 만든다. 이러한 폐쇄적인 장원과 달리 도시는 상대적으로 자유롭다. 도시에 거주하는 부르주아는 재화유통을 기반으로 다양하고 새로운 지역과 환경을 지속적으로 만나 다채롭고 새로운 경험을 하게 된다. 부르주아는 이러한 다채롭고 새로운 경험을 통하여 장원에서 고착되고 형성된 삶과 사람, 사회에 대한 관점을 전환하고, 인식을 너르고 깊게 하게 된다.

한편 부르주아는 도시에서 일을 하면서 점차 영주 등 지배계급에게 세금을 납부하게 된다. 재화유통과 세금 납부 등의 과정을 거치면서, 부르주아는 지배계급의 무지와 무식, 탐욕, 무능력을 적나라하게 파악하게 되고, 지배계급의 무리한 요구에 분노하게 된다. 이전에는 부르주아가 지배계급의 존재 자체에 위축되고 굴종하였으나, 자본과 지식, 경험의 축적, 관점과 인식의 전환 등을 통하여 본능적이고 무조건적인 위축과 굴종을 극복하게 된다. 이에 더하여 지배계급과 자신들이 인간으로서 다른 바가 없다는 인식을 가지게 되고, 인간은 평등하다는 관점을 갖추게 된다. 즉, 인간의 자유와 평등, 존엄에 대한 관점과 인식이 생성된다. 이러한 부르주아의 관점과 인식 변화를 정리하면 [그림 1-3]과 같다.

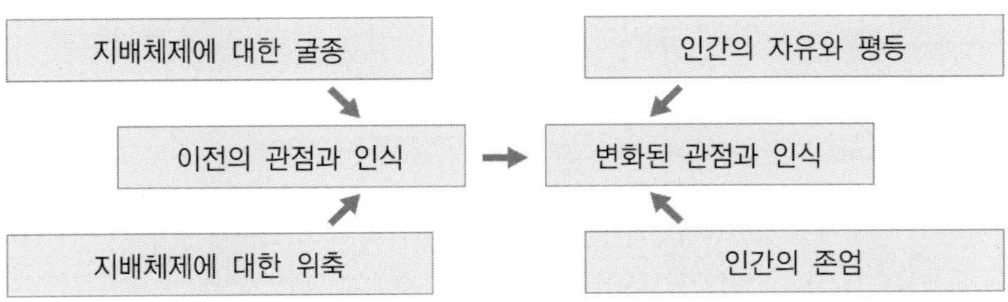

[그림 1-3] 부르주아의 관점과 인식 변화

부르주아는 지속적으로 자신들의 역량에 대한 수평적 역량 확장과 수직적 인식 확장을 가져온다. 수직적 인식 확장은 관점과 인식의 전환, 즉 인간의 존엄과 권리, 자유와 평등, 존엄과 권리, 자유와 평등에 대한 자아성숙이 내면적으로 뻗어나가는 것을 가리키며, 수평적 역량 확장은 자본의 축적, 지식의 발달, 경험의 확장 등을 의미한다. 이러한 수평적 역량 확장과 수직적 인식 확장[7])을 정리하면 [그림 1-4]와 같다.

[그림 1-4] 부르주아 역량의 수직적 인식 확장과 수평적 역량 확장

이와 같은 부르주아의 자본 축적, 경험과 지식 축적, 사고와 인식 전환이 융합되어 중세 체제를 극복할 수 있는 토대를 구축하게 된다. 부르주아의 변화되고 확장된 관점과 인식은 기존의 지배체제와 사회구조의 부적절함과 모순, 인간의 자유와 평등, 권리의식으로 확장되어 중세의 왕권신수설이 천부

---

7) 이러한 부르주아의 수평적 역량 확장과 수직적 인식 확장은 르네상스와 산업혁명을 통하여 강화되었다. 르네상스와 산업혁명을 통해 구체화된 부르주아 인식 확장을 살펴보면 다음과 같다. 첫째, 르네상스는 부르주아에게 인간의 평등과 존엄, 자유에 대한 인식을 구체적으로 생성시키는 배경으로 기능하였다. 중세 지배체제가 인간을 억누르고 있는 것을 인식할 수 있게 하였으며, 지배집단과 부르주아가 동등한 인간이라는 의식을 생성시켰다. 이러한 인식과 의식은 부르주아의 경험과 지식의 확장과 융합되면서 중세 계급체제를 근본적으로 부정하고, 지배계급에 대한 두려움을 극복하는 단계에 이르게 하였다.
둘째, 산업혁명은 부르주아가 가지고 있는 생산력을 극적으로 증가시키고, 수익을 극대화시켰다. 부르주아는 중세 기간 동안 재화 유통뿐 아니라 자체 보유한 공장 등의 생산수단을 통하여 재화를 생산하고 이를 통하여 자본을 축적하고 있었다. 산업혁명은 동력을 이용하여 생산을 함으로써 그동안 인력에 의존하던 생산의 양과 규모를 근본적으로 변화시켰다. 이를 통하여 부르주아는 본격적인 자본가 반열에 오르게 되었으며, 자본주의의 등장을 가져오게 되었다.

인권설로 전환하게 되는 토대를 이루게 된다. 시민 생성은 이러한 흐름을 배경으로 이루어지게 된다.

(3) 3단계 시민생성 파동

시민형성 파동의 3단계는 시민혁명을 전후로 발생한다. 중세 지배계급과 부르주아 사이의 갈등과 충돌 국면은 시민혁명을 통하여 폭발하게 된다. 부르주아는 이미 자본 축적, 지식과 경험의 확장, 인권과 평등, 자유 등에 대한 인식의 전환을 일정 부분 이루고 있었다. 그러나 부르주아의 인식이 확장되는 것과 별도로 중세 지배계급은 지속적으로 부르주아와 농민을 착취하며 향락을 즐기고 호의호식 하였다. 중세 지배계급은 부르주아가 도시에 거주하면서 재화를 유통시키던 시기에는 주로 세금을 거두는 수준에 머물렀다. 이후 부르주아의 규모와 활동영역이 커지고, 재산 축적이 확대되자 세금 징수뿐 아니라 자신들에게 유리하고 필요한 교역 형태와 재화 취급을 강요하게 된다. 부르주아는 세금을 납부하는 대신 자신들의 교역 등 상행위에 간섭하지 말라고 요구하게 된다. 이 과정에서 중세 지배계급과 부르주아 사이에는 많은 갈등과 충돌이 발생하게 된다.

이러한 국면은 시민혁명[8]을 통하여 폭발하게 된다. 부르주아는 자신들이 소유한 공장에 고용되어 자신들의 영향력 아래 있던 노동자와, 흉작으로 인한

---

8) 시민혁명은 1789년부터 1799년까지 약 10년간에 걸쳐 프랑스에서 진행되었으며, 프랑스혁명이라고 부르기도 한다. 절대왕정이 지배하던 프랑스의 앙시앵 레짐(ancien régime)하에서 자본가 계급이 부상하였는데, 이는 18세기에 모든 선진국에서 나타난 특징적인 현상이다. 미국의 독립전쟁으로 자유의식이 고취되어 있었고, 프랑스에서 인구 대다수를 차지하던 노동자와 농민의 불만이 증폭되고 있었다. 마침내 흉작이 일어난 1789년에 봉기하게 되었다. 부르주아와 노동자, 농민, 그리고 도시민이 결합하여 진행된 시민혁명은 수년간에 걸친 투쟁 끝에 구체제를 전복시켰다. 이 혁명은 피지배 민족의 자유와 독립 쟁취 의식을 고취시켰으며, 식민지를 지배하던 주변 여러 강대국을 불안하게 하였다. 시민혁명은 앙시앵 레짐을 무너뜨렸지만 혁명 후 수립된 프랑스 공화정이 나폴레옹 보나파르트(Napoléon Bonaparte)가 일으킨 쿠데타로 무너졌다. 이후 75년간 공화정, 제국, 군주제로 국가 체제가 바뀌며 굴곡된 정치 상황이 지속되었다. 시민혁명은 역사적 관점에서 민주주의 발전에 크게 기여했다. 유럽과 세계사에서 정치권력이 왕족과 귀족에서 자본가 계급으로 옮겨가게 하였고, 새로운 역사 시대가 도래하는 전환점이 되었다.

기근과 착취에 시달리던 농민을 규합하여 구체제의 지배계급을 공격하여 이들을 축출한다. 이 과정에서 시민형성의 세 번째 파동이 강하게 발생한다.

그러나 세 번째 파동의 파장은 시민의 범주를 세금을 납부할 수 있고, 정치에 참여할 수 있으며, 인권, 자유, 평등 등의 가치 수용 등으로 제한하고 있었다. 이로 인해 시민혁명 이후 초기에는 부르주아만이 시민으로 수용될 수 있었고, 노동자와 농민은 시민의 범주에서 배제되는 현상이 나타나게 되었다. 노동자와 농민은 이후 인권, 평등, 자유 등의 가치를 주장하면서 부르주아, 즉 자본가와의 오랫동안 지난한 싸움을 통하여 시민 범주의 용량을 확대시켰고, 스스로 그 안에 포섭되었다. 이와 같이 시민은 주어지는 것이 아니라 역동적으로, 지속적으로, 변증법적으로 형성되고 이루어지게 된다.

2) 시민성

중세 부르주아를 주축으로 구성된 시민들은 도시를 형성하고 재화를 유통하여 자본 축적, 지식과 경험 축적, 관점의 전환을 가져온다. 이 과정에서 세 차례의 시민생성 파동을 거치게 된다. 세 번의 파동을 거치면서 시민들에게 구축된 것은 인권, 자유, 평등, 참여, 저항 등의 가치로서, 현재의 시민성 개념과 연계되는 것이다. 이러한 가치 구축을 통하여 시민들은 중세의 체제와 가치를 극복하고, 인간이 인간으로서 더불어 두루 누리며 자유롭고 평화롭게 함께 사는 것, 즉 더불어 살기를 지향하게 된다. 이러한 더불어 살기를 위해 요구되는 것을 살펴보면 다음과 같다.

첫째, 더불어 사는 인간으로서의 품성을 갖추어야 한다. 이러한 품성에는 인권의식, 인간의 존엄성, 자유, 평등, 박애, 참여, 관용, 타협, 다수결 원칙, 소수의견 존중, 비판과 저항, 책임, 측은지심 등 도덕적 규범들이 포함된다. 이들은 모두 일반적으로 현재 회자되는 시민성에 포함되는 개념들이다. 이러한 품성들은 인간이 인간으로서 되어지기 위해 요구되는 것들이기도 하다.

둘째, 더불어 살기 위한 방법을 공부하고 실천해야 한다. 길가의 돌멩이 하나도 말로써 움직일 수는 없다. 마찬가지로 더불어 사는 것은 말로써만, 주장으로써만 이루어질 수 없다. 더불어 사는 삶과 사회의 모습을 구체적으로 그려보고, 이 가운데 지금 바로 할 수 있는 것을 찾아내 구체적으로 해야 한다.[9] 이를 위한 방법과 내용을 공부하고, 이를 바탕으로 실천해야 한다. 이러한 더불어 살기를 통해 상호 인간화를 격려하고 촉진시켜야 한다.

셋째, 인간을 비인간화시키는 사회구조를 간파하고, 인간화를 위한 지금, 여기의 시대적 소명을 인식하며, 인간을 비인간화시키는 것을 극복하는 실천에 나서야 한다. 역사적 맥락에서는 물론 현재의 사회에서 인간을 비인간화시키는 요인들이 많다. 그 가운데 가장 본질적인 것은 인간을 비인간화시키는 제도적, 사회 구조적 요인이다. 더불어 살기 위해서는 비인간화 현상을 초래하는 요인을 꿰뚫어 볼 수 있어야 한다. 인간의 비인간화를 초래하는 요인을 배제시키는 실천을 통해 인간이 인간으로서 이루어지도록 한다.

이런 맥락에서 시민성이란 결국 더불어 사는 것, 인간을 인간답게 존재하게 하는 것의 토대로서 존재하게 된다. 이것은 시민성이 더불어 사는 인간으로서의 품성, 인간을 비인간화시키는 요인을 간파하고 이를 극복하는 실천, 더불어 사는 모습을 구체적으로 꿈꾸고 이를 현실화하는 방법 모색과 실천이 유기적으로 결합된 것을 의미한다는 것을 가리킨다. 이러한 시민성을 [그림 1-5]와 같이 정리할 수 있다.

---

9) 이러한 내용들이 반드시 거대담론이거나 형이상학적일 필요는 없다. 예를 들어, 같은 공간에서 같이 사는 사람에 대한 배려와 최소한의 예의로 남성들이 소변을 앉아서 보기, 가족 간의 소통과 존중을 위해 내가 좋아하는 것을 소개하되 좋아하라고 강요하지 않기 등이 지금, 바로 할 수 있는 더불어 살기의 구체적인 것들이 될 수 있다.

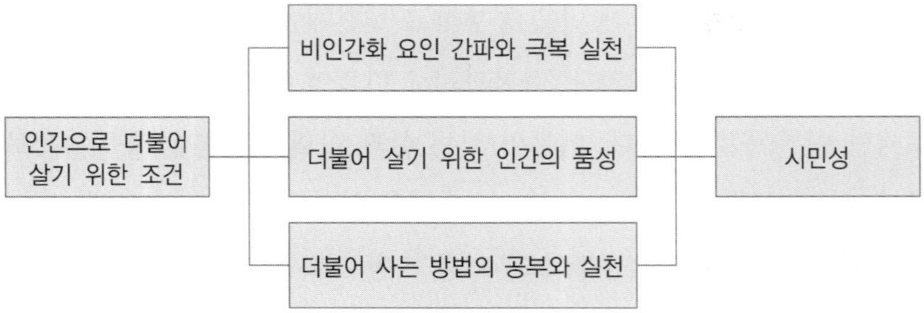

[그림 1-5] 시민성의 내포

이러한 시민성은 시민이 갖는 자신의 가치와 신념체계, 생활양식에 대한 기준을 가리킨다. 이 시민성은 독특한 인간의 속성으로 진술되는 그 무엇이 아니라, 보편적 인간의 바탕 위에 민주주의 사회에 필요에 부응하는 것이 더해진 것이다. 이는 시민성이 당시 사회 구성원에게 주어진 특징이 아니라, 시민 스스로에 의하여 발전되고 형성될 수 있는 당위로서의 속성이라는 것을 의미한다.

3) 시민성과 시민의 유기적 통합

역사적으로 보면 시민 개념은 그리스·로마 시민을 가리키는 고대시민에서 부르주아를 중심으로 하는 근대시민, 그리고 현대시민으로 변천하였다. 계급을 바탕으로 한 고대시민 개념과 범주, 그리고 자본 소유의 유무에 터한 근대시민의 개념과 범주는 인간 존엄성을 인간 전체에 확대하려는 오늘날의 시민 관점에서 보면 결정적 한계를 가지고 있다. 시민이란 언제나 권리와 의무, 존재 가치를 지닌 국가시민을 뜻하므로 원시공동체의 성원이나 중세의 신민[10] 및 국가가 소멸하고 있는 사회의 성원을 시민이라고 지칭하는 것은

10) 백성이라는 용어가 근세 이후 발전되어 나타난 개념이 신민(the subject)이다. 신민이라는 개념은 관료적 통제가 강화된 시점에서 '국왕－신민'이라는 주종적, 종속적 관계를 확고히 함으로써 부국강병을 꾀하려는 의도에서 붙여진 이름이다(이인규, 1997).

부적절하다. 그런 점에서 시민개념은 오늘의 현대적 시민에게만 적용될 수 있는 개념으로 규정될 수 있다. 현대적 시민은 시민혁명 이후 민주주의를 키워오고 완성하고자 하였고, 인간으로 더불어 살고자 하던 사람들의 의지와 활동 속에서 만들어진 것으로 볼 수 있다. 이는 시민이라는 개념이 [그림 1−6]과 같이 '더 나은 사회를 향한 운동'을 통해 자기의 모습을 만들어 나가게 되며, 자기의 정체성을 형성하고 발전시키는 존재를 가리킨다는 것을 보여준다.

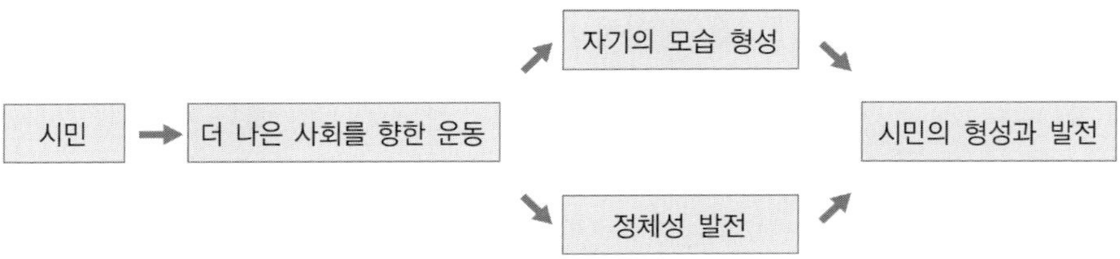

[그림 1-6] 시민의 형성과 발전

이와 같이 시민은 주어지는 것이 아니라 역동적으로, 지속적으로, 변증법적으로 생성되고 이루어지는 것이다. 이러한 맥락에서 시민의 자격과 속성을 범주화하면 다음과 같다.

첫째, 시민의 자격은 법적 지위의 확보를 의미한다. 이는 시민의 개념을 법률적 관점에서 살피는 것으로서 시민은 정치적, 법적 소속성에 관계되어야 한다. 시민의 정치적, 법적 소속성은 국가와 지역사회라는 이중성을 가진다. 즉, 시민은 국가에 대해 병역의 의무 등 특정한 의무를 가져야 하는 법적 소속성이 있고, 국가와 지역사회에 대한 국세와 지방세의 납세 의무를 가지면서, 동시에 국가와 지역사회로부터 보호를 받아야 할 개인적 권리 및 참정권을 가지게 된다.

둘째, 시민은 시민성을 가지고 있어야 한다. 시민성은 인간으로서의 품성, 인간화를 위한 사회구조와 작동원리의 간파와 문제 해결을 위한 실천, 더불어 살기 위한 공부와 실천의 유기적 결합을 가리킨다.

이와 같이 시민은 의무, 권리, 참정권 등에서 일정한 법적 지위를 가지고 있고, 시민성을 가지고 있는 존재로 규정할 수 있다. 법적 지위는 시민의 외연에 해당되고, 시민성은 시민의 내적 가치를 의미한다. 외연은 갖추었지만 내적 가치가 미흡한 경우 시민의 범주에 포함시키는 것이 어려울 수 있다. 마찬가지로 내적 가치를 가지고 있지만 법적 지위가 없는 경우 시민이라고 하기 어렵다. 이러한 시민의 개념을 정리하면 [그림 1-7]과 같다.

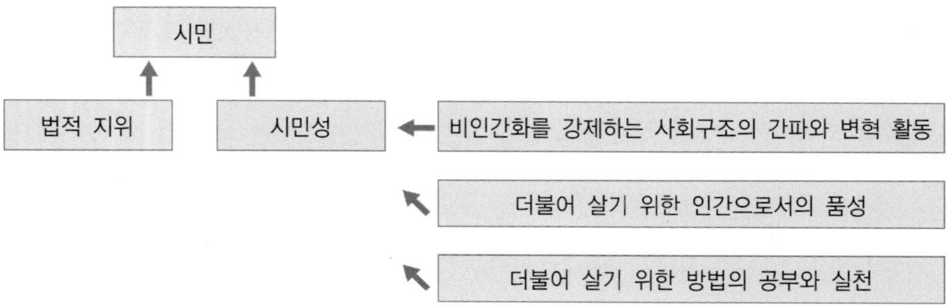

[그림 1-7] 시민의 개념

시민은 법적 지위와 시민성을 유기적으로 가지고 있는 개념 정의와 별도로, 이전부터 '시민이란 무엇인가, 시민이란 존재하는가?'라는 오래된 새물음, 새로운 옛물음에 봉착해 있다. '시민이 있어서 시민이라는 개념이 존재하는가, 시민이라는 개념 때문에 시민이 존재하는가?' 하는 질문도 마찬가지 맥락을 가지고 있다. 이러한 질문에 답을 하기 위해 시민이라는 개념이 역사적 흐름의 결과물이고, 역동적이고 변증법적 가치 축적의 결과물이라는 것을 주목해야 한다.

2. 교육 톺아보기

시민교육을 논하기에 앞서, '교육이란 무엇인가'에 대한 근본적인 답을 찾는 것이 필요하다. 교육에 대한 개념을 정리하지 않으면 시민교육의 개념에 대한 접근이 어렵게 되고, 혼란스럽게 될 수 있기 때문이다. 시민에 대한 교육인지, 시민의 교육인지, 시민을 위한 교육인지 애매하게 된다. 시민교육이라는 용어 자체의 사용이 부적절하다고 지적될 수도 있다.

한편 시민교육에 대한 정확한 이해나 고민 없이 시민교육의 목적과 내용을 주창하고 있고 실시하는 경우도 있다. 목적을 위한 도구적 개념으로 시민교육을 사용하기도 한다. 이는 모두는 아니지만 많은 경우, 교육을 사업목적으로 하지 않은 시민단체가 시민교육을 실시하는 사례에서 찾아볼 수 있다. 또는 시민교육을 실시하는 시민단체에서 학교를 교육의 원형 또는 근원으로 인식하고, 학교교육에 준하여 또는 학교교육의 형태를 변형시켜 시민교육을 실시하기도 한다. 그러나 학교는 교육을 하는 기관 중 일부일 뿐이며, 학교에서 일어나는 것은 교육 외에 다양한 부면이 있다. 시민교육의 모형으로 학교행태를 일방적 수용하는 것은 적절하지 못하다.

지금, 여기 다양한 현장에서 시민교육이 주장되고 실천되고 있지만 시민교육의 본디 뜻과 지향을 명확하게 살펴서 하는 것이 아닌 경우가 많다. 시민교육의 개념을 구축하는 것이 필요하다. 이를 위해 우선 교육이 무엇인지에 대해 살펴보아야 한다.

1) 글자의 뜻으로 짚어본 교육의 의미

시민교육을 주장하고 시행하려는 주체들은 지방정부, 시민단체, 학교, 경제단체 등의 영역에서 다양하게 존재한다. 모두 시민교육의 내용과 목적을 이야기한다. 그러나 시민교육이 무엇인지에 대한 논의는 별로 없다. 자신들의 관점 또는 필요성에 의해 시민교육의 의미와 내용을 규정하는 경우가 많다. 이러다 보니 시민교육의 기본이 되는 교육에 대한 고민과 검토는 더욱 있을 수 없다. 이렇게 진행되는 시민교육이 교육과 시민교육의 뜻과 가치를 살리면서 제대로 실천될 수 있는지에 대하여 의문이 들 수 있다.

시민교육을 이야기하기 위해서는 먼저 교육이 무엇인지를 짚어봐야 한다. 교육이 무엇인지에 대한 논의가 역사, 사회, 문화, 인간, 삶 등의 복합적이고 다층적 차원에서 이루어져야 한다. 교육이 무엇인가에 대해 살펴보기 위해서 또는 교육에 대해 살펴보기에 앞서서 교육이라는 글자의 뜻, 즉 가르침과 기름의 의미가 짚어져야 한다. 이는 교육에 대해 살펴보기 위해 교육에 대한 기존의 시각과 관점에 탄력성과 유연성, 총체성을 부여하는 것이 필요하기 때문이다.

첫째, 교육에서 교(敎)는 가르침이라는 의미이다. 마땅히 누가 가르치는가, 누구를 가르치는가, 왜 가르치는가, 무엇을 가르치는가, 어떻게 가르치는가, 언제 가르치는가, 어디서 가르치는가, 어느 정도로 가르치는가 하는 것이 톺아져야 한다. 가르침을 살피기 위한 기본 내용을 정리하면 [그림 1-8]과 같다.

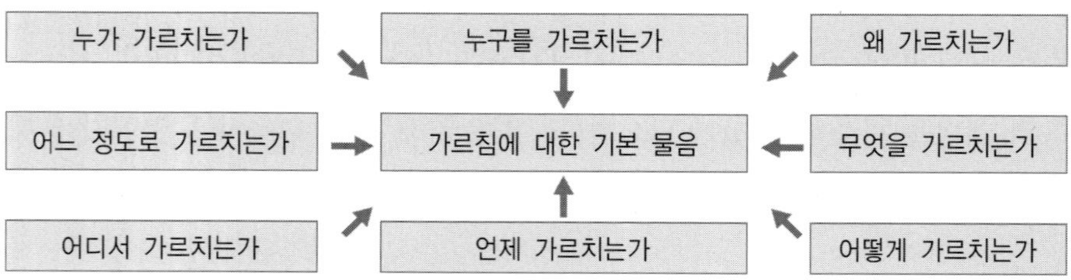

[그림 1-8] 교육의 가르침에 대한 기본적 톺아보기

둘째, 교육에서 육(育)은 기름을 가리킨다. 누가 기르는가, 누구를 기르는가, 왜 기르는가, 무엇으로 기르는가, 어떻게 기르는가, 언제 기르는가, 어디서 기르는가, 어느 정도로 기르는가 하는 것이 짚어져야 한다. 기름을 살피기 위한 기본 내용을 정리하면 [그림 1-9]와 같다.

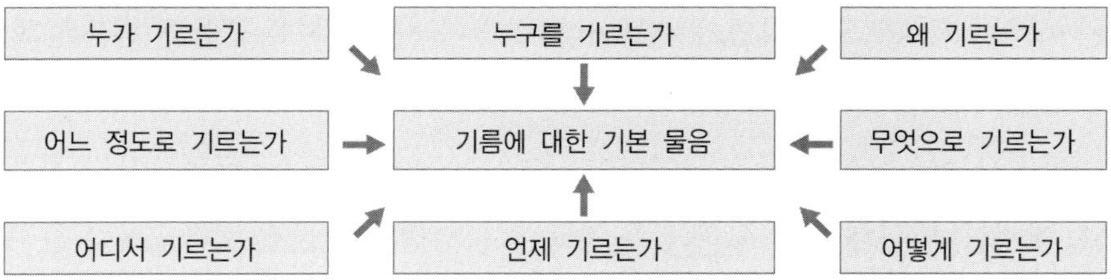

[그림 1-9] 교육의 기름에 대한 기본적 톺아보기

이러한, 교육이 내포하고 있는 가르침과 기름에 대한 성찰과 실천이 지금, 여기의 교육현장에서 크게 보이지 않는다. 특히 시민교육 현장에서는 가르침과 기름에 대한 기본적인 고민이 일천하다. 모두는 아니지만 많은 경우 시민교육을 실행하려는 주체 자체가 스스로 하는 또는 하고자 하는 시민교육과 교육에 대한 고민이 미흡하다. 학교에서 이루어지고 있는 형태를 인용하는 것으로 시민교육이 가능하다고 판단하기도 한다. 시민교육을 실시하는 기관에 시민교육 내용과 관련되어 많은 경험과 지식이 있으니 그렇지 않은 지역사회 구성원에게 한 수 가르쳐 줘야 한다는 사명감이 강조되어 나타나는 경우도 있다. 특정한 의도를 가지고 지역사회 구성원을 동원하고자 하는 차원에서 시민교육을 실시하기도 한다. 이러한 판단과 사명감, 의도를 가지고 이루어지는 시민교육은 교육과 전혀 다른 맥락을 가지는 경우가 많을 수 있다. 시민교육을 실시하기 전에 우선 교육이 무엇인가를 따지는 것이 필요한 이유이다.

이전에는 '일정한 학령기에 제도학교에서 이루어지는 것'만을 교육이라고 생각했다. 그러나 지금은 삶과 사회에 학교교육을 포함한 다양한 교육이 존재한다는 것이 널리 알려져 있다. 학교교육은 많은 교육 영역 중 한 가지일 뿐이다. 학교교육이 교육의 전부인 것으로 받아들여진 것은 학교에서 공부한 것이 인간의 삶 전반에서 사용될 수 있었기 때문이다. 학교에서 배우고 익힌 것을 통해 인격 형성과 자아 확립, 직업 준비, 가정생활 유지, 사회화 등이 가능했었다. 이전에는 사회환경이 크게 변화하지 않았고, 사회환경이 개인에게 영향을 미치는 정도도 일천하였기 때문이다. 그러나 사회변화가 극심한 지금은 학교에서 학습한 것으로 일생을 살아가는 것은 불가능할 수밖에 없다.

한편 오늘날 사회와 삶은 끊임없이 급격하게 변하고 있다. 무엇보다도 정보화, 세계화, 탈근대주의, AI와 같은 새로운 문명전환의 물결이 파도처럼 몰려오고 있다. 그 영향은 국가, 지역공동체, 집단, 개인 할 것 없이 모든 수준의 생활세계에 미치고 있다. 특히 신자유주의와 세계화, 4차 산업혁명[11]은 경쟁력과 직업능력 강화, 경제적 성과 확보를 최고의 사회적 가치로 강요하고 있다. 자본주의에 대한 회의가 대두되며 자본주의 이후의 논의가 조심스럽게 모색되고 있다. 인공지능과 자동화가 가져올 미래에 대한 디스토피아[12]도 거론

11) 인공지능과 자동화를 결합한 것으로 범주를 단순화시킴

12) 디스토피아(dystopia)는 유토피아와 반대되는 가상사회를 가리키는 말이다. 현대사회의 부정적인 부분이 극단적으로 확대되어 초래할지도 모르는 미래의 모습을 의미한다. 지금, 여기에서 효과성과 효율성, 기술과 속도는 가히 우리 삶을 지배하는 신화이다. 여가, 풍요, 여유 등에 대한 유혹과 선전이 신화의 터에 자리 잡고 있다. 효과성과 효율성, 기술과 속도의 기반으로 인공지능, 자동화시설, 로봇 등에 대한 이야기가 무성하다. 이들이 삶을 지배하는 신화를 현실화할 것으로 기대된다. 이들이 인간을 지배하는 사회가 상상되기도 한다. 어떤 상황이 되는가는 결국 인간의 선택과 판단에 달려있다고 한다. 이 말에 동의하든 아니든 간에, 인공지능, 자동화시설, 로봇 등이 주도하는 사회를 예견하면, 분명하게 보이는 것이 있다. 인공지능, 자동화시설, 로봇의 재화 생산 역할이 강화될수록 인간의 생산 활동 참여는 줄어들고, 배제된다. 생산활동에 참여한 용량만큼 분배를 받던 인간이 생존할 수 없는 상황이 된다. 10명이 10시간 일하던 것이 있다. 기계를 사용하면 1시간이면 완수할 수 있다. 10명의 10시간 노동이 필요 없어지고, 10명이 1시간 일하면 될 것으로 생각할 수 있다. 그러나 실제는 9명이 해고된다. 신기술과 인공지능을 이야기한다. 1명이 10만 명을 먹여 살리는 환상을 내세운다. 그러나 실제는 1명만 자리를 지키고 10만 명이 해고된다. 인공지능, 자동화시설, 로봇이 1명의 구실을 한다면 그 1명도 일자리를 잃게 된다. 더 무서운 것이 있다. 생산물은 소비되어야 한다. 그래야 재생산이 가능하고 경제 체제가 작동된다. 모두가 해고되면 소비행위가 일어나지 않는다. 인공지능, 자동화시설, 로봇은 소비행위를 하지 않는다. 이러면 경제 체제 자체가 멈추게 된다. 지식, 기술이 급속도로, 압축적으로, 비약적으로 발전한다. 지식기반사회, 학습경제가 주창된다. 그러나 앞선 기술과 정보를 따라잡기, 적응하기를 위한 행동만이 능사가 아니다. 어디서 정보를 확보하고, 어떻게 학습하고, 학습한 것을 어떻게 활용할 것인가에만 주목하는 것은 부적절하다. 평생교육은 지식기반사회, 학습경제의 어두운 그늘을 외면한 바 있다. 인공지능, 자동화시설, 로봇의 시대가 초래할 디스토피아가 겹친다. 어떻게 살고, 왜 사는지를 톺아봐야 한다.

되고 있다. 이러한 사회의 변화는 시대적 요청으로 개인에게 생애 전반에 걸친 학습을 요구하고 있다. 학교에서 이루어지는 교육만으로 개인의 일생을 개척하고 만들어 가는 것이 불가능하다는 것이 인지되었기 때문이다.

교육은 평생을 통하여 삶의 현장에서 일어나는 가르치고, 배우며, 익히고, 실천하는 행위이다. 이는 교육이 학교로 대표되는 형식교육으로 끝나는 것이 아니라 개인의 삶 전체를 포괄하는 평생의 과정이라는 것을 의미한다. 교육은 학교교육으로 한정되는 것이 아니라 유아교육, 초등교육, 중등교육, 고등교육, 성인교육, 노인교육, 여성교육, 시민교육, 문해교육 등 모든 교육영역과 단계를 포괄하고 통합한다. 또한 학교를 포함한 사회의 자원 그리고 생활세계의 교육자원을 활용한다. 교육이 평생의 과정이며 모든 교육단계를 포함한다는 것은 인간과 삶, 교육을 총체적 관점에서 살펴보아야 한다는 것을 의미한다. 즉, 교육을 사람·삶·역사·사회의 관점에서 바라보고, 사람·삶·역사·사회를 교육의 관점에서 바라보는 교육이 추구되어야 한다. 이러한 관점을 기반으로 교육이 일어나는 영역을 정리하면 [그림 1-10]과 같다.

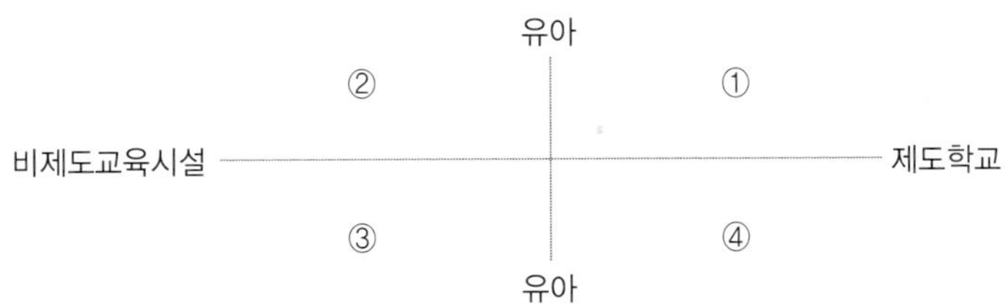

[그림 1-10] 교육이 일어나는 영역

출처 : 김창엽(2012). 평생교육경영.

일반적으로 교육은 제도학교를 가리키는 ①의 영역에서 일어나는 것으로 받아들여졌으나 실제로 ②, ③, ④의 영역에서도 가르치고 배우는 교육활동이 이루어진다. 각 영역에서 일어나는 교육활동을 살펴보면 다음과 같다.

첫째, ①의 영역은 학령기에 제도학교를 중심으로 이루어지는 교육으로서, 일반적으로 생각하는 학교교육을 가리킨다. 학교교육은 교육에서 중요한 위치와 의미를 가지고 있다. 그러나 인간의 생애단계에서 사회교육, 가정교육 등 다양한 교육기능의 일부로서만 의미를 가지게 된다. 학교교육이 교육을 독점할 수는 없다.

둘째, ②의 영역은 학령기에 비제도교육현장에서 이루어지는 교육, 즉 학교 밖 교육을 말한다. 체험학습, 학교 밖에서 이루어지는 힙합 익히기 등을 예로 들 수 있다. 이 영역은 학교교육의 보조기능을 수행하거나 또는 학교교육에 적응하지 못하는 학습자를 대상으로 이루어지는 것이 아니다. 학교교육과 함께 또는 학교교육과 따로, 그리고 학교교육에 새로운 감성과 창의력을 주입시켜 준다. 학교교육과 학교 밖 교육은 학령기 학습자에 대한 교육의 양축을 구성한다.

셋째, ③의 영역은 성인들이 비제도교육현장에서 학습하는 것을 의미한다. 평생교육기관에서 운영하는 프로그램 수강, 원격교육, 여행 등 다양한 형태를 가질 수 있다. 이 영역에서 다양한 교육내용과 방법이 실시된다.

넷째, ④의 영역은 성인기에 제도학교에서 교육을 받는 것을 가리킨다. 성인들이 학위를 받기 위하여 대학에 입학하거나 원격교육학교에서 교육받는 것을 예로 들 수 있다. 이 영역은 학교교육 영역이 학령기 연령을 진입장애요인으로 사용하는 것이 부적절하다는 것을 증거하고 있으며, 현재의 학교교육의 관점을 성인교육으로 확장시킬 수 있는 계기를 제공한다.

교육이 일어나는 4영역은 독립적으로 존재할 수 없다. 각 영역이 서로 넘나들고 침투하여 상호 영향을 주어야 하며, 궁극적으로 서로를 구분 짓고 있는 경계선을 없애고 4영역이 하나의 영역으로 되어야 한다. 이렇게 교육은 생애 전체에서 삶과 사회가 하나가 되어 가르치고 배우는 행위가 엇갈리고 융합되어야 한다.

교육은 삶 전체에서, 생애 전체에서 이루어진다. 삶과 생애는 구체적인 사회를 기반으로 만들어지고, 채워진다. 따라서 사회는 교육에 필요한 자원을 제공하고, 교육의 장이 된다. 교육은 사회가 교육에 적합하게 형성되고 변화되는 것을 지원해야 한다. 그러나 이와 함께 이러한 교육이 무엇을 지향하고, 누구를 대상으로 이루어지며, 누가 하는가에 대한 답이 요구되고 있다.

사회는 단순하게 교육에게 교육자원만 제공할 뿐 아니라 교육의 목적과 내용에도 크게 영향을 미친다. 이는 한대지방에 사는 식물은 한대의 특성을 지니며, 열대지방에 사는 식물은 열대의 특성을 가지는 것과 마찬가지이다. 사회가 평화롭고 서로 나누는 분위기를 가지고 있으면, 이것이 교육의 내용과 방향성에 스며들게 된다. 반면에 사회가 경쟁적이고, 이기적인 방향으로 움직이면, 교육도 이러한 분위기와 방향성을 가지게 된다. 즉, 사회는 교육에 교육자원을 제공할 뿐 아니라, 내용과 방향성에 영향을 미치는 기능을 수행한다. 이 지점이 시민사회에 대한 교육적 관심과 시민교육에 대한 주목이 필요한 배경이기도 하다.

그러나 이러한 검토에도 불구하고 교육이 무엇인가에 대한 근본적인 물음에 대답이 일천하다. 교육은 무엇인가, 어느 영역에서 일어나고 어떻게 일어나는가, 왜 있어야 하는가 하는 교육의 개념에 대한 근본적 접근이 필요하다.

2) 교육의 개념에 접근하기 위한 시론

교육의 개념을 규정하는 것은 쉬운 일이 아니다. 교육에 대한 명확한 개념 정의가 없는 이유는 우선, 교육학은 다른 학문 영역과 달리 개념규정과 방법론 등에 대한 논쟁과 발전의 축적이 일천하다. 다음, 근대학교가 노동력의 공급과 정권 정통성 확보라는 도구적 쓰임새로 만들어진 것과 관계가 있다. 특히 교육의 도구적 쓰임새와 기능적 활용이 강조되면서 교육의 개념이 교육의 결과, 기능, 역할 등으로 오역되는 착시현상을 보이기도 한다. 교육의 개념을 되잡기 위한 다양하고 구체적인 접근이 요구된다.

(1) 교육이란 무엇인가

인간이 교육을 받아야 하는 이유를 두 가지로 압축하여 살펴볼 수 있다. 교육을 받아야 하는 이유를 살피는 것은 거꾸로, 교육이 무엇인가를 짚어보는 토대가 될 수 있다.

첫째, 인간은 교육을 통하여 생존을 위한 갖춤과 존재를 위한 만듦을 마련해야 한다. 인간은 평생을 거쳐 보태지고, 다듬어지며, 채워져서 생존하는 존재이다. 인간은 자연계의 조산아라고 할 만큼 다른 동물들에 비해 덜 갖춰진 상태로 태어난다. 특히 생존행위에 필요한 특정한 행동인자들을 가지지 못하고 태어난다. 따라서 지속적인 교육을 통해 생존을 위한 갖춤과 함께 존재 자체의 완성을 위한 만듦이 있어야 한다. 이때 향 싼 종이에서 향내 나고 생선 싼 종이에서 비린내 나듯이 어떤 교육 경험을 가지는가에 따라 인간의 성격과 행동유형이 달라지게 된다는 것을 주목해야 한다.

둘째, 인간은 교육을 통하여 스스로 그러한 것이 되어야 한다. 자연에서 볼 수 있듯이 인간에게는 스스로 그러한 것이 되어야 하는[13] 성질이 있다. 인간은 이러한 성질을 따라야 한다. 교육은 인간이 이러한 성질을 더듬고 찾아 따르도록 하는 것이다. 즉, [그림 1-11]과 같이 인간이 스스로 그러한 존재로서의 범주가 있고, 현재 인간의 현상이 있다. 스스로 그러함과 현상을 연결시키고, 현상의 인간이 스스로 그러한 존재가 되도록 하는 과정을 교육이라고 할 수 있다.

---

13) 자연(自然)은 영어의 nature라는 단어를 번역한 것이다. 그러나 한자에서 비롯한 자연(自然)은 '스스로 그러하다'라는 뜻이다. 영어로 self-so 정도의 뜻이 된다. 영어의 nature를 우리말로 바꾸면 강산이나 산천, 또는 산천초목 정도가 될 것이다. 영어 해석의 잘잘못을 가리자는 것이 아니다. 정확하게 뜻을 살펴야 전체 맥락이 이어진다는 것을 짚기 위해서이다.

현상의 인간 → 교육 → 스스로 그러한 존재 되기

[그림 1-11] 교육의 개념

이와 같이 교육의 개념을 정리하면 인간이 인간의 스스로 그러한 성질을 더듬고 찾아 따르도록 하여, 스스로 그러한 존재가 되도록 하는 공부[14]하는 과정이다. 공부는 한순간에 되는 것이 아니다. 공부는 시간을 두고 지속적으로 애를 써서 축적하는 과정으로 이루어진다. 인간은 인간으로 이루어지는 과정을 통해서, 교육을 통해서 인간이 된다. 인간은 비시간적 깨달음이나 계시적 가르침으로 이루어지는 것이 아니다. 인간은 축적하는 과정으로서의 공부를 통해서 이루어진다.

어느 정도로 공부하였는가, 즉 어느 정도로 애씀과 구함을 쌓았는가에 따라 인간의 격이 드러난다. 공부는 정신의 공부와 육체의 공부로 구분될 수 없다. 지식 습득이 공부의 모든 것이 아니다. 공부는 정신과 육체의 이분법을 넘어서, 인격 전체를 범주로 한다. 공부는 인격 전체를 닦아 이루는 것이다. 공부로 쌓은 정도가 인간의 정도가 되는 것이다. 교육은 공부이다. 교육이 인간으로 되는 과정과 인격의 쌓임 전체를 가리킨다면, 공부는 그 전체를 구성하는 유기적 연결체의 부분 부분이다.

---

14) 일반적으로 교육을 시키는 것은 공부를 시키는 것이고, 공부를 잘하는 것은 학교시험점수가 높다는 것으로 인식된다. 점수가 높다는 것은 초중고등학교의 경우 SKY대학 들어가는 것에 유리하다는 것이고, 대학교의 경우 재벌기업에 '간택'되는 데 우위를 가진다는 것이다. 그러나 이 공부는 공부의 본디 뜻과 사뭇 다르다. 우리가 쓰는 공부의 뜻은 한자로 '工夫'이고, 영어는 'to study'이다. 'study'는 다양한 색채로 번역이 된다. 일본말로는 '억지로 힘쓴다'는 뜻이다. 중국말로는 '책을 읽는다'는 뜻이다. 우리는 'study'를 공부(工夫)라고 한다. '工夫'는 한자 뜻으로 '일하는 곳에서 일하는 사람'이다. 우리가 흔히 생각하는 바와 같이 책 읽고, 점수 따고 하는 공부가 아니다. '工夫'는 당나라 때 처음 등장한다. 工은 功의 약자이고, 夫는 扶의 약자이다. 즉 '工夫'는 '功扶'를 의미한다. '무엇인가를 열심히 붙들어서(扶), 공(攻)을 성취한다'라는 뜻이다. 이 공부가 우리가 사용하는 공부의 본디 뜻이다.

(2) 교육의 영역

교육은 현상의 인간이 많은 경험과 관계 맺기를 통하여 스스로 그러한 존재로 이루어져 가는 과정 전체를 의미한다. 이러한 교육은 다음과 같은 영역에 존재한다.

첫째, 교육은 인간이 인간으로서의 본성을 갖추어 나가면서 스스로 그러한 상태로 되어가는 영역에 존재한다. 인간의 기쁘고, 노하고, 슬프고, 즐거운 감정들이 외부 환경과 접하게 되면서 존엄, 자유, 정의, 평화, 평등, 인권의식, 박애, 참여, 관용, 타협, 저항, 다수결 원칙, 소수의견 존중, 비판의 허용, 책임 등에서 가장 적절하게 발현되는 영역을 가리킨다. 스스로 그러함을 이루기 위해 자신과 자신의 관계 맺기, 자신과 타인과의 관계 맺기, 다른 세계와의 관계 맺기[15]가 구체적으로 이루어져야 한다. 인간은 스스로 만들어지는 것이 아니라 관계를 통하여 이루어지기 때문이다. 교육은 인간이 스스로 이루어져 가는 과정에서 스스로 이루는 구실을 하는 것으로 파악될 수 있다.

둘째, 교육은 인간이 살아가면서 필요한 것을 가르치고, 배우며, 익히고, 실천하는 영역에 존재한다. 살아가면서 필요한 것은 전문기술, 사회화, 문화화, 의사소통, 인간관계, 생존수단 확보, 인간적 사회환경 조성 등이다. 인간은 이러한 것을 익히고 실천하며 그 결과를 기반으로 살아가게 된다. 주목할 것은 이 과정에서 인간이 인간으로서 이루어져 간다는 것이다. 즉, 살아가면서 필요한 영역에서의 활동이 인간이 스스로 그러한 존재가 되도록 이끄는 것으로 구실을 하며, 이것이 교육의 본질을 나타내는 것으로 수용되어야 한다.

셋째, 교육은 지금, 여기의 시대적 요청을 인식하고 이에 대처하고, 스스로의 역사적 사명을 거듭 새롭게 성찰하는 영역에서 이루어진다. 교육이 인간이 인간으로 되어가는 과정인 것에 비해, 지금, 여기의 사회와 시대는 인간을 비

---

15) 자신과의 관계 맺기는 성교육, 타인과의 관계 맺기는 정치교육, 다른 세계와의 관계 맺기는 생태교육을 통하여 진행될 수 있다.

인간화하는 상황이 빈번하게 일어난다. 이러한 비인간화의 배경은 사회구조나 제도가 결정적이다. 그러나 일상적 삶에서 사색하고 주의를 기울이지 않으면 인간을 비인간화시키는 이 사회구조나 제도를 제대로 인지하기 어렵다. 이러한 사회구조나 제도가 역사적 상황에 의해서 배태되고 있다는 것은 더더욱 지각되지 않고 있다.

따라서 교육은 인간을 비인간화시키는 요인을 간파하고, 비인간화요인을 배제하도록 해야 한다. 비인간화의 늪에 빠진 인간을 인간화시키는 현 시대의 소명을 파악하고, 응해야 한다. 이는 일반적으로 인간을 억압하는 사회문제 해결이나 사회정의 구현과 관련된 영역에서 행동을 요구하는 것으로 나타난다. 이러한 영역에서의 활동은 교육과 관련 없는 정치적 행위, 사회적 행위가 아니다. 인간을 비인간화하는 사회구조나 제도를 배척하고, 인간이 스스로 그러한 존재로 이루어지도록 환경과 상황을 조성한다는 측면에서 철저하게 교육으로 파악해야 한다. 교육은 언제나 지금, 여기의 시대적 요청에 귀를 기울여 이에 대처하고, 나아가서 스스로의 역사적 사명을 거듭 새롭게 성찰하고 실천해야 하기 때문이다.

이와 같이 교육은 인간이 인간의 본질을 채우고 보태는 영역과, 인간이 살아가는 데 필요한 것을 가르치고 배우고 익히고 실천하는 영역, 그리고 인간이 인간답게 존재하지 못하도록 하는 사회구조적 · 제도적 문제를 인식하고 이에 대응하며 해결하는 영역에 존재하게 된다. 이러한 영역은 인간이 스스로 그러한 존재로서의 인간으로 이루어지도록 움직이게 한다. 교육은 인간이 인간으로 이루어지도록 하는 세 영역에서 일어나는 행위를 포섭하고 융합한다. 이러한 교육의 영역은 독립적으로 존재하면서, 상호 유기적으로 중첩되고 연결되게 된다. 교육의 영역을 정리하면 [그림 1-12]와 같다.

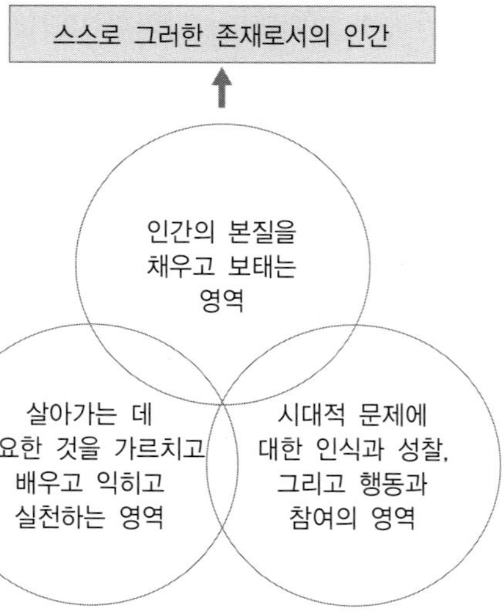

[그림 1-12] 교육의 영역

(3) 교육의 과정

교육의 세 영역은 각 영역에 존재하는 내용별로 과정이 있다. 이 과정은 스스로 그러한 존재를 구축하는 공부의 형태를 취하게 된다. 이 교육과정은 다음과 같이 위로 구하고 자극하며, 아래로 이끌고 채우며 자극받고, 옆으로 유기적 통합되고 너르게 된다.

첫째, 특정 교육 영역에서 낮은 단계에 위치한 학습자는 자신의 단계에 있는 내용을 습득한 후 그 위 단계를 구하게 된다. 이러한 구함에서 위 단계에 있는 사람에게 가르침을 받는 것과 동시에 문제제기와 질문 등을 할 수 있다. 이러한 문제제기와 질문이 교수자 겸 위 단계 학습자의 교육열정과 학습동기를 자극하게 된다. 즉, 구하고, 자극하는 행위가 동시에 생성된다.

둘째, 자신의 단계에 머물러 있는 학습자는 그 밑 단계에 있는 학습자를 위 단계로 올라오도록 이끌어 준다. 위 단계로 이끌어 주는 과정을 통해 위 단계의 학습자는 자신이 지나쳐 온 과정에서 미처 채우지 못하거나 부족한 부분을 성찰하고 채우게 되며, 지속적으로 스스로 되어가는 과정을 축적시키도록 자극을 받는다. 즉, 이끌고, 채우고, 자극받는 행위가 같이 일어난다.

셋째, 특정 교육 영역에는 다양한 교육 계통이 존재하게 된다. 한 가지 계통에서의 교육과정은 다른 계통에서 이루어지는 교육과정과 유기적으로 통합되고 너르게 된다. 예를 들어, 인간의 필수 기본영양소인 단백질을 섭취하면서, 동시에 지방과 탄수화물을 유기적으로 통합하여 섭취하게 되는 것과 같다. 즉, 교육 계통 간의 유기적 통합과 확장이 나타나게 된다.

이와 같이 특정 교육 영역에 교육 단계가 존재하며, 이 교육 단계의 내용 자체에 교육 과정이 구축된다. 이러한 교육 단계 간 교육과정을 정리하면 [그림 1－13]과 같다.

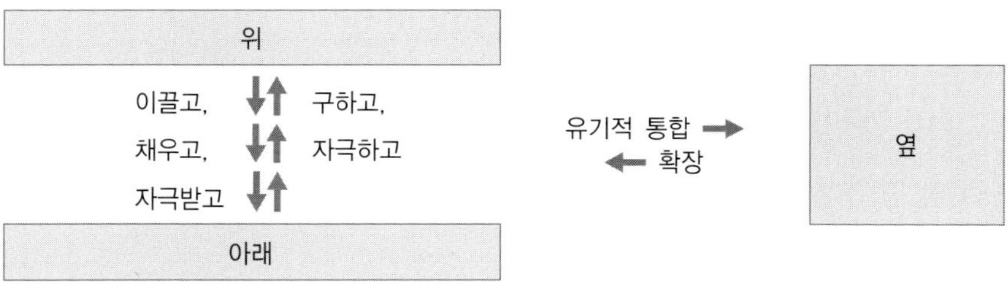

[그림 1-13] 교육의 과정

한편 교육의 과정에서 단계가 현상적으로, 항상적으로 존재한다. 이러한 교육 단계와 과정은 다음과 같이 동시성과 통시성, 그리고 확장성을 가지고 있다.

첫째, 교육 단계와 과정은 동시성을 가지고 있다. 여러 가지 교육 단계와 과정이 동시적으로 존재하게 된다. 하나의 범주로 제한되는 교육 단계와 과정만 존재하는 것이 아니다. 예를 들어, 학교교육이 있다면 학교 밖 교육이 동시에 존재한다. 우연적 학습이 있다면 의도적 학습이 동시에 존재한다. 교육의 동시성은 [그림 1－14]와 같이 지금, 여기의 삶과 사회에 존재하는 교육의 수평적 통합을 가리킨다.

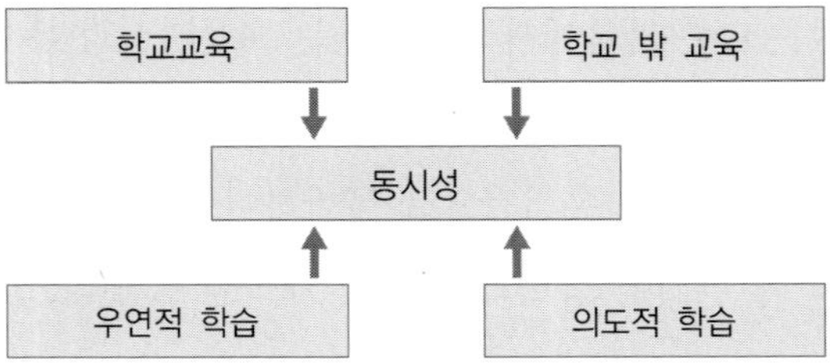

[그림 1-14] 교육 과정과 단계의 동시성

둘째, 교육 단계와 과정은 통시성을 가지고 있다. 이러한 교육 단계와 과정은 어느 날 갑자기 땅에서 솟아오르거나 하늘에서 떨어지는 것이 아니다. 교육 단계와 과정은 그것이 이루어지기까지의 역사와 맥락을 배경으로 가지고 있다. 예를 들어, 곱셈은 덧셈을 기반으로 학습된다. 교육의 통시성은 [그림 1－15]와 같이 지금, 여기의 삶과 사회에 존재하는 교육의 수직적 통합을 의미한다.

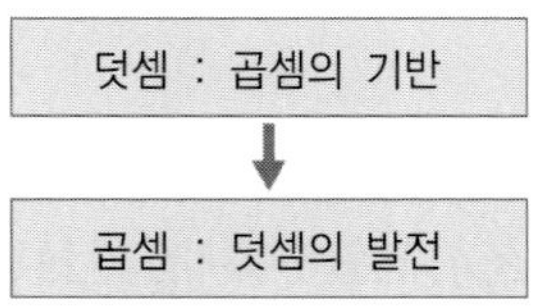

[그림 1-15] 교육 과정과 단계의 통시성

셋째, 교육 단계와 과정은 확장성을 가지고 있다. 확장성은 [그림 1－16]과 같이 수평적 확장과 수직적 확장으로 구분된다. 수평적 확장은 단계와 과정이 늘어나는 것을 가리킨다. 수직적 확장은 학습자가 내부적으로 교육 단계와 과정을 숙고하고 이해하여 자기 나름대로의 깊이를 가지는 것을 의미한다.

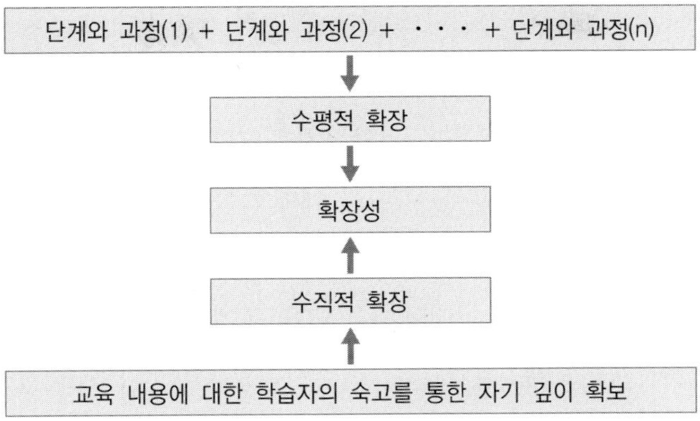

[그림 1-16] 교육 과정과 단계의 확장성

3. 시민교육 짚어보기

시민교육의 개념에 대한 기존의 논의는 풍부하지 않고, 사회적 합의 또한 일천하다. 시민교육을 어떻게 규정할 것인가에 대한 개념에 대한 질문은 사실상 과학적 객관성이나 이론적 정합성을 요하는 질문이라기보다는 그 실천을 바라보는 관점과 가치, 그리고 비전의 문제를 더 많이 함축하게 된다는 관점도 있을 수 있다. 또는 실천 그 자체의 축적을 시민교육으로 가름할 수도 있다.

1) 시민교육 개념에 대한 다양한 접근과 표현

시민사회 안에 다양한 이데올로기가 존재하며, 이들 이데올로기가 헤게모니를 잡기 위해 시민사회에 속한 시민단체가 사업과 프로그램을 통해 각축을 벌이는 부분에서 서로 다른 내용과 지향을 가진 시민교육이 실시될 수 있다. 따라서 시민교육은 다양한 주장과 지향으로 이루어진 중층적 구성을 가질 수 있다. 이것은 결국 시민교육 자체가 하나의 합의된 개념이라기보다는 일종의 맥락 의존적 다양성을 전제로 한 일종의 개념적 쟁송지대(contested terrain)임을 나타내는 것이다. 따라서 현 단계에서 시민교육의 본질을 정의하는 것은 어려움이 있다. 이는 시민교육이 생활정치를 지향한다는 점에서 목적, 내용, 주체, 방법 등이 매우 다양할 뿐 아니라 애매모호하기 때문이다. 그러나 이렇게 경계를 분명히 구분하기 힘든 것이 시민교육의 한 가지 본질일 수 있다. 그럼에도 불구하고 지금, 여기에서 시민교육에 대한 개념 용어로 [그림 1－17]과 같이 시민교육, 정치교육, 민주시민교육이 혼용되고 있음을 볼 수 있다.

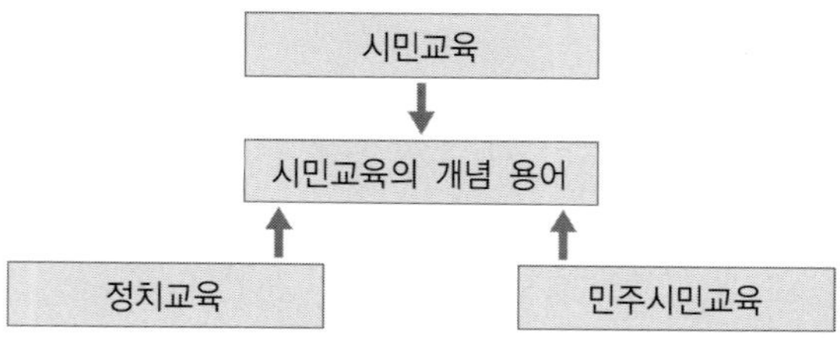

[그림 1-17] 시민교육의 개념 용어

이처럼 시민교육, 정치교육, 민주시민교육 등으로 다양하게 용어가 사용되는 배경을 살펴보면 다음과 같다.

첫째, 시민교육(citizenship education)은 영국과 미국 등에서 발달해 온 개념이다. 우선, 영국의 경우 각급 학교에서 선택 과목으로 시민교육을 실시하고 있으며, 이에 대해 국가 차원에서 강조하고 있지는 않고 있다. 1980년대 들어서면서 이민자들의 증가로 국가적 정체성의 위기가 오고 탈학교 청소년이 급증하면서 많은 범죄나 질서 파괴 행위들이 빈발하였다. 이것이 시민의식의 결여로 인한 사태라는 문제의식이 생겨났고, 1988년 12월에 국회 차원에서 시민교육위원회(Commission on Citizenship)가 구성되었다. 위원회는 학교와 사회 전반에 걸쳐 시민의식의 현황을 평가하고, 보다 능동적인 시민의식을 계발,

장려하기 위한 정책 대안을 제시하였다. 시민교육에 대한 기초연구를 바탕으로 하고 학교 학생들을 대상으로 시민교육을 강화하도록 제안하였고, 영국 국가교육과정위원회에 시민교육 교과와 주요 학습 영역 등에 대한 공식 견해서를 제출하였다. 그 이후 교과로서의 시민교육은 2002년 8월부터 핵심단계(KS : Key Stage) 3-4수준의 학생들에게 정식 국가 교육과정 교과로 채택되었다. 시민교육의 중요한 목표로 자신들의 권리와 책임 자각, 중요한 사회문제를 분석하여 토론, 사회의 작동 원리 이해, 사회에서 적극적인 역할 수행을 들고 있다. 영국은 학생 때부터 시민사회의 일원이라는 책임의식을 자각하고 정치, 사회생활에 참여하는 시민의식을 갖도록 하기 위해 학교 교과로서 시민교육을 실시하고 있다.

다음, 미국의 경우 시민교육의 목적을 건국 초기부터 이주민들 간의 이질성을 극복하고 국민적인 통합 의식을 만들어 내는 것으로 설정하였다. 200여 년 동안 줄곧 서로 다른 역사적 전통을 가진 사람들을 미국국민, 즉 미국시민으로 만드는 데 중점을 두어 미국식 민주주의에 대한 시민교육을 실시하고 있다. 시민교육의 내용은 주로 연방 헌법을 기초로 하는 법교육, 즉 공민교육이 시민교육의 주류를 형성하고 있다. 초기에 미국의 시민교육은 덕목을 강조하였고, 1960년대 이후 시민 자질 함양이 사회과 교육의 중핵적인 목표로 부상하면서 시민교육에 대한 다양한 접근이 이루어지고 있다. 1970년대 이후에 미국 인구 구성이 급속도로 변화하고, 강력하게 발달한 민권운동의 영향으로 시민교육에서 다문화교육(multi-cultural studies)에 대한 강조가 이루어지고 있다.

둘째, 정치교육(political education)은 독일에서 대표적으로 발달하였다. 독일에서 자유민주주의적인 정치교육의 필요성은 폭넓게 인정되고 있다. 정치교육은 독일 정치문화의 불가결한 요소로서, 정치교육의 목적이 '정치의식과 지식을 전달하며 정치과정에서 활동 능력을 배양하는 것'이라는 초당적 합의가 존재하고 있다. 따라서 정치교육이 전체 교육체계의 중요한 구성요소를 이루고 있다. 국가 차원에서 정치교육 지원이 이루어진다. 공교육기관에서 수업시간에 정치교육을 실시하고 있고, 학교 밖 성인교육의 영역에서도 재정지원과 보조를 통해 정치교육을 장려하고 있다.

셋째, 민주시민교육은 한국민주시민교육학회의 민주시민생활용어사전에서 우선, 정치질서 및 정치체제의 안정을 유지하기 위하여 국민의 지지를 형성하고, 다음, 정치에 관한 연구와 정치과정의 참여에 필수적인 지식과 기술, 태도를 획득하는 것으로 개념 규정을 하고 있다. 민주시민교육은 국민이 국가의 주권자로서 국가와 지역사회에서 일어나고 있는 정치현상에 관하여 객관적 지식을 갖추고 상황을 올바로 판단하여 비판의식을 가지고 정치과정에 참여함으로써 책임 있는 정치행위의 주체가 되도록 학교, 가정, 사회에서 습득하는 모든 과정을 말한다. 민주시민교육에 대해 좁게는 정치안정과 체제안정의 측면을 강조하고, 너르게는 시민 자질의 육성에 주목하고 있다. 민주시민교육은 한 국가가 생활공동체를 유지, 발전시켜 나가기 위해 요구되는 바람직한 인간성을 형성하고 사회 구성원에게 윤리적 규범을 내면화시켜 올바른 가치관과 세계관을 갖도록 하여 주권자로서의 국민이 정치적 상황을 올바르게 판단하고 건전한 비판의식을 가지고 생활하는 데 필요한 모든 과정을 훈련시키는 것으로 의미부여가 되고 있다. 그러나 민주시민교육은 다양한 여러 측면을 모두 포괄할 수 없다는 한계가 존재한다. 따라서 각 사회에서 추구하는 목표에 따라 다를 수밖에 없다는 주장이 제기되기도 한다.

이러한 시민교육의 개념정의에 포함된 공통된 내용은 사회 구성원으로서의 기능과 인간성 형성, 정치과정 참여, 책임과 권리, 인간관계 및 사회적 활동, 시민문화 학습, 사회현상에 대한 비판과 자발적 참여를 통한 사회의 민주적 발전, 시민의 비판적 의식화 및 조직화 지원 등이다. 즉, 시민교육은 시민으로서의 역량을 함양하고, 권리와 의무를 수행하며, 참여를 통한 민주적 사회 형성이라는 지향을 가진다고 할 수 있다.

주목할 것은 현재 시민교육 안에 서로 갈등하는 많은 이념과 지향성, 그리고 실천기제들이 혼재되어 있어 시민교육 개념에 대한 해석 역시 다양하게 제기될 수 있다는 것이다. 이는 시민교육의 개념을 사용하고 실천하는 사람과 집단에 따라 다양한 또는 자의적 방식으로 시민교육이 해석되고 추진되는 것으로 보일 수 있다는 것을 의미한다. 즉, 사회적 맥락, 계급적 특성, 목적 지향성에 따라 시민교육의 개념 범위와 가치 등이 달리 해석되고 있는 것이다.

2) 시민교육이란 무엇인가

시민교육을 실시하는 시민단체나 지방정부는 이러저러한 이유를 들며 시민교육의 필요성을 주장한다. 시민교육을 통하여 지역 경제를 살리고, 문화를 조성한다는 주장도 제기된다. 이렇게 진행되는 시민교육이 실제 지역사회의 시민들의 삶과 판단 등에 상당한 영향을 미칠 수 있고, 지역사회의 여론 내지 헤게모니 조성에도 역할을 할 수 있다. 이런 맥락에서 시민교육이란 무엇인가 또는 교육이란 무엇인가 하는 근본적 질문이 제기되어야 한다. 그 어떤 내용을 가지고, 그 어떤 대상을 상대로 무엇을 하더라도, 시민교육이라는 이름을 붙이면 방어되거나 수용되는 것은 부적절하다. 누군가 특별한 목적이나 의도를 가지고 시민교육이라는 이름으로 시민사회 구성원에게 부정적 영향을 끼칠 행동을 당당하게, 공공연하게 할 위험이 있기 때문이다.

일반적으로 시민교육에 대한 관점과 기대는 시민교육을 실시하는 주체마다 다르다. 우선, 학계에서는 시민교육에 대해 시민들에게 비판적 시민의식을 함양하고 책임의식을 고양하는 목적을 달성할 것이라는 기대를 가지고 있다. 특히 정부나 지방정부, 학교에서 의미 있는 시민교육이 이루어지지 않으므로, 시민단체에서 하는 시민교육에서 시민교육의 본질이 구현되기를 바라기도 한다. 다음, 정부 또는 지방정부는 사회질서 유지와 정부 또는 지방정부 사업의 동조자 확보, 그리고 정당성 확보라는 관점에서 시민교육을 바라볼 수 있다. 끝으로, 시민단체는 자원동원 등의 맥락에서 시민교육을 바라보는 경우가 많다.

이러한 현상은 시민교육을 실시하는 각 주체의 시민교육 개념 자체가 실천적 목적지향성을 담보하고 있다는 뜻으로 이해될 수 있음을 보여준다. 이 경우 시민교육이라는 개념이 어떻게 만들어지며 그 정당성은 어떻게 확보되는가 하는 질문에 대한 대답은 그 시민교육을 실시하는 조직이나 담당하는 사람들이 가지고 있는 실천과 지향이 어디에서 출발하여 어디로 가고 있는가와 깊은 관련을 가지게 된다.

시민교육의 개념을 규정하는 일은 시민교육 활동에 참여하는 사람들의 가치와 인식, 그리고 비전이 담긴 실천행위로서 내부 참여자들 사이의 일종의 약속이라고 할 수 있다. 자신들이 시민교육을 어떻게 규정하는 것이 정의로운가, 그리고 자신들이 지향하는 바가 무엇인가에 따라 그것을 개념적으로 정의하는 방식이 달라질 수 있는 것이다. 즉, 시민교육을 규정하기 위해서는 과학적 객관성이나 이론적 정합성보다는 그 실천을 바라보는 관점과 가치가 더 많이 요구되며, 이는 시민교육의 구체적 맥락 안에서 '올바른 교육의 방향'이라는 가치성과 지향성이 시민교육의 개념을 주도적으로 결정할 수 있다는 것을 말한다. 이런 가치성과 지향성은 시민교육 현장에서의 실천 속에서 구성되어 나오는 상황 이해의 구조를 반영하며 개념 자체가 실천적 목적지향성을 담보하게 되는 것이다.

이런 관점에서 본다면, 결국 시민교육이라는 개념과 정당성은 그 실천을 담당하는 사람들의 가치와 인식, 그리고 전망이 담긴 실천행위라고 할 수 있을 것이다. 이러한 관점에서 시민교육의 개념을 다음과 같이 두 가지 측면에서 살펴볼 수 있다.

첫째, 시민교육은 자신에 대한 자주성과 성찰성의 고양을 중심으로 이루어진다. 다양한 세계관과 사조에 대한 이해, 상호 차이에 대한 관용, 개인의 인권과 인간의 존엄성에 대한 인식, 사회와 국가 공동체에 대한 올바른 정치적 태도의 결정, 사회 구성원과 인류에 대한 책임 등 민주시민으로서 갖추어야 할 의식을 배양하는 데 주안점을 두는 교육을 의미한다. 즉, 교육의 대상으로서 시민(citizen)과 교육의 내용으로서 시민의식화(conscientization)를 모두 포함하고 있다고 볼 수 있다.

둘째, 시민교육은 사회운동과의 고리를 형성하는 거점이 된다. 지금까지의 자신에 대한 성찰, 사회적 통합과 타인과의 연대, 정치적 쟁점에 대한 민감성의 부분에 대한 연계가 있어야 하며, 대중에 기반한 시민운동의 장을 만들어 나가는 과정이다. 이 과정에서 확산적 교육과정과 수렴적 교육과정이 필수적으로 요청된다. 확산적 교육과정은 시민운동의 다양한 쟁점을 제기하고 이를 통해 시민활동의 장을 확대하게 되고, 수렴적인 교육과정은 개별학습을 촉진하며 학습공동체 혹은 소모임 등의 활동을 통해서 개인의 세계가 자주성을 확보해 나가는 과정이 나타난다. 시민의 참여와 민주적 개입의 촉진이 유발된다.

이와 같이 시민교육을 자주성과 성찰성의 고양, 시민과 시민의식화의 포용, 사회운동과의 고리 형성이라는 시각에서 바라볼 수 있다. 그러나 이런 시각이 어디에서 유래된 것인가를 살피는 것이 필요하다. 그렇지 않으면 역사적 맥락과 시대적 상황, 개인의 삶과 공동체라는 부분에서 시민교육을 짚는 것이 어려울 수 있기 때문이다.

자주성과 성찰성의 고양, 시민과 시민의식화의 포용, 사회운동과의 고리 형성은 시민의 속성인 시민성을 기반으로 제기될 수 있다. 시민성은 시민이 시민사회에서 더불어 살기 위한 전제로서, 더불어 사는 인간으로서의 품성, 인간을 비인간화시키는 요인을 직시하고 이를 극복하는 실천, 더불어 사는 모습을 구체적으로 꿈꾸고 이를 현실화하는 방법 모색과 실천이 유기적으로 결합된 것이다. 이 시민성은 자주성과 성찰성의 고양, 시민과 시민의식화의 포용, 사회운동과의 고리 형성을 내포하고 있다. 시민성은 성찰과 통찰, 행동과 참여, 인간의 본성을 통합적으로 갖춘 상태를 지향한다. 따라서 시민교육은 시민에게 시민성을 갖추도록 하는 것이라고 개념을 규정할 수 있다. 즉, [그림 1-18]과 같이 시민교육은 현상의 시민을 시민교육을 통하여 시민성을 갖추고, 스스로 그러한 존재로서의 시민이 되게 하는 것을 가리킨다고 할 수 있다.

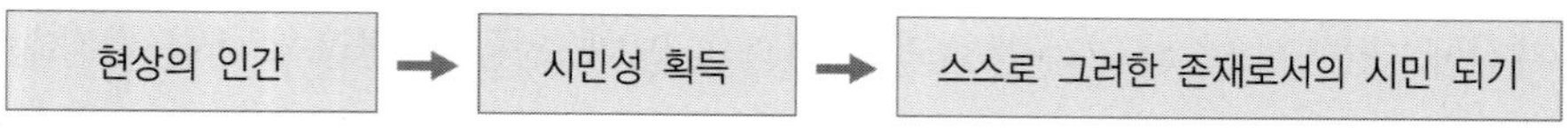

[그림 1-18] 시민교육의 개념

즉, 시민교육은 시민이 인간으로서의 품성, 인간화를 위한 사회구조 및 운영원리의 확보와 실천, 더불어 살기 위한 공부와 실천의 유기적 결합을 가리키는 시민성을 획득하도록 지원하는 것을 의미한다. 이는 시민교육, 민주시민교육, 정치교육 등 다양한 표현이나 접근, 시민교육을 추진하는 제반 단체의 성격과 지향에 우선되어야 한다. 이러한 시민교육은 그 안에 담긴 목적지향성인 운동성과 참여중심성인 교육중심성을 변증법적으로 조율해 나가는 것이 필요하다. 이를 통해 시민들이 자기 자신과 사회현상에 대한 인식–분석–해석–실천의 맥락에서 지향하는 바가 당위적인 상태가 되도록 스스로 추동되게 해야 한다.

짚어야 할 것은 시민교육이 추상명사라는 점이다. 시민교육이라는 용어를 어디서 처음 사용하였든 간에, 시민교육이라는 어떤 고착된 실체가 있는 것은 아니다. 시민교육의 실체가 독일의 정치교육에 있다거나, 영국의 시민교육에 있다거나 하는 것은 적절하지 않다. 그 모형을 추종하는 것은 중대한 오류를 범하게 된다. 시민교육은 어떤 물체가 아니며 독일, 영국, 미국에서 수입해 들어올 수 있는 물건, 즉 존재론적 실체에 해당되는 그 무엇이 아니기 때문이다.

시민교육은 어떤 지역사회에서 작동하는 시민교육 방식에 대한 추상적 원리이다. 여기서는 이런 방식으로 구현될 수 있고, 저기서는 저런 방식으로 구현될 수 있으며, 다른 곳에서는 다른 방식으로 구현될 수 있다. 그리 되어야 한다. 고정된 실체가 있을 수 없다. 시민교육의 실현을 위해 지역사회에서 상황과 현상에 걸맞게 각자가 서로 자신의 경험과 상황에 비추어 그 원리와 방법을 실천하고 생성해 나가야 한다. 즉, 시민교육이 무엇인가를 개념적으로 규정하려고 하고, 시민교육을 해야 하는가의 본보기를 구하려고 하기보다는 시민교육을 통해 이루고자 하는 것을 구체적으로 꿈꾸고, 이를 구현하는 실천을 해야 한다. 지금, 여기서 할 수 있는 것을 해야 한다. 이러한 실천과 전체 구현 과정이 시민교육이다.

2장 | 시민교육의 생태계 : 시민사회와 NGO

국가와 시민사회, 시민사회와 시장은 서로 다른 속성과 역할을 가지고 있다. 시민사회는 국가와 시장을 감시하고, 비판하며, 견제해야 한다. 이런 맥락에서 국가나 시장에서 시민사회에 속한 시민을 대상으로 시민교육을 실시하는 것이 본질적으로 부적절하다고 할 수 있다. 시민이 함께 만들어야 하는 시민교육은 시민사회, 시민단체, 시민운동 등의 다채로운 환경에 소속되어 있다. 이러한 환경은 독립적이거나 파편적이지 않다. 유기적인 생태계를 이루고 있다. 이 장에서는 지역사회 시민교육의 생태계를 들여다보기 위해 시민사회의 개념과 성격을 살펴보고, NGO의 개념과 분류를 짚어보며, 신사회운동의 개념을 따져본다.

1. 시민사회와 시민교육

사회는 국가와 시장, 시민사회로 구성된다. 이 가운데 시민사회는 지역사회, 농촌사회, 도시사회 등 다양한 형태의 사회를 포괄하고 있다. 시민은 시민사회에 소속된다. 시민사회의 개념을 살펴보는 것은 시민사회에 소속된 시민을 대상으로 하는 시민교육의 다채로운 부면을 짚어보는 하나의 경로가 될 수 있다.

1) 시민사회의 개념

시민사회의 맹아는 중세 유럽의 도시에서 찾을 수 있다. 중세 장원에 재화를 유통시키던 중세 장원에 소속된 부르주아는 장원의 영향력에서 상대적으로 자유롭던 장원 밖 지역에 거주하면서 재화를 유통시켰다. 이 지역에 재화 유통을 담당하는 부르주아와, 이들에게서 실용지식을 익혀서 장원을 벗어나려는 사람들이 모여들었다. 이 지역들이 규모가 커지고 발전하여 도시가 되었다. 부르주아는 도시에 거주하면서 재화유통과 생산을 통해 자본을 축적하고 역량을 강화하였다. 이후 부르주아는 시민혁명을 통해 구체제인 앙시엥레짐을 배제하고 자본가 계급으로 전환하면서 스스로를 사회의 중심 위치에 세웠다.

이 과정에서 왕권신수설이 배척되고 천부인권론이 수용되었으며, 자유, 평등, 박애, 인권 등의 가치가 주장되며 자유주의 사상이 대두되었다. 이런 배경 아래 지금까지와는 전혀 다른 흐름이 나타나기 시작하였다. 우선, 기존 체제와 사상이 거부되었다. 기존 체제인 앙시앵레짐이 배척되며 왕과 귀족 중심의 지배 체제가 거부되었다. 아울러 계급과 신분에 대한 사상이 근본적으로 부정되었다. 다음, 더불어 살기가 모색되기 시작하였다. 인권과 평등에 대한 지각을 중심으로 모두가 함께 사는 것이 모색되었다. 끝으로, 새로운 사상이 구체화되었다. 인권과 평등, 자유가 보편적으로 자리 잡기 시작하였다. 자유주의가 구체화되기 시작하였다.

이러한 변화를 기반으로 근대사회가 구축되기 시작하였다. 개인이익 추구와 더불어 살기라는 두 가지 가치가 포섭된 사회가 형성되었다. 국가보다 큰 개념에 자리한 사회는 [그림 2-1]과 같이 시장, 시민사회, 국가라는 3영역으로 이루어진다.

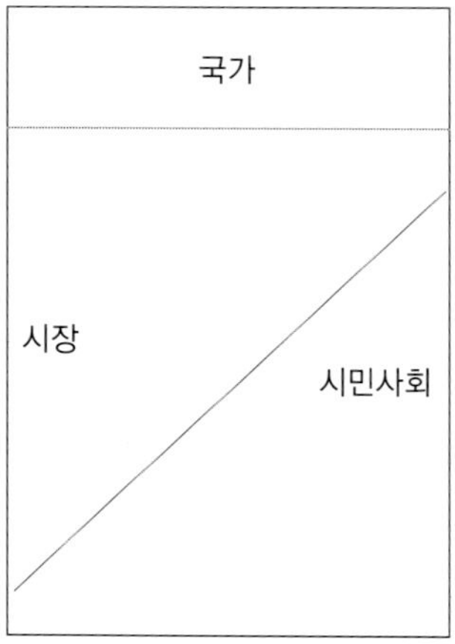

[그림 2-1] 국가, 시장, 시민사회의 구분

개인이익 추구는 시장을, 더불어 살기는 시민사회를 생성하였고, 국가는 시민사회의 공적 부분을 담당하는 제도로서 구축되었다. 더불어 살기와 개인 이익 추구를 살펴보면 다음과 같다.

첫째, 더불어 살기는 공적 가치의 추구를 기반으로 이루어진다. 공적 가치는 누구나 누릴 수 있고, 모두에게 좋은 공공선을 지향하는 가치를 의미한다. 이 공적 가치는 다음과 같이 개인 차원, 그리고 법과 제도 차원에서 구현된다.

우선, 개인 차원에서의 공적 가치는 시민사회의 형성으로 구현된다. 시민사회는 구체적 시민의 집합으로 이루어진다. 시민사회는 개인 차원의 공적 가치 구현을 위해 시민사회에 속해있는 시민 개개인의 시민성을 필요로 한다. 시민성을 기반으로 하는 민주주의의 실현을 위해서 개인이 자유롭고 평등한 사회, 정치, 경제적 삶이 보장되는 다원적이고 개방된 틀이 시민사회의 선행조건으로 존재하게 된다. 신분적 구속에 놓이지 않으며, 자유롭고 평등한 개인의 이성적 결합으로 이루어진다. 이 시민사회는 만남, 관계, 공유를 기반으로 유지된다. 다음, 법과 제도 차원의 공적 가치는 국가의 형성으로 구현된다. 국가는 법과 제도의 구축과 운용을 통해 공적 가치를 실현한다. 서구에서 국가는 최소한 19세기 이후, 특히 프랑스 혁명을 계기로 사회관계 속에서 상대적으로 인식되기 시작하였다. 즉, 프랑스 혁명 이후에야 비로소 개개인들이 모인 집단과 조직들은 시민사회를 생성시켰고, 자신들의 번영과 안정을 위해 국가라는 기제의 필요성을 인식하고 이를 구체화하였다. 이때부터 국가는 사회 구성원들 내에서 발생하는 제반 문제들과 갈등을 중재하고, 국가와 시민사회는 상호 대등한 입장에서 견제와 균형을 이루는 두 개의 축으로 이해되었다.

둘째, 개인이익의 추구는 시장과 연결된다. 시장은 주로 자본가 계급을 중심으로 생성되고, 지배되며, 조율된다. 자본가들은 물건을 생산하고 판매하는 것을 통하여 개인이익을 확보하는 데 주목하였고, 이를 위한 기반으로 시장이 형성되었다.

이러한 시민사회, 시장과 국가의 생성을 정리하면 [그림 2−2]와 같다.

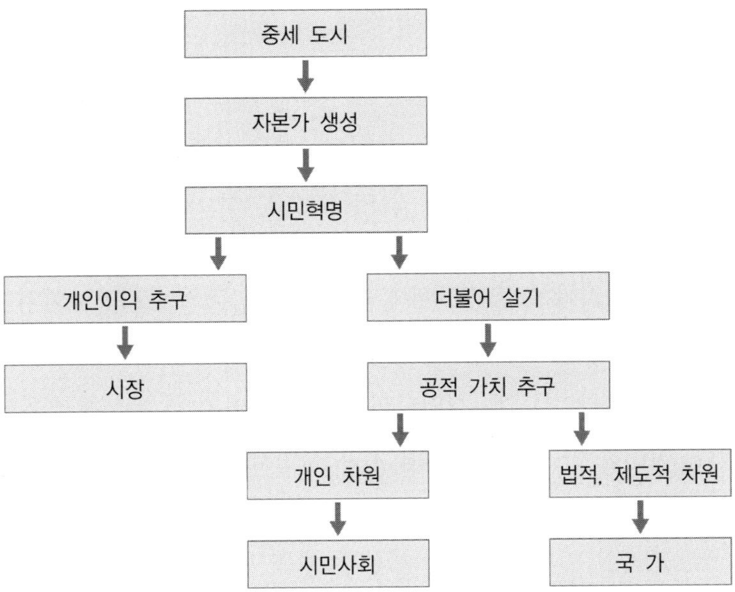

[그림 2-2] 시민사회, 시장, 국가의 생성 과정

한편 한국의 시민사회의 형성과정과 내용은 서구 시민사회와 비교할 때 상당한 차이가 있다. 한국 시민사회와 서구 시민사회의 차이를 비교하면 다음과 같다.

첫째, 서구 시민사회가 중세 이후 시민혁명 등에 의해 성립, 발전해 왔다면, 한국 시민사회는 봉건시대 및 일본 제국주의, 군부독재와의 투쟁을 통해 성장해 왔다. 서구 시민사회가 100~200년의 시간을 두고 점진적으로 발전해 온 것에 비해 한국 시민사회는 짧은 시간에 '압축적 성장'을 해왔다. 한국 시민사회의 기원을 구한말부터 보는 경우도 있지만, 실제로 지금 통용되고 있는 시민과 시민사회라는 말이 활발해진 것은 1990년대 이후부터이다.

둘째, 서구 시민사회가 경제발전과 정치, 사회발전을 동시에 추진하면서 점진적으로 발전해 온 것에 비해 해방 후 한국 시민사회는 군사독재정권에 의한 경제성장 우선논리가 지배한 사회였다. 즉, 군사독재정권 상황에서 한국 시민사회 속에 관용과 타협, 다수결 원리, 소수의견 존중, 권리와 의무, 평화, 자유, 인권 등의 시민사회의 정치·사회적 속성이 정착할 틈이 없었다.

셋째, 서구 시민사회는 부르주아가 중심이 되어 시민사회를 촉발시킨 반면에 한국의 시민사회는 부르주아가 시민사회 영역을 형성하면서 내부로 들어왔다고 보기가 어렵다. 서구의 부르주아가 형성되지 않는 측면도 있거니와, 자본의 지형에 위치한 이들이 지배집단과 갈등을 겪으며 시민사회의 촉발을 이끈 지점이 없다. 오히려 지배집단과의 상호부조가 두드러지고 있다.

한국의 시민사회와 서구의 시민사회는 이와 같이 여러 부분에서 차이를 가지고 있다. 이러한 한국 시민사회와 서구 시민사회를 비교하면 <표 2-1>과 같다.

<표 2-1> 서구 시민사회와 한국 시민사회 비교

구분	서구 시민사회	한국 시민사회
성장	• 중세 이후 시민혁명 등에 의해 성립, 발전	• 봉건시대 및 일본 제국주의, 군부독재와의 투쟁을 통해 성장
성격	• 경제발전과 정치, 사회 발전을 동시에 추진 • 점진적 발전	• 해방 후 독재정권에 의한 경제성장 우선논리가 지배하는 사회 • 관용과 타협, 다수결 원리, 소수의견 존중, 권리와 의무, 자유, 평등, 인권 등의 시민사회 속성이 정착할 틈이 없었음
발전	• 100~200년의 시간을 두고 점진적으로 발전	• 짧은 시간에 압축적 성장
중심	• 부르주아 중심으로 시민 사회 촉발	• 부르주아가 시민사회 영역으로 들어오지 않음

오늘날 한국의 시민사회는 서구와 동일하게 국가와 시장 사이에 존재하는 중간영역이라고 할 수 있다. 그러나 서구와 같은 경제적인 토대에 의해서 생성되기보다는 정당성 없는 국가권력과 시장권력에 대한 저항과 반발을 통해 결사와 운동의 영역을 중심으로 발달하였다. 한국사회는 1980년대 중반 이후 민주화와 더불어 시민사회 내부의 관심이 확대됨에 따라 가족이나 법, 제도 영역도 활성화되어 구성적 시민사회의 성격도 지니게 되었다. 그러나 이 과정에서 시민사회 내에 시민성을 구축하는 경험과 용량이 일천했다. 따라서 한국의 시민사회는 시민사회 외부의 국가나 시장을 민주화시키는 역할뿐 아니라 시민사회 내부의 민주화, 즉 시민성 생성도 담당해야 하는 이중적 과제를 가지고 있다.

2) 시민사회의 다층적 성격과 시민교육

시민사회는 국가와 시장 이외의 모든 것을 지칭하는 잔여영역이 아니며 단일한 속성을 가진 것이 아니다. 사적 영역이라고 할 수 있는 조직체들의 총체이자 헤게모니적 투쟁을 비롯한 다양한 사회적 투쟁이 발생하는 공간 또는 지형이다. 이러한 시민사회는 국가 및 시장과 복합적인 관계 속에서 상호작용을 하고 있다.

첫째, 시민사회와 국가는 정당성과 통치를 상호 제공한다. 시민사회는 민주적 자기결정을 통해 국가의 정당성을 제공하는 동시에 국가의 통치를 받는 공간이다. 이 과정에서 시민사회는 시민들이 여론 형성과 다양한 결사를 통해 국가의 정책결정을 지지하거나 반대하는 다원적 갈등과 연대가 일어나는 공간의 역할을 한다. 이러한 국가와 시민사회의 관계를 정리하면 [그림 2−3]과 같다.

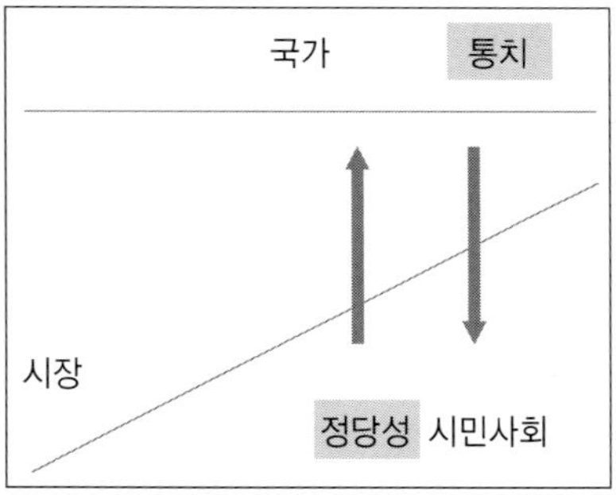

[그림 2-3] 시민사회와 국가의 관계

둘째, 시민사회와 시장은 노동력과 상품 구매가 이루어지고, 상호 물질적 기반의 구실을 한다. 시민사회는 시장으로부터 노동력 제공을 대가로 물질적 기반을 제공받으며, 시장은 생산물을 제공하고 구매행위를 이끌어낸다. 이러한 경제적 관계의 분화에 따라 다양한 계급적 지위가 이루어진다. 시민사회는 시민들이 시장의 경제구조나 경제활동의 특정한 성격에 대한 지지나 비판을 통해 경제적 관계를 변화시킬 수 있는 공간이다. 이러한 시장과 시민사회의 관계를 정리하면 [그림 2－4]와 같다.

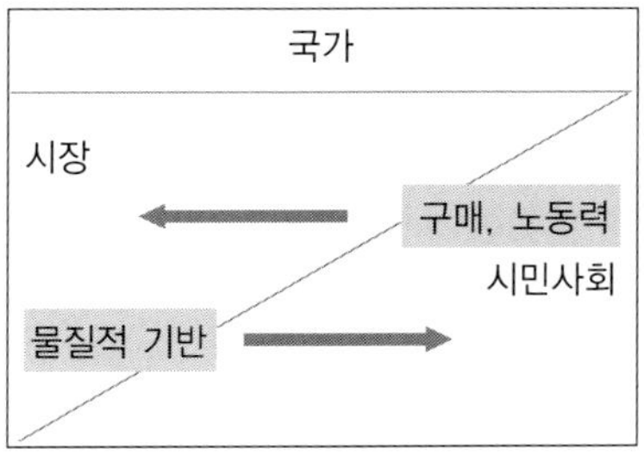

[그림 2-4] 시민사회와 시장의 관계

시민사회는 국가 및 시장과의 이러한 외적인 이중적 관계 속에서 내적으로 다양한 적대와 갈등을 내포하고 있는 다원적이고 복합적인 공간이다. 그러므로 국가·시장과 시민사회 사이에서 다양한 적대와 갈등을 구성하는 각 세력들 간에 다원적이고 복합적인 갈등과 투쟁, 타협과 연대가 나타난다. 이를 통해서 국가, 시민사회, 시장의 관계가 재설정되고, 이러한 관계가 시민사회를 다양한 방식으로 재생산하거나 변형할 수 있다. 또한 다양한 적대와 갈등의 존재는 시민사회 안에서 다양한 사회운동을 발생시키며 시민사회의 변화에 영향을 미친다. 이로 인해 시민사회는 다층적이고 중층적인 구조를 가지게 된다. 한국사회를 예로 들어 시민사회가 가지고 있는 다채로운 성격과 다양한 영역을 살펴보면 다음과 같다.

첫째, 진보적 시민사회가 시민사회의 한 영역에 자리하고 있다. 진보적 시민사회는 민주화운동을 수행해 온 민중운동의 맥을 잇는다고 할 수 있다. 그러나 방법적인 측면에서 이념주창형 운동보다는 실사구시적이며, 구체적이고 참여적인 운동을 펼치려는 경향을 보이고 있다. 민중운동이 사회 전반과 본질에 대한 운동의 성격을 가진다면 진보적 시민사회는 생활세계의 구체적 문제의 본질에 대한 운동의 성격을 가진다고 할 수 있다. 진보적 시민사회는 법을 사회운동의 수단으로 삼으며, 필요시 법을 개정하는 운동을 펼치기도 한다.

둘째, 보수적 시민사회가 시민사회의 범주에 소속된다. 사회변화의 중심축을 사회 중산층으로 상정하고, 합법적 테두리 안에서 활동할 것을 주장한다. 1990년대 초반 '민중운동의 시대는 가고 시민운동의 시대가 왔다'는 주장을 하여 민중운동과 심각한 갈등을 야기하기도 하였다. 보수적 시민사회는 법의 허용범위 안에서 활동하는 것을 주장한다. 보수적 시민사회는 자신들의 주장을 국가 또는 수구・기득권적 시민사회가 수용할 경우 제도권 안으로 흡수되거나 심각한 내부혼란을 겪기도 한다.

셋째, 신사회운동(NSM : New Society Movement)적 시민사회가 시민사회를 구성하고 있다. 한국에서 신사회운동의 존재 여부는 보는 각도에 따라 다양하게 해석될 수 있다. 신사회운동은 서구사회에서 노동운동의 제도화와 보수화가 이루어진 이후에 출현하였다. 이 부분에서 서구의 상황과 한국의 현실 상황이 다르다. 한국사회의 노동운동은 변혁적 성질을 획득해 나가는 성장과정에 있다. 한국사회에서 각종 비계급적 사회운동들은 서구에서처럼 노동운동을 대신해서 새롭게 전개되는 그런 의미에서의 신사회운동이 아니다. 노동운동과 따로 또 같이 이루어지는 성질을 가지고 있다. 반제도적이고 급진적인 주장을 내세우며 출현한 서구사회의 신사회운동과 달리 한국의 신사회운동적 시민운동은, 우선 신사회운동적 시민운동이 기존 민주화운동과 같이 활동을 하였고, 다음, 서구와 달리 이들 운동이 주장하는 바를 해결하기 위해 정치제도와 관련된 활동을 하고 있다. 따라서 서구의 신사회운동과 등치될 수 있다기보다는 한국 사회운동의 맥락에서의 새로운 형태의 사회운동이라고 할 수 있다. 이러한 신사회운동과 관련된 시민사회를 신사회운동적 시민사회라고 분류할 수 있다.

넷째, 수구·기득권적 시민사회가 시민사회의 지형에 자리하고 있다. 수구·기득권적 시민사회는 정치 지형의 변화에 따라 두 가지 흐름을 가지고 있다. 우선, 1987년 이전에는 국가의 우산 아래 존재하였으며, 외견상 드러나지 않았다. 또한 자체의 결집과 응집을 위한 시도가 두드러지게 보이지 않았다. 그러나 1987년 이후 자신들을 보호하던 국가의 힘이 일정 부분 약화되자 기득권을 유지하기 위한 가시적 노력을 구체화하게 된다. 이러한 움직임을 일부 기관의 사례에서 확인할 수 있다. 과거 농협이나 한국노총은 권위주의 국가의 하부행정기구적 성격이 강하였다. 그러나 이들 단체의 배타적인 대표성과 경제적 혜택을 보장하던 권위주의 국가권력이 약화되면서, 이들도 독자적으로 대중적 기반을 만들기 위한 노력을 기울이게 된다. 관변단체들의 경우 반공연맹이 1987년 한국자유총연맹으로 재창립하는 것처럼 자율화를 위한 시도들을 행하게 된다. 그러나 이들 기관들은 너른 맥락에서 여전히 기득권과 지배헤게모니를 유지하고 있었기 때문에 국가권력이나 시장권력 등에 저항하는 직접적인 주장이나 행동을 보이지 않았다. 이들은 언론, 재벌, 관료 등과 실질적 동맹을 맺으며 강력한 세력을 가진 시민사회 영역을 점유하고 있다.

한편 이들 기관들은 2000년대 들어 두드러지게 존재를 드러내며 국가와 다채로운 연대를 보이고 있다. 국가의 주장과 정책을 강력하게 지지하거나, 반대 세력에 대한 공격을 서슴지 않는다. 이런 측면에서 한국사회의 경우 '국가권력과 시장권력을 견제하고 비판하며 저항하는 시민사회'라는 주장은 하나의 허구적 신화에 불과하다고도 할 수 있다. 한국사회에서의 주 대치선은 국가·시장 대 단일한 실체로서의 시민사회의 대립 속에 존재하는 것이 아니다. 오히려 국가·시장 대 시민사회 내의 민중운동 부문 같은 특정한 저항적 집단의 대립 속에, 또는 시민사회 내의 특정 집단과의 대립 속에 존재하였다고 할 수 있다.

민주주의는 국가와 시민사회의 분리 위에 기초하는 근대적인 정치형식이라고 할 수 있다. 여기서 시민사회는 민주주의적 방식으로 다양한 계급계층이 다투는 공간이며, 국가에 의해 동원되는 국가종속적 시민사회 대 국가에 저항하는 민중적 부문이 각축하는 공간[1]이다. 이런 점에서 시민사회는 지배세력이 지배에 대한 동의인 지배헤게모니를 창출하고자 하는 공간인 동시에, 시민사회세력이 새로운 대안을 생성하기 위한 대항헤게모니를 확립하고자 하는 다툼의 일상적 공간이라는 이중적 성격을 가지고 있다.

이와 같이 시민사회는 삶과 사람에 대한 다양한 주장과 입장이 엇걸리고 중첩된 복합적 현장이다. 이 현장은 지역사회와 다층적으로 연결된다. 지역사회는 지역사회 구성원의 삶의 토대이자 교육의 터전이다. 시민사회가 어떤 지향과 성격을 가지고 있는가에 따라 지역사회 구성원의 인간화 또는 비인간화가 진행되게 된다. 시민교육은 시민사회와 유기적 통합을 이루면서 인간을 인간으로 되어가게 하는 환경 조성과 실천을 위해 지역사회에 대한 민주적 지배력과 통제력을 확보하고 시민사회를 인간화시키는 것에 관심을 가져야 한다.

2. NGO와 시민교육

시민사회는 동일한 성격과 입장을 가지고 있는 단일 영역이 아니다. 진보적 시민사회, 보수적 시민사회, 수구적 시민사회, 신사회운동적 시민사회 등으로 분화되어 있다. 이렇게 분화된 시민사회는 가시적이고 구체적이기보다는 추상적 개념에 가깝다. 따라서 이들 시민사회의 주장을 확산시키고, 구체화시

1) 시민사회의 일부로서의 대자본 또는 재벌이나, 시민사회의 국가종속적인 조직으로서의 관변단체들이 개발독재적 국가를 유지하는 중요한 사회적 기반으로 작용한 사실, 그리고 시민사회의 또 다른 세력인 일부 단체들이 국가의 정책과 주장에 지지 행동을 하며, 대척점에 있는 세력을 공격함으로써 사실상 국가와 동맹한 사실 등은 저항적 시민사회의 실천과는 좋은 대조를 보여주는 사례이다.

키며, 세력을 확대하는 역할을 하는 실체가 요구된다. 이러한 실체로 대표적인 것이 시민단체, 즉 너른 의미에서의 NGO(비정부기구, Non-Governmental Organizations)이다.

분화된 시민사회는 세력을 확장시키고 자신들의 주장을 확산시키기 위해 시민단체를 구성한다. 이들 시민단체는 교육과 사업 등의 구체적 활동을 수행하며 세력 확장과 주장 확산을 위해 기능하게 된다. 분화된 시민사회와 해당 시민사회에 소속된 시민단체의 활동을 정리하면 [그림 2-5]와 같다.

[그림 2-5] 분화된 시민사회와 시민단체의 활동

한편 시민사회에 영향을 미치기 위해서 또는 단위 시민사회와 결합하기 위해서 시장이나 국가가 조직하고 운영하는 유사시민단체가 있다. 시장과 국가가 시민사회에 영향을 미치거나 결합하는 이유를 다음과 같이 살펴볼 수 있다. 우선, 시장은 자신들의 논리와 가치관, 행동방식을 시민사회에 주입시키고 설득시키려고 한다. 시장의 이익과 유리한 환경조성에 필요하기 때문이다.

다음, 국가 역시 자신들의 정책 수립과 집행, 제도 등의 홍보와 추진에 유리한 환경과 여론을 조성하려는 의도를 가질 수 있다.

이러한 배경으로 시장과 국가는 시민사회에 영향을 미치고 자신들의 주장과 관점을 주입하기 위한 실제적 행동을 하고자 한다. 그러나 직접 행동을 하는 것은 부적절하거나 비판을 받을 수 있다. 하여 이러한 행동을 담당하는 시민단체를 활용하는 경우가 발생한다. 시장과 국가는 기존의 시민단체와 관계를 맺기도 하고, 새로운 시민단체의 결성을 조장하여 자신들의 목적을 달성하려고 한다.

이들 시민단체는 시장과 국가에 소속되거나 밀접한 관계를 가지게 된다. 시민사회는 본질적으로 국가와 시장을 견제, 감시, 비판하는 속성을 가지고 있다. 이와는 다르게 국가와 시장에 소속되거나 밀접한 관계를 가진 시민단체는 시민사회에 소속된 시민단체와 다른 속성을 가질 수밖에 없다. 엄밀한 의미에서 시민사회 내 시민단체라고 볼 수 없다. 따라서 이러한 국가와 시장에 결합된 시민단체를 유사시민단체로 구분하는 것이 필요하다.

시장과 국가가 시민사회에 영향을 미치기 위해 유사시민단체와 관계를 맺는 것을 정리하면 [그림 2-6]과 같다.

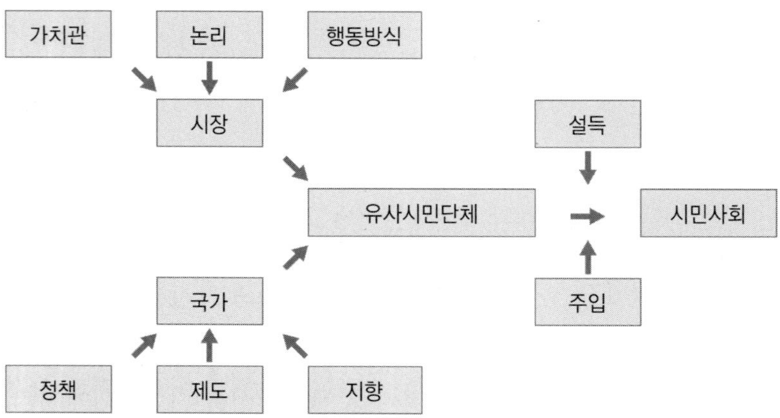

[그림 2-6] 시장과 국가의 유사시민단체와의 관계와 역할

이와 같이 분화된 시민사회에 속해있는 시민단체는 다양한 성격과 속성, 기원과 목표를 가지고 있다. 이렇게 다양한 특성과 지향을 가지고 있는 시민단체의 성격과 구성을 정리하면 다음과 같다.

1) NGO의 유래

NGO를 Non-Governmental Organizations라는 단어 뜻대로 번역하면 비정부조직이다. 이 경우 NGO는 역사상 정부라는 조직이 존재한 이래로 어떤 형태로는 늘 존재해 왔다고 볼 수 있다. 자본주의가 발달함에 따라 자본가 계급과 자본주의 국가에 저항한 노동조합이나 노동운동 조직은 과거의 대표적인 NGO라고 할 수 있다. 그러나 당시의 노동조합이나 노동운동 조직을 오늘날의 NGO의 의미로 부르지는 않는다.

NGO라는 용어는 1950년 2월 제10차 UN경제사회이사회(ECOSOC)에서 결의안 288조가 통과되면서 공식적으로 사용되기 시작했다. 당시 NGO는 정부기구가 아니면서도 UN과 협의적 지위(Consultative Status)를 인정받은 공식적인 조직을 의미하였다. UN의 창설과 더불어 UN과 NGO의 관계가 임시적인 것이 아니라 제도적, 지속적 관계를 확보하였다. 그것은 UN경제사회이사회가 NGO들과 '협의에 필요한 적절한 조치들'을 취할 수 있다는 UN헌장 제71조의 내용에서 살펴볼 수 있다. 이에 대한 구체적인 조치로 1950년 제10차 경제사회이사회 회의에서 NGO들의 협의적 지위를 인정하는 세 가지 분류[2]로서

2) NGO에 대한 세 가지 분류를 살펴보면 다음과 같다. 우선, 일반적 협의 NGO는 실질적으로 경제사회이사회가 다루는 의제의 대부분을 다루고, 경제사회이사회의 책임하에 있는 대부분의 영역에서 공헌이 기대되며, 광범위한 범위의 국가들을 대표하는 다수의 회원을 가지고 있는 NGO이다. 다음, 특별 협의 NGO는 인권과 환경 등과 같은 경제사회이사회가 다루는 쟁점의 일부에 관련이 있는 NGO이다. 이러한 특정 분야에서 공헌이 기대되는 국제적으로 잘 알려진 NGO가 이에 속하며 이들은 특별 협의 지위를 누린다. 끝으로, 로스터 NGO는 소위 명부(roster)에 속하는 NGO라고 불리며 명부 지위를 누리는 NGO라고 할 수 있다. 이들 NGO들은 경제사회이사회나 UN 사무총장에 의해 경제사회이사회나 경제사회이사회의 하부기관에 대해 때때로 유효한 공헌을 할 수 있다고 간주되는 NGO들이다.

[그림 2-7]과 같은 일반적 협의 NGO, 특별 협의 NGO, 로스터 NGO가 도입되어 지금까지 지켜지고 있다.

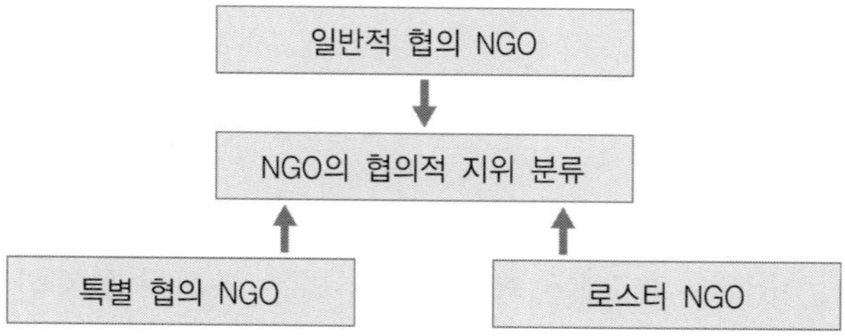

[그림 2-7] NGO의 협의적 지위 분류

출처 : 김창엽(2006). 시민사회 분화기의 시민교육 연구.

이와 같이 처음에는 NGO가 국제정치적 맥락에서 정부간기구(Inter-Governmental Organization)에 대응하는 조직으로 규정되었다. 오늘날에는 개별 국가정부에 대응하는 시민사회의 다양한 조직들에 대해서도 NGO라는 개념을 사용하고 있다. 국제적인 조직들에 대해서는 별도로 INGO(International NGOs) 또는 GNGO(Global NGOs)라는 용어를 사용하고 있다.

시민사회의 시민단체들과 그들의 활동을 개념화하는 방식은 나라에 따라 차이가 있다. 미국의 경우 정부로부터 면세 혜택을 받는 등록된 기관단체들을 구분하기 위해 비영리 섹터(non-profit sector)라는 용어를 사용하기도 한다. 영국은 비영리, 비정부 등의 표현 대신에 자발적 섹터(voluntary sector)라는 용어가 공식적으로 통용되고 있다. 유럽은 비영리조직, 비정부조직, 제3섹터 등의 용어를 함께 사용하고 있다. 이것을 정리하면 <표 2-2>로 나타낼 수 있다.

<표 2-2> NGO 명칭 구분

구 분	명 칭	비 고
미 국	비영리 섹터 (non-profit sector)	정부로부터 면세 혜택을 받는 등록된 기관 단체들을 구분하기 위해 사용
영 국	자발적 섹터 (voluntary sector)	'비영리', '비정부' 등 대립적 표현보다 '자발적 섹터(voluntary sector)'라는 표현 사용
유 럽	'비영리조직', '비정부조직', '제3섹터'	세 가지 표현을 공용
국제조직	INGO(International NGOs) 또는 GNGOs(Global NGOs)	

출처 : 김창엽(2006). 시민사회 분화기의 시민교육 연구.

2) NGO의 구분

NGO는 다양한 속성과 행동 내용을 가지고 있다. NGO를 단일한 성격으로 가름하지 못하는 이유이다. NGO를 개념적, 성격적, 계급운동적 구분으로 살펴보면 다음과 같다.

(1) 개념적 구분

NGO의 뜻을 단어 그대로 수용한다면 정부기구가 아닌 모든 기구들이 NGO에 속하게 된다. 이 경우 NGO는 아무런 개념적 의미도 지니지 못할 수 있다. 왜냐하면 시장 영역에 속해있는 기업도 비정부기구로서 NGO에 해당될 수 있기 때문이다. 그러나 기업은 시민단체로 가름될 수 없다. 시민사회가 국가는 물론이고 시장을 비판, 감시, 견제한다는 맥락에서 시장에 속한 기업이 시민사회에 속한 시민단체와 동일시될 수 없기 때문이다. 즉, NGO를 비정부기구로만 해석하는 단순구분은 국가−시장−시민사회 중 시장에 속하는 기업이 개념상 시민사회에 속하게 되는 모순에 빠지게 된다.

이런 혼란을 피하기 위해 시민단체에 NPO(Non−Profit Organizations), 즉 비영리기구라는 개념을 적용할 수 있을 것이다. 시장에 속한 조직이 영리를 추구하기 때문에 시민단체를 비영리기구로 범주화하면 시장 소속 기구를 배제할 수 있게 된다. NPO는 주로 자원활동단체를 지칭한다고 할 수 있다. 이러한 비정부기구(NGO)와 비영리기구(NPO)라는 구분은 그 조직의 활동 여부와 상관없이 정부와 시장에 속해있는가 아닌가에 따라 적용되는 소극적 분류라고 볼 수 있다.

시민사회에 소속한 시민단체는 소속된 시민사회의 성격과 단체의 지향에 따라 다양한 활동을 한다. 따라서 시민단체의 활동내용과 성격을 감안하여 비영리기구(NPO)보다 적극적인 의미의 시민사회조직(CSO : Civil Society Organization)으로 구분할 수 있다. 시민사회조직(CSO)은 사회적 쟁점과 문제에 대해 해결을 주장하고, 직접 행동을 하는 시민단체라고 정의할 수 있다.

한편 NGO는 활동 내용에 따라 Voice형 조직, Voluntary형 조직, Profit형 조직, 기타 조직으로 구분할 수 있다. 우선, Voice형 조직은 사회적 문제나 쟁점에 대해 자기의 주장을 내세우고 해결하려는 활동을 한다. NGO나 NPO보다 CSO형 조직에 부합된다. 다음, Voluntary형 조직은 사회적 소외 현장에서 자원활동을 주로 하는 단체를 가리킨다. NPO가 주로 속해 있지만, 시장에 속한 기업도 자원활동이 가능하기 때문에 NGO로 자리할 수 있다. 끝으로, Profit형 조직은 전형적인 시장의 기업에 해당된다. 정부조직이 아니므로 너른 범주에서 NGO에 속한다. 그리고 NGO에 해당되는 기타 조직으로 조기축구회, 음악동호회 등을 들 수 있다. 물론 이들이 자원활동을 겸한다면 NPO의 성격을 가질 수도 있다.

이와 같이 NGO는 단순히 같은 성격의 시민단체로 가름할 수 없다. 조직의 성격과 활동 내용에 따라 다층적이고 중층적인 성격을 가진다. 이러한 조직 성격에 따라 NGO를 구분하면 <표 2-3>과 같다.

<표 2-3> 조직 성격에 의한 NGO 구분

구분	Voice형 조직	Voluntary형 조직	Profit형 조직	기타 조직
NGO		시장 영역의 단체	시장영역의 기업	조기축구회 등
NPO		시민사회 영역의 자원활동 단체		
CSO	시민사회 영역의 시민운동조직			

출처 : 김창엽(2006). 시민사회 분화기의 시민교육 연구.

<표 2-3>과 같이 NGO 구분은 결정적이지 않다. 각 매트릭스 간에 중첩 지점이 있고, 한 매트릭스에 속한 NGO가 다른 매트릭스로 이동할 수도 있다. 이러한 유동성은 NGO의 특성에서 비롯된다. NGO의 일반적 특성은 첫 번째, 비정부기구이며, 비정당적, 비영리적 기구를 원칙으로 하고, 두 번째, 자발적이고 자율적인 기구이며, 세 번째, 공익의 증진과 보호를 목적으로 하고, 네 번째, 회원 자격이 모두에게 개방되어 있고, 다섯 번째, 지속적으로 존속하는 단체라는 것이다. NGO의 특성을 정리하면 [그림 2-8]과 같다.

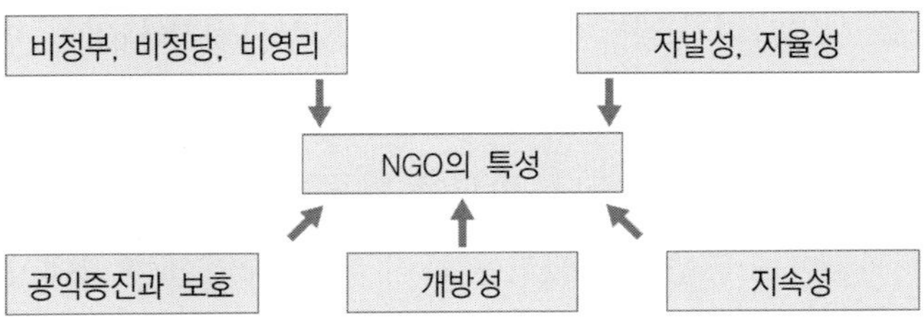

[그림 2-8] NGO의 특성

이런 특성들로 인해 NGO는 정부, 정당, 기업, 관제 단체, 어용 단체, 일시적 시위 군중과 구분되고 있다. 동시에 NGO의 특성요인이 변경이 되면 소속지형의 이동이 가능하다.

(2) 성격적 구분

국가와 시장 영역에 소속된 유사시민단체를 배제하고 살펴봐도 지역사회에서 활동하는 NGO는 다양한 성격과 활동내용을 가지고 있다. NGO들은 환경에서 평화, 법, 정치, 인권 그리고 예술과 체육에 이르기까지 사회의 거의 전 분야에서 활동한다. 때문에 이를 활동 분야별로 분류하는 것이 용이하지 않다. 한 가지 영역에서 활동하는 NGO도 있고, 여러 영역에 걸쳐 활동하는 NGO들도 있는데, 이는 각 영역이 독립적이면서도 상호연관성을 가지고 있기 때문이다. 또한 생활세계에서 새로운 문제가 지속적으로 생성될 수 있기 때문이다.

지역사회의 NGO는 모두는 아니지만 대부분 사회적 약자나 소외된 소수의 이해를 대변하여 여론을 형성하고 사회적 억압기제나 불평등 구조의 혁파와 개혁을 위해 노력한다. 동시에 지역사회에서 사업과 여론 형성을 통해 지역사회 구성원들을 교육시키고 구성원들이 직접 참여하여 스스로 지역사회의 문제를 해결할 수 있도록 지원함으로써 참여민주주의를 실현하고 지역사회 발전을 구체화하려는 노력을 하기도 한다.

일반적으로 시민사회가 발달한 사회일수록 지역사회가 다양한 형태로 분화되어 있고 NGO들의 활동도 한 영역에 국한된 활동을 하는 단일과제 NGO들이 주류를 이루는 경향이 강하다. 반면에 민주주의가 덜 발달한 사회에서는 기득권층에 저항하는 민주화 운동이 주축이 되고, 다양한 영역에서의 NGO들의 활동이 미흡할 가능성이 높다. 따라서 NGO들이 활동을 한다고 해도 여러 영역의 사회적 문제와 쟁점을 망라해서 다루는 종합 NGO들이 발달해 있을 개연성이 많다.

(3) 계급운동조직과의 구분

NGO의 기본적인 속성은 공공선(public good) 추구이다. 공공선은 계급적 이해를 넘어 모든 사람 또는 상대적으로 많은 사람에게 적용되는 개념이다. 종교단체나 노동운동조직의 경우 특정한 집단이나 계급을 우선시한다. 따라서 종교단체와 계급운동조직은 일반적으로 NGO의 범주에 포함시키지 않는다. 이는 이들 조직이 규모가 크고 불특정된 대상을 중심으로 공공선을 추구하는 활동을 하기보다는 특정되고, 압축적인 집단을 대상으로 활동하기 때문이다. 그러나 NGO에 대한 이런 규정이 바람직하며 또한 현실적 복잡성을 잘 설명할 수 있는지 의문의 여지가 있다.

첫째, 시민단체의 활동과 노동운동조직의 활동을 비교해 보면, 공공성 실현과 계급이익 추구라는 측면에서 확연히 구분된다. 그러나 노동운동조직의 활동은 다음과 같은 맥락에서 시민단체의 활동과 중첩되고 있다. 우선, 노동자는 이중적 신분을 가지고 있다. 노동자는 노동계급에 속해있으면서 동시에 지역사회에서는 지역사회 구성원, 즉 시민의 신분을 가지고 있다. 노동계급이 가지고 있는 노동현장에서의 노동자 신분과 지역사회에서의 시민 신분은 현실적으로 분리될 수 없다. 따라서 노동운동조직의 활동 대상인 노동자는 곧 시민이기 때문에, 노동자의 계급이익은 시민의 공공성으로 전환되거나 중첩될 수 있다. 다음, 노동운동조직의 활동이 공공선을 담보하고 있다. 노동운동조직이 추구하는 계급이익은 지역사회 시민단체 활동의 공공성과 중첩된다. 노동자도 지역사회 단위에서는 학부모, 소비자, 남성과 여성, 지역사회 구성원이라는 정체성을 강하게 가진다. 노동운동조직의 활동은 기존의 불평등한 사회경제적 구조를 개혁하거나 변혁시키려는 사회운동의 성격을 가지고 있다. 이러한 사회경제적 구조의 개혁이나 변혁은 모든 사람에게 도움이 되는 공공선의 성격을 가지게 된다. 즉, 노동운동조직의 활동이 공공선을 향한 내용이 되는 것이다.

둘째, 시민단체의 활동과 종교단체의 활동을 비교해 보면, 보편적 집단 대상 활동과 특정한 집단 대상 활동이라는 부분에서 구분된다. 그러나 종교단체의 활동도 다음과 같은 맥락에서 시민단체의 활동과 중첩되고 있다. 우선, 종교단체의 활동 대상이 되는 특정한 집단은 이중적 신분을 가지고 있다. 특정 종교 집단에 속해있으면서 동시에 지역사회에서는 지역사회 구성원, 즉 시민의 신분을 가지고 있다. 특정 종교집단 구성원이 가지고 있는 구성원으로서의 신분과 지역사회에서의 시민 신분은 현실적으로 분리될 수 없다. 따라서 종교단체의 활동 대상인 특정 종교집단 구성원이 곧 시민이기 때문에, 종교단체의 활동 결과는 시민의 공공성으로 전환되거나 중첩될 수 있다. 다음, 종교단체의 활동이 공공선을 담보하고 있다. 종교단체가 추구하는 활동의 결과는 지역사회 시민단체 활동의 공공성과 중첩된다. 특정 종교 집단의 구성원도 지역사회 단위에서는 학부모, 소비자, 남성과 여성, 지역사회 구성원이라는 정체성을 강하게 가진다. 종교단체의 활동은 환경, 인권, 복지 등 공공선을 위한 내용이 포함되는 경우가 많다. 기존의 불평등한 사회구조를 개혁하거나 사회적 갈등과 쟁점을 해결하려는 사회운동의 성격을 가지고 있다. 이러한 사회운동적 성격이 공공선과 연결된다. 즉, 종교단체의 활동이 공공선을 향한 내용이 되는 것이다.

이와 같이 노동운동조직이나 종교단체는 외견상 노동계급이나 특정 종교 집단을 위한 활동을 하는 것으로 보일 수 있다. 그러나 구성원이 지역사회 시민이라는 이중적 신분을 가지고 있고, 그 활동의 성격이나 결과가 공공성을 지니는 경우가 많다. 이는 노동운동조직과 종교단체의 구성원 속성과 활동 내용이 시민단체의 속성과 본질적으로 중첩된다는 것을 가리킨다. 이를 정리하면 [그림 2-9]와 같다.

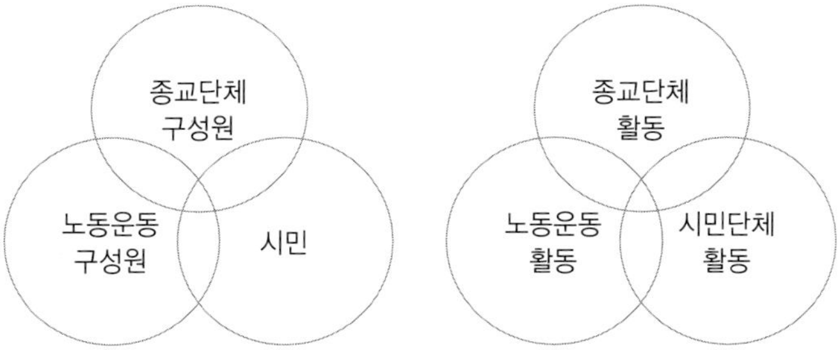

[그림 2-9] 노동운동과 종교단체가 가지는 시민단체와의 중첩성

3) 시민단체[3)]의 지향과 시민교육

시민단체는 공적 이익을 지향한다. 그러나 지역사회 구성원의 성격이 다양하고, 시민단체의 속성과 지향이 다채롭기 때문이 공적 이익을 어떻게 규정할 것인가 하는 것은 중요한 문제이다. 즉, 시민사회가 다양한 세력들로 나누어져 있고, 구성원이 다층적으로 존재하므로 공적 이익과 사적 이익 그리고 전체 시민을 대상으로 하는 일반이익과 특정 집단을 대상으로 하는 특수이익을 구분하는 것이 간단하지 않기 때문이다. 따라서 시민단체의 지향을 공적 이익이라는 맥락에서 짚어볼 때 단순히 활동 내용과 대상을 넘어서 궁극적 지향이나 목적을 살펴볼 필요가 있다. 이런 맥락에서 시민단체의 지향을 다음과 같은 관점에서 살펴볼 수 있다.

첫째, 시민단체의 지향을 이타성과 이기성으로 짚어볼 수 있다. 시민단체의 지향을 모두 또는 상대적으로 많은 지역사회 구성원을 대상으로 하는 공적 이익의 추구라는 관점에서 보는 것이다. 이 경우 사회적 약자들과 소수자들의 조직이 자신들만의 이익을 추구하는 활동을 할 경우 과연 이것들을 시민단체라고 할 수 있는가 하는 문제가 제기될 수 있다. 모두 또는 상대적으로 많은 지역사회 구성원을 대상으로 하는 시민단체가 공공선, 공적 가치라는 일반적 지향을 가지고 있는 것과는 달리 특정 집단 또는 상대적으로 소수를 대상으로

3) 이하 NGO를 시민단체라고 칭함

하기 때문이다. 특정 조직의 활동이 조직 구성원들만의 이익을 추구하느냐 아니면 조직 밖의 지역사회 구성원들의 이익을 추구하느냐, 즉 '이기적이냐, 이타적이냐'에 대한 판단에 따라 해당 조직을 시민단체에 포함시키거나 배제시킬 수 있다. 그러나 여기서 주목할 것은 우선적으로 특정 조직의 구성원 이익에 집중된 이기적 성격의 활동이라 할지라도, 다른 집단에게 그 활동의 내용과 성과가 열려있으면, 그 활동은 이타성을 가지고 있다는 것이다.

둘째, 시민단체의 지향을 공적 이익과 사적 이익, 또는 일반이익과 특수이익으로 살펴볼 수 있다. 시민단체가 공적 이익 또는 일반이익을 추구한다는 것은 특정 집단의 이익이 아닌 사회 전체의 이익을 추구하는 것을 의미한다. 그러나 엄밀한 의미에서의 공적 이익 또는 일반이익은 개념과 달리 매우 제한적인 경우가 많다. 우선, 지방정부의 정책집행 및 예산사용에 대한 감시, 환경문제, 교육, 의료, 주택, 수도, 전기 등 공공 서비스 개선 활동 등은 상대적으로 사회 전체의 이익과 관련된다. 그러나 이런 활동들조차도 특정 집단에 대한 배제나 배려에서 절대적으로 자유로운 것이 아니다. 상대적으로 불이익을 받거나 결과물을 충분히 공유하지 못하는 집단이 존재하기 때문이다. 다음, 사회 전체의 이익이라는 관점에서 공적 이익을 규정할 경우 재벌개혁, 복지, 여성, 노동, 소수자, 인권, 생태 등 특정 쟁점을 중심으로 활동하는 조직은 시민단체에서 배제되어야 할 것이다. 이는 이러한 특정 쟁점들이 상대적으로 압축된 집단과 관련을 가지고 있기 때문이다.

지금, 여기 많은 시민단체들이 재벌개혁, 복지, 여성, 노동, 소수자, 인권, 생태 등의 쟁점들을 중심으로 활동하고 있다. 그러나 이런 시민단체들이 특정 집단과 관련된 사적 이익 또는 특수이익만을 위해 활동하고 있다고 하기는 어렵다. 이는 이런 쟁점과 활동들이 전체 사회의 이익이라는 맥락과 영역에 연결되기 때문이다. 따라서 공적 이익과 사적 이익, 또는 일반이익과 특수이익의 모호함을 벗어나기 위해 공적 이익이나 일반이익의 개념을 새롭게 규정해야 할 필요가 있다. 즉, 공적 이익과 사적 이익, 또는 일반이익과 특수이익을 나눌 때 활동대상 중심으로 구분하기보다는, 활동목표나 지향점을 중심으로 분류하는 것이 적절하다. 다시 말해서, 어떤 대상을 위한 활동인가보다는 어떤 상태를 위한 활동인가에 주목해야 한다. 즉, '대상에서 상태'로 관점이 전환되는 것이다.

이 경우 공적 이익은 사적 이익과 비교되는 것이 아니고, 공적 이익 자체에서 분화가 이루어지는 것이다. 예를 들어, 공적 이익을 소극적 공적 이익과 적극적 공적 이익으로 구분할 수 있다. 소극적 공적 이익은 상대적으로 다수에게 이익이 되는 상태를 구하는 것이고, 적극적 공적 이익은 보다 평등하고 정의로운 사회 상태를 추구하는 것으로 정의할 수 있다. 이러한 공적 이익에 대한 관점 전환을 정리하면 [그림 2-10]과 같다.

[그림 2-10] 공적 이익 개념 규정을 위한 관점 전환

이러한 관점에서 본다면 공적 이익은 일반이익인가, 특수이익인가의 문제가 아니다. 공적 이익은 불평등하고 정의롭지 못한 사회 상태인가, 평등하고 정의로운 사회 상태인가의 문제와 결부되는 것이다.

사회적 약자와 소수자들의 권리를 위한 시민단체와, 보다 정의롭고 평등하고 인간적인 사회를 추구하는 시민단체는 모두 평등하고 정의로운 사회 상태를 지향한다. [그림 2-11]과 같이 소극적 공적 이익의 단계를 거쳐서 적극적 공적 이익으로 전환하는지, 아니면 바로 적극적 공적 이익을 위한 활동을 하는지에 대한 구분이 있을 뿐이다. 따라서 사회적 약자와 소수자들의 권리를 위한 시민단체와, 보다 정의롭고 평등하고 인간적인 사회를 추구하는 시민단체는 모두 시민단체에 포함된다고 할 수 있다.

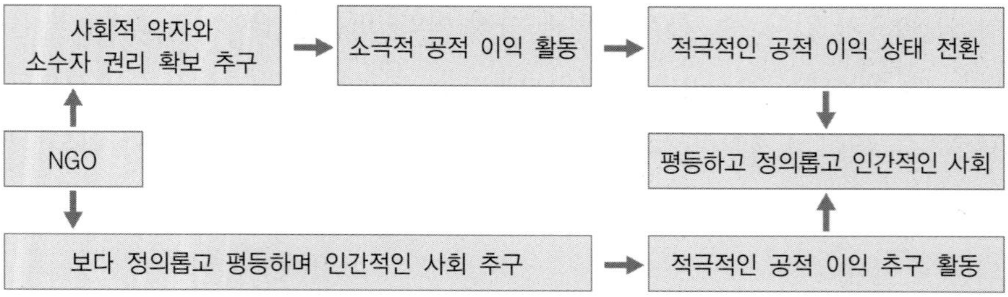

[그림 2-11] 시민단체의 활동 형태와 지향

그러나 이러한 구분은 현실적인 난관에 봉착할 수 있다. 공적 이익과 사적 이익, 일반이익과 특수이익에 대한 구분이 현실적으로 어려운 경우가 많기 때문이다. 어떤 행위들을 공적 이익 또는 일반이익으로 보느냐, 사적 이익 또는 특수이익으로 보느냐 하는 것에 대한 사회적으로 합의된 기준이 없다. 다양한 속성과 지향을 가진 시민단체가 무엇을, 왜 공적 이익으로 보느냐에 대한 현실적 판단기준에 따라 달라질 여지가 많을 수 있다. 이것은 어떤 상태를 바람직한 상태로 보는가 라는 본질적 문제와 연결될 수밖에 없다. 따라서 이는 바람직한 어떤 상태 또는 단순히 공적 이익에 대한 이론적 개념 규정의 문제가 아니라 규정을 둘러싼 시민단체 간의 헤게모니 투쟁의 문제로 귀결될 수 있다.

그럼에도 불구하고 시민단체는 사회적 약자와 소수자들의 권리를 위하고, 보다 정의롭고 평등하고 인간적인 사회를 추구하는, 이타적인 활동을 한다고 할 수 있다. 이러한 시민단체의 활동은 인간을 비인간화하는 사회구조적 문제와 갈등을 해결하는 데 주목하게 된다. 문제와 갈등 해결을 통해 인간의 비인간화가 인간화의 과정으로 재진입하게 되면, 결과적으로 시민단체의 활동이 교육으로서 노릇을 하고 있는 것이다. 즉, 시민단체는 추상적 시민사회의 지향과 목적을 구체화, 실체화하고 있으며, 그 과정에서 인간화의 길을 구축함으로써 시민교육의 구실을 하고 있는 것이다.

3장 | 신사회운동과 시민교육

시민교육은 내용과 지향에서 노동운동과 결이 다르다. 국가권력과 시장권력에 대한 감시와 비판 그리고 견제, 여성, 인권, 생태, 소수자, 평화, 자유민주주의 등이 시민교육의 주된 내용이다. 이러한 시민교육의 내용은 신사회운동과 맥락을 같이하거나 중첩되는 부분이 존재한다. 여기서 신사회운동의 성격, 신사회운동적 시민단체의 활동 특성, 신사회운동의 흐름과 시민교육을 짚어 본다.

1. 신사회운동의 성격

1) 구사회운동과 신사회운동

1960년대 이전의 사회운동 주류는 노동운동이었다. 1960년대 이후 유럽에서는 노동운동과는 다른 특성을 가진 사회운동들이 다양하게 등장했다. 현재 신사회운동으로 불리는 학생운동, 여성운동, 평화운동, 환경운동, 성소수자운동, 인권운동, 생태운동, 소수자, 평화, 자유민주주의운동 등이 그것이다. 신사회운동과 구사회운동인 노동운동은 운동내용뿐 아니라 본질적인 부분에서 대비점이 있다.

먼저, 노동운동은 시민의 생성과정과 관련이 있다. 1차 산업혁명과 시민혁명을 거치면서 시민의 범주가 구체화된다. 외연적으로 부르주아, 노동자, 농민 모두가 시민으로 위치할 수 있었다. 그러나 당시의 시민 범주에 실질적으로 속하기 위해서는 명시적, 암묵적으로 일정한 조건이 필요하였다. 우선, 세금을 납부할 수 있고, 정치에 참여할 수 있어야 했다. 다음, 인권, 평등, 자유, 박애, 저항 등의 가치를 공유해야 했다. 이러한 조건을 충족시킬 수 있는 것은 주로 부르주아들이었다. 자본가 소유의 생산시설에 소속되어 노동을 하는 노동자, 그리고 못지않게 열악한 상태에 있던 농민은 시민의 범주에 외연적으로는 포함될 수 있었으나 실질적으로는 배제될 수밖에 없었다. 이에 노동자는 오랜 기간 동안 시민 범주에 속하기 위한 노력을 경주하였다.

이와 같이 시민의 생성과정에 노동자와 농민이 참여하고, 이들이 시민의 자격을 확보하기 위해 활동하는 과정에서 노동운동이 대두된다. 이를 두 가지 측면에서 살펴볼 수 있다.

첫째, 자본가는 이익 극대화를 위해 비인간적 작업환경과, 노동통제장치 및 제도를 구축하여 노동자를 착취하고 인권을 유린하였다. 산업혁명을 전후로 노동자에 대한 착취와 인권유린이 가중되었다. 기계와 기술의 발달은 노동자에게 여가와 수입 증가를 가져다주기보다는 해고와 노동강도의 강화를 강제하였다. 자본가가 국가와 우호적 관계를 형성하여 노동자 착취와 인권 유린을 효과적으로 수행하는 경우도 있었다. 이에 노동자는 자본가와 국가를 상대로 인권과 생존권 확보를 위한 싸움을 지속하였다. 이 과정에서 시장과 국가의 직접적이고 물리적 억압이 발생하기도 하였다.[1)]

둘째, 사회적 측면에서 지속적으로 군부와 경제와 정치의 지휘부를 차지하고 있는 소수의 사람들에게 권력이 집중된다. 이들은 계급의식이나 이해관계의 일치를 통해 무의식적으로나 의식적으로 권력을 더욱 강화하고 영구화하려고 노력한다. 1950년대에 이미 이들의 주축인 자본가, 관료, 법조인,

1) '여성의날'이나 '노동절'은 노동자가 시장과 국가의 물리적 억압으로 희생된 것을 기리기 위해 제정되었다.

군수물자업자, 정치인 등을 중심으로 파워 엘리트[2]가 형성된다. 이들에게 포섭된 시장과 국가는 상호 보완적이고 융합되는 형태를 보인다. 특히 자본가는 일차원적인 자본가 계급을 넘어서 국가에 영향을 미치는 지배계급으로 전환하였다. 노동자 역시 자본가와의 투쟁을 통해 계급성을 확인하고 노동자 계급을 형성하였다. 이에 반해 일반 국민들은 아무런 역할을 하지 않은 채 국가와 시장의 결정에 휘둘리며 조종당하고 있었다. 시장은 노동자를 착취하여 자신들의 수익을 극대화하였고, 국가는 시장을 지원하였다. 노동자는 노동조합을 만들고, 이를 중심으로 인권과 생존권을 확보하기 위해 시장과 국가에 대항하였다.

이러한 시장과 국가에 대한 노동자의 대항은 노동조합을 근간으로 하는 노동운동을 통해 이루어졌다. 유럽의 경우 지난한 과정을 통하여 노동조합의 주장이 수용되고, 제도화되었다. 노동계급의 삶의 존엄성을 유지하고 보호하는 장치가 마련되고, 작동되었다. 이러한 결과를 확보하면서 노동부문에만 주목했던 노동운동 중심의 힘이 다양한 시점을 가지게 되고, 삶의 관점이 다른 영역으로 전이되게 된다. 인권, 여성, 평화, 환경, 성소수자 등의 영역은 노동운동의 주장이 제도권으로 안정적으로 포섭된 이후에 주목된 것이다. 이 영역들을 중심으로 이 영역의 쟁점들을 바람직하고 적절하게 변화시키고자 하는 새로운 사회운동이 일어나게 된다. 노동운동 중심의 사회운동과 새롭고 다양한 영역의 사회운동을 비교하여, 이전의 사회운동을 구사회운동(OSM : Old Society Movement)라고 하고 새로운 사회운동을 신사회운동(NSM : New Society Movement)라고 한다.[3]

---

2) 파워 엘리트란, '중요한 영향을 가져올 결정을 내릴 수 있는 사람들'이라고 정의되고 있다. 하지만 정작 문제는 우연이든 의식적이든 그러한 결정을 내릴 수 있는 중요한 위치 그 자체에 있다.

3) 구사회운동과 신사회운동은 실체화되어 있지만, 독립적으로 존재하는 것은 아니다. 두 운동 사이에는 [그림 3-1]과 같은 중첩지대가 존재한다.

구사회운동	중첩지대	신사회운동

[그림 3-1] 구사회운동과 신사회운동의 지형

구사회운동과 신사회운동은 현재 존재하는 실체이다. 신사회운동을 추구하는 사회라고 해도 그곳에서 구사회운동이 소멸된 것이 아니다. 상대적으로 어떤 영역에 비중을 두고 주목하는가를 살펴야 한다. 이러한 맥락에서 구사회운동과 신사회운동이 주목하는 것을 비교하면 다음과 같다.

첫째, 구사회운동은 정치영역에 주목한다. 노동운동은 노동자정당을 만들고, 노동조합을 합법화하며, 노동자의 권익 보호와 노동조건 개선에 이르기까지 다양한 수준과 영역을 다룬다. 이 과정에서 노동운동은 정치영역과의 관계를 설정하고 접근하게 된다. 이는 노동운동에서 주장하는 것이 실현되고 구체화되기 위해서는 제도화, 법제화가 필요하고, 이를 해결하기 위해 정치영역의 역할이 요구되기 때문이다.

둘째, 신사회운동은 문화영역에 주목하고 있다. 이는 신사회운동의 관심영역이 시민권이나 정치영역의 차원보다는 오히려 새로운 가치와 이념, 대안적 생활양식에 있기 때문이다. 따라서 신사회운동은 근본적으로 생활세계적인 것이라고 할 수 있다.

2) 신사회운동의 출현 배경

신사회운동은 새로운 가치와 이념, 대안적 생활양식, 생활세계의 실천에 주목한다. 따라서 신사회운동의 목표는 시장권력이나 국가권력에 대한 감시와 견제, 통제가 아니라 상대적으로 지역사회 구성원, 즉 생활세계 거주자에 대한 동원과 이들의 실천에 있다. 이는 지역사회 구성원이 신사회운동의 가치와 이념을 생활세계 속에서 구체적으로 실천할 수 있기 때문이다. 이런 점에서 신사회운동은 기본적으로 시민사회로부터 출현한다고 볼 수 있다. 시민사회에 신사회운동이 출현하는 배경을 살펴보면 다음과 같다.

첫째, 신사회운동은 생활세계가 식민화되는 경향성에 대한 저항으로 나타난다. 시민사회에는 노동에 대한 제도적 안정과 복지 차원의 물질적 보상으로 해소되지 않는 새로운 갈등유형이 존재한다. 이 갈등은 문화적 재생산과 사회적 통합, 그리고 사회화의 영역에서 발생한다. 이는 시장과 국가의 융합적 성장이 생활세계를 침해하기 때문이다. 후기자본주의 사회에서는, 생산의 성과를 독과점하여 자본주의적 성장을 유지하는 데 주력하는 중심부 계층과, 생산의 성과에서 배제되고, 소비주의에 매몰되며, 생산의 복잡성 증대에 압박을 받는 주변부 계층이 존재한다. 주변부 계층은 이러한 배제와 매몰, 압박이 가져오는 자기파괴적 결과에 의해 심각한 상처를 받게 된다. 이러한 상처는 생활세계 식민화의 다른 표현일 수 있다. 식민화된 생활세계에서는 다음과 같이 저항이 형성된다.

우선, 공해, 생태계 파괴 등이 가져오는 생활세계의 기본 토대 상실에 대한 저항이 발생한다. 예를 들어, 물질문명 과대화가 지속된다. 이를 통해 이익을 극대화하는 자본가 계급의 행위가 공해를 비롯한 생태계 파괴를 초래한다. 자본가 계급은 생태계 파괴가 가져오는 재앙적 결과를 생활세계에 이전시킨다. 즉, 생활세계가 파괴되거나 오염된다. 이에 따른 반발과 저항이 발생한다. 환경보호나 생태보존에 대한 새로운 관심과 행동, 반발들은 이런 측면에서 생활세계의 유기체적 구조가 지나치게 침해당하는 데 대한 저항이다. 이와 같은 저항을 통해 지역사회 구성원들은 쾌적하고 건강한 삶에 대한 기준을 더욱 분명하게 의식하게 된다.

다음, 생활세계의 안정성과 지배력의 상실을 강요하는 새로운 위협에 대한 저항이 나타난다. 자본주의는 현대사회의 과도한 복잡성을 주도한다. 군사력에 의한 파괴의 잠재력, 핵발전소와 핵폐기물의 위험, 유전공학과 인공지능, 첨단기계에 의한 개인의 사생활 침해와 감시, 기후변화 등은 이전과는 다른 새로운 유형의 위협이다. 이러한 새로운 유형의 위협이 지역사회 구성원의 생활세계에 침투해 생활세계의 여러 차원들을 파괴한다. 새로운 유형의 위협은 대단히 거대하게 작동되는 과학기술적 기제, 정치적 기제, 문화적 기제에 기반을 둔다. 이것은 생활세계에 대한 지역사회 구성원의 지배력과 통제력 범위를 넘어서고 안정성을 크게 해친다. 지역사회 구성원이 생활세계에서 압도된 느낌을 갖도록, 심리적·정서적으로 굴복하도록 기능한다. 따라서 생활세계에서 자신들의 삶의 안정성과 지배력의 상실을 강요하는 이 거대하고 새로운 유형의 위협에 대한 저항이 발생하게 된다.

둘째, 신사회운동은 현대사회의 갈등과 모순을 국가나 정치, 관료주의가 모두 해결할 수 없다는 인식에서 배태된다. 예를 들어, 사랑, 가족, 도덕, 윤리, 생태, 소외 등 비정치적 범주에서 발생하는 문제들은 많은 경우 자본주의가 주도한 정치체제, 경제체제, 사회체제, 문화체제에 의해 파생된다. 이 문제들은 국가의 개입이 제한적이거나, 효과성에 문제가 제기되는 범주에 위치한다. 그러나 국가는 문제해결을 내세워 이들 문제에 개입하여 자신들의 영향력을 증대시키고 시민사회에 대한 통제를 확보, 강화하려고 한다. 시민사회의 자생적, 자발적 제도와 문화들을 구속하여 통제효과를 구체적으로 만들려고 한다. 신사회운동은 이러한 국가주의적 기획에 대해 문제의식을 가지고 있다. 자본주의 산업사회의 갈등과 모순을 더 이상 국가주의, 정치규제, 관료적 접근 등으로는 해결할 수 없다는 인식을 가지고 있다. 신사회운동은 시민사회의 비정치적 문화와 제도들이 국가의 대의제적 제도, 관료제적 제도, 정치적 제도에 의해 구속되지 않도록 다양한 실천을 시도한다. 이를 통해 증대하는 국가의 규제와 통제, 개입으로부터 벗어나는 방식으로 시민사회를 재구성한다. 즉, 신사회운동은 시민사회가 국가로부터 스스로를 해방시키기 위해서 사적인 일과 사적 관심, 그리고 국가가 지배하는 제도영역과 정치영역 사이의 지형에서, 독자적인 실천을 통해 정치화되고 이를 통해 사회의 문제와 갈등을 해결하려고 한다.

셋째, 신사회운동은 인간의 주체성과 자율성을 침해하는 과학주의에 대한 저항에서 비롯된다. 자본주의 사회의 과학기술은 생산을 넘어 소비와 서비스,

사회적 관계까지 통제한다. 이러한 통제는 상호 유기적 관계를 맺으며 축적되어 영향력을 확장, 심화시킨다. 생활세계의 구성체계에 대한 복합적 조작, 정보통제, 편향적 상징 형성, 제도에 대한 통제와 조종, 지역사회 구성원들의 관계에 대한 개입이 이루어진다. 이들은 과학과 정보체계의 발전에 기반을 둔 과학주의를 통해 인간 개인의 성격, 생물학적 정체성에까지 영향력을 행사하는 무소불위의 힘과 능력을 보인다. 이러한 자본주의 사회가 기반을 둔 과학기술주의가 인간의 개인적 일상생활에 침투하거나 주입된다. 지역사회 구성원에게서 자기정체성의 형성과 연속성, 개인적 존재의 예측 가능성이 점점 쇠퇴하거나 소멸된다. 신사회운동은 이 지점에서 과학기술주의와의 새로운 갈등의 지형을 구축하고, 이에 터하여 개인적, 집단적 저항을 형성하게 된다.

이러한 신사회운동의 출현 배경을 정리하면 [그림 3−2]와 같다.

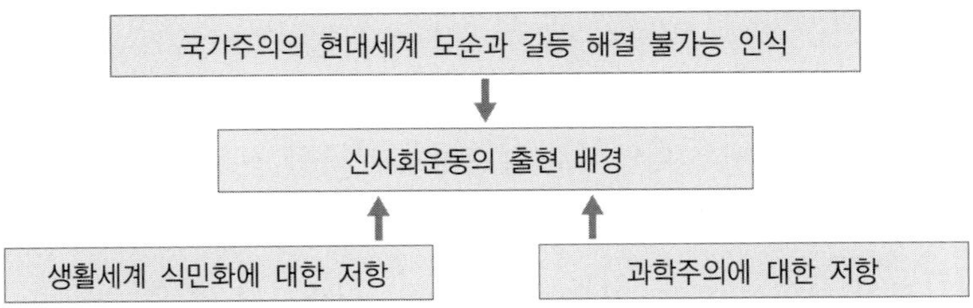

[그림 3-2] 신사회운동의 출현 배경

지금, 여기의 사회에는 새로운 형태의 소외와 배제가 존재한다. 시장과 국가의 비민주적, 관료적 성격에 의해 지역사회 구성원들은 자신들의 삶에 영향을 미치는 정책과 제도에 대한 의사결정의 중심에서 배제된다. 지역사회에 대한 지배력과 통제력을 상실한다. 지역사회 구성원들의 사회적 관계가 체계적으로, 근본적으로 분쇄된다. 자신들의 앞날을 판단하고, 꿈꾸고, 선택할 여지가 박탈된다. 이와 함께 국가권력과 시장권력이 그동안 머물고 있던 보이지 않는 세계에서 점차 가시적 세계로 진입하고, 보이지 않았던 손을 드러낸다.

물질적 측면에 기반을 둔 전통적인 지역사회 통제에서 문화산업을 통한 새로운 지역사회 통제, 상징성을 주입하는 인간 관리의 기제로 전환된다. 신사회운동은 이 새로운 형태의 소외와 배제가 초래하는 불행과 불안에 대한 저항의 움직임으로 볼 수 있다.

2. 신사회운동의 행위양식과 신사회운동적 시민단체의 활동 특성

1) 신사회운동의 행위양식

신사회운동의 핵심적인 쟁점은 다음과 같다. 우선, 생활세계에서 발생하는 쟁점이다. 신체와 건강, 성적 정체성, 활동 공간, 생태 등 생활세계에서 다양한 쟁점이 발굴된다. 다음, 물리적 환경에서 발굴되는 쟁점이다. 환경 오염, 공해, 방사능, 생활물질 독성 등에서 쟁점이 생산된다. 신사회운동에서 다루는 이러한 쟁점들은 매우 다양하고 일관성이 부족한 것으로 보일 수 있다. 그럼에도 불구하고 이러한 쟁점을 다루는 신사회운동은 특정 가치에 기반을 두고 있다. 특정 가치는 우선, 자율성의 가치와 정체성의 가치, 그리고 조종과 통제, 관료화, 규제 등에 대한 반대성의 가치 등이다. 이와 같은 신사회운동의 기반 가치와 핵심 쟁점을 정리하면 [그림 3-3]과 같다.

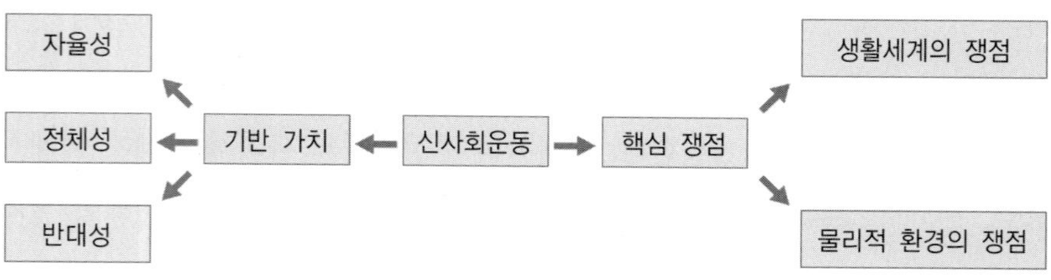

[그림 3-3] 신사회운동의 기반 가치와 핵심 쟁점

이러한 신사회운동의 기반 가치와 핵심 쟁점은 노동운동이나 정치행동과 같이 직접적으로 구체화되지 않는다. 사회변화를 이끌어 내려는 시도가 구사회운동과 다르게 다음과 같은 행위양식으로 나타난다.

첫째, 신사회운동적 조직의 구성을 위해 지역사회 구성원 개인들이 상호작용하는 내적 행위양식(internal mode of action)이 있다. 내적 행위양식은 지역사회 내 다수의 개인들이 집단적인 행위자가 되는 방식으로 나타나며, 신사회운동적 시민단체의 성격에 직접 관련된다. 내적 행위양식은 대단히 비공식적이고, 임기응변적이며, 통일적이지 않고, 상황에 좌우되며, 평등주의적이다.

둘째, 외부세계 및 적대적 집단에 대항하는 외적 행위양식(external mode of action)이 있다. 외적 행위양식은 생활세계와 물리적 환경에서 기인한 문제에 항의하는 지역사회 구성원 다수의 집단적 행동 형태를 가리킨다. 이러한 항의들은 대부분 합법적인 수단을 통해 공공의 관심을 모으려는 의도를 가지고 있다. 이와 같은 집단적 항의에 참여한 지역사회 구성원은 자신들을 조직적, 이데올로기적으로 통합된 조직으로 간주하지 않는다. 단일한 쟁점에 대해 거부 의사를 표현하는 일시적인 연대 정도로 생각하고 있는 경향이 있다. 따라서 이러한 연대에서는 참여자들 사이에 대단히 다양한 행위의 정당화와 신념이 존재한다.

한편 신사회운동적 시민단체는 핵심 쟁점을 처리하는 과정에서 원칙적이고 비타협적인 태도를 유지한다. 외부세계 및 적대적 집단에 대한 협상과 타협, 개량과 개선, 조직적 전술이나 압력을 통해 점진적으로 목표를 달성한다는 관점을 갖지 않는다. 찬성과 반대, 그들과 너와 나, 바람직한 것과 참을 수 없는 것, 승리와 패배 등과 같은 선명한 대립의 관점으로 다른 외부세계 및 적대적 집단에 대응한다.

2) 신사회운동 활동방식의 특징

이러한 신사회운동적 시민단체의 활동방식은 다음과 같은 특징을 보이고 있다. 우선, 기존 정치권 내의 진입을 목표로 하는 전략적 활동방식은 거의 없다. 신사회운동적 시민단체의 활동은 대체로 구사회운동의 정치적 활동 밖에 있는 운동이라고 할 수 있다. 다음, 다양한 활동방식을 채택하고 있다. 신사회운동적 시민단체의 성격에 따라 활동방식에 다소 차이가 있지만, 가능한한 모든 수단을 동원하는 경향을 가지고 있다. 대중모임, 강연, 연좌, 시위, 새로운 삶의 방식의 실천, 의식계발, 법률운동, 로비활동, 캠페인, 집회, 청원 등이 대표적인 활동방식이다. 끝으로, 활동 자체가 목표가 되는 경향이 있다. 신사회운동적 시민단체에서 목적 달성을 위한 수단으로서 특정한 활동을 하는 경우도 있지만, 활동 자체가 목표가 될 수 있다. 즉, 활동방식 자체가 수단적 목적을 가짐과 함께 새로운 삶을 구현하는 장으로서의 목적성도 가진다. 따라서 신사회운동적 시민단체는 활동방식이 거의 모든 시민활동 방식을 포함할 정도로 다양할 수 있다. 활동이 목표 달성을 위한 수단적 의미보다 활동 자체가 목적이 될 가능성이 높을 수 있다.

이러한 신사회운동적 시민단체의 활동방식은 단체의 조직 특성으로부터 발현할 수도 있다. 조직 대표자의 결정이 강제력을 가질 수 있고, 활동방식도 통일적이고 체계적일 수 있는 기존의 시민단체의 경우와 다르다. 일반적으로 신사회운동적 시민단체의 활동 특성은 신사회운동의 이념적 지향이나 가치형태와 유사하게 나타난다. 기존의 구사회운동의 권위적 관계에 대항하는 자율성, 정체성, 반대성의 중심가치가 나타난다. 신사회운동적 시민단체의 활동 특성을 다음과 같이 살펴볼 수 있다.

첫째, 지역중심성을 가지고 있다. 신사회운동적 시민단체는 대부분 지역사회에 기반을 두고 소규모집단을 중심으로 이루어진다. 따라서 단체의 세력 확장이나 영향력 확대에 일정한 제한이 나타날 수 있다.

둘째, 쟁점중심성을 가지고 있다. 신사회운동적 시민단체는 특별하고 구체적인 쟁점에 따라 조직되는 것이 보통이다. 쟁점 처리 과정과 결과에 의해 지역사회 구성원이 일시적으로 참여했다가 탈퇴하는 경우가 나타나고, 이것이 조직의 해체로 이어지기도 한다.

셋째, 관계 수평성을 가지고 있다. 신사회운동적 시민단체는 유동적인 위계구조와 느슨한 권위체계를 특성으로 하며, 관계의 수평성을 기반으로 한다. 회원 규모의 변동이 크게 나타나기도 한다.

이러한 신사회운동적 시민단체의 활동 특성을 정리하면 [그림 3−4]와 같다.

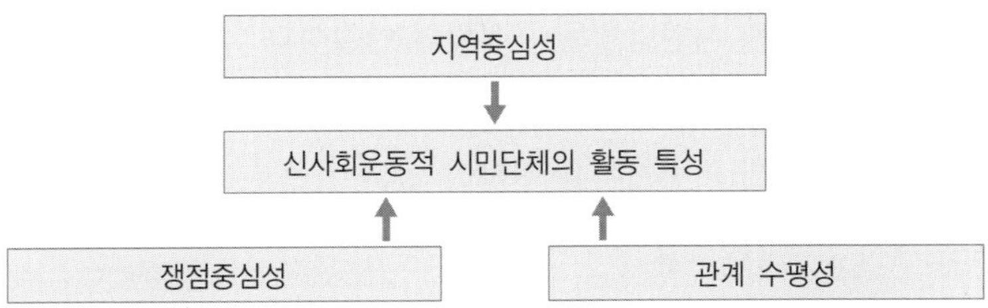

[그림 3-4] 신사회운동적 시민단체의 활동 특성

신사회운동적 시민단체가 가지는 이러한 지역중심성, 쟁점중심성, 관계 수평성은 참여자들 사이에 고도의 이념적 합의나 단체 활동의 궁극적 목표에 대한 합의를 요구하지 않는다. 따라서 신사회운동적 시민단체는 일반적인 정치집단이나 전통적 노동운동조직과는 대조적으로 정치적, 이념적 영역의 허용범위가 넓다. 이념 및 가치에 대한 서열적 관계를 없애고 참여민주주의를 지향한다. 통제와 조작 가능성을 배제하고, 의사결정은 집단토론에 기초하며, 전통적 의미의 지도자가 없는 경우가 많다. 반엘리트주의적 민주적 관계를 조직에서 실천하려 한다. 신사회운동적 시민단체의 이러한 속성은 다음과 같은 장단점을 노출한다.

첫째, 새로운 쟁점을 해결하는 과정에서 높은 적응력과 유용성이 장점이다. 신사회운동적 시민단체는 사회적 네트워크 성격을 가지고 있다. 대중매체나 SNS 등 개인적 네트워크나 정보 네트워크로 소통하고 연결한다. 지역사회 시민단체의 낮은 수준의 동원화 시기에 이러한 느슨한 형태의 조직, 그리고 정보 교류와 소통은 참여비용이 낮아서 효율적이다. 지역사회 구성원들은 최소한의 비용으로 활동에 참여할 수 있다. 이와 같은 신사회운동적 시민단체의 조직 특성은 노동조합이나 압력집단과 같은 전통적, 공식적, 안정적, 위계적 조직들에 비해 돌발적 상황이나 새로운 쟁점에 대해 높은 적응력과 유용성을 갖는 전략적 이점을 제공한다.

둘째, 활동의 지속성과 규모의 확대성에 제한이 있다는 것을 단점으로 들 수 있다. 신사회운동적 시민단체는 구성원의 이질성과 이념적 다양성, 공식화에 대한 거부 등으로 활동방향 설정에서 혼돈을 초래하고, 활동기간이 단기화될 수 있다. 이로 인해 지속적이고 영향력 있는 지역사회 활동세력으로 발전하는 부분에서 많은 한계를 보이게 된다.

한편 신사회운동적 시민단체 활동의 효과성 지속을 위해 기존의 시민단체의 특징을 살펴볼 필요가 있다. 대부분의 성공적이고 장기지속적인 지역사회 시민단체는 정책결정과 공식화의 수준이 높다는 조직 특성을 가지고 있다. 이는 신사회운동적 시민단체들이 활동의 지속성과 확장성을 가지기 위하여, 고립적이고 잠재적으로만 존재하는 것을 넘어서서, 지역사회 내 다른 시민단체들과 조직적 연계를 맺고, 복합조직(multi-organization)적 성격을 가질 필요가 있다는 것을 가리킨다.

3. 신사회운동의 흐름과 시민교육

신사회회운동은 독자적 가치 추구, 개인적 정체성 발휘, 상징의 변형 등을 통해 사회변화를 이끌어낸다. 이러한 변화는 대체 가능한 생활양식의 창출과 개인적, 집단적 의지의 광범위한 재형성을 기반으로 이루어질 수 있다. 의식의 자각, 사회심리적 관행에 대한 강조, 성소수자 운동, 도시지역 개혁에서 발생하는 생활양식의 실험을 위한 자유로운 사회적, 지리적 공간형성의 시도, 개인의 정치적 본질에 대한 강조, 생태, 풀뿌리 민주주의의 강조 등은 이와 같은 신사회운동의 결과를 생산하기 위한 시도라고 볼 수 있다.

주목할 것은 이러한 시도가 신사회운동의 목표달성을 위한 수단적 기능만을 갖는 것이 아니라는 점이다. 그러한 활동 자체가 가치 및 생활양식의 변화라는 신사회운동의 목표일 수 있다. 물론 신사회운동적 시민단체들이 집단 외적 쟁점과 문제를 해결하기 위해 다른 시민단체와 연합하여 활동할 수 있다. 그러나 대부분의 신사회운동은 독자적으로 새로운 가치, 이념을 대안적으로 구축한 생활양식 안에서 다양하게 실천하고 체계화한다. 이를 통해, 그 자체가 대안적 가치와 생활양식으로 구현되고, 이것이 사회변화의 실현으로 이어지도록 시도한다. 이러한 신사회운동의 흐름을 정리하면 [그림 3−5]와 같다.

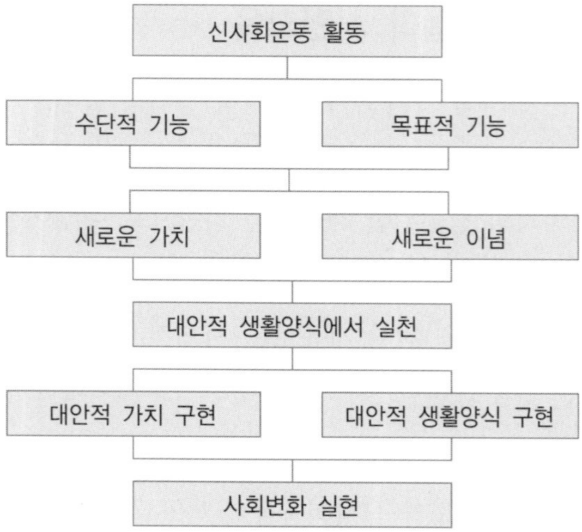

[그림 3-5] 신사회운동의 흐름

이러한 신사회운동의 흐름은 지역사회의 문제와 갈등 해결과 관련되어 조직 및 구성원의 확대 및 축소가 신사회운동의 성공과 실패를 가름하는 것이 아니라는 것을 의미한다. 이 관점에서 보면 신사회운동은 [그림 3–6]과 같이 가시적 결과와 따로 또 같이 시민사회를 재활성화하고 재조직화하며, 일상생활의 민주화를 이루는 결과를 가져온다.

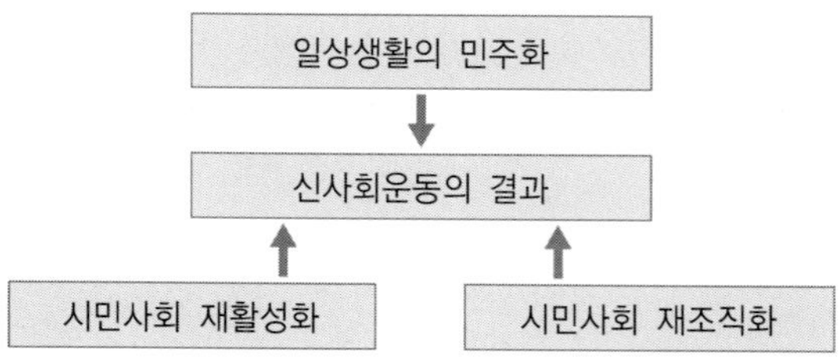

[그림 3-6] 시민사회에 미치는 신사회운동의 영향

신사회운동이 시민사회에서 만들어 내는 시민사회 재활성화와 재조직화, 일상생활의 민주화를 살펴보면 다음과 같다.

첫째, 신사회운동은 시민사회를 재활성화 및 재조직화한다. 시민사회의 재활성화와 재조직화는 다음과 같다. 우선, 신사회운동은 공적 체계와 개인의 노력에 의해 해소되지 않는 지역사회의 문제와 갈등에 대해 이해와 관심을 공유한 지역사회 구성원들의 집합적 실천이다. 그 자체가 시민사회의 재활성화이자 재조직화라고 할 수 있다. 다음, 신사회운동적 시민단체들은 시민사회 내에서 전통적 운동을 하는 다른 시민조직들에게 새로운 가치와 이념, 대안적 생활을 직간접적으로 전달하는 기능을 한다. 이를 통해 신사회운동은 시민사회 내의 새로운 매체(new medium) 역할을 하고, 기존 제도에 대한 대항제도(counter-institution)의 의미를 가진다.

둘째, 신사회운동은 생활세계의 민주화를 이끌어낸다. 생활세계는 시민사회의 운동조직이나 정치집단에 귀속되지 않는 영역이다. 생활세계의 영역은 전통적 관습, 과학적 지식, 기성정치에 의해 주도된 다양한 상징과 강제의 역사적 결합으로 이루어져 있다. 이러한 점에서 생활세계는 지역사회 구성원이 기존 시민단체가 하던 방식과 결을 달리하는 새로운 가치와 이념을 가지고 해결해야 하는 영역이다. 신사회운동은 그동안 개인의 노력에 의존했던 문제해결 과정을 합리적이고 집단적으로 해결하는 과정으로 전환한다. 생활세계 속의 비민주성을 공공의 쟁점으로 부각시켜 해결한다. 이 과정에서 생활세계 자체가 민주화될 수 있다.

이와 같이 신사회운동은 기존의 사회운동과 다른 흐름을 나타내고 있다. 이와 같은 신사회운동의 흐름을 종합하면 [그림 3-7]과 같다.

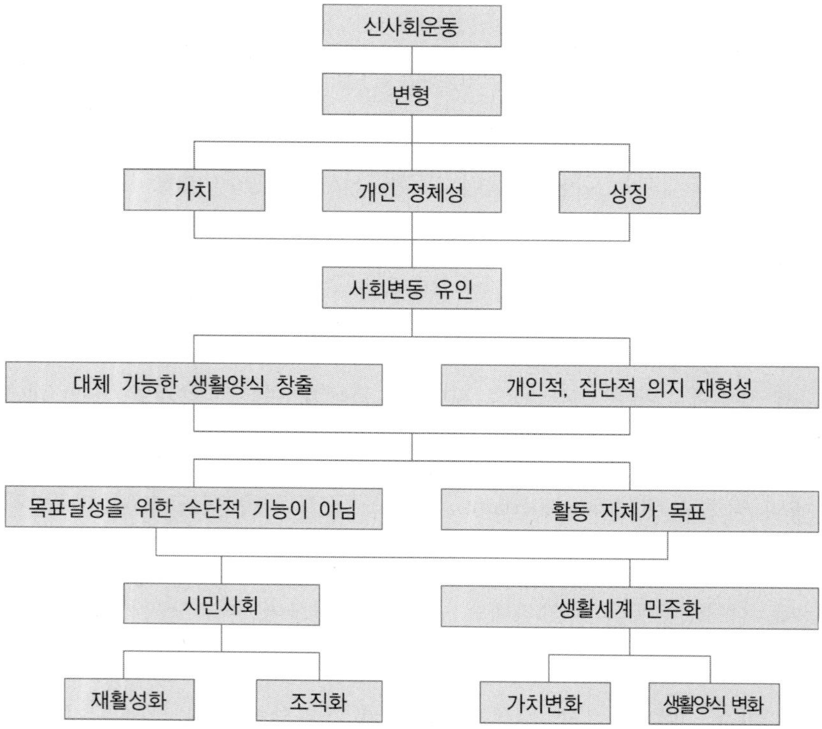

[그림 3-7] 신사회운동의 흐름과 영향

신사회운동은 개인적, 집단적 의지를 재형성하고 대체 가능한 생활양식을 창출하며, 이를 통해 시민사회를 재활성화, 조직화하고 일상생활을 민주화한다. 이러한 신사회운동의 흐름은 지역사회 시민교육의 내용과 방법, 지향의 토대에 시사점을 제공할 수 있다.

제 2 부

시민교육의 오래된 새 논쟁, 새로운 옛 논쟁

4장. 동상이몽의 시민교육 살펴보기

5장. 시민교육이 답하고, 넘어야 하는 비판

6장. 시민교육과 법의 연리지

4 장 |

동상이몽의 시민교육 살펴보기

동일하거나 유사한 주제를 가지고 시민교육을 실시하는 서로 다른 시민단체가 있다. 기이한 것은 이들 시민교육의 주제는 유사하지만 내용과 지향이 다르다는 것이다. 이는 앞에서 살펴본 바와 같이 분화된 시민사회에 소속된 시민단체가 그 시민사회의 관점과 지향을 구체화시키기 위해 시민교육을 실시하기 때문이다. 여기서 서로 다른 지형의 시민사회에 소속된 시민단체가 유사 주제와 다른 내용의 시민교육을 실시하는 기반을 짚어본다.

1. 같은 이름, 다른 내용의 시민교육

'배'라는 단어의 뜻을 말하라고 하면 다채로운 답이 나올 수 있다. '아내라는 뜻의 배(配), 북돋는다는 의미의 배(培), 등을 말하는 배(背), 갑절을 의미하는 배(倍), 물리친다는 뜻의 배(排)가 있다. 사람이 타는 배, 먹는 배 그리고 사람의 배' 등이 있다. 이것은 '배'라는 말이 여러 가지 뜻을 가지고 있는 중의어이기 때문에 나타나는 현상이다. 이야기의 맥락에 따라 배의 뜻을 알 수도 있지만, 배라는 단어를 사용할 때 어떤 뜻인지를 미리 밝혀주는 것이 필요한 경우도 있다.

한편 같은 단어를 사용하는 경우에, 그 단어가 중의어가 아님에도 불구하고 전혀 다른 의미와 뜻으로 사용되는 경우가 있다. 예를 들어, 서로 다른 지역사회 시민단체들이 동일한 주제 또는 같은 단어를 교육의 주제로 사용할 수 있다. 그런데 교육의 주제는 같은데 그 내용과 지향이 다를 수 있다. 지역사회 시민교육에서 동일한 단어를 다르게 해석하여 사용하고, 지향이 다른 경우를 정리하면 다음과 같다.

첫째, 지역사회 발전을 주제로 실시할 수 있는 지역사회 시민단체의 시민교육을 살펴보면 동일한 지역사회 발전이라는 단어를 사용하면서도 서로 상반되는 주장을 하는 교육 내용을 구성할 수 있다. 우선, 지역사회 어떤 시민단체에서는 지역사회에 건물을 신축하고, 도로를 확장하며, 공장을 유치하고, 골프장을 만들며, 관광객을 유치하기 위해 호텔을 짓는 것을 지역사회 발전이라고 생각할 수 있다. 이를 위해 건축에 장애가 될 수 있는 환경영향평가 등을 완화하거나 폐지하고, 인허가 과정의 단축과 담당공무원의 재량권 확대를 주장할 수 있다. 다음, 지역사회의 다른 시민단체에서는 지역사회의 자원과 복지를 전체 지역사회 구성원에게 동등하게 배분하고, 지역사회 구성원에게 영향을 미칠 정책 수립과 의사결정에 대한 민주적 통제력과 지배력을 확보하는 것을 지역사회 발전이라고 주장할 수 있다. 이를 위해 지역사회 구성원을 조직하고, 교육과 훈련을 통해 역량을 강화하여 활동의 기반을 갖추는 것에 주목할 수 있다.

둘째, 시민교육의 지향성과 내용을 짚어보면 다음과 같은 주장과 내용이 나타날 수 있다. 우선, 지역사회의 한 특정 시민단체는 시민교육에 대한 관점을 나름대로 가질 수 있다. 지역사회 구성원이 기존에 마련된 법과 질서를 철저하게 내면화하고, 사회구조와 작동원리를 자연스러운 것으로 받아들이며, 사회적 주장을 내세우지 말고 지방자치단체 등에서 제시한 것을 내면화하도록 하기 위해 시민교육이 있어야 한다고 주장할 수 있다. 다음, 다른 지역사회 시민단체는 시민교육을 다르게 판단할 수 있다. 즉, 지역사회 시민교육은 지역사회의 현상을 비판적으로 인식하고, 지역사회 구성원의 상황에 영향을 미치는 사회구조와 운영원리를 파악하도록 해야 하며, 이러한 인식과 파악을 바탕으로 지역사회 구성원이 미래를 선택하여 만들어 나갈 수 있는 행동력을 갖추는 것이 시민교육의 본질이라고 판단할 수 있다.

이와 같이 지역사회 안에 동일 주제에 대해 다른 내용과 지향이 병존하는 시민교육이 존재한다. 이러한 지역사회의 시민교육을 비교하면 <표 4-1>과 같다.

<표 4-1> 지역사회 시민교육 주체에 따른 동일 주제에 대한 다른 내용과 지향

구 분	시민단체 A	시민단체 B
지역사회 발전에 내용	• 지역사회에 건물 신축 • 도로 확장 • 공장 유치 • 골프장 건설 • 관광객 유치 위한 호텔 건축 등	• 지역사회의 자원과 복지를 전체 지역사회 구성원에게 동등하게 배분 • 지역사회 구성원에게 영향을 미칠 정책 수립과 의사결정에 대한 민주적 통제력과 지배력 확보
시민교육의 지향	• 지역사회 구성원 질서 준수 • 사회구조의 내면화, 긍지 갖기, 자연스러워하기, 권위 부여 • 사회 안정 유지	• 지역사회 현상 비판적 인식 • 지역사회 구성원의 상황을 구조적으로 파악 • 지역사회의 불확실한 미래를 선택, 결정하는 행동력 확보

동일한 주제에 대하여 다른 관점과 내용이 나타나는 것은 지역사회가 단일한 성격을 가진 곳이 아니라 다층적이고 복합적인 성격을 가진 곳이기 때문이다. 즉, 지역사회가 보수, 진보, 수구, 신사회운동 등의 성격으로 구분될 수 있고, 구분된 각 지역사회에 속하는 지역사회 시민단체들이 자신들이 속한 지역사회의 성격을 반영한 활동을 하기 때문이다. 지역사회 시민단체가 동일한 주제에 대하여 자신들의 관점대로 해석하고 주장하는 이 틀을 이해하는 것이 지역사회 시민교육을 실천하기 위한 진입지점이 될 수 있다.

2. 헤게모니 이론으로 풀어보는 시민교육의 동상이몽

일반적으로 동의를 수반하는 사회에 대한 지적·도덕적 지배력을 헤게모니라고 할 수 있다. 이러한 헤게모니는 동일한 사안이나 현상에 대한 다른 관점, 또는 구별되는 시각을 이해할 수 있도록 틀을 제공한다. 동일한 주제임에도 불구하고, 해당 지역사회 시민단체의 성격에 따라 그 내용과 관점이 다르게 나타나는 시민교육의 현상을 해석하는 데 헤게모니 이론은 유용한 도구로 사용될 수 있다.

1) 헤게모니에 대한 이해

국가는 시민사회에 강압과 강제와 같은 방식이 아닌 다른 방식으로 영향력을 행사할 수 있다. 이른바 민주주의적 제도나 장치들을 통하여 시민사회에 개입한다. 이 과정에서 생활세계를 기반으로 국가와 시장, 그리고 시민사회에 크고 작은 갈등과 충돌이 존재한다. 이 갈등과 충돌을 통해 국가는 시민사회를 지배한다. 지역사회로 범위를 압축하면 이러한 갈등과 충돌의 지점에서 지배력을 행사하는 압축된 소수는 대다수 지역사회 구성원의 동의를 얻어낸다. 이러한 동의를 통해 압축된 소수의 지배는 단순히 힘에 의한 지배와 달리 동의와 동조를 수반하는 지적·도덕적 지도력을 행사하게 된다. 헤게모니는 이처럼 동의를 수반하는 지적·도덕적 지배력을 가리킨다.

여기서 동의라는 말은 흔히 어떤 사안에 대해 의견을 표시하는 행위와 거리가 멀다. 이는 압축된 소수가 구성원에게 어떤 것에 동의하는지 여부를 묻지 않은 채 획득하는 동의이고, 자율적으로 동의하지 않는 구성원에게 무의식적으로 강제되는 동의이기 때문이다. 그것은 동의한다는 의식 없이 작동하는 의식이고, 그렇기 때문에 무의식적 의식에 가까운 것이라고 할 수 있다. 이러한 동의에 대한 관점을 정리하면 [그림 4-1]과 같다.

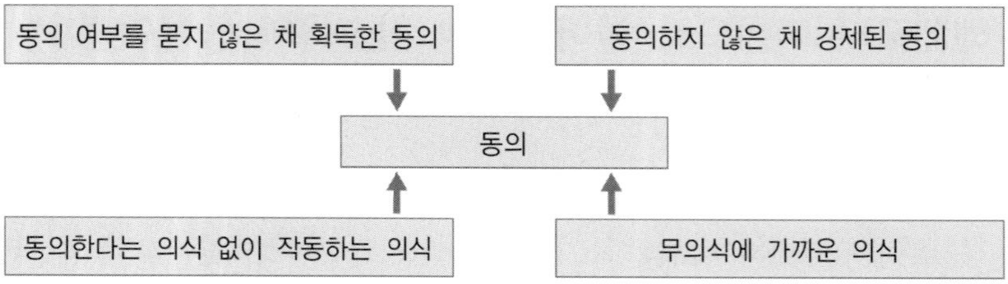

[그림 4-1] 동의의 다양한 부면

상식은 사회 구성원을 사로잡고, 동의를 산출하는 지적 요인으로 파악된다. 이러한 맥락에서 상식이란 특정 시기에 일반화된 무비판적, 무의식적, 비정합적 세계 이해방식이라고 할 수 있다. 한편 인간의 행동과 판단에 영향을 미치는 도덕이 구체적 힘을 통해 지역사회 구성원에게 강제될 때 특정 영역에 영향을 미치고 판단을 하게 하며 행동을 이끌어 내는 요인이 될 수 있다. 이는 지배계급의 도덕이 자신들의 관점이나, 특정 사안에 대한 처리 방식과 영향을 통해 어떻게 사회 구성원들의 동의를 산출하는 물리적 힘을 갖게 되는가를 추론할 수 있게 한다. 동의를 수반하는 지적·도덕적 지배력을 가리키는 헤게모니란, 달리 말하면 도덕적인 요소가 구체적인 힘을 갖게 된 것을 지칭한다고 할 수 있다.

주목할 것은 헤게모니는 하나의 정의만 인정하지 않는다는 것이다. 대단히 유동적이고 탄력적인 용어이다. 이는 헤게모니가 뚜렷한 경계를 지니는 이론적 개념이 아니라, 사회에서 고찰해야 하는 다양한 불평등의 근저에 있는 권력관계가 어떻게 생산되고 재생산되는가 하는 문제를 구분하고 명명하는 수단이기 때문이다.

헤게모니는 노동조합, 학교 그리고 가족 등과 같은 모든 범주를 포함한 시민사회를 관통하는 것이다. 사회의 기존 질서와, 이것을 지배하는 계급의 이익에 봉사하는 가치, 태도, 신념, 도덕 등의 시민사회의 전체 체계에 침투된 것이다. 따라서 헤게모니는 이데올로기적 통제와 사회화의 기구에 의해서 일상생활의 모든 영역으로 확산된 조직원리나 세계관 또는 의식으로 이해될 수 있다. 이러한 지배적인 의식이 광범위한 지역사회 구성원들에게 내면화되면 될수록, 그것은 상식의 일부가 된다. 모든 지배 엘리트가 자신의 권력과 부 그리고 지위를 영속시키고자 할 때, 지배계급은 필연적으로 지배계급 자신의 철학과 문화, 도덕성 등을 대중들이 받아들여 내면화하는 대중화를 통해, 그것들을 도전받을 수없는 자연적 질서의 일부가 되도록 시도한다.

이런 면에서 헤게모니는 단순히 사상 체계가 아니라 삶의 전체 과정에 침투하는 것이다. 헤게모니는 삶의 모든 내용에 침투하고, 삶 전반에서 분명하고 구체적으로 학습되고 재학습된다. 평생교육으로 표현될 수 있다면 헤게모니가 바로 평생교육이다. 여기서 중요한 것은 사람들이 지배헤게모니를 받아들일 때 자신들의 의지에 반하여 강제되지 않는다는 것이다. 사회 구성원들은 자신의 의지에 의해 헤게모니를 학습한다.

이러한 구성원의 학습을 위해 헤게모니는 두 가지 차원에서 기능한다. 우선, 시민사회적 차원에서 헤게모니의 기능이다. 시민사회에서 헤게모니는 지배계급에 의해 사회적 삶에 부과되는 일반적 지향성에 대한 사회 구성원들의 자발적 동의이다. 언론, 학교, 교회, 지역사회 기관 등 모든 것이 지배세력의 사는 방식과 가치관이 대중들의 최선의 이익을 위해 기능하는 자연스럽고 운명적인 상태라는 것을 사회 구성원들에게 납득시키는 기능을 한다. 다음, 정치적 차원에서 국가는 적극적으로 또는 수동적으로 동의하지 않는 집단에 대해 법적으로 강제하는 국가 강제권력 장치를 통하여 직접적인 지배를 행사한다. 국가 강제권력은 사회 구성원들의 동의를 확보하기 위한 헤게모니의 마지막 수단이 된다. 헤게모니의 작동 기능을 정리하면 [그림 4-2]와 같다.

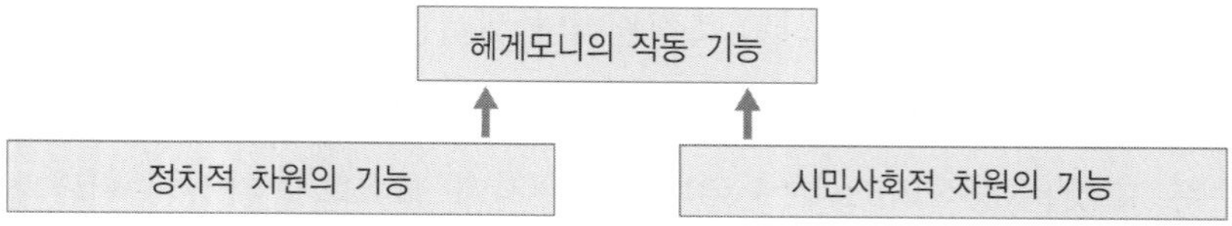

[그림 4-2] 헤게모니의 작동 기능

이러한 헤게모니가 제대로 작동한다면, 지배세력은 자신들에게 유리한 사회 질서를 유지하기 위하여 국가를 축으로 하는 억압적 강제력을 발휘할 필요가 없게 된다. 사회 구성원들은 사회의 지배적 가치와 불공정한 사회질서에 맞서 싸우는 것보다 이를 이미 예정된 것으로서, 숨쉬는 공기처럼 자유로운 것으로서 받아들이게 된다. 이런 자연스러운 것으로서의 헤게모니적 문화는 자신들에 대한 억압과 착취에 동의하도록 사회 구성원들을 설득하는 부분에서 성공했다는 특징을 가진다.

2) 지배헤게모니와 대항헤게모니

헤게모니는 지배헤게모니와 대항헤게모니로 구분하여 살펴볼 수 있다. 일반적으로 지배계급의 헤게모니를 지배헤게모니라고 하고, 피지배계급의 헤게모니를 대항헤게모니라고 한다. 지배헤게모니에 매몰된 피지배계급은 자신들의 헤게모니, 즉 대항헤게모니를 가지지 못하는 경우가 많다. 이는 피지배계급이 헤게모니를 가지지 못하도록 지배헤게모니가 작동하기 때문이다. 여기서 주목할 것은, 우선 헤게모니가 늘 하나로 귀결되는 것이 아니라는 점이다. 지배계급과 피지배계급은 서로 자신의 헤게모니를 확산하고, 상대의 진영에 자신들의 헤게모니를 침투시키려고 노력한다. 다음, 특정한 헤게모니의 선악 여부를 미리 규정할 수 없다. 원론적으로 보자면 지배계급은 무조건 악이고, 피지배계급은 선이라는 이원론적 정의는 부적절하다. 따라서 지배헤게모니와 대항헤게모니는 그 헤게모니를 소유한 계급의 계급적 입장에 따라 부여되는 지위일 뿐이다.

한편 지배계급의 헤게모니에 동의한 대중은 지배계급에게 유리한 성향과 행위를 보이게 된다. 지배헤게모니에 동의된 사회 구성원은 다음과 같은 세 가지의 특성을 나타내고 있다.

첫째, 자연스러움이다. 사회 구성원들은 자신들을 착취하고 천천히 파괴하는 지배계급의 삶의 방식과 가치관에 근거한 사회구조와 사회질서를 원래부터 있던 존재인 것처럼 자연스럽게 받아들인다. 이러한 사회구조와 사회질서가 자신들의 최고의 이익을 보장하기 위해 기능한다고 생각한다.

둘째, 정당화이다. 사회구조와 사회질서가 여러 가지 제안과 강요를 할 때, 사회 구성원들은 옳고 그름을 판단하기에 앞서, 제안과 강요를 거부했을 때 발생할 수 있는 부정적인 사안들을 도출한다. 이를 근거로 제안과 강요를 받아들이는 것을 자기검열적으로 정당화하고, 정당화논리를 생산한다.

셋째, 긍지이다. 지배계급의 헤게모니를 받아들인 사회 구성원은 제안과 강요가 요구하는 행위를 자발적 의지를 가지고 수행한다. 수행을 마치고 결과를 획득하면 이에 대한 강력한 긍지를 느낀다. 이와 같은 지배세력의 헤게모니에 동의된 사회 구성원의 특징을 정리하면 [그림 4-3]과 같다.

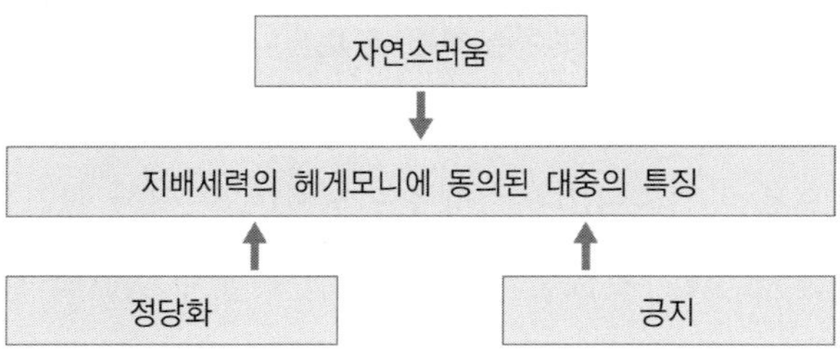

[그림 4-3] 지배헤게모니에 동의된 대중의 특징

사회 구성원들이 지배헤게모니를 극복하고 대항헤게모니를 생성하기 위해 세 가지 측면의 접근이 요구될 수 있다.

첫째, 현재의 사회구조와 사회질서가 정당한가 하는 것에 대한 재인식이다. 이것은 사회구조와 사회질서에 대한 새로운 발견을 필요로 하는 것은 아니다. 이미 존재하고 있는 사회구조와 사회질서에 대해 비판적으로 검토하는 것이 요구된다. 사회 구성원들이 현존 사회구조와 사회질서가 표방하고 있는 내용들, 즉 법제도와 정책, 행정 등이 정당하게 집행되고 있는가를 검토할 수 있다. 이를 통해 이것들이 자연스러운 것도 아니며 정당하지 않을 수 있다는 것을 인지할 수 있다.

둘째, 현존 사회질서와 사회구조가 사회 구성원들의 최고의 이익을 위해 기능하고 있는가에 대한 비판적 검토이다. 지배헤게모니의 역할 가운데 하나는 현존 사회구조와 사회질서가 사회 구성원들의 최고의 이익을 위해 기능하고 있다고 믿게 하며 이를 자연스럽게 받아들이도록 하는 것이다. 이러한 사회구조와 사회질서를 비판적으로 검토하는 것을 통해 이들이 사회 구성원들의 이익을 배제하고 있다는 것을 확인할 수 있다.

셋째, 지배헤게모니는 극복될 수 있고 대체될 수 있다는 판단과 확신이다. 지배헤게모니가 교묘한 권력을 행사하며, 성공적으로 사회 구성원의 인식과 행동을 조작할 수 있는 것은 부지불식간에 모든 시민사회 곳곳에 널리 퍼지는 침투성 때문이다. 그러나 이러한 지배헤게모니를 인식하고 이를 극복할 수 있고, 다른 관점으로 바뀔 수 있다는 것을 인식하며, 이러한 인식을 확신한다면 대항헤게모니를 생성할 수 있는 기반을 갖출 수 있다. 헤게모니는 유연하고, 신축성이 있고, 도전에 대응하기 위하여 자신을 적절하게 재구성할 수 있다는 것을 이해하는 것도 지배헤게모니 극복과 대항헤게모니 생성에 유용하다.

헤게모니는 영구불변인 것이거나 독점적인 것이 결코 아니다. 헤게모니는 지속적으로 저항을 받고, 제한되며, 변경되고, 도전받는 동시에 쇄신되고, 재창출되고, 방어되며, 수정된다. 즉, 헤게모니는 지배헤게모니와 대항헤게모니의 충돌과 저항, 대응과 반응을 통해 그 지위와 입장을 형성하게 된다. 이런 맥락에서 대항헤게모니 생성을 위한 문제제기를 정리하면 [그림 4−4]와 같다.

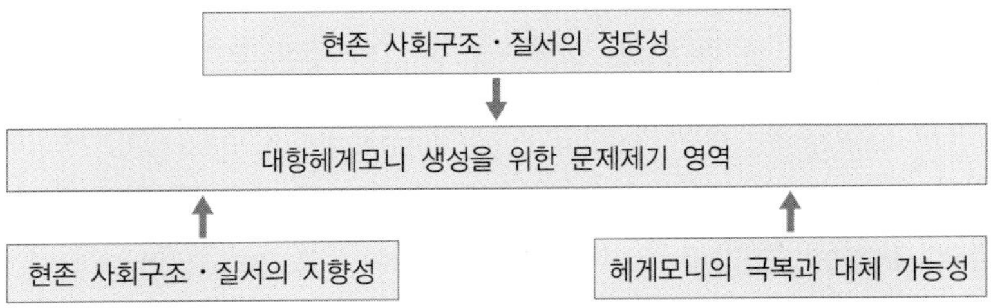

[그림 4-4] 대항헤게모니 생성을 위한 접근

지배계급이 헤게모니를 잡는다는 것은 다음과 같은 현상이 비롯된다는 것을 가리킨다. 우선, 사회 구성원들이 지배계급의 사는 방법과 가치관, 지배계급에게만 유리한 불공정한 사회질서와 사회구조를 자신들에게 최고의 이익을 주는 것으로 인식한다. 다음, 현존 사회구조와 사회질서에 맞서 싸우는 것보다 자연스럽게 운명으로 받아들이는 상태를 가리킨다. 지배헤게모니의 부적절한 수용 원인으로 사회 구성원들의 현실을 변화시킬 수 없다는 패배의식과 사회구조와 사회질서에 대한 이해 부족, 주체적 각성의 결여를 들 수 있다.

이에 반하여 대항헤게모니는 사회 구성원들이 자신의 상황을 비판적으로 인식하고, 그 상황에 주체적으로 참여하는 의식의 각성과, 인간이 처한 억압적 구조의 모순을 스스로 깨닫는 주체적 각성이 내적으로 체화되어 사회 구조와 질서의 바람직한 상태를 구상하고 이를 실천하기 위해 노력하는 현상을 의미한다.

3) 헤게모니에 따른 서로 다른 해석

시민교육을 하는 서로 다른 시민단체가 동일한 주제를 다른 내용과 방향으로 다루는 것을 볼 수 있다. 그 이유를 다음과 같은 예를 통해 살펴볼 수 있다. 우선, 빛(光, light)은 사람에 따라 다채로운 의미로 수용된다. 물리학자에게는 에너지, 파동 등의 의미로 수용된다. 화가에게는 명암, 그림자 등을 연상시킬 수 있다. 종교가에게는 구원, 은혜 등을 떠올리게 할 수 있다. 다음, 다른 예로 [그림 4-5]를 살펴볼 수 있다. 점선으로 표시된 것은 무엇을 하는 부분이겠는가 하는 질문을 할 수 있다. 대부분의 경우 물을 마시거나 먹이를 먹는 데 사용한다고 할 것이다. 이 그림을 시계방향으로 90도 돌린 후 같은 질문을 하면, 많은 사람들이 소리를 듣거나 바람을 느끼는 데 쓴다고 할 것이다. 같은 그림임에도 불구하고 전혀 다른 반응이 나온 것은, 우선, 물을 마시거나 먹이를 먹는 데 사용한다고 한 사람들은 그림을 오리로 보았을 것이다. 다음, 소리를 듣거나 바람을 느끼는 데 쓴다고 한 사람들은 그림을 토끼로 보았을 것이다.

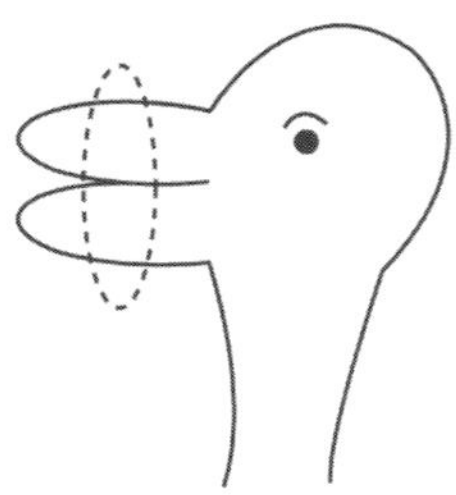

[그림 4-5] 관점에 따라 다르게 나타나는 쓰임새

출처 : 에이미 크루즈 로젠탈(2010). 오리야 토끼야.

민주주의라는 주제를 가지고 두 개의 시민단체에서 시민교육을 실시할 때 그 내용과 지향이 다를 수 있다. 동일한 주제임에도 불구하고 다른 내용과 지향이 도출되는 것은 민주주의의 개념을 지배헤게모니에서 제시한 대로 받아들이는 관점과, 시민의 참여와 행동, 개인의 품성, 더불어 함께하는 방법의 학습과 실천의 융합으로 보는 관점이 동시에 존재할 수 있기 때문이다.

첫째, 지배헤게모니의 주장을 그대로 수용하고, 그 지향을 액면 그대로 받아들이는 관점을 가진 시민단체는 민주주의라는 주제를 가지고 시민교육을 할 때 자신들의 주체적인 관점과 경험에 기반을 두고 민주주의 교육 내용을 구성하는 데 한계가 있다. 주어진 민주주의의 개념을 활용하고 지향을 되풀이하게 된다. 대개의 경우 지배헤게모니를 수용한 관점에 토대를 둔 내용과 방법의 시민교육이 진행된다.

둘째, 현실 비판적이고 주체적 관점을 가진 시민단체는 국가권력과 시장권력을 비판, 견제, 감시하며, 이들이 내세우는 지배헤게모니를 거부하고, 지역사회 구성원이 민주적 지배력과 통제력을 확보하고, 대안적 삶과 사회를 지향하는 것으로 시민교육 내용을 구성할 수 있다. 결과적으로 대항헤게모니를 구현하는 내용과 방법의 시민교육을 실천하게 된다.

동일한 주제라고 할지라도 내용과 방법이 전혀 다른 시민교육이 이루어지는 배경이다. 즉, 전체의 모양과 맥락을 어떻게 잡느냐에 따라 전혀 다른 내용과 쓰임이 생성되는 것이다. 예를 들어, 시민성을 주제로 시민교육을 하는 두 개의 시민단체가 있다. 한 시민단체의 교육내용은 질서의식, 주인의식, 자긍심, 준법정신, 관용 등 개인의 품성에 중심을 두고 있었다. 다른 시민단체는 자유, 평등, 인권 등의 개인 품성 외에 사회구조와 작동원리 이해 및 사회문제 해결 방법, 더불어 살기 위한 방법에 대한 이해와 실천 등이 내용을 이루고 있다. 이러한 차이는 앞의 단체가 시민성을 개인의 품성으로 국한시켜 인식한 반면에, 뒤의 단체는 개인의 품성 외에 사회문제 참여, 더불어 살기의 실천 시도 등을 추진하였기 때문이다.

5장 | 시민교육이 답하고, 넘어야 하는 비판

지역사회 시민교육은 들숨과 날숨처럼 지역사회 시민단체와 함께해야 한다. 이런 맥락에서 지역사회 시민단체에 대한 비판과 냉소적 반응을 경청하고, 대답하고 대응해야 한다. 시민단체에 대한 비판과 냉소적 반응은 상황과 환경, 그리고 누가 비판하는가에 따라 내용과 정도가 다르다. 일반적으로 시민단체에 대한 비판과 냉소적 반응으로 냉소주의, 무임승차와 뒷담화, 정부 지원과 재정 독립, 그리고 고전적 비판 등이 있다.

1. 냉소주의와 함께하는 무임승차와 뒷담화

지역사회 시민단체가 지역사회에서 지역사회 구성원과 더불어 활동을 하는 데에는 많은 장애가 있다. 부족한 재정과 인원, 정보와 전문역량 등이 대표적이다. 그러나 지역사회 시민단체의 구성원이 가장 뼈 아프게 느끼고, 힘들어하는 장애는 [그림 5-1]과 같이 지역사회 시민단체에 참여하지 않는 지역사회 구성원이 보내는 냉소주의, 무임승차, 뒷담화 등이다.

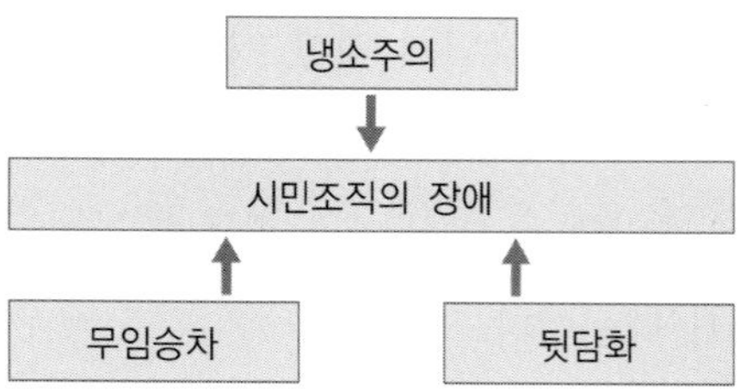

[그림 5-1] 지역사회 시민단체 구성원의 활동에 악영향을 미치는 장애

지역사회 시민단체에 참여하지 않는 지역사회 구성원이 보내는 냉소주의, 무임승차, 뒷담화는 단순히 시민단체 구성원의 사기와 열정에 부정적 영향을 미치는 데 그치지 않고 시민단체의 활동에도 부정적인 영향을 미친다. 지역사회 시민단체 활동에 부정적인 영향을 미치는 냉소주의, 무임승차, 뒷담화를 정리하면 다음과 같다.

첫째, 냉소주의는 사전적 의미로 인간이 정한 사회의 풍속, 전통, 도덕, 법률, 제도 따위를 부정하거나 무시하는 태도를 가리킨다. 지역사회 시민단체의 활동에 장애로 등장하는 냉소주의는 이러한 사전적 의미가 아니다. 지역사회 시민조직의 활동에 대하여 무관심하거나 쌀쌀한 태도로 비웃는 것을 의미한다.

냉소주의가 무서운 것은 시민단체 구성원의 감성과 긍지, 인간에 대한 믿음을 침식하거나 파괴하기 때문이다. 지역사회 시민단체의 구성원은 자신의 개인적 이익을 추구하기 위해 활동하는 것이 아니다. 지역사회 발전과 지역사회 구성원을 위해 복지와 자원을 공정하게 분배하고 지역사회에 대한 민주적 통제력과 지배력을 확보하기 위해 활동을 한다. 이런 활동의 의미를 살핀다면, 지역사회 구성원은 자신들을 위해 시민조직이 활동하는 것이므로 지역사회 시민단체의 활동에 호감을 가지는 것이 상식이다. 적극적 지원을 못해도 심정적 지원을 할 것으로 기대할 수 있다. 그러나 현실에서는 지역사회 구성원이 지역사회 시민단체의 행동에 대하여 무관심한 것이 일반적이다. 심지어 '다들 가만히 있는데 너희가 무엇이 잘나서 그런 행동을 하느냐', 또는 '무엇을 바라고 그런 행동을 하느냐'라고 헐뜯고, 쌀쌀하게 대하고, 비웃기조차 한다. 이러한 냉소적 경향이 지역사회 시민단체 구성원의 활동에 심각한 장애로 작동한다. 지역사회 시민단체에서 사업이나 교육 실무를 담당하는 구성원에게 감성적, 정서적 상처를 입히며, 인간에 대한 신뢰를 상실하게 하는 요인으로 작동한다.

이러한 냉소주의를 방치할 경우 지역사회 시민단체 구성원에게 심각한 문제가 야기될 수 있으므로, 지역사회 시민단체는 냉소주의를 해결할 방안을 만들어 시행해야 한다. 사업계획을 세울 때, 그 사업의 내용뿐 아니라 사업을 성공시킬 수 있는 환경을 조성하는 계획이 같이 구축되어야 한다. 이 가운데 냉소주의 극복을 위한 방안이 포함되어야 한다. 아울러 시민교육에서 이러한 내용을 검토하고, 이에 대응할 수 있는 방안을 마련하는 것이 필요하다.

둘째, 무임승차는 자신이 정당한 대가를 지불하지 않고 남들이 만든 결과에 편승하는 것을 가리킨다. 지역사회 시민단체는 지역사회의 문제를 해결하기 위해 많은 어려움과 장애를 견디고 이겨내며 활동을 한다. 활동을 통하여 일정한 성과를 얻는다. 활동기간 동안에 지역사회 구성원의 지원과 격려가 크게 도움이 된다. 그러나 모두는 아니지만 많은 지역사회 구성원이 지역사회 시민단체의 활동에 관심을 가지지 않고, 함께 하자는 참여 부탁을 뿌리친다. 그러다가 지역사회 시민단체의 활동이 성과를 거두면, 그 성과를 자신이 당연히 누려야 할 권리처럼 당당하게 요구하고, 누린다. 오히려 성과를 배분하는 데 있어 서비스 정신이 부족하고, 준비가 덜 되어있다고 지역사회 시민단체를 힐난하는 경우도 있다. 자신은 지역사회 시민단체의 활동에 전혀 참여하지 않고 무관심하다가, 그 성과라는 열매만 따먹으려는, 그것도 맛있는 것으로만 골라서, 지속적으로, 독점적으로 따먹으려고 하는 무임승차주의가 지역사회 시민단체의 활동에 장애요인으로 작용한다.

이러한 무임승차는 지역사회 시민단체 구성원의 활동에 이중의 부담을 줄 수 있다. 활동 과정에서의 무관심과 냉소 및 비협조로 인한 힘겨움을 겪고, 활동 후 인간에 대한 실망 및 감성적, 정서적 상처를 입기 때문이다. 지역사회 시민단체는 시민교육을 통하여 이 무임승차에 대하여 정확히 인식시키고, 이로 인해 발생할 수 있는 시민단체 구성원들의 정서적, 심리적 상처를 예방하고 치유하는 방안을 마련하여 실행해야 한다.

셋째, 냉소주의와 무임승차의 단계 또는 그 이후의 단계에서 뒷담화 현상이 나타나는 경우가 있다. 지역사회 시민단체의 활동 당시에는 아무런 의견제시나 참여가 없다가 성과를 배분하는 데는 열심히 몫을 다투는 지역사회 구성원이 있을 수 있다. 그런데 이런 일련의 상황 가운데 가장 최악의 현상은 이러한 지역사회 구성원이 지역사회 시민단체나 구성원을 금전관계, 성적 추문 등을 중심으로 중상모략하거나 헛소문을 만들어 유포시키는 것이다. 중상모략이나 헛소문은 대개의 경우 근거가 없고 사실이 아니다. 그러나 긍정적 이야기는 퍼지지 않지만 부정적 험담이나 이야기는 폭발적 속도로, 넓은 규모로 순식간에 퍼져나간다. 내용의 진실 여부와는 상관없이 힘을 발휘하고, 영향은 막대하다.

이것은 두 가지 원인에서 기인한다고 할 수 있다. 우선, 반대 측에서 지역사회 시민단체를 음해하고, 공격하기 위하여 만들어 내는 것이 있다. 다음, 지역사회 구성원이 지역사회 시민단체나 구성원을 도덕적으로 공격하여 자신과 비슷한 수준으로 끌어내리거나, 자신이 참여하지 않은 것에 대한 부채의식을 희석시키려는 의도가 있을 수 있다.

분명한 내용과 근거가 없는 이러한 뒷담화는 그러나 지역사회 시민단체에 치명상을 입힐 수 있다. 지역사회 시민단체 구성원이 받는 심리적 상처와 별개로 뒷담화가 누적되고 확산될 경우 지역사회 시민단체가 뒷담화를 근거로 자행되는 공식적인 공격을 받고 무너질 수 있다. 예를 들어, 지역사회 시민단체의 도덕성이나 치부 등에 관련된 뒷담화가 유포되고, 이를 특정 개인이나 단체가 관련 정부부처에 고발하거나, 대중매체에 발표하게 되면, 그 자체로 해당 지역사회 시민단체는 치명적인 상처를 입을 수밖에 없다.

이러한 뒷담화에 대응하는 방법은 활동 과정을 투명하게 내보이고, 활동 및 성과의 내용과 근거를 만들어 유지하는 것이다. 이것만으로 뒷담화를 사전에 예방할 수 없지만, 뒷담화 발생 시 최소한의 방어를 할 수 있는 기반이 된다.

이와 함께 시민교육을 통하여 평소에 지역사회 시민단체에 대한 긍정적 여론과 분위기를 조성하는 것이 필요하다.

2. 정부 지원에 대한 수용과 거부, 그리고 재정 독립

지역사회 시민단체는 원칙적으로 정부나 기업의 재정지원 없이 회원들의 회비로 운영해야 한다. 회비를 통해 재정 자립이 이루어져야 국가권력과 시장권력을 상대로 거침없는, 본질적인 활동을 할 수 있고, 지역사회 구성원의 참여와 책임이 담보되기 때문이다. 그러나 현실에서 지역사회 시민단체가 재정자립을 하는 것은 어렵다. 여러 가지 요인이 있지만 지역사회 구성원의 참여 미흡이 주된 원인이다. 이런 맥락에서 지역사회 시민단체에 대한 정부 지원의 수용 또는 불수용에 대한 논란이 불거질 수 있다.

1) 시민단체의 최대 고민인 재정 문제

지역사회 구성원은 자신들의 문제 해결과 지역사회 발전을 위해 행동해야 하는 당위성이 있다. 생활세계의 여러 조건과 어려움 때문에 직접 행동을 하기 어려우면, 지역사회 시민단체의 회원이 되어 재정적, 심정적 후원을 하는 것이 바람직하다. 직접 참여 또는 회원 가입과 회비 납부로서의 간접 참여 정도는 시민사회의 성숙도를 가늠할 수 있는 척도이다. 시민사회의 미성숙은 지역사회 시민단체 운영의 어려움으로 구체화되어 나타난다. 시민단체의 가장 큰 어려움은 재정문제이다. 대부분의 지역사회 시민단체는 재정적 압박과 영세성을 벗어나지 못하고 있다. 이는 회원 규모가 작고 회비 수입이 일천한 것에서 기인한다. 지역사회 시민단체는 빈약한 재정과 취약한 수입 구조로 인해 설립 목적을 달성하기 위한 활발한 활동을 못하는 것은 물론이고 단체의 생존까지 위협받을 수 있다. 상근활동을 하는 지역사회 시민단체 구성원들에게 안정적으로 월급을 지급하지 못하는 것은 물론이고, 기본적인 활동을 하기 위한 비용이 부족하여 사업까지 위축되고 있는 경우가 많다.

물론 재정적 궁핍과 이로 인한 어려움은 지역사회 시민단체의 본질적 조건이기도 하다. 이는 지역사회 시민단체가 다음과 같은 배경으로 인해 기본적으로 재정적 궁핍에 직면할 수밖에 없기 때문이다. 우선, 지역사회 시민단체는 시민운동을 하면서 시민운동 그 자체로 돈을 써야 하는 조직이다. 돈을 모으거나 버는 영리단체가 아니다. 다음, 지역사회 시민단체의 필요성과 효과에 대한 사회적 인식이 미흡하다. 끝으로, 회원이 부족하다.

구성원의 직간접적인 참여가 부족한 지역사회의 경우에는 시민단체의 궁핍 정도가 극심하다. 단체 구성원들의 헌신과 희생에 기대어 겨우 유지되고 있는 경우가 일반적이다. 지역사회 시민단체의 존립기반은 구성원의 참여 및 신뢰와 함께, 지방정부와 기업, 이해집단으로부터의 독립에 있다. 그 독립의 중심은 재정적 독립이다. 지방정부나 기업으로부터 재정적 지원을 받는 것에 대한 정당성과 효과성에 대해 다양한 의견이 있을 수 있다. 그러나 어떤 경우라도 외부의 재정적 지원 없이 독자적으로 재정을 확보할 수 있다면, 그 지역사회 시민단체와 그 활동은 독립적이고, 보다 근본적이고 철저할 수 있다.

지역사회 시민단체의 수입은 대체로 회비, 후원금, 자체 수익사업, 지방정부나 기업의 지원금과 후원금으로 구성된다. 이 가운데 회원들의 회비로 운영하는 재정구조가 가장 바람직하다. 그러나 대부분의 지역사회 시민단체는 회원들의 회비로 운영하는 정도가 낮다. 지역사회 구성원들의 참여가 저조하고 회비 수입이 적다고 하더라도, 시민단체는 생존을 유지하고 사업 수행을 하기 위해 비용을 지출해야만 한다. 오래지 않아 지역사회 시민단체는 회비수입만으로는 감당할 수 없는 한계상황에 봉착할 수 있다. 이로 인해 지방정부의 지원금과 기업의 후원금에 의존하는 경우가 발생할 수 있고, 이후 지원금과 후원금에 의존하는 경향이 나타날 수 있다. 시민단체의 생존과 사업 수행을 위해 지방정부 지원과, 상대적으로 문제가 없는 기업의 후원을 받아야 한다는 주장이 설득력 있게 제기될 수 있다. 물론 지역사회 시민단체의 활동이 공익적 성격을 가지고 있다면 지방정부의 지원을 받는 것 자체가 문제일 수는 없다. 어느 나라에서든 지역사회 시민단체에 대한 지방정부의 재정 지원이 있다. 그러나 이것은 지방정부가 다루지 못하거나, 처리하지 못하는 부분을 지역사회 시민단체가 대신한다는 협치의 관점에서 살펴야 한다.

지역사회 시민단체가 지방정부나 기업으로부터 지원을 받으면서, 지방정부나 기업으로부터 완전히 독립성을 유지하면서 국가권력과 시장권력을 감시, 견제, 비판하는 활동을 하는 것은 쉽지 않다. 또한 지역사회의 감시자로서의 지역사회 시민단체가 감시대상으로부터 지원과 후원을 받는 것은 지역사회 시민단체 활동의 공정성을 크게 해치는 행위가 될 수 있다. 회비를 통해 재정 독립을 달성하는 것은 그 지역사회 시민단체의 독립성을 높일 뿐 아니라, 그 자체가 구성원의 참여를 확보하고, 시민단체에 회원 확보를 통해 시민사회의 외연을 확장하는 것임을 주목해야 한다.

한편 지역사회 시민단체에서 일하는 구성원들 스스로 재정 상황에 대해 위기를 느끼고 있다. 재정 문제를 해결하기 위해 다양한 노력을 하고 있으나 하루아침에 해결될 문제가 아니다. 지역사회 시민단체에 대한 사회적 인식이 높아지고, 활동을 지원할 수 있는 제도적 장치가 함께, 전향적으로 마련되어야 지역사회 시민단체의 재정문제가 해결될 수 있다. 이를 위해 지역사회 구성원들이 지역사회 시민조직에 참여하는 것이 요구된다. 지역사회 발전은 많은 지역사회 구성원들이, 다양한 방식으로, 지역사회 시민단체에 참여하는 것을 기반으로 한다. 불공정하고 비인간적인 사회구조 안에서 일상적인 삶을 영위하는 지역사회 구성원들은 지역사회 시민단체의 활동에 참여하여 사회적, 심리적, 감성적 보상을 받을 수 있다. 지역사회 시민단체가 단순히 공익을 위해

일한다는 차원을 넘어서서, [그림 5－2]와 같이 참여민주주의를 성숙시키고, 지역사회 구성원들에게 참여의 보람을 제공함으로써 사회통합과 구성원의 자아실현에 기여한다는 것을 주목해야 한다.

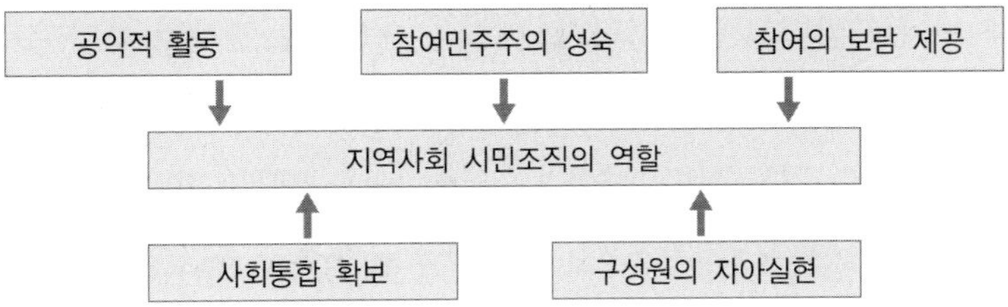

[그림 5-2] 지역사회 시민조직의 역할

지역사회 시민단체의 증가와, 그 활동의 증대를 위해 지역사회 구성원들이 노력해야 하는 당위성이 여기에 있다. 지역사회 시민단체의 수가 늘어나고 그 활동이 많아질수록 지역사회 발전이 정착되고 심화된다. 지역사회 구성원들의 사회적, 심리적 보상도 이루어진다. 이를 위해 전제되어야 하는 것이 지역사회 시민단체의 규모와 활동 수준의 제고를 위한, 회원의 회비를 통한 안정적인 재정 확보이다.

2) 지방정부의 재정 지원에 대한 시각들

지역사회 시민단체를 바라보는 지방정부의 태도는 사회의 변화와 더불어 많은 변화를 보이고 있다. 지방정부의 관계 부서와 지역사회 시민단체의 활동과 성격에 따라 차이가 있지만, 대체로 지역사회 시민단체의 존립 이유와 활동의 의의를 긍정하는 경향이 강해지고 있다. 일반적으로 지역사회 시민단체는 참여민주주의의 창구 역할을 한다. 관료화되고 이익집단화된 대의정치제도와 관료주의의 문제점을 보완하는 대안으로 작동하고 있다. 지역사회에서 제도나 권력에 대한 비판과 감시, 견제의 역할을 하고 있다. 즉, 지방정부나 기업 등을 일방적으로 지지하는 관변단체와 달리 지방정부와 일정한 긴장 관계를 가지면서 지방정부의 정책을 비판하는 기능도 가지고 있다. 이러한 경향과 함께, 지방정부에서 이러한 지역사회 시민단체와 지역사회의 문제와 현안에 대해 머리를 맞대고 논의하거나, 비판을 수용하는 경우가 나타나고 있다.

이와 같은 지방정부의 인식 변화는 지역사회 시민조직에 대한 재정지원의 움직임으로 나타나기도 한다. 시정참여사업이라는 명목이거나 프로젝트 참여 형식으로 지원이 이루어지기도 한다. 그러나 긍정적인 측면에서의 협치와 지원이 있는 반면에, 지역사회 시민단체에 대한 지원이 그 규모나 배정절차, 효과, 사후평가 등에서 불투명한 경우가 나타나기도 한다. 활동의 공공성이 확인되지 않는 지역사회 시민단체가 지원을 받는 경우도 많아 지방정부와의 유착 관계를 짐작할 수 있으며, 공정한 평가에 의해 지원 배분이 이루어지고 있는가에 대한 문제 제기도 가능하다. 의도적으로 피아구분을 하여 특정 지역사회 시민단체에게 일방적인 지원을 하는 경우도 있다. 이런 측면에서 지방정부의 재정지원에 대해서 찬반 양론이 날카롭게 대립한다.

지방정부의 재정지원에 찬성하는 입장은 공공성을 기반으로 하는 지역사회 시민단체의 사업 성격상 지방정부의 재정지원을 받을 수 있다고 본다. 이는 지방정부가 지원하는 재정이 지역사회를 위해 사용되도록 규정된 세금을 기반으로 하고 있고, 지방정부가 충실히 하지 못하는 영역의 일을 지역사회 시민단체가 수행하기 때문이다. 참여민주주의 활성화, 지역주민의 자아실현 등 시민사회의 활성화를 실현하는 지역사회 시민단체를 위해 지방정부가 제도적, 재정적으로 지원을 하는 것이 필요할 수도 있다. 이러한 입장은 다음과 같은 논지를 가지고 있다. 우선, 지역사회 시민단체의 현실로 볼 때 지방정부의 지원을 받는 것은 불가피하다. 지역사회 시민단체가 지방자치단체의 지원을 받지 않는 것이 바람직하지만, 현실적으로 지역사회 구성원의 참여가 저조하고, 회비만으로 운영이 불가능한 상황이다. 그렇다고 지역사회 시민단체가 활동을 그만두고 단체를 해산하는 것은 적절하지 않다. 다음, 지방정부의 지원을 받는 것이 곧 지방정부와의 유착을 의미하는 것은 아니다. 지방정부의 지원을 받으면서도 지역사회 시민단체의 주장과 활동에 영향을 받지 않을 수 있다. 끝으로, 지역사회 시민단체의 활동 내용과 지향으로 볼 때 지방정부의 지원을 받는 것이 마땅하다. 지역사회 시민단체는 지역사회의 문제와 쟁점에 대해 공익적 입장에서 활동을 한다. 지역사회 시민단체의 활동 내용에 따라 지방정부가 하지 못하는 사업을 대리하는 경우도 있다. 따라서 세금으로 이루어진 지방정부 예산을 받는 것은 당연할 수 있다.

한편 지방정부의 재정지원을 반대하는 입장은 지역사회 시민단체의 존립 근거가 국가권력과 시장권력으로부터의 독립에 있다고 주장한다. 지방정부의 지원을 받으면 지방정부 자체에 대한 감시와 견제, 비판의 칼날이 무뎌질 수밖에 없다. 이는 지역사회 시민단체의 고유한 성격을 상실하는 것으로 연결된다. 지역사회 시민단체가 지방정부 지원금을 받는 것에 관해 지역사회 구성원과 지역사회 시민단체 스스로 비판적 시각을 가질 수도 있다. 무엇보다도 지역사회 시민단체에 대한 지방정부의 재정지원은 감시와 견제, 비판의 대상으로부터 지원을 받는다는 점에서 의혹을 살 가능성이 높다. 지방정부의 직접적 재정지원이 지역사회 시민단체의 활동을 통제하고, 왜곡시킬 가능성도 높다.

지역사회 시민단체의 의지에 따라 지방정부의 재정지원을 받고도 지방정부에 대한 비판과 감시의 목소리를 높이는 것이 가능할 수도 있다. 그러나 모두는 아니지만 대부분의 경우 이것이 쉽지 않다. 지방정부 관료들과 정치인이 지역사회 시민단체의 자율성에 대한 인식이 부족하여 자신들이 재정을 지원했으니 자신들에게 우호적으로 움직여야 한다고 직간접적으로 요구할 수 있다. 지원을 받고는 제대로 비판하지 못하는 것이 당연할 수도 있다. 이는 지방정부의 직접적 재정지원이 지역사회 시민단체의 자립성과 자율성을 침해하고, 의존성을 심화시킬 수 있다는 것을 가리킨다. 지역사회 시민단체의 활동을 단순히 지방정부로부터 돈을 받고 하는 사업으로 변질시킬 위험도 있다.

지역사회 시민단체의 재정적 열악함은, 엄청나게 힘든 회원 확대와 회비 증대를 위한 노력보다는, 일거에 거액을 받을 수 있는 지방정부와 기업 등의 외부지원에 의존할 가능성을 높이고, 유혹을 강하게 받게 할 수 있다. 그러나 이러한 지원을 한번 받으면 다시 지원에 의지하게 되고, 이러한 지원을 받지 않으면 지역사회 시민단체의 사업 지속성이 파괴되고 실무 구성원의 임금 지급을 할 수 없게 된다. 이렇게 되면 재정 종속의 심화와 불철저한 사업 수행이라는 악순환이 거듭되고, 단체 운영의 자율성과 독립성이 파괴된다.

재정은 지역사회 시민단체에게 이중의 칼날과 같다. 지역사회 시민단체의 사업의 근간이 되는 '보약'이면서도, 지역사회 시민단체의 생명인 도덕성을 뿌리부터 흔들어 버릴 수 있는 '독약'이 될 수도 있다. 지역사회 시민단체는 재정을 마련할 때 적절한 돈과 부적절한 돈을 신중하게 구별해야만 한다. 지방정부나 기업의 재정지원은 지역사회 시민단체에게 득이 될 수도 있고 실이 될 수도 있는 양면성을 가지고 있다. '무조건 받지 말아야 한다', '활동을 위해 받아야 한다'라는 이분법보다는 보다 구체적이고 맥락적으로 검토해서 결정해야 한다. 지역사회 시민단체의 위상이나 활동내용에 따라 재정지원을 받거나 거부할 수 있고, 설령 받는다고 해도 일정한 요건과 기준에 따라 받는다면 부정적 결과가 나올 가능성을 낮출 수 있다. 지방정부 재정 지원 수용 여부를 판단할 때 다음의 내용을 참고할 필요가 있다.

첫째, 지역사회 시민단체의 활동 내용과 지향에 따라 지방정부의 재정 지원 수용 여부를 결정해야 한다. 우선, 지방정부의 기능을 감시하고 비판하는 기능이 지역사회 시민단체의 주된 활동일 경우, 지방정부의 재정지원을 받는 것은 그 활동에 부정적 영향을 줄 가능성이 있다. 따라서 지방정부의 재정지원을 받지 않는 것이 필요하다. 다음, 사회복지의 전달 활동을 주로 하는 사회복지 단체나 지방정부 기능을 대행하는 지역사회 시민단체의 경우, 지방정부의 재정지원이 활동에 긍정적 영향을 줄 수 있다. 따라서 지방정부의 재정지원에 상대적으로 유연하게 대응할 수 있다. 이러한 지방정부 재정지원 수용 여부의 판단을 정리하면 <표 5-1>과 같다.

<표 5-1> 지방정부 재정 지원 수용

구 분	영 향	수용 여부	해당 조직
지방정부 재정 지원	부정적 영향	원천적 거부	• 지방정부 기능 감시와 비판 • 지방정부 정책 제안과 비판
	긍정적 영향	탄력적 수용	• 사회복지 전달 활동을 주로 하는 사회복지 단체 • 지방정부 기능을 대행하는 지역사회 시민단체

둘째, 지역사회 시민단체가 지방정부의 재정지원을 받더라도, 사용 내역을 투명하게 하고, 지원된 재원을 공정하고 책임 있게 쓸 수 있는 제반 절차와 요건을 갖춰서, 지방정부 재정 지원이 가져올 수 있는 위험성을 낮춰야 한다. 지방정부의 재정지원을 받아 활동하는 사업의 명분이 분명하고, 재정지원의 심사절차가 공정하며, 사용 내역을 명확하게 공개한다면, 지방정부 재정지원 수용이 반드시 비난받거나 배제될 부분은 아닐 수 있다.

3. 시민운동에 대한 고전적 비판

지역사회 시민단체는 활동의 공익성과 자율성을 유지하기 위해서라도 내외부의 엄정한 비판과 감시를 받아야 한다. 이것이 지역사회 시민단체의 도덕성과 존립 근거를 보호하는 방편이기도 하다. 그러나 지역사회에 존재하는 일방적인, 그리고 무책임한 비판은 지역사회 시민단체의 활동을 약화시키고, 장애물로 등장한다.

지역사회 시민단체의 사업이 활발해지고, 일정한 성과가 이루어지게 되면, 이러한 활동에 대한 인정과 격려가 나타난다. 이에 못지않게 지역사회 시민단체의 활동에 대한 비판이 등장하게 된다. 물론 이러한 비판은 지역사회 시민단체의 활동에 의해 부정적 영향을 받게 되거나 기득권을 내려놓게 되는 집단에 의해서 이루어지는 경우가 많다. 그럼에도 불구하고 지역사회 시민조직의 활동에 대한 비판의 기능을 긍정적 측면과 부정적 측면으로 구분하여 살펴보면 다음과 같다. 우선, 긍정적 측면에서, 이러한 비판이 객관적이기만 하다면 무조건 부정적으로 볼 필요는 없다. 비판이 지역사회 시민조직의 구성원들에게 자기 반성과 성찰의 기회를 제공해 주기 때문이다. 다음, 부정적 측면에서, 이러한 비판이 시민단체 활동의 옳고 그름에 대한 것이 아니라 특정 세력에 의해 합목적성을 가지고 이루어진다면, 지역사회에서 시민운동에 대한 왜곡된 시각이 조성된다. 지역사회의 부정적 문제와 쟁점을 은폐하기 위해 시도되기도 한다. 이러한 시민운동에 대한 비판의 기능을 정리하면 [그림 5-3]과 같다.

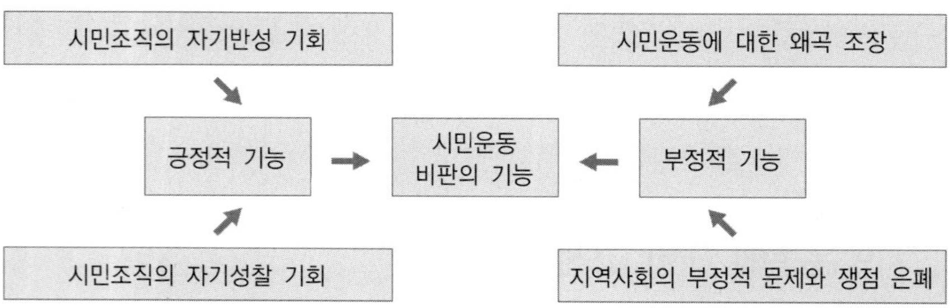

[그림 5-3] 시민운동에 대한 비판의 기능

지역사회 시민단체의 활동은 아직 미흡하고 부족한 부분이 많아서 비판의 여지가 많을 수 있다. 낮은 시민의식, 불비한 지역사회 제도 여건과 장치, 정치적 유혹, 금전적 유혹 등 지역사회 시민단체의 활동을 둘러싼 제반 여건은 척박하다. 또한 지역사회 시민단체의 지도자들이 시민사회 속에서 검증 없이 출현하는 경우도 있다. 이들의 추문이나 실수 한 번에 지역사회 시민단체 전체가 매도되고 추락할 수도 있다. 우후죽순처럼 생겨나는 지역사회 시민단체 가운데 사회적 지탄을 받는 단체도 있을 수 있다. 따라서 마땅히 비판받을 부분은 비판받고, 그 비판 가운데 수용할 만한 부분은 수용하는 것이 지역사회 시민단체의 발전을 위해 필요하다. 비판을 두려워하고 잘못을 고치는 것을 게을리하면 지역사회 시민단체의 건강한 발전을 기약하기 어렵고, 시민단체 간 옥석을 구분하기가 쉽지 않다.

이러한 맥락에서 지역사회 시민단체에 대한 고전적 비판을 살펴볼 필요가 있다. 우리 사회에서 시민단체를 중심으로 시민운동이 활성화된 것은 1990년대 이후이다. 경실련을 필두로 이 시기에 참여연대, 환경운동연합 등을 비롯하여 많은 시민단체가 결성되었고, 활발하게 활동을 하였다. 사회 전반과 언론에서 시민단체와 시민운동에 대한 우호적 여론이 생성되었다. 그러나 2000년 시민단체의 연합체인 총선연대의 낙천낙선운동을 기점으로 수구시민사회 진영에서 시민운동에 대한 비판을 급격하게 제기하였고, 사회 전반적으로 증가하였다. 이러한 비판은 긍정적이고, 필연적인 것도 있었지만, 그 저의가 의문스러운 부분도 있었다. 여기서는 시민운동에 대한 비판 중 고전적으로 제기되는 내용을 살펴본다.

첫째, 시민 없는 시민운동에 대한 비판이 있다. '시민 없는 시민운동'이라는 말은 지역사회 시민단체 자체에서 빈약한 회원규모를 지칭하면서 사용한 표현이다. 이는 지역사회 시민단체가 정책집단으로 갈 것인지, 아니면 대중조직으로 갈 것인지를 가늠하는 검토 안에서 이루어졌다. 그런데 시민 없는 시민운동이라는 비판은 지역사회 시민단체 내부에서 자성적 의미로 쓰였지만, 역설적이게도 주로 외부에서 지역사회 시민단체를 공격하기 위해 집중적으로 제기한다.

지역사회 시민단체가 조직을 운영하는 데 필요한 회원규모를 유지하기가 쉽지 않다. 운영에 필요한 회비수입과 자원봉사자들이 없어서 많은 지역사회 시민단체들이 사업과 운영에 어려움을 겪고 있고 존립의 위기에 봉착하고 있다. 회원에 주목하는 것은, 지역사회 구성원들이 지역사회 시민단체의 회원이 되어 회비를 내고 자원봉사를 함으로써 지역사회 시민단체의 운영에 결정적인 역할을 하기 때문이다. 회원의 부족은 결국 지역사회 시민단체가 부실해지거나 역할을 제대로 수행하지 못하는 결과를 초래한다. 이런 맥락에서 시민 없는 시민운동이라는 비판이 지역사회 시민단체의 빈약한 회원구조를 지적하는 것을 탓할 수는 없다. 지역사회 안에서 보다 더 대중적이고 설득력 있는 활동을 하지 못한 지역사회 시민단체의 책임이 크다.

그러나 지역사회 시민단체에 회원이 부족한 현상을 지역사회 시민단체의 책임으로만 돌리는 것은 적절하지 않다. 시민 없는 시민운동, 즉 시민부재 상황은 오랜 역사적 배경과 한국사회의 구조적 배경을 가지고 있다. 일제강점기의 식민지 시대, 분단과 전쟁, 군사독재를 거치면서 한국사회는 공익적 영역에 대한 관심과 활동을 배제시켜 왔다. 지역사회 안에서 이웃과 시민단체에 대한 관심은 곧바로 보복과 불이익, 피해를 연상시킬 정도였다. 이런 상황에서, 지역사회 구성원이나 지방정부 등에서 시민참여를 조성, 격려, 권고하는 활동을 하거나, 시민들의 참여를 보장하고 장려하는 제도의 도입을 주장하지 않으면서, 단순히 지역사회 시민단체의 회원 부족만 탓하면서 시민 없는 시민운동으로 매도하는 것은 부적절하다. 이러한 지역사회 시민단체의 회원부족에 대한 비판은 다음과 같은 부정적 결과를 초래할 수 있다.

첫째, 지역사회 시민단체와 구성원의 활동을 위축시킬 수 있다. 지역사회 시민단체를 후원하거나 지원하는 노력 없이 모든 지역사회 시민단체를 시민 없는 시민운동이라고 싸잡아 비난하는 것은 지역사회 개발을 위해 노력하는 지역사회 시민단체와 그 구성원들의 사기를 꺾고, 지역사회 구성원들의 참여

의욕을 좌절시키는 결과를 가져오게 된다. 다음, 지역사회 시민단체에 대한 오해를 야기할 수 있다. 시민 없는 시민운동 비판은 지역사회 시민단체가 지역사회 구성원을 배제하거나 구성원과 동떨어진 활동을 하는 듯한 인상을 주게 된다.

이러한 활동 위축과 오해 야기를 하는 시민 없는 시민운동이라는 비판을 일방적으로 지속하는 것은 바람직하지 않다. 지역사회 시민단체의 회원부족에 대한 일방적 비판이 가져오는 부정적 결과를 정리하면 [그림 5−4]와 같다.

[그림 5-4] 지역사회 시민단체의 회원부족에 대한 일방적 비판이 가져오는 부정적 결과

그럼에도 불구하고, 지역사회 시민단체는 시민 없는 시민운동이라는 비판을 겸허하게 받아들여야 한다. 아직 지역사회 시민단체에 대한 지역사회 구성원의 인식은 충분하지 못하거나 왜곡된 경우가 많다. 지역사회 구성원의 참여가 일천하다. 이런 맥락에서 지역사회 시민단체의 구성원들은 당연히 지역사회 구성원들의 곁으로 가지 못한 자신들의 한계와 문제를 반성해야 한다. 보다 더 현실적이고 지역사회 구성원의 감성과 문화에 맞는 자세를 갖추어야 한다.

둘째, 견제받지 않고 책임지지 않는 권력이라는 비판이다. 지역사회 시민단체가 흔히 들을 수 있는 비판이다. '지역사회 시민단체들은 누구를 대표하고 있는가? 지역사회 구성원, 구성원 하는데 어떻게 모든 구성원을 대표하는가? 지방정부의 관계 부서나 공공기관은 자신들의 발표나 행동에 대해 모두 법률상 책임을 지는데 지역사회 시민단체는 자신의 발언과 행동에 대해 어떻게 책임을 지는가? 아무에게도 견제받지 않고, 누구에게도 책임지는 일이 없지 않은가?' 하는 것이 비판의 골자이다. 즉, 지역사회 구성원이 지역사회 시민단체에 대하여 '나도 구성원의 한 사람이지만 지역사회 시민단체를 대표자라고, 대표단체이라고 뽑아준 적이 없다. 왜 지역사회 시민단체는 구성원의 이름을 팔면서 모든 일에 나서는가, 지역사회 시민단체는 구성원을 팔지 말아야 한다' 거나 '어느 누구도 지역사회 시민단체에게 지방정부를 감시하고 비판하는 권한을 위임하지 않았다. 자격을 검증받지도 않은 지역사회 시민단체가 지역사회의 정의를 재단하고 있다', 또는 '정당처럼 정치적 책임도 지지 않고, 행정기관과 같이 공무수행상의 책임도 지지 않는다. 무책임하다'라고 비판할 수 있다.

그러나 이러한 비판은 지역사회 시민단체의 본질을 잘 모르고 하는 비판이다. 지역사회 시민단체는 모든 구성원을 대표하지 않는다. 그것은 불가능하고 불필요하다. 반면에 민주주의 체제 아래에서 지역사회 시민단체를 만들고 활동하는 데 누구의 허가도 받을 필요가 없다. 집회, 결사의 자유는 헌법에서 보장하고 있는 권리이다. 아무리 일부 소수의 지역사회 구성원이라도 지역사회 시민단체를 만들어 자신들의 입장을 주장하고 이를 지역사회 구성원들에게 전파할 자유가 있다. 지역사회 시민단체는 지역사회의 문제와 쟁점에 대해 같은 입장을 가진 구성원들이 힘을 합쳐 조직을 만들고 자신들의 주장을 펼치고 행동을 한다. 그러한 주장과 행동이 지역사회 구성원의 공감을 받는다면, 그 지역사회 시민단체의 회원이 늘어나고 단체의 규모가 커질 것이다. 공감을 받지 못한다면 지역사회 구성원의 지지가 없거나 미미할 것이고, 그 시민단체는 오래 지속되지 못할 것이다. 민주주의 체제에서 지역사회 구성원은 누구나 자유롭게 단체를 결성하고, 주장을 펼치며, 행동할 자유를 가진다.

그리고 지역사회 시민단체는 누구로부터도 견제받지 않고, 행동과 발표에 대해 아무런 책임을 지지 않는 것이 아니다. 지방정부 관련 부서나 기관의 책임과는 다른 형식의 책임을 지게 된다. 지역사회 시민단체는 그 책임자나 구성원의 실수 때문에 엄청난 비판을 받고 재기불능의 상황으로 빠지는 경우가 흔히 있다. 오히려 지역사회 시민단체는 어떤 지방정부 관련 부서나 기관보다도 더 큰 책임을 진다고 할 수 있다. 사소한 실수도 용납받기 어려운 것이 지역사회 시민단체의 활동이다. 백 번 잘하다가 한 번 실수를 저질러도 용서를 받지 못한다. 어느 지방정부 관련 부서나 기관의 책임자가 잘못했다고 해서 그 부서나 기관이 없어지거나 위축되지는 않는다. 그러나 지역사회 시민단체는 다르다. 한 번 실수가 거의 회복불능의 상태로 연결되고 해체의 수준까지 가게 된다. 이와 함께 지역사회 시민단체의 구성원은 과도하게 도덕성을 요구받고 있다고 할 수 있고, 살얼음판을 걷는 자세로 살지 않으면 안 되는 상황에 처해 있기도 하다.

셋째, 정의를 독점하고 있다는 비판이 있다. 지역사회에서 지역사회 시민단체가 열심히 활동을 하면, 가시적 성과를 올리고, 구성원들의 호응을 얻는 것이 가능하다. 이 지점에서 지역사회 시민단체가 지역사회의 정의를 독점하고, 정의를 판단한다는 비판이 나올 수 있다. 이는 지역사회 시민단체의 활동 결과가 수반하는 영향이 강력하기 때문이다. 그러나 지역사회 시민단체가 정의를 독점하거나 정의에 대하여 규정한다는 것은 가능하지 않다. 지역사회 시민단체와 정의를 연결시키는 것은 지역사회 시민단체가 어떤 주장을 내세우면 그만큼 지역사회에서 반향을 크게 불러일으키고, 이를 지역사회 구성원들이 신뢰하며, 지방정부와 지방의회에서 주목한다는 것을 의미한다. 결국 이러한 비판은 왜 지방정부나 의회가 정의를 확보하지 못하는지를 질문해 볼 필요와 연결되어야 한다. 이런 맥락에서 지역사회 시민단체가 정의로움을 가졌다면 이것은 어느 정도 진실일 수 있다.

사실 지역사회 시민단체들이 자신들이 정의를 독점하거나 판단한다고 하는 경우는 없고, 있을 수도 없다. 지역사회 구성원들이 지역사회 시민단체를 신뢰한다면 그것은 오직 지역사회 시민단체들이 그동안 지역사회 개발과 정의를 위해 노력해 온 결과일 것이다. 만약 지역사회 시민단체들이 허튼 소리나 하고 부도덕한 이익을 취하고 부패한 모습이나 보였다면, 지역사회 시민단체는 영향력과 신뢰를 가질 수 없고, 존재하지도 못하게 된다. 지역사회 시민단체가 정의롭다고 지역사회 구성원에게서 인정된다면 그것은 지역사회 시민단체가 올바른 모습과 행동을 보였기 때문에 가능한 것이다.

넷째, 지역사회 시민단체의 관료화가 지적될 수 있다. 관료화라고 한다면 지나치게 엄격한 상하관계, 조직의 형식과 명분에 기초한 운영, 실질보다는 형식과 절차를 중시하는 경향 등 부정적인 조직 행태를 말한다. 지역사회 시민단체에 관료주의의 부정적 행태가 스며든다면 그것은 분명히 문제이다. 왜냐하면 지역사회 시민단체는 이러한 관료주의를 경계해야 하기 때문이다. 그러나 현실에서 지역사회 시민단체는 관료화와 거리가 멀다. 오히려 지역사회 시민단체의 구성원으로 일해본 사람의 경우 활동의 효과성과 효율성을 극대화시키기 위해 지역사회 시민단체들이 어느 정도 관료화되어야 한다는 생각을 하는 경우도 있다. 지역사회 시민단체는 상하관계보다는 평등한 관계에서 일을 한다. 그러다 보니 기강과 규율이 거의 없다. 강제적이라기보다는 자율적이며, 폐쇄적이기보다는 개방적이다. 그것은 개인의 창조성과 자발성을 높이기는 하지만, 동시에 산만하고 무질서할 가능성도 있다. 공공기관의 업무규정집이나 기업의 매뉴얼북 하나 없는 시민단체가 허다하다. 그런 맥락에서 오히려 상황에 따라 관료주의적인 엄밀성과 법칙성이 지역사회 시민단체에도 필요할 수 있다.

다섯째, 시민운동이 획일화되어 있다는 비판이 있다. 지역사회의 문제와 쟁점이 심각하고, 복잡하여 단일 시민단체에서 대응하지 못하거나 해결하지 못할 경우 많은 지역사회 시민단체들이 연대하여 활동을 하는 경우가 있다. 이 부분에서 지역사회 시민운동의 획일화 우려가 제기될 수 있다. 즉, 각 지역사회 시민단체들을 하나로 묶는 연대기구를 만들어 특정 문제나 쟁점을 획일적으로 밀어붙이는 것은 다양성과 자발성을 생명으로 하는 시민단체의 특성에 비추어 볼 때 적절하지 않다는 것이다. 이렇게 연대기구 내지 연대활동을 통해 지역사회 시민단체의 목소리가 획일화되고 내부 비판정신이 약화되는 것 또한 시민운동이 경계해야 할 부분이라는 문제제기도 가능하다.

지역사회 시민단체는 자율성과 다양성을 전제로 활동하는 조직이므로, 활동이 획일화되고, 천편일률적인 활동만 한다면 심각한 문제가 아닐 수 없다. 하나의 지침 아래 모두가 획일적으로 주장하고, 활동한다면 관변단체와 다를 바 없을 것이다. 그러나 다른 맥락에서 볼 때, 지역사회 시민단체들의 연대관계 수립 또는 연대활동은 오히려 지역사회 시민운동의 동력으로 작용할 수 있다. 이 과정에서 지역사회 시민운동의 획일화는 발생하지 않는다. 지역사회 시민단체들이 자신들의 자율성과 자치성을 중요하게 여기는 만큼 다른 단체의 자율성과 자치성을 존중하기 때문이다. 지역사회 시민단체들의 연대의 필요성을 짚어보면 다음과 같다. 우선, 지역사회 시민단체가 힘을 합쳐 공동으로 해결하지 않으면 안 되는 지역사회 문제와 쟁점들이 많다. 다음, 시민운동에서 단체 간의 연대라는 것은 가장 중요한 목표이자 수단의 하나이기도 하다. 개별 지역사회 시민단체들이 자신의 과제에만 몰두하고 매몰되면, 지역사회 시민운동 전체의 목표를 상실할 가능성도 있다. 끝으로, 지역사회 시민단체들이 힘을 합쳐 활동할 필요가 있다. 지역사회 시민단체들은 지역사회의 자원과 복지를 공정하게 분배하고, 자신들의 삶에 영향을 미치는 의사결정과 정책에 대한 민주적 통제력과 지배력을 확보하기 위해 노력한다. 즉, 지역사회 발전을 위해 활동한다. 그러나 이러한 활동 과정에서 자신들이 감시하고 견제해야 하는 지방정부나 기업에 비해 조직과 재정, 영향력 면에서 부족한 것이 드러나고, 이것이 활동 장애요인으로 작동한다. 따라서 이러한 부족함을 만회하고 장애요인을 극복하기 위해서 단위 지역사회 시민단체의 활동을 큰 틀에서 묶어내는 연대활동이 적극적으로 요구된다.

여섯째, 시민단체의 활동이 언론플레이에 의존하는 시민운동이라는 비판이 있다. 지역사회 시민단체들은 교육 프로그램, 신문 및 잡지 발행, 토론회 등을 주요 행동수단으로 활용하고 있다. 집회, 시위, 성명서, 연대 서명도 중요한 행동방식이다. 규모가 비교적 큰 지역사회 시민단체는 성명서 발표나 서명을 포함하여 대중매체를 적극 활용하는 전략을 중시해 왔다. 시민단체가 지역사회 발전을 위한 아이디어를 생산하고, 언론을 통해 이를 여론화하는 것은 핵심 전략의 하나이다. 지역사회 시민단체가 언론을 활용하는 것은 당연하고 바람직한 사업 추진 방식의 하나로 볼 필요가 있다. 지역사회 시민단체의 사업 중 하나는 지역사회의 특정한 문제와 쟁점에 관하여 여론을 형성하거나 기존의 여론을 주도하여 이를 지방정부 관계 부서의 행정이나 정책적 의사결정에 반영되도록 압력을 가하는 것이다. 이런 맥락에서 지역사회 시민단체들은 자신들의 입장이나 활동을 널리 지역사회 구성원에게 알리는 것이 중요하다. 자신들의 사업에 대한 홍보는 지역사회 시민단체의 사업에 결정적으로 영향을 미치는 부분이기도 하다. 지역사회 시민단체의 언론활동을 나쁘게 볼 이유가 없다.

물론, 지역사회 시민단체가 자신들의 사업은 제대로 하지 않으면서, 언론에 포장되어 나오는 것에만 관심을 가진다면 심각한 문제가 될 수 있다. 그러나 그 같은 겉치레 사업을 보도해 줄 언론은 없을 것이며, 더구나 지역사회 시민단체가 기자들과 부정적 관계를 만들면서 홍보를 할 리도 없다. 언론 매체에 진정으로 그 사업이 중요하고 또한 보도될 가치가 있다고 설득하는 것은 지역사회 시민단체가 내실 있고 진실성과 참신성을 가진 사업을 추진할 때에만 가능할 것이다. 한편 이를 다른 각도에서 보면, 지역사회 시민단체의 홍보 내지 언론활용의 수준과 방법은 초보적이고 원시적이다. 사업을 알리기 위해 대변인이나 홍보담당 실무자 한 사람을 제대로 배치한 지역사회 시민단체는 없다. 그만큼 지역사회 시민단체가 여력이 없다는 방증이기도 하다. 이런 면에서 보면 지역사회 시민단체가 언론플레이에 의존한다는 비판은 타당하지 않다.

일곱째, 시민운동이 정치지향적이라는 비판이 있다. 즉, 지역사회 시민단체들이 너무 정치적이어서 정작 지역사회 구성원들의 생활세계는 돌보지 않는다는 비판이 제기될 수 있다. 그러나 이러한 비판이 가지는 자기모순은 심각한 수준이다. 이는 정치도 생활세계의 일부분이고, 오히려 지역사회 구성원들의 생활에 가장 큰 영향을 미치는 것이 정치[1]이기 때문이다. 지역사회 시민단체들은 지역사회 구성원의 삶에 밀접한 문제와 쟁점을 해결하기 위해 활동한다. 그러나 이러한 문제와 쟁점의 배경, 그리고 해결책은 외견상 정치적 양상을 가지거나, 정치적 결과물로 보이는 경우가 많다. 이 부분은 모두 지역사회 구성원의 생활세계, 생활정치의 핵심이라는 것을 인식해야 한다.

지역사회 시민단체는 이미 지역사회 안의 다양한 영역에서 활동하고 있다. 이는 지역사회에서 활동을 하고 있는 지역사회 시민단체의 주된 관심영역과 활동방향이 매우 다양하다는 것을 가리킨다. 정치적 사안을 다루거나 정치적 성향을 보이는 지역사회 시민단체가 있을 수 있고, 지역사회 구성원의 생활세계에 깊숙하게 들어가 있거나 모두의 삶의 질의 유지와 향상을 위한 복지 관련 지역사회 시민단체가 있을 수 있다. 단지, 지역사회 시민단체 중에서 지방자치단체의 의사결정과 정책 지향을 감시하고 주장을 하는 주창형 지역사회 시민단체의 목소리를 언론에서 많이 다루고, 이로 인해 이들의 주장이 보다 크게 들릴 뿐이다. 이 때문에 정치적 사안을 다루는 활동이 지역사회 시민단체의 활동의 대부분인 것으로 오해할 수 있다.

여덟째, 지역사회 시민운동이 지나치게 명망가, 전문가 중심이라는 비판이 있다. 하나의 지역사회 시민단체가 지도자 한 사람을 중심으로 활동하고 있거나, 몇몇 명망가가 장기집권하면서 시민운동의 얼굴 노릇을 한다는 지적이다. 지역사회 구성원이 배제된 채 지도자의 개인 역량과 인기에 지나치게 의존하

1) 정치는 한정된 자원을 모두가 만족할 수 있는 방법으로 모두가 만족하게 나누는 과정을 의미한다. 이 과정은 매우 다양한 모습으로 나타나며, 사회 구조와 지형에 밀접하게 관련되어 있다. 또한 기울어지고, 구부러졌으며, 패인 것을 바로잡는 것을 가리킨다.

는 지역사회 시민단체의 활동은 당연히 그 방향성과 정책결정 과정, 주장의 공공성 등에 대한 신뢰도를 담보하기 어렵다는 것이다.

지역사회 시민단체의 활동은 특정한 몇몇 소수에 의해서 이루어지기보다는 다수의 상근활동 구성원과 일반 지역사회 구성원의 참여에 의해 움직여지는 것이 바람직하다. 이런 맥락에서 명망가 중심의 지역사회 시민단체의 활동에 대한 비판은 적절할 수 있다. 그러나 명망가 중심의 활동이 부각되는 원인은 중층적이다. 예를 들어, 언론에서 지역사회 시민단체의 활동을 취재할 때, 기자들은 언제나 그 조직의 지도자나 책임자와 인터뷰하기를 원하지 실제 특정 사업을 추진한 실무 구성원과 인터뷰하는 것을 선호하지 않는다. 특히 비중 있는 언론 프로그램이나 기사의 경우 이런 경향이 더욱 심하게 나타난다. 그러다 보니 불가피하게 소수의 지역사회 시민단체 책임자나 지도자가 인터뷰에 응하게 되고, 이들이 명망가가 되며, 이들에 의해 그 조직이 좌지우지되는 것으로 보인다. 이처럼 명망가라는 것은 언론에 의해 만들어지는 부분이 많다.

이러한 비판과는 다른 관점에서 보면, 지방정부 관계 부서나 기관, 기업조직과 달리 지역사회 시민단체의 운용을 책임진다는 것은 매우 고통스러운 일이다. 실무 구성원들에 대해 월급과 최소한의 복지를 책임져야 하고, 사업활동을 위한 비용을 마련해야 한다. 그러나 지역사회 시민단체는 비영리단체이고, 사업을 통해 수익을 생산하는 조직이 아니다. 아무 데나 지원을 요청하고, 손을 벌리기가 어렵고, 부당한 요구를 하는 것은 있을 수 없다. 모금도 하고, 회원을 확대해야 한다. 도덕성과 원칙을 유지하면서 모금도 하고, 회원을 확보하고, 단체를 이끌어 가는 것은 쉬운 일이 아니다. 지역사회 시민단체에 유능한 중견간부나 지도자들이 남아있기 힘들고, 나이 든 활동가가 부족한 까닭이기도 하다. 시민교육을 통해 지역사회 시민단체에 대한 비판을 비판적으로 검토하는 동시에, 시민단체가 생존하고 활동할 수 있는 기반을 마련하기 위한 방안을 다룰 필요가 있다.

6장 | 시민교육과 법의 연리지

시민단체에서 사용하는 다양한 시민운동 방법은 대부분 합법 테두리 안에서 이루어진다. 법은 법이기에 지켜야 한다. 하지만 계속 지금 상태로 지켜져야만 하는가, 영구적인 것인가, 시대와 사회의 흐름에 걸맞게 변화되고 보완되어야 하는 것인가에 대해 살필 필요가 있다. 시민단체의 활동을 제한하거나 억제하는 실정법이 있을 경우 법을 지키거나 이를 넘어서거나 하는 판단과 선택이 요구될 수 있다. 여기서는 이러한 요구에 대한 답을 살펴보기 위해 자연법과 실정법을 훑어보고, 악법의 법적 지위 인정 여부를 따져보며, 헌법을 재방문한다.

1. 실정법의 뿌리는 자연법

인간은 사회적 존재이다. 인간은 자기 보전과 자기 발전을 위해 한 곳에 모여서 집단을 형성하고 사회를 이루어 살아왔다. 이렇게 집단이 사회화되어 있는 곳에는 반드시 법이 존재한다. 이는 다음과 같은 상황이 발생할 수 있기 때문이다. 우선, 인간사회의 규모가 확대되고 사회 구성원의 다양성이 증가함에 따라 사회질서를 어지럽히고 공동체의 안녕과 평화를 파괴하는 반사회적 행동이 이루어지는 상황이 나타날 수 있다. 이러한 상황을 조율하고 통제하여 사회의 평화를 유지하는 것이 필요하다. 다음, 공동에게 영향을 미치는 공공작업에 참여하지 않거나 결과를 독점하며, 공공의 질서를 파괴하는 상황이 발생할 수 있다. 인위적으로 공동작업과 분배를 위한 조율이 요구되고, 질서 유지를 시행할 방법이 필요하다. 끝으로, 지배계급이 통치를 원활하게 하기 위한 도구로서 방편이 요구된다. 법은 국가의 권력구조를 배경으로 하여 만들어지지만, 역사적으로 지배집단은 법을 통해 정당성의 근거를 확보하는 모습을 보여왔다. 이러한 상황을 조율하고 통제하기 위한 기반으로 법의 기능이 필요하다.

초기 사회에서는 종교나 도덕만 가지고도 충분히 사회질서와 평화를 유지시킬 수 있었지만, 이해(利害)의 대립이 커지고 사회가 복잡해지면 종교나 도덕만으로는 사회질서와 평화를 유지하기 어렵게 된다. 사회질서가 혼란스러워지고 무너지면 강한 자가 많은 것을 독과점하는 상황이 발생하게 되고, 약한 자는 압제를 당하고 착취될 가능성이 많아진다. 이에 사회 구성원에게 사회유지와 구성원 보호를 위해 일정한 질서를 지킬 것을 강제하고 그것에 따르지 않을 경우에는 제재를 가할 수 있는 규범이 필요하게 된다. 이 규범이 법이다.

법은 인간의 행동이 사회가 기대하는 일정한 모습에 합치하도록 통제하는 수단으로서 기능하게 되며 다음과 같은 특징을 가진다. 우선, 법은 문화의 일부분이다. 법은 정치, 경제, 사회, 종교, 도덕, 언어 등과 마찬가지로 일정한 환경에 살고 있는 인간이 삶의 필요에 의해 만들어 낸 것이다. 다음, 법은 다른 문화적 내용과 상호 소통하고 복합적 관계를 가진다. 예를 들어, 법은 경제를 통제하지만, 경제가 법을 유인하기도 한다. 끝으로, 법은 역사적 산물이다. 역사성이 지역과 민족에 따라 다르기 때문에 법은 독특한 철학을 가지고 있다. 반면에 보편성을 가지게 된다.

'악법도 법이다'라는 명제가 있다. '이 악법은 정말 법으로서의 의미와 가치를 가질 수 있을까, 악법이 정당한 과정을 걸쳐 합법적으로 제정되었다는 이유만으로, 맹목적으로 지켜져야만 하는 것인가?'라는 문제는 오래된 논쟁 주제 중 하나였다. 현실에서 '악법도 법이므로 지켜야 한다'는 입장과 '악법은 법의 본래적 의미를 가지지 못했기 때문에 지킬 수 없다'라는 주장이 있다. 이는 자연법론과 법실증주의의 대립을 극명하게 보여주는 사례이다. 자연법은 보편적이고 불변적인 가치를 상징하는 법으로서, 인간이라면 누구나 따라야 할 절대적인 원칙이라 할 수 있다. 반면에 실정법은 우리에게 친숙한 법이다. 일련의 과정을 통해 제정되고 공표되는 법이다. 주목할 것은 실정법은 가변적이며 상대적이라는 것이다. 역사적으로 보면 법은 시대와 상황에 따라 변하고 있었다. 자연법과 실정법을 살펴보면 다음과 같다.

첫째, 자연법(自然法, natural law)은 인위적인 법률이나 가치와 달리 자연스럽게, 즉 스스로 그러하게 존재하는, 언제, 어디서나 유효한 보편적, 불변적 법칙을 가리킨다. 이러한 자연법은 실정법, 즉 정치적인 공동체나 사회, 국가 등에서 만든 법을 초월하는 뜻 또는 크게 포용하는 의미로 쓰인다. 자연법은 실정법과 비교해야만 알 수 있는 성질을 가지고 있다. 자연법에 기반하여 실정법 자체를 부정하기보다는 실정법의 상태를 비판하며 결국은 변증법적으로 보완되고 발전하도록 하는 부분에서 가치를 부여할 수 있다.

18세기에 제창된 자연법론은 근세 자연법론이라 한다. 인간의 본래의 성질로부터 인간의 자연상태를 상정하고 이 자연상태로부터 자연법의 존재를 논리적으로 설명하려고 한다. 당시의 자연법론은 인간의 자유 · 평등의 권리를 자연법에 의하여 인정된 권리라고 설명하였다. 이러한 자연법론은 봉건적인 속박으로부터 인간을 해방하는 유력한 무기가 되었다. 이후 역사법론이 대두하게 되면서 동시에 근세 자연법론은 쇠퇴하였다. 그러나 19세기 후반에 독일의 법철학자 슈타믈러는 형식은 불변이지만 내용이 변화하는 자연법의 존재를 설명하였고 또 현재의 독일에서도 자연법론이 번성하고 있다.

둘째, 실정법은 현재 시행되고 있는 법, 즉 현행법 또는 과거에 실제적으로 시행되었던 법을 말한다. 일상적인 의미로 실정법은 특정한 시대와 사회에서 구체적이고 실질적인 효력을 가지고 있는 법규범을 말한다. 제정법, 관습법, 판례법, 조리 등을 포괄하는 개념으로 쓰인다. 때로 한 사회의 규제를 위해 권위 있는 기관이 제정하거나 채택한 구체적인 법이라는 협의의 의미로도 사용된다. 서구에서는 14세기 이래 실정법이라는 용어는 '인간에 의해 제정되거나 만들어진 법'을 지칭하는 것으로 사용되어 왔다. 이러한 법 의미에 대한 용법은 '인간에 의해서 만들어지는 것이 아니라 발견되는 것'으로 인식되어 온 자연법이나 신법과는 대립적인 의미를 지닌다. 19세기 이래 콩트에 의해 확립된 실증주의라는 철학적 의미로 채색되어 왔다. 여기에서 실증주의적 원리란 인간에 의해 관찰될 수 없는 한 어떠한 것도 존재한다고 말할 수 없다는 의미를 지니게 되었다.

국가의 법은 모두가 실정법이다. 실정법이란 일정한 시기에 일정한 지역사회에서 그들의 현실에 맞게 만들어진 법이다. 자연법은 영원한 것이지만 실정법은 시대의 변화에 따라서 지속적으로 현실에 맞게 바꾸지 않으면 그 사회는 그 법으로 말미암아 몰락하게 될 수도 있다.

실정법은 항상 시대와 상황에 따라서 달라지기 때문에 실정법보다는 자연법에 삶의 판단 근거를 두어야 한다. 자연법은 인류의 생명을 보호하는 큰 울타리이지만 실정법은 어느 한 지역을 보호하는 담장이다. 일반적으로 담장은 사회의 기득권 세력은 뛰어넘을 수 있지만 지역사회의 일반 시민은 모두 뛰어넘을 수 없다. 하여 이들은 자유로운 행동에 제약을 받게 되고, 법 테두리 안에 갇히게 된다. 그러므로 때로는 실정법이 지역사회의 일반 구성원을 옭아매는 올무가 되기도 한다. 이것은 자연법은 영원한 것이지만 실정법은 시대에 따라서 지속적으로 새롭게 바꾸지 아니하면 그 법은 악법으로 변질될 수 있다는 것을 의미한다.

자연법은 인간의 생명과 존엄에 근원을 두고 있으며, 모든 시대, 모든 장소에 적용되는 영구불변의 속성을 가지고 있다. 그러므로 실정법은 항상 자연법의 지배를 받아야만 한다. 실정법이 자연법에 기반을 두는 것은 실정법이 제 기능을 발휘하지 못하고 시민들의 생명을 노리고, 올무가 되어서 시민들의 자유로운 활동을 방해하고 구속하는 악법으로 전락하는 것을 막는 기반이다. 악법도 법이라고 해서 막무가내로 지지하게 되면 인간은 실정법의 노예가 되어버린다.

지역사회 구성원과 시민조직이 지역사회의 문제와 갈등을 해결하는 지점에서 실정법과 충돌할 수 있다. 실정법이 지역사회의 문제와 갈등을 보호하거나, 한쪽에게만 일방적으로 유리하도록 하려는 주장과 움직임을 제한하는 경우가 있을 수 있다. 시민교육은 지역사회 문제와 갈등을 해결하려는 움직임이 실정법의 테두리 안에서만 가능한지, 아니면 실정법의 용량을 확대하거나 대안을 모색해야 하는지에 대한 고민을 지역사회 구성원과 함께 할 수 있어야 한다.

2. 악법 : 지켜야 하나 바꿔야 하나

'악법도 법이다. 따라서 지켜야 한다'와 '악법은 법이 아니다. 따라서 준수해야 할 의무가 없고, 악법은 폐기하거나 수정해야 한다'는 혼란을 주는 주제이다. 실정법의 내용이 지역사회 구성원에게 피해를 주지만, 실정법을 지키지 않으면, 사회적 혼란 또는 법질서의 혼란이 야기된다는 관점이 있을 수 있다. 반면에 지역사회 구성원에게 피해를 주는, 또는 권리를 침해하는 법이라면 굳이 지킬 필요가 없다는 입장이 있을 수 있다.

지역사회 시민단체 또는 시민교육에서 이러한 법의 내용과 체제를 살필 필요가 있다. 이는 법 공부를 위해서 하는 것이 아니다. 지역사회 시민단체는 지역사회 구성원을 억누르거나 피해를 입히는 쟁점과 문제를 극복하기 위해 활동을 한다. 이 과정에서 실정법과 충돌하는 경우가 많다. 실정법을 따르면

활동을 할 수 없고, 실정법을 어기면 처벌 내지는 활동을 제한하는 공권력이 발동될 수 있다. 따라서 악법은 법인가 아닌가, 또는 지켜야 하는가, 지키지 말아야 하는가는 지역사회 시민운동에서 그리고 시민교육에서 다루어야 할 중요한, 첨예한 주제일 수밖에 없다. 악법의 의미와 준수 필요성을 판단하기 위해 악법에 대한 다양하고 상반되는 관점을 정리하면 다음과 같다.

첫째, '악법도 법이다'라는 말의 출처를 살필 필요가 있다. 이는 '악법도 법이다'라는 명제를 받아들도록 영향을 미친 배경으로 지적받을 수 있기 때문이다. '악법도 법이다'라는 말은 그동안 소크라테스가 했다고 주장되었다. 소크라테스가 가진 역사적, 상징적 무게 때문에 소크라테스가 했다는 '악법도 법이다'라는 말은 대부분의 경우 암묵적 동의 또는 구체적 동의로 자리매김 되었다. 그러나 소크라테스는 '악법도 법이다'라는 말을 한 적이 없다. 1930년 일본의 법철학자 오다카 도모오가 자신의 저서 『법철학』에서 실정법주의를 주장하면서 소크라테스가 독배를 든 것은 실정법을 존중하였기 때문이며 "악법도 법이므로 이를 지켜야 한다"고 썼다. 이후에 '악법도 법이다'라는 말을 소크라테스가 한 것으로 와전되었다. '악법도 법이다'라는 말은 과거 권위주의 정권의 억압적인 법 집행을 정당화하는 데 악용되었다(권창은 외, 2005).

한편 2002년 11월 국가인권위원회는 초등학교 6학년 도덕 교과서에 실린 글 중 "법은 국가와의 약속이다. 나는 법에 따라 재판을 받았고, 그것이 나의 목숨을 빼앗아 가는 것일지라도 지켜야 한다"고 말한 구절의 수정을 권고했고 이 부분은 후에 교과서에서 삭제됐다. 헌법재판소는 2004년 교육인적자원부에 헌법과 관련된 초·중·고 교과서의 오류 수정을 요청하면서 중학교 교과서에 나오는 '소크라테스가 악법도 법이라며 독배를 마신 일화'를 준법정신을 강조를 위한 사례로 부적절한 것으로 지적하고 그 수정을 권고하였다(동아일보, 2004. 11. 7).

'악법도 법이다'라는 말이 우리 사회에서 소크라테스가 한 말로 고착된 것은 권위적 군부독재의 역사와 무관하지 않다. 권위적 군부독재 집단은 10월유신을 통해 유신헌법을 만들었다. 이 헌법과 이를 근거로 만든 다른 법들의 정당성을 확보하기 위해 이 법들이 실정법이라는 것을 강조했고, 이 법에 대한 비판을 누르기 위해 '악법도 법이다'라는 말을 활용했다. 유신헌법은 국민 91.5%가 찬성해 만들어진 법이니 무조건 존중해야 한다든가, 유신헌법에 대통령의 긴급조치 발동권이 명시돼 있으므로 긴급조치는 합헌이다 따위의 주장을 정당화하는 데 소크라테스를 활용한 것이다.

일부 실정법주의 법철학자들은 소크라테스가 법적 안정성을 위해 순교한 것으로 해석한다. 이 때문에 '악법도 법이다'는 말이 소크라테스의 명언으로 회자되어 온 측면도 있고, 준법정신을 뒷받침하는 강력한 보루 역할을 수행해 왔다. 특히 군부독재 시절에 소크라테스가 했다는 그 말은 독재정권의 유지에 봉사해 왔다. 그러나 '악법도 법이다'라는 말을 소크라테스가 하지 않았다는 것은 이제 상식이다.

둘째, 악법도 실정법이기 때문에 준수해야 한다는 주장이 있다. 특정한 법이 악법임이 명백하다 하여도 그것이 실정법으로 존속하는 한, 법체제의 안정을 위해서 준수해야 한다는 것이 근거이다. 그러나 악법을 실정법이기 때문에 준수한다면, 이 악법이 폐지되거나 개정되지 않고 유지될 수밖에 없고, 이로 인해 지역사회 구성원이 지속적으로 피해를 입거나 구속받을 수 있다는 문제가 제기될 수 있다.

셋째, 악법은 모든 사람을 위해 법이 존재한다는 대원칙에 어긋나므로 지킬 필요가 없다는 주장이 존재한다. 그러나 이 경우 집단의 이해관계를 기준으로 한다면, 악법이라고 지적될 수 있는 법이 집단에 따라 상이할 수 있다. 또한 실정법을 어김에 따라 법체제의 혼란이 야기될 수 있다.

헌법에서 이러한 '악법'에 대한 관점에서 제기되는 쟁점을 해결하기 위한 실마리를 찾을 수 있다. 헌법은 모든 법의 상위법이며, 국민의, 국민에 의한, 국민을 위한 법이다. 따라서 헌법은 쟁점이 되고 있는 실정법이 악법인지 아닌지를 판단하는 유일한 잣대이다. 물론 헌법은 포괄적으로 기술되어 있으므로 구체적인 쟁점별로 많은 논쟁이 발생할 수 있다. 하지만 민주주의가 제대로 작동한다면, 헌법에 합치되는 결론에 따라 악법을 조정할 수 있다. 그러나 헌법도 어디까지나 실정법이기 때문에 악법으로 작용할 수 있다.

한편 '악법도 법이다'라는 말은 법을 잘 지키자는 취지의 이야기일 수 있다. 인간이 모여 살면서 사회의 질서가 필요하게 되고 이를 위해 구성원을 규제하는 법이 생기게 되었다. 이러한 법은 인간들이 서로 질서를 지키기 위한 일종의 사회적 약속이라고 할 수 있다. 따라서 법은 사회의 다수 구성원이 동의하고 인정하는 범위에서 그 권위와 효력을 얻을 수 있는 것이다. 다수의 동의를 얻지 못한 법은 사람들이 따르지 않고 결국 소멸된다.[1] 악법도 마찬가지이다. 악법은 대개 힘이 있는 사회의 소수만을 위하여 만들어지는 경우가 많다. 하지만 사회 대다수가 동의하지 않고 따르지 않으면 제대로 된 법으로의 효력을 가지고 기능을 하기 어려워진다. 법은 대다수의 동의를 바탕으로 사회의 질서를 유지하고 발전을 이루기 위한 것인데 이러한 취지에 반하는 악법은 사실 이미 법으로서의 의미가 없는 것이다. 법은 지켰을 때에 서로 편하고 좋은 것이 되어야 한다. 그러기 위해서 먼저 사회의 필요성에 부합되는 제대로 된 법이어야 한다. 또한 계속 변해가는 시대와 사회의 흐름에 맞아야 한다.

1) 미국 흑백분리법 중 백인이 타는 버스에 흑인이 타지 못하게 하거나, 백인이 출입하는 식당에 흑인이 출입하지 못하게 하는 내용이 있었다. 인간을 구분하는 반인권적인 법으로서 대표적인 악법이었다. 흑인들은 백인이 타는 버스에 승차하여 구속되고, 백인이 출입하는 식당에 들어가서 구속됨으로써 사회적 여론을 불러일으키고, 흑백분리를 사회문제화 하였다. 이런 과정을 거쳐 흑백분리법이라는 악법이 폐지되었다.

악법은 법이 아니다. 흔히 말하는 법은 실정법을 의미한다. 법은 사회가 질서를 유지하기 위해서는 절대적으로 필요한 것이다. 그런데 법 앞에서는 만인이 평등해야 한다는 것이 전제조건이다. 평등하지 못한 법은 악법이다. 법이 대상에 따라 다르게 적용되거나 효력이 평등하지 못하면 시민들은 그 법을 지키려고 하지 않고 무시하게 된다. 시민교육은 법 제정의 근본 뜻을 파악하고 이를 지역사회의 발전을 위한 활동에 녹여낼 수 있도록 교육 프로그램을 통해 구체화할 필요가 있다.

3. 헌법 재방문하기

헌법은 국가의 기본법으로서 국가의 구성, 조직, 작용과 국민의 기본권 보장에 관한 기본적 원칙을 규정한 근본법이며 최고의 수권법이라고 할 수 있다. 이러한 헌법은 세 가지 측면에서 주목할 수 있다. 우선, 헌법은 시민에게 보장되어야 하는 기본적 권리를 유형별로 제시하고 있다. 다음, 헌법은 모든 법의 상위법이다. 끝으로, 헌법은 모든 법의 근본법이다. 이와 같이 헌법은 국민의 기본권을 보장하고, 모든 법의 기본법이며 상위법으로서의 지위를 가진다. 이러한 헌법의 전문을 살펴보면 다음과 같다.

> 유구한 역사와 전통에 빛나는 우리 대한국민은 3·1운동으로 건립된 대한민국임시정부의 법통과 불의에 항거한 4·19민주이념을 계승하고, 조국의 민주개혁과 평화적 통일의 사명에 입각하여 정의·인도와 동포애로써 민족의 단결을 공고히 하고, 모든 사회적 폐습과 불의를 타파하며, 자율과 조화를 바탕으로 자유민주적 기본질서를 더욱 확고히 하여 정치·경제·사회·문화의 모든 영역에 있어서 각인의 기회를 균등히 하고, 능력을 최고도로 발휘하게 하며, 자유와 권리에 따르는 책임과 의무를 완수하게 하여, 안으로는 국민생활의 균등한 향상을 기하고 밖으로는 항구적

> 인 세계평화와 인류공영에 이바지함으로써 우리들과 우리들의 자손의 안전과 자유와 행복을 영원히 확보할 것을 다짐하면서 1948년 7월 12일에 제정되고 8차에 걸쳐 개정된 헌법을 이제 국회의 의결을 거쳐 국민투표에 의하여 개정한다.

헌법 내용 중 지역사회 구성원의 삶에 보다 직접적으로 관련이 있는 내용은 주권재민의 원칙과 시민의 기본적 권리, 시민의 법적 의무이다. 우선, 주권재민의 원칙에서는 국민에게 주권이 있고, 모든 권력은 국민으로부터 나온다는 것을 천명하고 있다. 다음, 시민의 기본적 권리에서 인간으로서의 존엄과 가치, 행복추구권, 평등권적 기본권, 자유권적 기본권, 참정권적 기본권, 사회권적 기본권, 청구권적 기본권을 명확히 제시하고 있다. 끝으로, 시민의 법적 의무에서 납세의 의무, 국방의 의무, 교육을 받게 할 의무, 근로의 의무, 환경보전의 의무, 공공복리에 적합하게 재산권을 행사해야 하는 의무를 밝히고 있다.

헌법 중 지역사회 구성원의 삶에 보다 직접 관련되는 내용을 정리하면 <표 6-1>과 같다.

<표 6-1> 지역사회 구성원의 삶에 보다 직접 관련되는 헌법 내용

구 분	내 용
주권재민의 원칙	• 국민에게 주권이 있음 • 모든 권력은 국민으로부터 나옴
시민의 기본적 권리	• 인간으로서의 존엄과 가치 • 행복추구권 • 평등권적 기본권 • 자유권적 기본권 • 참정권적 기본권 • 사회권적 기본권 • 청구권적 기본권

시민의 법적 의무	• 납세의 의무 • 국방의 의무 • 교육을 받게 할 의무 • 근로의 의무 • 환경보전의 의무 • 공공복리에 적합하게 재산권을 행사해야 하는 의무

출처 : 남궁승태 · 이철호(2014). 헌법입문 재구성.

지역사회에서 시민교육을 수행할 때 이와 같은 헌법 내용 중 지역사회 구성원의 삶에 보다 직접 관련되는 내용을 다룰 수 있다. 헌법 내용을 주권재민의 원칙, 시민의 기본적 권리, 시민의 법적 의무로 구분하여 정리하면 다음과 같다.

1) 주권재민의 원칙

헌법은 국가의 주권이 국민에게 있으며, 국가의 주인은 국민이라는 주권재민의 원칙을 천명하고 있다. 헌법 제1조에서 "대한민국은 민주공화국이다"라고 규정하며, "대한민국의 주권은 국민에게 있고, 모든 권력은 국민으로부터 나온다"고 밝히고 있다. 민주공화국은 민주주의 공화국을 의미하는 것으로서, 민주주의는 '모든 사람이 모든 사람을 위하여 모든 사람을 통치하는 체제'를 가리키고, 공화국은 '모든 사람이 평등하며 모든 사람을 위하여 존재하는 국가'를 뜻한다.

2) 시민의 기본적 권리

시민의 기본적 권리는 국민이 어떤 일을 주체적으로 자유롭게 처리하거나 타인에 대하여 당연히 주장하고 요구할 수 있는 자격이나 힘을 기본적으로 갖추고 있다는 것을 의미한다. 헌법에 보장된 시민의 기본적 권리는 다음과 같이 인간으로서의 존엄과 가치, 행복추구권, 평등권적 기본권, 자유권적 기본권, 참정권적 기본권, 사회권적 기본권, 청구권적 기본권으로 제시된다.

첫째, 인간으로서의 존엄과 가치와 관련하여 헌법 제10조는 "모든 국민은 인간으로서의 존엄과 가치를 가지며"라고 규정하고 있다. 이는 인간의 존엄성 존중에 관한 것으로서 모든 기본권의 이념적 토대이자 구체적인 기본적 보장의 목적이 된다. 그리고 단순하게 선언적인 것이 아니라 모든 국민이 인간으로서의 존엄과 가치를 가질 수 있도록 하는 제반 조건의 제공을 국가에게 요구할 수 있다는 것을 천명하고 있다. 이것은 곧 민주주의의 존재 이유이기도 하며 민주사회의 헌법이 추구하는 정신이기도 하다.

둘째, 행복추구권과 관련하여 헌법 제10조는 "모든 국민은 ...(중략)... 행복을 추구할 권리를 가진다"라고 규정하고 있다. 이것은 '인간으로서의 존엄과 가치'를 실현하기 위한 수단이 된다. 행복을 누리기 위해서는 일정한 앎과 삶이 요구된다. 이를 갖추기 위한 방편으로 국가는 국민에게 교육을 제공해야 한다. 이것이 의무교육 실시의 기본 원리가 된다. 또한 행복을 추구하고, 누릴 수 있도록 국가에 요구할 수 있다는 것을 가리킨다. 행복추구권은 헌법 제11조부터 제시되는 평등권적 기본권, 자유권적 기본권, 참정권적 기본권, 사회권적 기본권, 청구권적 기본권을 모두 아우르는 포괄적 기본권이기도 하다.

셋째, 평등권적 기본권에 대하여 헌법 제11조에 "모든 국민은 법 앞에 평등하다. 누구든지 성별, 종교 또는 사회적 신분에 의하여 정치적, 경제적, 사회적, 문화적 생활의 모든 영역에 있어서 차별을 받지 아니한다"라고 규정하고 있다. 평등권적 기본권은 기본권 보장의 기회가 누구에게나 동등하게 주어야 한다는 것으로서 다른 기본권 보장의 전제조건이 될 수 있다.

넷째, 자유권적 기본권은 시민이 국가권력의 간섭을 받지 않고 자신의 의사에 따라 행동할 수 있는 권리를 가리킨다. 자유권적 기본권에는 [그림 6-1]과 같이 인신의 자유권, 사생활 자유권, 정신적 자유권, 경제적 자유권이 있다.

인신의 자유권으로서 생명권, 신체를 훼손당하지 않을 권리, 신체의 자유가 있다. 사생활 자유권으로서 사생활의 비밀과 자유, 주거의 자유, 거주・이전의 자유, 통신의 자유가 있다. 정신적 자유권으로서 양심의 자유, 종교의 자유, 언론・출판・집회・결사의 자유, 학문과 예술의 자유가 있다. 경제적 자유권으로서 재산권, 직업선택의 자유, 소비자의 권리 등이 있다.

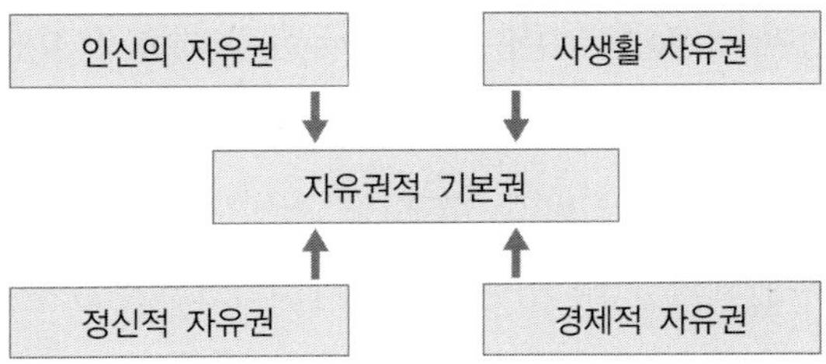

[그림 6-1] 자유권적 기본권의 유형

다섯째, 참정권적 기본권은 민주사회의 주인으로서 정치적 주권을 가지고 있는 시민이 능동적으로 정치에 참여할 수 있도록 보장하는 권리이다. 참정권적 기본권은 [그림 6−2]와 같이 정치적 자유, 선거권과 피선거권, 공무담임권이 있다.

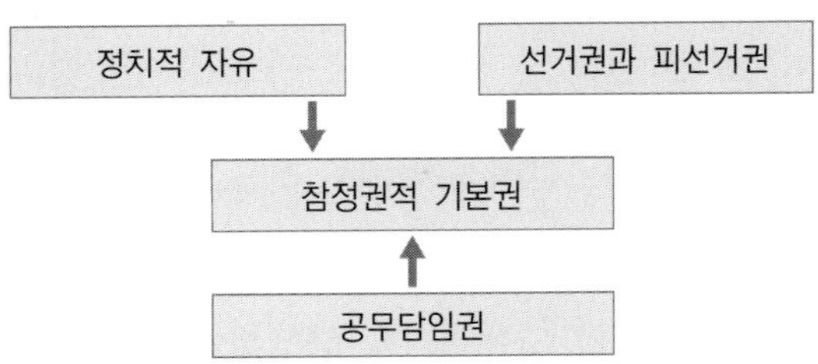

[그림 6-2] 참정권적 기본권

참정권적 기본권의 의미를 살펴보면 다음과 같다. 우선, 정치적 자유가 기본권으로 보장된다. 모든 국민은 자신의 고유한 정치적 입장을 가질 수 있고, 그것을 자유롭게 표현할 수 있다고 규정한다. 다음, 선거권과 피선거권이 기본권으로 보장된다. 모든 국민은 법률이 정하는 바에 따라 선거권과 피선거권을 가진다. 특별한 사유가 없는 한 만 19세 이상의 국민은 선거권을 부여받아 투표에 참여할 수 있다. 만 25세 이상의 국민은 국회의원, 지방의회, 지방자치단체장 피선거권이 있고, 만 40세 이상의 국민은 대통령 피선거권을 가진다. 끝으로, 공무담임권이 기본권으로 규정된다. 모든 국민은 법률이 정하는 바에 따라 공무를 맡을 수 있는 권리가 있다. 공무담임은 행정부뿐 아니라 입법부, 사법부, 지방자치단체와 기타 공공단체의 업무 모두가 포함된다.

여섯째, 사회권적 기본권은 인간다운 생활을 위해 국가에게 요구할 수 있는 권리를 말한다. 국가의 간섭을 받지 않기를 원하는 자유권이 상대적으로 소극적인 성격을 가지는 반면에, 사회권적 기본권은 인간의 생존과 복지에 관련된 문제에 대해 오히려 국가의 개입과 활동을 요구한다는 점에서 적극적인 성격을 가지고 있다. 사회권적 기본권은 다음과 같이 인간다운 생활권, 노동할 수 있는 권리, 노동3권, 교육을 받을 권리, 환경권과 주거생활권, 건강권 등이 있다. 첫 번째, 인간다운 생활권은 기본적인 의식주 향유 권리, 인간의 존엄함을 유지할 수 있는 권리, 사회보장제도와 관련한 권리가 있다. 두 번째, 노동할 수 있는 권리는 모든 국민이 갖는 노동의 권리를 가리킨다. 국가는 노동자의 고용증진과 적정임금 보장을 위해 노력해야 하고, 최저임금제를 시행해야 한다. 노동조건의 기준이 인간의 존엄성을 보장하도록 법률로 규정하도록 한다. 세 번째, 노동3권은 노동자가 노동조건을 향상시키기 위해 단결권, 단체교섭권, 단체행동권을 가진다는 것을 천명한다. 노동3권은 노동조합의 결성, 가입 및 그에 따른 행동으로 표출된다. 네 번째, 교육을 받을 권리는 모든 국민이 능력에 따라 균등하게 교육을 받을 권리가 있음을 천명한다. 이러한 권리는 행복추구권과 연결된다. 이를 위해 국가는 학교교육은 물론이고 평생교육을 진흥하기 위해 노력해야 한다. 다섯 번째, 환경권과 주거생활권은 모든 국민이 건강하고 쾌적한 환경에서 생활할 권리를 가진다고 밝히고 있다. 국가는 이를 위해 주택개발정책 등을 통하여 모든 국민이 쾌적한 주거생활을 할 수 있도록 노력해야 하고, 재해를 예방하고 그 위험으로부터 국민을 보호하기 위해 노력해야 한다. 여섯 번째, 건강권은 국가가 국민의 건강 보호를 위하여 식품의약품에 대한 안전관리를 철저히 해야 함을 밝히고 있다. 국가는 신체장애인, 질병, 노령 등의 사유로 고통받는 사람들을 지원해야 한다.

일곱째, 청구권적 기본권은 국가에 대하여 어떤 조치를 취해줄 것을 청구할 수 있는 권리를 말한다. 다른 기본권을 더 잘 보장받기 위한 수단적 성격을 가지고 있는 청구권은 청원권, 재판청구권, 국가배상청구권, 형사보상청구권, 범죄피해자구조청구권 등이 있다. 청구권적 기본권의 내용은 다음과 같다. 첫 번째, 청원권은 국민이 국가기관에 대하여 바라는 바를 문서를 통하여 요청할 수 있는 권리이다. 어떤 불만사항에 대한 시정이나 어떤 이익을 얻기 위해 허가를 요구할 수 있고, 잘못이 있는 공무원의 파면을 요구할 수 있는 권리이다. 두 번째, 재판청구권은 사적, 공적 법률관계 속에서 생활하면서 겪을 수 있는 갈등이나 범죄 행위가 발생했을 경우 당사자의 이익을 보호하고 정의를 실현하기 위해 재판을 요구할 수 있는 권리를 가리킨다. 재판은 헌법과 법률이 정해 놓은 법률과 법관을 통해 신속하고 공개적으로 이루어져야 한다. 세 번째, 국가배상청구권은 공무원이 직무를 수행하던 중 고의나 과실로 국민에게 손해를 입혔을 경우 국가나 공공단체로 하여금 그 손해에 대해 배상하도록 요구할 수 있는 권리를 가리킨다. 네 번째, 형사보상청구권은 형사상의 피의자나 피고인으로서 구금되었던 사람이 재판을 통해 무죄를 선고받은 경우, 잘못된 구금에 대해 보상을 요구할 수 있는 권리를 의미한다. 다섯 번째, 범죄피해자구조청구권은 타인의 범죄로 인해 생명이나 신체에 피해를 입어 자신 또는 가족의 생활이 어렵게 되었을 때, 국가에 대해 그 피해를 보상하라고 요구할 수 있는 권리를 가리킨다. 국가가 범죄를 예방해야 하는 책임을 충실히 다하지 못한 데 대한 책임이 있음을 지적한다.

3) 시민의 법적 의무

시민의 법적 의무는 [그림 6-3]과 같이 납세의 의무, 국방의 의무, 교육을 받게 할 의무, 근로의 의무, 환경보전의 의무, 공공복리에 적합하게 재산권을 행사해야 하는 의무로 제시된다. 국가의 역할이 상대적으로 축소되어 있던 근대 야경국가의 헌법에는 자유주의적, 법치국가적 요청에 따라 납세와 국방의 의무만이 규정되었지만, 현대 복지국가에서는 그와 같은 고전적 의무 외에 자녀에게 교육을 받게 할 의무, 근로의 의무, 환경보전의 의무, 재산권 행사와 관련된 의무 등이 추가되었다.

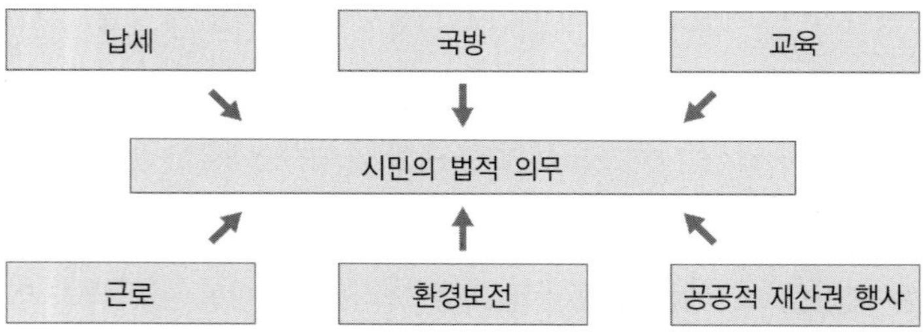

[그림 6-3] 시민의 법적 의무

의무는 권리와 달리 주체적 행사가 아니라 객체적 부담을 해야 하는 측면의 것이기 때문에 얼핏 보기에 자유와 권리를 축소하는 것으로 보일 수 있다. 그러나 헌법이 규정하고 있는 의무가 단지 국가공동체의 발전만을 위한 것이 아니라, 궁극적으로는 개개인 모두의 안전과 행복을 위한 것인 만큼 적극적인 의미를 부여할 필요가 있다. 이러한 시민의 의무를 세분화하여 살펴보면 다음과 같다.

첫째, 납세의 의무에서 납세는 조세를 납부하는 것을 가리킨다. 납세의 의무는 국방의 의무와 더불어 근대 헌법 이래 국민의 2대 의무로 간주되고 있다. 납세는 국가재정수입의 주된 원천으로서 중앙정부와 지방정부의 살림을 뒷받침한다. 모든 세금은 [그림 6−4]와 같이 모든 사람이 똑같은 금액을 세금으로 낸다는 것이 아니라, 개인의 담세능력에 따라 합리적인 차등을 두어 공정하게 부과되어야 함을 의미하는 조세평등주의와, 과세내용과 기준을 법률로 명확하게 규정해 놓아야 한다는 것을 의미하는 조세법률주의의 원칙에 따라 부과되어야 한다.

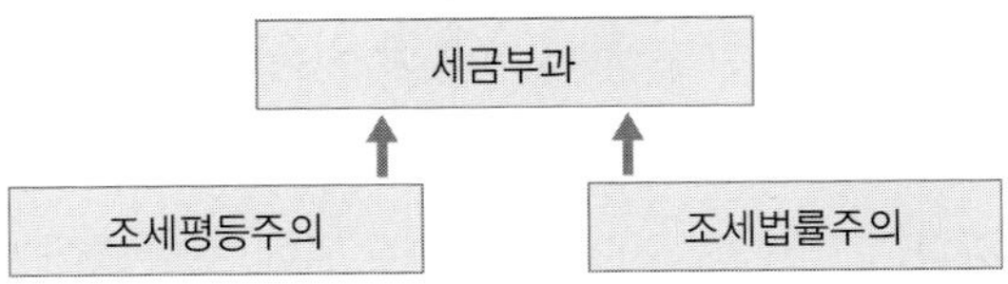

[그림 6-4] 세금 부과의 원칙

둘째, 국방의 의무는 외국의 침략적 행위로부터 국가를 보호하고 방어해야 하는 의무를 의미한다. 국방의 의무는 흔히 남자에게만 부과되는 것으로 알고 있는데, 사실은 모든 국민에게 국방의 의무가 부여된다. 헌법 제39조 제1항에 "모든 국민은 법률이 정하는 바에 의하여 국방의 의무를 진다"로 기술되어 있다. 따라서 남녀 모두 기본적으로 국방의 의무를 가지고 있다고 해석할 수 있다. 국방의 의무 중 직접적인 병력을 형성하는 의무, 즉 병역의 의무는 대한민국 남자에게만 부과되지만 기타 간접적인 병력 형성의 의무는 남녀에 상관없이 모든 국민이 부담해야 한다.

셋째, 교육을 받게 할 의무에 관하여 헌법 제31조 제2항에는 "모든 국민은 그 보호하는 자녀에게 적어도 초등교육과 법률이 정하는 교육을 받게 할 의무를 진다"라고 규정하고 있다. 따라서 '교육을 받게 할 의무'는 아동이 아니라 아동의 친권자나 후견인이 그 자녀에 대하여 갖는 의무이다. 교육을 받게 할 의무는 앞서 살펴본 사회권적 기본권 중 '교육을 받을 권리'와 그 맥을 같이 한다. 즉, 모든 시민이 건강한 사회생활을 하기 위해서는 최소한의 필수지식, 기능, 가치 등을 습득해야 하므로 이를 권리인 동시에 의무로도 규정해 놓은 것이다. 한편 초·중등교육법 제68조 제1항에서는 교육을 받게 할 의무를 이행하도록 독촉을 받고서도 이행하지 않는 자에게 100만 원 이하의 과태료를 부과하도록 하고 있다.

넷째, 근로의 의무에서 근로는 노동과 동일한 의미이다. 근로의 의무는 국가가 공적인 필요에 의해서 근로를 명령했을 때 시민들이 거기에 복종해야 한다는 의무라기보다는, 근로의 능력이 충분히 있음에도 불구하고 특별한 사유 없이 근로를 하지 않는 경우에 대해 도덕적 비난이 주어져야 한다는 의미로 보는 것이 타당하다. 그래야만 사회권적 기본권에 포함되어 있는 '노동할 수 있는 권리'와 상충하지 않을 수 있다.

다섯째, 환경보전의 의무에 관하여 헌법 제35조 제1항에서는 "환경보전을 위하여 노력하여야 한다"라고 규정하고 있다. 직접적으로 '의무'라는 표현을 쓰지는 않았지만 그 의미상 의무에 해당한다. 헌법에서는 건강하고 쾌적한 환경에서 살 권리를 인정함과 동시에 국가와 시민이 환경보전을 위해 노력할 것을 요구하고 있다.

여섯째, 공공복리에 적합하게 재산권을 행사해야 하는 의무에 관하여 헌법 제23조 제2항에서는 ""재산권의 행사는 공공복리에 적합하도록 하여야 한다" 라고 규정하고 있다. 권리영역에서 재산권을 인정함과 동시에 그것을 무한하게 또 임의대로 행사하지 않도록, 즉 공공의 이익을 고려하도록 요구하고 있는 것이다.

이와 같이 헌법상에서 국민은 누릴 수 있는 권리와 함께 수행해야 할 의무를 동시에 가지고 있다. 위에서 살펴본 국민의 권리와 의무 내용을 중심으로 헌법을 정리하면 <표 6-2>와 같다.

<표 6-2> 국민의 권리와 의무 내용을 중심으로 살펴본 헌법

구 분	내 용
제1장 총강	• 대한민국은 민주공화국임 • 대한민국의 주권은 국민에게 있음 • 모든 권력은 국민으로부터 나옴
	• 국군은 국가의 안전보장과 국토방위의 신성한 의무를 수행함을 사명으로 함 • 국군의 정치적 중립성은 준수됨
	• 공무원은 국민 전체에 대한 봉사자이며, 국민에 대하여 책임을 짐 • 공무원의 신분과 정치적 중립성은 법률이 정하는 바에 의하여 보장됨
제2장 국민의 권리와 의무	• 모든 국민은 인간으로서의 존엄과 가치를 가짐 • 모든 국민은 행복을 추구할 권리를 가짐 • 국가는 개인이 가지는 불가침의 기본적 인권을 확인하고 이를 보장할 의무를 짐
	• 모든 국민은 법 앞에 평등함 • 사회적 특수계급의 제도는 인정되지 아니함 • 어떠한 형태로도 이를 창설할 수 없음
	• 모든 국민은 사생활의 비밀과 자유를 침해받지 아니함
	• 모든 국민은 통신의 비밀을 침해받지 아니함
	• 모든 국민은 양심의 자유를 가짐
	• 모든 국민은 언론·출판의 자유와 집회·결사의 자유를 가짐 • 언론·출판에 대한 허가나 검열과 집회·결사에 대한 허가는 인정되지 아니함
	• 모든 국민은 학문과 예술의 자유를 가짐
	• 재산권의 행사는 공공복리에 적합하도록 하여야 함
	• 모든 국민은 법률이 정하는 바에 의하여 국가기관에 문서로 청원할 권리를 가짐 • 국가는 청원에 대하여 심사할 의무를 짐
	• 모든 국민은 능력에 따라 균등하게 교육을 받을 권리를 가짐 • 모든 국민은 그 보호하는 자녀에게 적어도 초등교육과 법률이 정하는 교육을 받게 할 의무를 짐 • 의무교육은 무상으로 함 • 교육의 자주성·전문성·정치적 중립성 및 대학의 자율성은 법률이 정하는 바에 의하여 보장됨 • 국가는 평생교육을 진흥하여야 함

	• 모든 국민은 근로의 권리를 가짐 • 국가는 사회적·경제적 방법으로 근로자의 고용의 증진과 적정임금의 보장에 노력하여야 함 • 모든 국민은 근로의 의무를 짐 • 근로조건의 기준은 인간의 존엄성을 보장하도록 법률로 정함
	• 근로자는 근로조건의 향상을 위하여 자주적인 단결권·단체교섭권 및 단체행동권을 가짐 • 공무원인 근로자는 법률이 정하는 자에 한하여 단결권·단체교섭권 및 단체행동권을 가짐
	• 모든 국민은 인간다운 생활을 할 권리를 가짐 • 국가는 사회보장·사회복지의 증진에 노력할 의무를 짐 • 국가는 여자의 복지와 권익의 향상을 위하여 노력하여야 함 • 국가는 노인과 청소년의 복지향상을 위한 정책을 실시할 의무를 짐 • 신체장애자 및 질병·노령 기타의 사유로 생활능력이 없는 국민은 법률이 정하는 바에 의하여 국가의 보호를 받음 • 국가는 재해를 예방하고 그 위험으로부터 국민을 보호하기 위하여 노력하여야 함
	• 모든 국민은 건강하고 쾌적한 환경에서 생활할 권리를 가짐 • 국가와 국민은 환경보전을 위하여 노력하여야 함
	• 국가는 모성의 보호를 위하여 노력하여야 함 • 모든 국민은 보건에 관하여 국가의 보호를 받음
	• 국민의 자유와 권리는 헌법에 열거되지 아니한 이유로 경시되지 아니함 • 국민의 모든 자유와 권리는 국가안전보장·질서유지 또는 공공복리를 위하여 필요한 경우에 한하여 법률로써 제한할 수 있음 • 제한하는 경우에도 자유와 권리의 본질적인 내용을 침해할 수 없음
	• 모든 국민은 법률이 정하는 바에 의하여 납세의 의무를 짐
	• 모든 국민은 법률이 정하는 바에 의하여 국방의 의무를 짐

헌법은 모든 법의 토대이며, 상위법이라는 지위를 가지고 있다. 헌법에서는 시민의 권리와 의무를 명문화하여 제시하고 있다. 그러나 실제 지역사회에서는 구성원들이 이러한 헌법 내용을 모르고, 자신들의 권리를 확보하지 못하는 경우가 많다. 지역사회 구성원들이 지역사회에 대한 민주적 통제력과 지배력을 확보하여 지역사회 발전과 개인의 발전을 성취하기 위하여 시민교육에서 헌법을 다루는 것이 요구된다.

제 3 부

지역사회와 시민교육

7장. 지역사회와 발전

8장. 지역사회 시민교육의 지향과 목적

9장. 지역사회 시민교육의 내용과 형태

10장. 지역사회 시민교육의 방법

7장 | 지역사회와 발전

지역사회 시민교육은 지역사회 발전을 위해서 실시된다. 지금까지 지역사회 발전은 일반적으로 경제적, 물질적 부분이 주목을 받는 경향이 있었다. 그러나 지역사회 발전은 지역사회 구성원이 지역사회 자원과 복지의 공정한 배분, 지역사회 구성원의 삶에 영향을 미치는 정책의 수립과 의사결정에 대한 민주적 통제력과 지배력을 확보하는 것이다. 한편 지역사회가 무엇인지에 대한 개념 정의가 미흡하다. 이는 지역사회 발전과 시민교육에 대한 장애로 작용할 수 있다. 여기서는 지역사회의 개념과 유형을 살펴보고, 지역사회 발전과 필요요인을 짚어보며, 지역사회 발전과 삶의 질을 톺아본다.

1. 지역사회의 개념과 유형

지역사회는 단일 개념으로 규정될 수 없는 다층적이고 중첩적 성격을 가지고 있다. 지역사회의 개념을 짚어보는 것은 우선, 지역사회의 다양하고 다채로운 모습을 파악하고, 다음, 이렇게 파악된 것을 바탕으로 시민교육을 가장 적절한 형태로 실천하기 위한 기반을 지역사회에 만드는 데 시사점을 제공한다.

1) 지역사회의 개념

지역사회는 일반적으로 공간적인 개념으로 수용된다. 그러나 지역사회는 공간적 영역뿐 아니라 사회적 영역, 문화적 영역, 정치적 영역, 직업적 영역을 포괄하는 개념이다. 지역사회의 공간적 영역, 사회적 영역, 문화적 영역, 정치적 영역, 직업적 영역은 시민사회의 분화된 영역인 보수적 시민사회, 진보적 시민사회, 수구적 시민사회, 신사회적 시민사회와 유기적으로 결합된다. 지역사회의 각 영역은 시민사회의 분화된 영역과 연계되고, 시민사회의 분화된 각 영역은 지역사회의 영역과 연결된다. 이런 맥락에서 지역사회와 분화된 시민사회는 중층적이고 다층적인 연계구조를 가지게 된다. 지역사회와 분화된 시민사회의 중층적 상호 연계를 다음과 같이 살펴볼 수 있다.

첫째, 지역사회는 공간적 영역, 사회적 영역, 문화적 영역, 정치적 영역, 직업적 영역을 포괄하는 개념이다. 이는 우선, 지역사회 안에 공간적 성격, 사회적 성격, 문화적 성격, 정치적 성격, 직업적 성격이 내재되어 있다는 것을 가리킨다. 다음, 공간적 영역, 사회적 영역, 문화적 영역, 정치적 영역, 직업적 영역 단위가 종합되어 지역사회를 이루고 있다. 이는 각 영역에 독특한 구성원이 존재하여 사회적 성격을 이루고 있기 때문이다. 지역사회가 포괄하는 영역을 정리하면 [그림 7-1]과 같다.

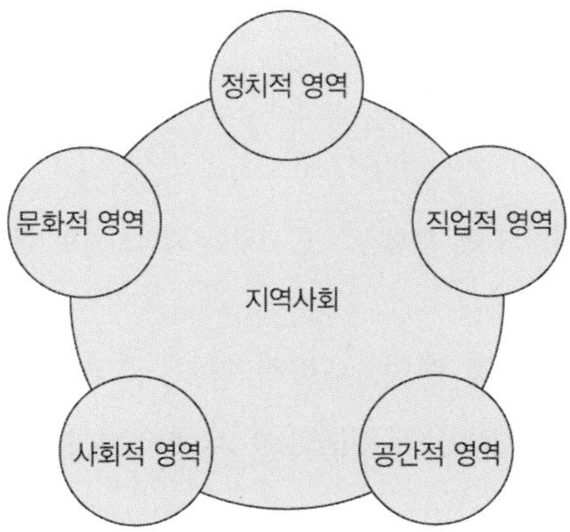

[그림 7-1] 지역사회와 영역 개념 시민사회의 중첩

둘째, 분화된 시민사회는 각각 지역사회와 연결되어 있다. 진보적 시민사회, 보수적 시민사회, 수구적 시민사회, 신사회운동적 시민사회는 [그림 7-2]와 같이 다양한 지역사회와 중첩된다. 예를 들어, 진보적 시민사회, 수구적 시민사회, 보수적 시민사회, 신사회운동적 시민사회 각각은 지역사회1, 지역사회2, 지역사회3, 지역사회4에 포섭되어 있다. 각각의 분화된 시민사회는 1개부터 4개까지의 지역사회에 동시에 포섭되어 있을 수 있다.

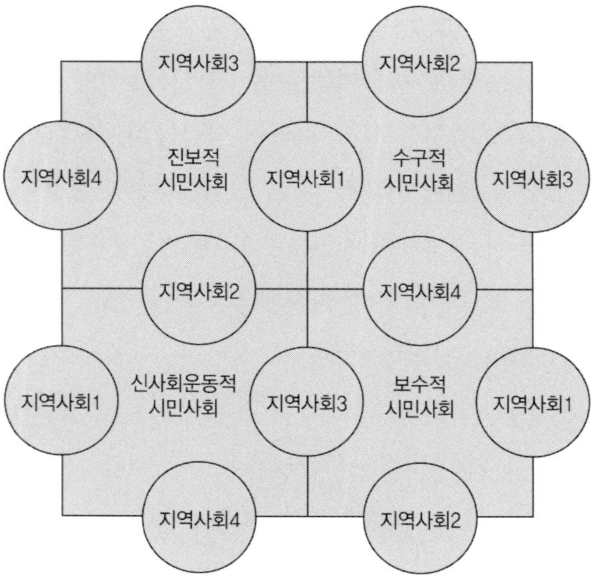

[그림 7-2] 분화된 시민사회와 지역사회의 중첩

셋째, 지역사회의 공간적 영역, 사회적 영역, 문화적 영역, 정치적 영역, 직업적 영역은 [그림 7-3]과 같이 분화된 시민사회와 관계를 가진다. 각각의 지역사회 영역은 진보적 시민사회, 보수적 시민사회, 수구적 시민사회, 신사회운동적 시민사회에 포섭되어 있다. 지역사회 영역 각각은 1개부터 4개까지의 분화된 시민사회에 동시에 포섭되어 있을 수 있다.

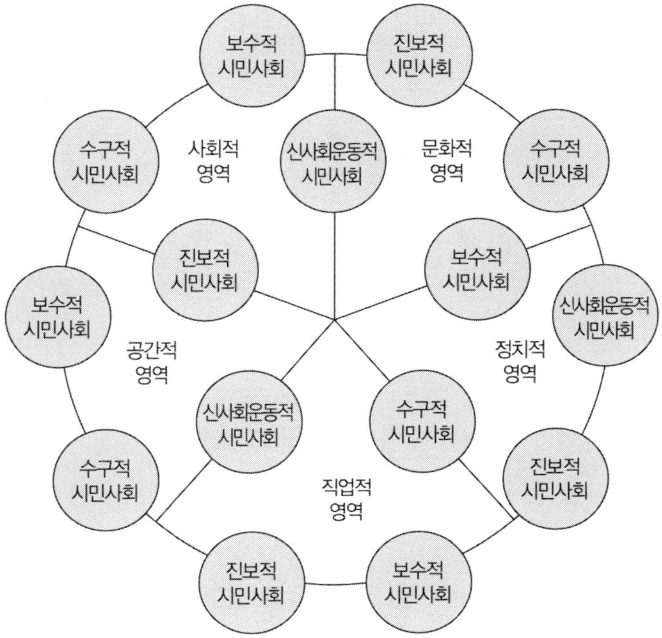

[그림 7-3] 영역 개념의 시민사회와 분화된 시민사회의 중첩

이와 같이 지역사회는 단일 개념이나 영역, 성격으로 정의할 수 없는 중첩적이고 다층적 성격을 가지고 있다. 이렇게 복잡하고 복합적인 성격이 지역사회의 특징으로 지적될 수 있다. 따라서 지역사회 시민교육은 지역사회 성격의 복합성과 구성원의 중층성을 감안하여 실시되어야 한다.

2) 지역사회의 유형과 시민교육

지역사회는 중첩적이고 다층적 성격을 기반으로 가지고 있으면서 구체적으로 유형화된다. 지역사회의 유형을 [그림 7−4]와 같이 전통적 지역사회, 연대기반 지역사회, 지역기반 지역사회, 유한책임 지역사회, 잠재적 이해집단 지역사회, 네트워크 지역사회, 사회적 계급기반 지역사회, 그리고 이해기반 지역사회로 구분할 수 있다.

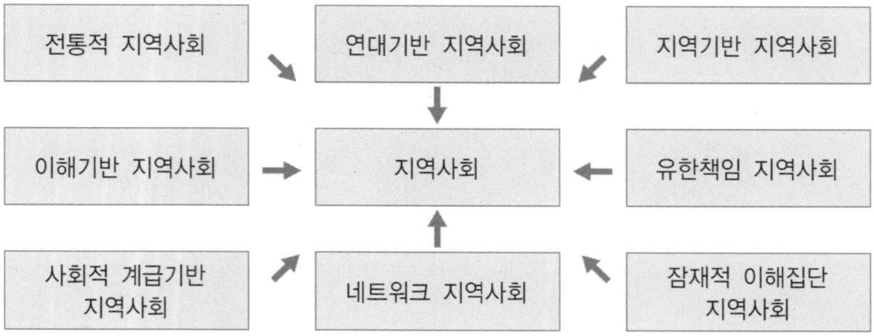

[그림 7-4] 지역사회의 유형

이러한 지역사회의 유형을 그 특징과, 사회적 연계를 중심으로 살펴보면 다음과 같다. 사회적 연계는 사회적 통합 기준, 지역적 기반, 연계 기반으로 구분하여 짚어본다.

첫째, 전통적 지역사회는 도시화되기 이전의, 그리고 대중매체에 노출되기 이전의 전통적 농촌마을을 들 수 있다. 전통적 지역사회의 특징과 사회적 연계를 살펴보면 다음과 같다. 우선, 전통적 지역사회의 특징은 특정한 지역에서 출생한 사람들을 기반으로 삼는 것이다. 이들은 대부분 친족관계라는 공통의 연계고리를 가지고 있다. 생활 지역을 같이하며, 공유된 가치와 지식 그리고 서로의 가족을 통하여 통합된다. 대부분의 구성원들이 하나의 지역사회 안에서 자신들의 삶의 전체 과정을 거치고 있다. 전통적 지역사회에서 개인의 문제는 종종 지역사회 구성원 전체의 문제로 인식된다. 이러한 지역사회 유형은 전통적 농촌 마을에 주로 존재한다. 다음, 전통적 지역사회의 사회적 연계 내용은 다음과 같다. 사회적 통합 기준으로 지역사회 구성원의 생애 전반의 광범위하고 다양한 쟁점 전체에서 유지되는 통합과 규범적 통제가 있다. 지역적 기반으로 지역사회의 공간적 지역을 토대로 한다. 연계 기반으로 지역사회 내 출생이 중요한 역할을 한다.

둘째, 연대기반 지역사회는 구성원들이 그 지역사회에서 태어난 것을 기반으로 하는 것이 아니라 그 지역사회를 삶의 현장으로 선택한 것에 기반을 두고 이루어진다. 연대적 지역사회의 특징과 사회적 연계를 살펴보면 다음과 같다. 우선, 연대적 지역사회의 특징은 구성원들이 다음과 같이 서로의 삶의 방식과 자원을 공유하고 감성적 공유를 가지면서 같은 지역사회에 함께 거주하는 것이다. 첫 번째로, 연대적 지역사회 구성원들은 지역사회 안에서 식당, 가게, 식품점, 교회 등을 운영한다. 이를 통해 서로의 삶의 방식과 자원을 공유한다. 두 번째로, 연대적 지역사회의 구성원은 지역사회에 대하여 감성적 충성도를 결집하고, 이것을 느끼는 것을 통해 서로가 연대적 지역사회에 속해있는 것을 확인한다. 연대 지역사회는 전통적 지역사회와 달리 서로 다른 고향, 다른 사투리, 다른 종교를 용인한다. 이러한 전체를 아우르면서 지역사회에 대한 감성적 충성도가 있는 영역이 연대 지역사회이다. 연대적 지역사회의 구성원들은 빈번한 의사소통, 방문, 그리고 공유된 제도 등에 기반을 통해 지역사회의 연대를 유지하지 않는다. 다음, 연대적 지역사회의 사회적 연계를 살펴보면 다음과 같다. 사회적 통합 기준으로 광범위하고 다양한 사회적 쟁점 전체에서 유지되는 통합과, 규범적 통제가 있다. 지역적 기반은 단순한 지역을 기반으로 하지 않는다. 지역 내 상징물 등 효과적인 기반이 필요하다. 연계기반은 일반적으로 지역사회에서 태어난다는 것에 기반을 두는 것이 아니라 구성원들이 지역사회를 의도적으로 선택하는 것이 중요하다.

셋째, 지역기반 지역사회는 구성원들이 동일한 지역에 거주하는 것을 기반으로 이루어진 지역사회이다. 지역기반 지역사회의 특징과 사회적 연대를 살펴보면 다음과 같다. 우선, 지역기반 지역사회의 특징은 구성원들이 동일한 지역 안에서 거주하는 것이다. 같은 지역에 산다는 것 외에 상대적으로 지역사회의 다른 요인에 대해 독립적이다. 지역사회 구성원이 특정한 동일 지역에서 태어나고, 자라고, 학교에 다녔으며, 지역에 대해 그리고 서로서로 많이 안다면, 그 지역사회에 충성심을 가지게 된다. 오래 거주한 구성원에게 그 지역의 사람이라는 의미는, 자신이 그 지역사회에서 태어나서 자라고 학교에 다녔으며, 다른 구성원 역시 그러하다는 것이다. 동일한 지역에서 함께 자라고 생활하는 구성원들은 자신들의 이해관계에 따라 지역사회의 병원, 음식점, 상점 등을 공동으로 이용하며, 서로서로 도움을 주고 배려하고 친밀감을 느낀다. 이러한 배려와 친밀감은 그 지역사회에 대한 특별하고 강력한 충성심을 이끌어낸다. 그러나 이 지역기반 지역사회는 구성원들이 새로운 지역사회로 떠날 수 있다는 약점이 있다. 다른 지역사회로의 이동이 빈번하게 일어나면 구성원들은 그 지역사회에 대한 충성도를 발전시키지 못할 수 있다. 지역기반 지역사회는 구성원들의 공유된 이해에 기반을 둔다. 지역기반 지역사회의 통합은 구성원의 충성도와 개인적 연대에 전적으로 기반을 두는 것이 아니다. 구성원 간 공유된 이해에 토대를 둔다. 같은 지역사회에 있는 구성원들은, 자신들이 해결해야 할 분명한, 공통의 문제를 공유한다. 구성원 자신과 직접적으로 연결된 사안을 토대로 상호 협력하게 된다. 구성원들은 지역사회 내의 특정 사안을 처리하기 위해 상호작용하게 된다. 이는 지역사회 구성원들이 서로 알지 못할지라도, 서로 지역사회 안에서 각자의 이해를 충족시키기 위해 상호의존적이 되기 때문이다. 다음, 지역기반 지역사회의 사회적 연계를 살펴보면 사회적 통합 기준은 지역사회 안에서 분명하게 특별히 부각된 사회문제 또는 쟁점 해결에 기반을 둔다. 지역적 기반은 물리적 지역에 둔다. 연계 기반은 지역사회의 사안과 현장 그리고 구성원의 관계를 의도적으로 형성하는 데 있다. 지역사회 구성원들이 자신들이 사는 지역 안에 포함되는 것만으로는 부족하다.

넷째, 유한책임 지역사회는 구성원들이 지역사회 내에서 상호 간 이해관계를 가지는 것을 기반으로 이루어진 지역사회이다. 유한책임 지역사회의 특징과 사회적 연대를 살펴보면 다음과 같다. 우선, 유한책임 지역사회의 특징은 지역사회 구성원이 갖는 지역사회에 대한 강력한 감성적 충성도가 아니라 지역사회 내 공통의 이해관계에 기반을 두는 것이다. 지역사회에서의 유한책임은 지역사회에 대한 구성원의 충성도에 기반을 두지 않는다. 지역사회라는 단위나 명제는 지역사회 구성원에게 절대적이거나 가치 있는 의미가 아니다. 지역사회 구성원 개인은 지역사회 내 쟁점이 있을 때 그 해결과정에 단계별로 참여하고 관심을 갖게 된다. 이는 쟁점이 자신들의 이해에 직접적으로 영향을 주기 때문이다. 유한책임 지역사회에서 구성원들은 쟁점별로 문제를 해결하기 위한 범주 안에서 실질적인 협동을 하고, 상호의존 한다. 지역사회 구성원들은 문제를 해결하기 위한 사회적 연대와 상호작용의 필요성보다는 문제해결의 가능성에 주목한다. 다음, 유한책임 지역사회의 사회적 연계를 살펴보면 사회적 통합 기준은 지역사회에 영향을 미치는 특정한 쟁점과 이에 대한 참여정도에 기반을 둔다. 지역적 기반은 공간적 지역에 둔다. 연계 기반은 지역사회 구성원이 쟁점별로 참여하는 정도에 있다.

다섯째, 잠재적 이해집단 지역사회는 지역사회 안에서 자신들의 이해에 영향을 미치는 부분에 대한 공통의 이해를 기반으로 이루어진 지역사회이다. 잠재적 이해집단 지역사회의 특징과 사회적 연대를 살펴보면 다음과 같다. 우선, 잠재적 이해집단 지역사회의 특징은 실질적, 공간적 지역사회가 아니라 잠재적, 쟁점적 지역사회라는 것이다. 잠재적 이해집단은 지역사회라는 영역을 공유하지 않고, 자신들의 이해관계에 영향을 미치는 쟁점과 문제에 대해 공통의 이해를 공유한 사람들의 집단이다. 잠재적 이해집단은 공간적 지역사회 안에 공통의 이해 또는 공통의 문제가 있다는 것을 알지 못하는 경우가 많다. 예를 들어, 환경오염의 문제를 심각하게 느끼는 지역사회 구성원과, 여성권리운동에 관심을 갖는 지역사회 구성원은 공통의 문제를 가지지 않는다. 그러나 서로의 문제에 대해 상호 이해를 공유할 수 있다. 다음, 잠재적 이해집단 지역사회의 사회적 연계를 살펴보면 사회적 통합 기준은 지역사회 안에서 개인적 배경에서 기인하는 공유된 문제에 기반을 둔다. 지역적 기반은 특정한 공간적 지역을 기반으로 두지 않을 수 있다. 연계 기반은 잠재적 이해집단 구성원이 문제를 공유하는 데 있다. 그러나 많은 구성원이 그 문제를 구체화하지 않고 자기 것으로 인식하지 않는다.

여섯째, 네트워크 지역사회는 특별한 쟁점을 기반으로 이를 공유하고 동조하는 구성원의 네트워크를 기반으로 이루어진 지역사회이다. 네트워크 지역사회의 특징과 사회적 연대를 살펴보면 다음과 같다. 우선, 네트워크 지역사회의 특징은 지역사회 내 특별한 쟁점에 있어 이해를 공유하는 지역사회 구성원들을 함께 연결하는 실질적인 네트워크를 기반으로 이루어지는 것이다. 이해를 공유한 지역사회 구성원들은 네트워크를 중심으로 서로 연계된다. 네트워크는 비형식적일 수 있으며, 네트워크에 포함되지 않은 지역사회 구성원들은 다른 관계 안에 존재할 수 있다. 네트워크는 지역사회 구성원 서로를 연결하고, 지역사회 내의 특별한 쟁점과 문제를 해결하려고 하는 지역사회 구성원을 지원하는 사회적 서비스 기능으로 구성된다. 즉, 네트워크는 지역사회 구성원들에게 지역사회 쟁점과 문제에 대한 지원과 정보를 제공하는 관계의 형태로 존재한다. 다음, 네트워크 지역사회의 사회적 연계를 살펴보면 사회적 통합 기준은 지역사회 안의 특별한 쟁점에 기반을 둔다. 지역적 기반은 공간적 지역을 토대로 하지 않는다. 연계 기반은 지역사회 쟁점과 문제에 대한 구성원의 관점과 배경 요인이다.

일곱째, 사회적 계급기반 지역사회는 지역사회 구성원이 자신과 비슷한 계급에 있는 구성원들과의 연계를 기반으로 이루어진 지역사회이다. 사회적 계급기반 지역사회의 특징과 사회적 연대를 살펴보면 다음과 같다. 우선, 사회적 계급기반 지역사회의 특징은 지역사회 구성원이 지역사회 안의 지위와 지배력의 수준은 물론 공유된 태도, 수입, 일의 형태에 기반을 두고 다른 유사한 상태의 지역사회 구성원과 연계하는 것을 통해 이루어진다. 지역사회 구성원들은 자신들의 사회적 계급을 기반으로 공통의 이해와 문제를 공유한다. 지역사회 내 사회적 계급이 높거나, 낮은 구성원들은 지역사회 내 공통의 문제를 인식하지 못할 수 있다. 자신이 속한 계급의 문제에 우선적으로 주목하게 된다. 다음, 사회적 계급기반 지역사회의 사회적 연계를 살펴보면 사회적 통합 기준은 경제적 상태와 노동 상태에 대한 공동의 삶의 선택에 기반을 둔다. 지역적 기반은 공간적인 지역에 토대를 두지 않는다. 연계 기반은 경제적 상태와 노동 상태가 지역사회 내 구성원의 사회적 계급 범주를 결정한다. 그러나 이러한 경제적 상태와 노동 상태가 구성원 개인을 주목하지는 않는다.

여덟째, 이해기반 지역사회는 구성원들의 이해관계에 연관된 행동에 기반을 두고 이루어진 지역사회이다. 이해기반 지역사회의 특징과 사회적 연계를 살펴보면 다음과 같다. 우선, 이해기반 지역사회의 특징은 지역사회 내 이해에 기반을 두고 구성원들이 강력하게 통합된 지역사회라는 것이다. 이해기반 지역사회는 지역사회 내에서 구성원들이 공유한 문제, 이해관계에 주목하는 것을 기반으로 한다. 지역사회 내 구성원의 이해와 관련된 문제나 쟁점의 배치, 우선순위에 주목한다. 그리고 구성원들의 이해와 연결된 공유된 지역사회 내 문제를 해결하기 위하여 공통의 행동을 추진한다. 이해기반 지역사회는 지역사회 조직화의 결과물인 지역사회 시민조직과 같은 성격을 가진다. 다음, 이해기반 지역사회의 사회적 연계를 살펴보면 사회적 통합 기준은 지역사회 구성원의 이해관계에 연결된 특별한 쟁점과 문제에 대한 집단적 활동의 중요성에 기반을 둔다. 지역적 기반은 공간적 지역에 토대를 두지 않는다. 연계 기반은 지역사회 구성원 각각이 자신들의 이해에 연결된 지역사회 내 쟁점을 판단한 후 참여를 선택하는 데 있다.

이와 같이 지역사회는 다양한 지형에 위치하고 있고, 다채로운 유형을 가지고 있다. 지역사회의 특징과 사회적 연계를 정리하면 <표 7-1>과 같다.

<표 7-1> 지역사회 특징과 사회적 연계

구 분	특 징	사회적 연계		
		사회적 통합 기준	지역적 기반	연계 기반
전통적 지역사회	• 특정한 지역사회에서 출생한 사람 기반	• 지역사회 구성원의 생애 전반의 쟁점에서 유지되는 통합과 규범적 통제	• 지역사회의 공간적 지역 토대	• 지역사회 내 출생
연대기반 지역사회	• 구성원들이 서로의 삶의 방식과 자원, 감성을 공유하며 같은 지역사회에서 함께 거주	• 사회적 쟁점 전체에서 유지되는 통합과 규범적 통제	• 단순한 지역 기반이 아닌 지역 내 상징물 등 효과적인 기반 필요	• 구성원들이 지역사회를 의도적으로 선택
지역기반 지역사회	• 구성원들이 동일한 지역 안에서 거주하며, 공유된 이해에 기반을 둠	• 지역사회 안에서 분명하게 특별히 부각된 사회문제 또는 쟁점 해결에 기반	• 물리적 지역	• 지역사회의 사안과 현장 그리고 구성원의 관계를 의도적으로 형성
유한책임 지역사회	• 지역사회 구성원이 갖는 지역사회에 대한 강력한 감성적 충성도가 아니라 지역사회 내 공통의 이해관계에 기반	• 지역사회에 영향을 미치는 특정한 쟁점과 이에 대한 참여정도	• 공간적 지역	• 지역사회 구성원이 쟁점별로 참여하는 정도
잠재적 이해집단 지역사회	• 실질적, 공간적 지역사회가 아니라 잠재적, 쟁점적 지역사회	• 지역사회 안에서 개인적 배경에서 기인하는 공유된 문제에 기반	• 특정한 공간적 지역을 기반으로 두지 않을 수 있음	• 잠재적 이해집단 구성원이 문제를 공유
네트워크 지역사회	• 지역사회 내 특별한 쟁점에 있어 이해를 공유하는 지역사회 구성원들을 함께 연결하는 실질적인 네트워크를 기반	• 지역사회 안의 특별한 쟁점에 기반	• 공간적 지역을 토대로 하지 않음	• 지역사회 쟁점과 문제에 대한 구성원의 관점과 배경 요인
사회적 계급기반 지역사회	• 지역사회 구성원들이 사회적 계급을 기반으로 공통의 이해와 문제를 공유	• 경제적 상태와 노동 상태에 대한 공동의 삶의 선택에 기반	• 공간적인 지역에 토대를 두지 않음	• 경제적 상태와 노동 상태가 지역사회 내 구성원의 사회적 계급 범주를 결정
이해기반 지역사회	• 지역사회 내 이해에 기반을 두고 구성원들이 강력하게 통합	• 지역사회 구성원의 이해관계에 연결된 특별한 쟁점과 문제에 대한 집단적 활동의 중요성에 기반	• 공간적 지역에 토대를 두지 않음	• 지역사회 구성원 각각이 자신들의 이해에 연결된 지역사회 내 쟁점을 판단한 후 참여를 선택

이러한 지형과 유형에 속한 지역사회의 다층성과 중첩성은 지역사회의 성격과 구성원의 특성을 복합적으로 구성한다. 따라서 지역사회에서 시민교육을 기획하고 실천하기 위해서는 이러한 지역사회의 특징을 사전에 충분히 파악해야만 한다.

2. 지역사회 발전의 개념과 토대

지역사회 발전은 지역사회의 생활세계에서 구체적이고 가시적인 성과로 드러나야 한다. 이를 위해 지역사회 발전의 개념과 토대를 섬세하게 짚어볼 필요가 있다.

1) 지역사회 발전의 개념

일반적으로 지역사회 발전을 경제적인 부분, 즉 물질적인 범주로 제한하여 바라보는 경향이 있다. 이에 지역사회 발전을 위한 다채로운 정책과 활동 등이 대부분의 경우 물질적 성과나 보상을 겨냥하여 이루어진다. 그러나 이러한 관점에 대하여 다음과 같은 문제가 제기될 수 있다.

첫째, 물질적 결과물의 생산이 모든 정책이나 활동의 최고 가치로 자리매김되고 있다. 물질 생산을 지역사회 발전의 최고 가치로 자리매김 하면 인간의 비인간화가 가속되고 지속될 수 있다. 물질은 결국 인간의 삶을 풍요롭게 하는 데 사용되어야 한다. 이를 통해 인간다움이 확보되어야 한다. 정책이나 활동의 궁극적 지향은 물질적 생산이나 보상이 아니라 인간의 행복을 보장하고 인간이 인간다워지는 데 기여하는 것이다.

둘째, 지역사회 발전 행위의 결과에서 물질적 가치가 생산되어도, 이것이 지역사회 구성원 모두에게 동등하게 분배되지 않는다. 파이를 키운 다음에 나눈다는 것은 부적절하다. 소수에게 파이가 독점되는 것은 물론, 파이를 독점한 소수가 이를 이용하여 다수를 지배하는 기반을 만들고, 지속적으로 파이를 독점할 수 있는 경로를 구축하기 때문이다. 파이가 만들어진 순간부터 공정하게 배분되어야 하고, 이를 바탕으로 더 큰 파이를 만드는 것이 필요하다. 다음에 크게 만들어진 파이 역시 공정하게 배분되도록 하면 된다. 지금까지 지역사회의 생산물은 여러 가지 이유를 앞세워 공정하게 배분되지 않고 있었다. 그런데 지역사회 구성원이 공정하지 못하게 배분되는 그 결정을 한 적은 없다. 배분에 대한 참여와 결정을 하지 못하고 있는 것이다.

셋째, 정책의 가치와 우선순위, 물질적 생산물의 분배 등에 대한 의사결정에서 지역사회 구성원은 대부분 소외된다. 의사결정과 집행에 참여하고, 이것의 결과를 누리는 것은 가장 기본적인 시민권과 인권에 속한다. 의사결정에서 구성원이 배제되는 것은, 구성원의 인권과 시민권이 무시되는 것이고, 결과적으로 자신의 삶에 대한 주체적 판단과 결정이 거부되는 것이다.

이러한 지역사회 발전의 문제를 정리하면 [그림 7−5]와 같다.

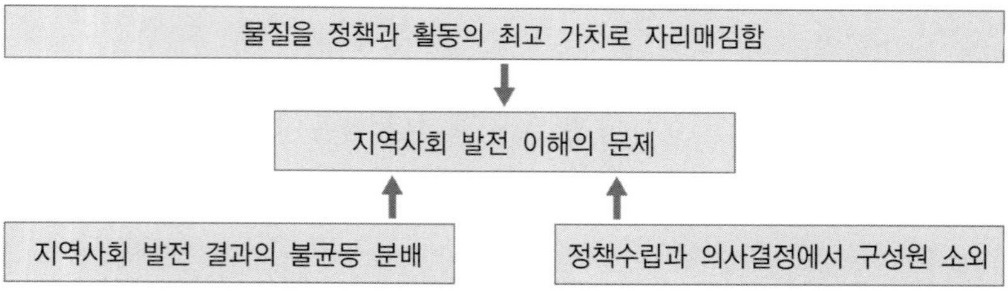

[그림 7-5] 지역사회 발전에서 제기되는 문제

지역사회 구성원은 인간으로서 스스로, 주체적으로 아직 정해지지 않은 미래의 삶의 내용과 지향을 판단하고 선택하여, 미래의 삶을 만들기 위해 현재의 삶을 움직일 당위적 책무와 권리가 있다. 지역사회 발전은 이러한 구성원의 책무와 권리를 충족시켜야 한다. 따라서 지역사회 발전은 지역사회 구성원들이 지역사회 내에서 자신들의 삶에 영향을 미치는 의사결정과 정책 수립에 참여하고, 자원과 복지의 공정한 분배를 주체적으로 실천하는 것이 되어야 한다. 즉, 지역사회 발전은 구성원들이 지역사회에 대한 민주적 통제력과 지배력을 확보하는 것을 가리키는 것으로 이해되어야 한다. 이런 맥락에서 지역사회 발전을 위해 지역사회와 지역사회 구성원에게 영향을 미치는 의사결정과 정책을 구성원들이 민주적으로 통제하고 지배하는 기반을 조성하고 획득해야 한다. 이러한 지역사회 발전의 개념을 정리하면 [그림 7-6]과 같다.

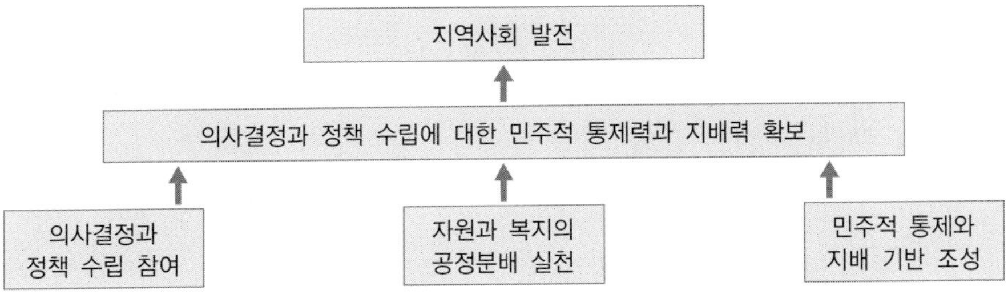

[그림 7-6] 지역사회 발전의 개념

2) 지역사회 발전의 토대

살펴본 바와 같이 지역사회 발전은 지역사회의 자원과 복지를 공정하게 분배하고, 지역사회 구성원에게 영향을 미치는 의사결정과 정책 수립 등을 구성원들이 민주적으로 통제하고 지배하는 것이다. 이러한 지역사회 발전을 위해 [그림 7-7]과 같은 지역사회 구성원에 대한 강화, 조직화, 집단행동, 통제 등의 요인이 필요하다. 이는 지역사회 안에 구성원들의 민주적 통제력과 지배력을 약화시키거나 배제하려는 이해집단과 세력이 존재할 수 있기 때문이다. 지역사회 구성원들은 이들과 대립하여 지역사회 발전을 이루어야 한다.

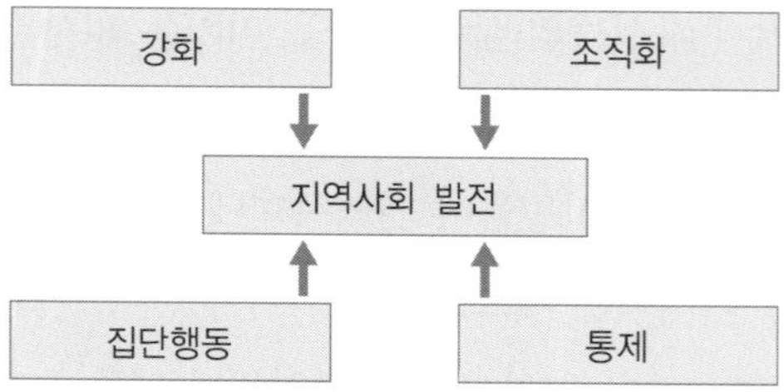

[그림 7-7] 지역사회 발전에 필요한 요인

지역사회 발전은 근원적으로 제도나 정책, 물질적 결과물이 아니라 지역사회 구성원에 기반을 두게 된다. 지역사회 발전에 필요한 강화, 조직화, 집단행동, 통제 등의 요인들을 살펴보면 다음과 같다.

(1) 지역사회 구성원 강화

지역사회 발전을 위해 먼저 요구되는 것은 지역사회 구성원에 대한 강화이다. 지역사회 구성원의 강화를 지역사회 민주주의 개념 수용에 대한 강화, 의사결정을 하는 역량 강화, 지역사회에 대한 민주적 통제력과 지배력 강화의 세 가지 범주로 구분하여 살펴볼 수 있다.

첫째, 지역사회 발전을 위해 지역사회 민주주의에 대한 개념 수용의 강화가 필요하다. 민주주의는 모든 사람이 모든 사람을 위하여 모든 사람을 조율하는 체제를 의미한다. 지역사회에서의 민주주의도 동일한 맥락을 유지한다. 지방정부제도에 의해 분권화되어 지역사회에 권한이 주어진 민주주의는 지역사회 구성원들이 지역사회 구성원 모두를 위해 모두를 조율하는 것을 토대로 해야 한다. 이러한 민주주의 개념에 대한 수용이 강화되어야 한다.

둘째, 지역사회 발전을 위해 지역사회 구성원의 삶에 영향을 미치는 의사결정을 할 수 있고 실천할 수 있는 구성원들의 역량 강화가 요구된다. 사람이 살아가면서 감사를 표시하고자 할 때 그 방법과 경로가 있다. 같은 맥락으로 자신들의 삶에 영향을 미치는 의사결정을 가치지향적이고, 효과적이며, 모든 사람이 두루 누리도록 다각도로 살펴보고, 내용을 만들어 나가는 방식이 있다. 그 방식을 알고 실천할 수 있는 역량이 필요하다.

셋째, 지역사회 발전을 위해 지역사회에 대한 민주적 통제력과 지배력 강화가 필요하다. 지역사회 구성원 전체에게 긍정적인 내용의 의사결정 또는 정책이라 하더라도 지역사회 구성원이 그 의사결정과 정책 수립 과정에서 배제된다면 의미가 크게 감소될 수밖에 없다. 또한 언제라도 압축된 소수[1)]가 지역사회 구성원을 배제시키고 지역사회 구성원에게 부정적인 방향과 내용의 의사결정과 정책 수립을 진행할 수 있다는 것을 상기해야 한다. 따라서 지역사회 구성원들의 지역사회에 대한 민주적 통제력과 지배력이 강화되어야 한다. 구성원에 대한 이러한 강화가 확보된 지역사회는, 압축된 소수가 지역사회 내 많은 다른 구성원들의 삶에 영향을 미치는 의사결정을 독점하고, 중앙집권화된 권위 체제의 지역사회의 대척점에 있다.

이와 같은 지역사회 발전을 위한 지역사회 구성원의 강화를 정리하면 [그림 7-8]과 같다.

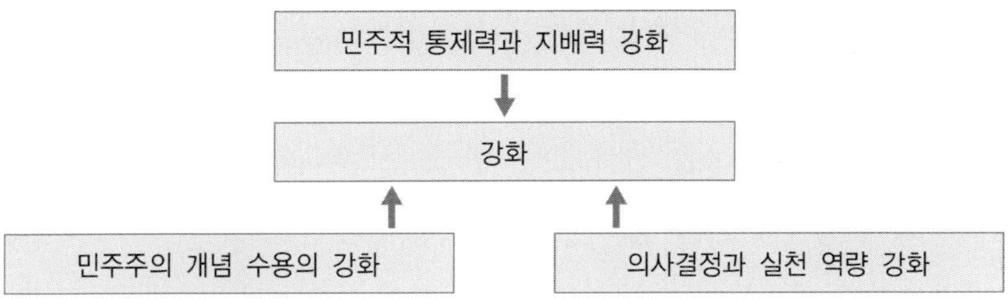

[그림 7-8] 지역사회 구성원에 대한 강화의 범주

한편 지역사회 구성원에 대한 강화의 목적은 지역사회에서 압축된 소수의 독점을 배제하고, 독점체제를 변화시키는 데 있다. 즉, 지역사회 구성원의 민

1) 압축된 소수는 지역사회 내 이익독과점집단을 가리킨다. 지방정부 관계부서 등과 연계되어 자신들에게 일방적으로 유리한 의사결정 내지 정책수립을 추진하는 이익집단을 의미한다.

주주의 개념 수용, 의사결정과 실천 역량, 지역사회에 대한 민주적 통제력과 지배력을 강화시켜서 [그림 7-9]와 같이 지역사회에서 압축된 소수가 의사결정, 자원 및 복지의 집행을 독점하는 것을 배제하고, 독점체제를 변화시키는 것이다.

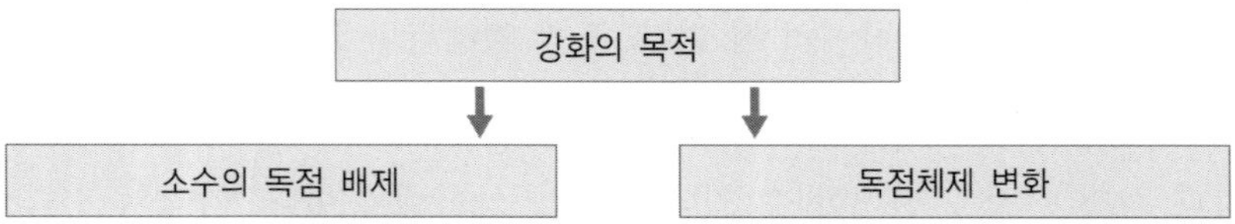

[그림 7-9] 지역사회 구성원에 대한 강화의 목적

이러한 소수의 독점 배제와 독점체제 변화를 통해 지역사회 구성원이 지방정부의 관련 부서와 함께 자신들의 삶에 영향을 미치는 정책에 대한 의사결정과 실천, 자원 및 복지의 분배를 통제할 수 있다. 특히 지역사회 구성원들은 자신들의 삶을 판단하고 선택하며, 이를 구체화하기 위하여 지역사회 내 의사결정에 대한 민주적 통제력과 지배력을 확보해야 한다. 지역사회 구성원들은 이를 위해 자신들이 무력하지 않고, 의사결정과 실천에 대한 역량을 가지고 있으며, 민주주의에 대한 개념을 수용하고 있고, 지방정부 체제에 종속되지 않았다는 것을 학습해야만 한다.

지역사회 구성원에 대한 강화는 이론과 지식의 전달로만 이루어지지 않는다. 지역사회 구성원들이 협동조합이나 사회적 기업, 시민단체 같은 조직을 통해 자신들의 지역사회를 재구성하고 지역사회 발전을 위한 사업과 프로그램을 지속할 때 이루어진다. 이러한 강화는 지역사회 구성원이 지방정부의 정책 수립과 의사결정 등에 영향을 미칠 수 있는 기반이 된다. 강화의 중심은 지역사회 구성원들이 스스로를 위한 무엇인가를 하도록 하기 위해 지방정부의 의사결정과 정책, 자원과 복지의 분배를 변화시키려는 의지를 갖도록 하는 것에 있다. 지역사회 구성원들이 만드는 조직은 자신들이 지역사회에 대한 민주적 통제력과 지배력의 지형을 변화시킬 수 있다는 것을 지역사회 구성원들에게 보여주는 것을 통해 강화를 시작해야 한다. 지역사회 발전에서 구성원의 강화는 필수적이다. 지역사회 안에서 실질적 민주주의를 누리며 살 수 있다는 것은, 지역사회 구성원이 강화된다는 것을 전제로 한다.

한편 현실에서 많은 경우, 이러한 지역사회 구성원에 대한 강화는 제한된 범주에서만 이루어진다. 지역사회 구성원은 지방정부 대표와 의회 의원을 투표로 선출하여 지방정부에게 자신들에 관한 의사결정과 정책 수립 및 집행을 위임한다. 그러나 거대 기업이나 압축된 소수는 자신들의 이익을 위해 지역사회 구성원보다 지방자치단체의 의사결정에 더 영향을 미치는 행위를 하는 것이 일반적이다. 지역사회 구성원들이 새로운 지방정부 장과 의원들을 선출하더라도, 거대 기업이나 압축된 소수 등은 자신들에게 유리한 지형으로 지방정부의 관심과 자원, 정책적 지원을 움직이게 하고, 지속적으로 이들을 확보한다. 주목할 것은, 지역사회 구성원이 보통 이러한 의사결정 과정과 그 결과에 주목하거나 참여하려고 하지 않는다는 것이다. 지역사회 구성원이 지역사회와 관련된 의사결정에 참여하지 않는다면, 의사결정과 관련된 영역에서 지역사회 구성원은 강화될 수 없다. 따라서 지역사회 구성원이 자신들의 삶에 영향을 미치는 자원과 복지의 공정한 분배에 참여하며, 지역사회의 의사결정과 정책 수립 및 집행에 대한 민주적 지배력과 통제력을 확보해야 한다는 것을 인식하도록 해야 한다. 이를 위한 내용들이 지역사회 시민교육에 포함되어야 한다.

(2) 지역사회 구성원 조직화

지역사회에서 지역사회 구성원에게 불이익을 주거나 부당한 압력을 가하는 문제가 발생하면 지역사회 구성원은 항의와 저항을 통해 문제를 해결하려고 한다. 이러한 항의와 저항 행동을 다음과 같이 개인적 차원과 집단적 차원으로 구분할 수 있다. 우선, 개인적 차원에서의 행동은 개인적 항의와 비조직화된 저항으로 분류될 수 있다. 이러한 행동은 일시적이고 단면적이며, 임시방편적이다. 문제의 근원을 해결하기보다는 즉자적 쟁점 처리에 제한되는 경우가 많다. 다음, 집단적 차원에서의 행동은 집단적 항의와 조직화된 저항으로 구분할 수 있다. 이러한 행동은 지속적이고, 효과적이며, 다면적이다. 문제의 근원을 해결하는 데 주목하며 지역사회 구성원의 민주적 통제력과 지배력 확보와 연결된다. 이러한 문제해결을 위한 개인적 차원과 집단적 차원의 행동을 정리하면 <표 7-2>와 같다.

<표 7-2> 문제해결을 위한 개인적 차원의 행동과 집단적 차원의 행동 비교

구 분	개인적 차원의 행동	집단적 차원의 행동
행동유형	• 개인적 항의 • 비조직화된 저항	• 집단적 항의 • 조직화된 저항
행동특성	• 일시적 • 단면적	• 지속적 • 효과적 • 다면적
행동결과	• 임시방편 • 즉자화된 쟁점 처리	• 문제의 근원 해결에 주목 • 지역사회 구성원의 통제력, 지배력과 연계

집단적 차원의 행동은 지역사회 구성원에 대한 조직화를 기반으로 한다. 조직화의 가시적 결과물이 지역사회 시민단체이다. 시민단체는 다음과 같이 개인과 다른 특징을 가지고 있다. 우선, 지향하는 목적이 있다. 지향하는 목적이 있다는 것은 시민단체가 그 목적을 달성하기 위한 수단과 경로를 가지고 있다는 것을 의미한다. 다음, 실행하는 사업 영역이 있다. 지역사회 시민단체가 사업 영역을 유지한다는 것은, 이를 가능하게 하는 회원을 가지고 있다는 것을 가리킨다. 지역사회 시민단체가 회원을 확보하기 위해서는 자신들과 함께할

회원을 포섭하는 기준을 가지고 있어야 한다. 회원은 자원적이고 자발적이어야 한다. 끝으로, 시민단체를 지속할 수 있는 기반을 가지고 있다. 지역사회 시민단체가 사업을 지속할 수 있는 기반을 둔 활동 체제라는 것은 시민단체가 사업추진체제와 자원동원체제를 갖추고 있다는 것을 의미한다. 이러한 시민단체의 속성을 정리하면 [그림 7−10]과 같다.

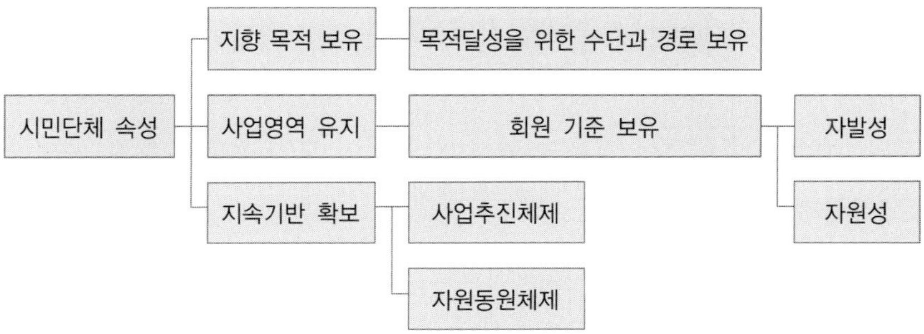

[그림 7-10] 지역사회 시민단체의 속성

한편 지역사회 시민단체는 활동을 통하여 지역사회 구성원을 강화시키고, 지역사회 발전을 촉진시킨다. 지역사회 시민단체는 지역사회 구성원이 관련된 지역사회 문제를 해결하는 활동을 성공적으로 수행하며, 수개월 또는 수년 동안 활동을 유지한다. 이러한 활동은 다음과 같은 지역사회 시민단체의 역량에서 기인한다.

첫째, 지역사회 시민단체는 지역사회에 대한 통제력과 지배력을 가질 수 있는 토대를 보유하고 있다. 우선, 지역사회의 문제를 해결하기 위한 활동에서 지역사회 시민단체는 지역사회 구성원이 가지고 있는 개별적 통제력과 지배력을 통합하고 대표하며 활용한다. 예를 들어, 지역사회 안의 특별한 문제와 연관된 많은 지역사회 구성원은 모두 잠재적 유권자이다. 이런 맥락에서 지역사회의 문제해결에 관계가 있는 지역사회의 정치인 또는 선출직 공무원은 잠재적 유권자의 요구를 무시하기 어렵다. 이들은 지역사회 구성원이 결집되어 있는 지역사회 시민단체의 힘과 영향력을 인정하게 되고, 지역사회 시민단체의 요구에 주목하게 된다. 다음, 지역사회 시민조직은 자금이 부족하고, 특정 분야의 전문가가 적을 수밖에 없다. 그러나 지역사회 구성원이 회원으로 다수 포진해 있는 경우 이것을 극복할 수 있다. 이는 개별 지역사회 구성원이 지역사회 시민단체를 통하여 집단화되기 때문이다. 즉, 지역사회 시민단체는 집단화를 통하여 지역사회 구성원에게 지역사회에 대한 민주적 통제력과 지배력을 제공한다. 지역사회 구성원 개인이 지역사회 문제에 대한 지방정부의 관련 부서와 기업 등과 다투는 것은 어렵지만, 개인이 모인 집단은 다툼을 성공적으로 이끌 수 있다.

둘째, 지역사회 시민단체는 문제해결을 위한 활동에 지속성을 제공한다. 지역사회 시민단체는 자원과 복지 분배의 불공정을 해소하고, 지역사회 구성원 개개인의 삶의 질을 향상시키기 위해 지속적인 노력을 한다. 문해교육 실시, 직업교육 프로그램 운영, 사회적 소외와 차별 해소 등의 활동이 상당 기간 연속적으로 이루어진다. 지역사회 구성원이 개인적으로 이러한 활동을 하는 것은 거의 불가능하다. 즉, 지역사회 구성원 개인 차원에서는 활동의 지속성이 이루어지지 않는다. 지역사회 시민단체는 지역사회의 문제가 해결될 때까지 필요한 기간만큼 이러한 활동을 지속할 수 있다.

셋째, 지역사회 시민단체는 특정 분야의 전문가를 확보할 수 있다. 지역사회 시민단체가 지역사회 안에서 문제를 해결하고 결정된 사업목표를 달성하기 위해서는 전문성과 경험이 필요하다. 지역사회 시민단체는 다음과 같은 전문가를 확보하여 전문성과 경험을 획득한다. 우선, 지역사회 시민단체의 구성원이 전문가 노릇을 한다. 지역사회 시민단체의 구성원들은 자신들의 활동 과정에서 드러난 실수와 오류를 통해 학습하고, 역량을 확보하고, 지식과 경험을 농축시킨다. 이를 위해 지역사회 시민단체 내의 구성원은 지난 활동에서 일어난 것을 기록하고, 이를 현재 활동을 안내하기 위한 자료로 구성한다. 이러한 과정이 축적되어 고도의 전문성으로 전환될 수 있다. 이 전문성은 지역사회 구성원이 지역사회 시민단체 안에서 일하기 때문에, 그리고 지역사회 시민단체를 위해서 일하기 때문에, 지역사회 시민단체 내의 전문적 직무로 규정된다. 다음, 지역사회 시민단체에서 해당 활동 분야의 전문가를 채용한다. 이 채용은 시민단체 구성원 가운데 해당 활동 분야의 전문가를 발굴하는 경우도 있고, 시민단체가 확보하고 있는 자금을 사용하여 전문가를 채용하는 경우도 있다. 자금을 사용하여 전문가를 채용할 경우 이 전문가는 지역사회 시민단체의 목적에 동의하는 것을 전제로 한다. 이렇게 전문가를 채용하는 것은 지역사회 구성원이 가진 한계 때문이다. 지역사회 구성원들이 지역사회 시민단체의 활동을 통하여 많은 것을 학습할 수 있어도, 활동 자체가 상당히 많은 시간과 노력을 요구한다. 지역사회 시민단체의 구성원은 일상적 생활을 유지하는 것이 우선이기 때문에 지방정부 관계 부서나 의회의 회의를 관찰하고, 세부 예산을 세우는 방법을 학습하고, 협력자를 확보하는 데 필요한 시간을 확보하는 것이 어렵다.

넷째, 지역사회 시민단체는 신속하게 반응한다. 지역사회 시민단체는 지역사회 내 문제가 발생했을 때 이것에 빠르게 반응하는 것을 통해 통제력과 지배력을 확보한다. 즉, 지역사회 시민단체가 지역사회 내 문제에 당면했을 때, 문제 해결의 과정에서 주도적 위치에 설 수 있어야 한다. 문제의 상황에 대한 초기 인식과, 신속하게 이를 분석하고 평가하는 역량이 주도적 위치에 설 수 있는 매우 중요한 기반이다. 이를 통해 지역사회 시민단체는 문제 해결에 있어서 통제력과 지배력을 확보하게 된다. 지역사회 시민단체가 문제 해결을 하는 경로는 다음과 같다. 우선, 지역사회 시민단체는 문제의 동향을 주시하고 시나리오를 통한 대응 전략을 수립한다. 지역사회 시민단체는 특별한 문제 영역에서 자신들이 원하는 결과가 이루어지도록 해야 한다. 결과를 생성하려면 문제 영역에 관련된 지방정부의 관계 부서나 의회 의원들을 설득시키는 전략이 필요하다. 이를 위해 문제의 동향을 빠르게 파악하고, 시나리오 분석을 통해 문제를 변화시키고 반응하는 전략을 구축해야 한다. 다음, 지역사회 시민단체는 문제가 부각된 동안 지역사회 구성원과 접촉하여 힘을 결집시키고 여론을 확산시켜야 한다. 이를 위해 전화 걸기, 메일 보내기, SNS 등을 활용하여 빠르게 지역사회 구성원을 조직의 주장 범주 안에 모이도록 해야 한다.

이와 같이 지역사회 시민단체가 지역사회 구성원을 강화시키는 배경에는 통제력과 지배력 확보, 지속성 유지, 전문가 확보, 신속한 반응이 자리한다. 지역사회 구성원을 강화시키는 지역사회 시민단체의 역량을 정리하면 [그림 7−11]과 같다.

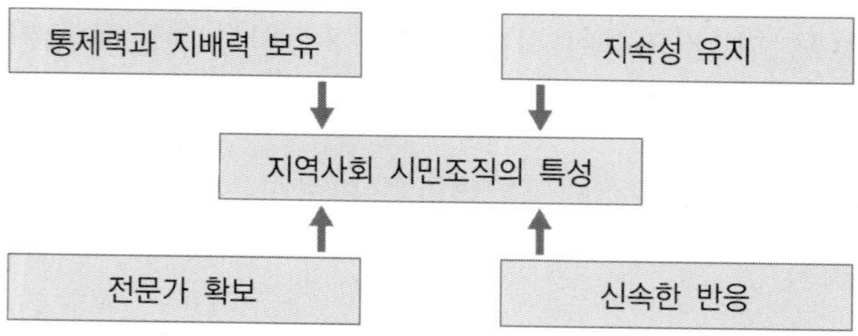

[그림 7-11] 지역사회 구성원을 강화시키는 지역사회 시민조직의 특성

그러나 이러한 지역사회 시민단체의 역량이 발휘됨에도 불구하고 지역사회 시민단체는 지역사회 발전에 관련된 굉장히 중요한 사안에 대한 긍정적인 활동 결과를 내지 못하거나 목표를 달성하지 못할 수 있다. 지역사회 내 정책 통제력과 지배력을 확보하지 못할 수 있고, 지역사회 구성원에 대한 강화가 이루어지지 않을 수 있다. 특히 지역사회 시민단체가 지방정부 관련 부서나 언론 매체에서 주목을 받았음에도 불구하고, 지역사회 시민단체의 지도부가 관련된 문제의 처리 과정에서 지역사회 구성원의 필요를 배반하고 자신들의 입장만 내세우고, 사적 이익을 취하는 것으로 변질될 수 있다. 지역사회 시민

단체가 지역사회가 당면하고 있는 핵심적 문제와 쟁점에 대하여 답하지 못하면 조직화 노력은 낭비된 것이고, 조직은 유지된다는 것 외에 의미가 없게 된다.

지역사회 시민단체는 지역사회 내 구성원들이 공유하는 목적을 달성하기 위한 수단이다. 지역사회 시민단체의 유지 자체가 목적이 되어서는 안 된다. 지역사회 시민단체 지도부의 개인 목적을 달성하는 데 유리한 발판을 만드는 데 직간접적으로 이용되어서는 안 된다. 따라서 지역사회 시민단체의 운영과 통제에 대한 구체적이고 실질적인 내용이 지역사회 시민교육에 포함되어야 한다.

(3) 지역사회 구성원 집단행동

지역사회 발전을 이루는 데 있어 중요한 것은 지역사회 구성원이 특정 문제를 해결하기 위해 집단적으로 행동하는 것이다. 지역사회 발전은 [그림 7-12]와 같이 지역사회의 많은 구성원들이 자신들이 유사한 문제를 가지고 있다는 것을 인식하고, 집단적으로 행동하는 것을 통해 문제를 해결할 수 있을 때 이루어진다.

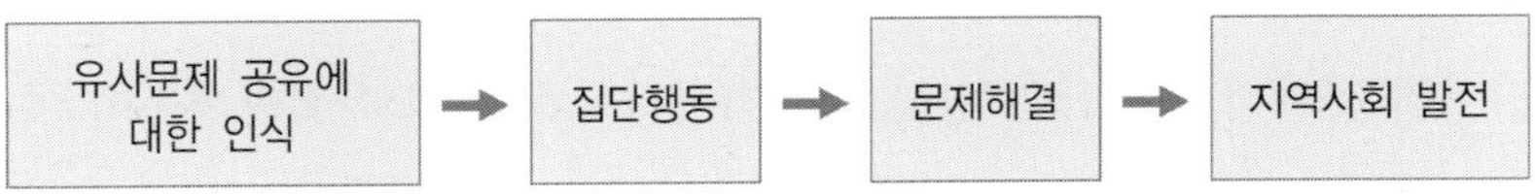

[그림 7-12] 지역사회 발전의 과정

지역사회 구성원의 집단행동은 지역사회 시민단체에 가입하여 활동하거나, 특정한 프로젝트에 참여하여 행동하는 것 이상의 의미가 있다. 우선, 지역사회 구성원이 집단적으로 행동한다는 것은 지역사회 내에서 특정한 목적을 달성해야 하는 집단적 책무성을 인식하고 있다는 것을 의미한다. 다음, 지역사회 구성원들이 이것을 달성할 수 있는 집합적 역량이 있다는 것을 이해하고 있다는 것을 가리킨다. 끝으로, 이러한 이해를 발전시키는 것은 지역사회 구성원이 자신들을 지역사회의 문제를 공유하고 있는 개인들의 집단성원, 또는 계층의 구성원으로 생각한다는 것을 의미한다.

그러나 지역사회 구성원의 집단행동을 이끌어 내는 것은 용이하지 않다. 이는 다음과 같이 소박한 개인주의와 이미지 조작이라는 두 가지 요인에서 기인한다.

첫째, 지역사회 구성원의 소박한 개인주의가 집단행동을 어렵게 한다. 모두는 아니지만 많은 경우, 지역사회 구성원은 자신의 노력 여하에 따라 그리고 자신들의 장단점에 의해 자신의 미래가 성공하거나 실패한다고 믿는 소박한 개인주의를 가지고 있다. 지역사회 구성원이 자신에게 닥친 모든 것이 자신의 책임 때문이라는 이러한 믿음을 가지면, 이들은 집단적 행동을 통한 지역사회 발전에 주목하지 않는다. 지역사회 구성원들이 소박한 개인주의에 매몰되어 있으면 지역사회 시민조직이 집단적 행동의 필요성을 이들에게 납득시키는 것이 매우 어려워진다.

둘째, 지방정부의 관련 부서나 기업의 이미지 조작이 집단행동을 제한한다. 일반적으로 지방정부의 관련 부서나 기업 등은 지역사회에서 문제를 야기할 때 자신들의 이익 확보를 위해 문제를 가리거나 호도하기 위해 이미지를 조작한다. 이러한 이미지 조작의 영향으로 지역사회 구성원의 집단행동이 어려워진다. 이미지 조작은 크게 두 가지 측면에서 진행된다. 우선, 지역사회를 통제하기 위해 이미지가 조작된다. 주로 대중매체, 학교, 경찰, 공무원, 기업 등을 통해 자신들의 입장을 주입하고, 자신들의 위상을 보존하기 위한 행위를 시도한다. 다음, 상징조작을 통해 이미지가 조작된다. 주로 학교와 대중매체를 통해 상징조작이 이루어진다. 지역사회 구성원이 소박한 개인주의를 우선시하도록 하고, 여기서 찾는 행복이 최고이고 이상적이라고 믿게 하는 것이 대표적인 이미지 조작이다. 이러한 이미지 조작을 통해 지역사회 구성원을 파편화시키고, 개인 세계에만 매몰되게 한다. 이를 통해 지역사회 구성원이 지역사회 내 문제를 인식하지 못하게 하거나, 집단행동을 통해 해결하려고 생각하지 못하게 강제한다.

이러한 이미지 조작에 대항하여 지역사회 시민단체는 우선, 지역사회 구성원들에게 지역사회의 문제와 쟁점을 이해시키고, 다음, 지역사회 구성원이 파편화되어 있는 동안에는 지역사회 문제가 해결될 수 없다는 것을 인지하도록 해야 한다. 이를 위해 지역사회 시민단체는 지역사회 구성원에게 지역사회 내 문제와 쟁점에 대한 참여가 자신들의 삶을 향상시키는 데 가치가 있다는 것을 이해시켜야 하고, 집단적이고 조직적인 행동의 강점과 장점을 알려야 한다. 이러한 부분들을 시민교육에서 다루도록 해야 한다.

한편 지역사회 구성원의 집단행동을 이끌어낼 때 주의할 것은 다음과 같다. 우선, 지역사회 구성원들이 자신과 관련된 지역사회의 문제와 쟁점을 해결할 수 있다는 인식을 가지게 하여 행동이 성공할 수 있다는 믿음을 구축해야 한다. 다음, 성공할 수 있는 사업을 진행하고, 지역사회 구성원을 참여시켜서, 이들이 성공에 대한 경험을 축적하도록 해야 한다. 즉, 지역사회 시민조직은 달성하기가 용이한 목표를 설정해서, 참여한 지역사회 구성원에게 성공의 경험과 성취에 대한 기대를 제공해야 한다.

이러한 성공에 대한 경험과 기대는 지역사회 구성원들의 참여를 증가시키는 유인이 된다. 지역사회 구성원의 참여가 많아지면 다음 목표로 잡은 사업의 성공 가능성이 높아진다. 이러한 지역사회 구성원의 사업 참여와 성공에 대한 경험과 기대, 참여의 증가 등을 정리하면 [그림 7-13]과 같다.

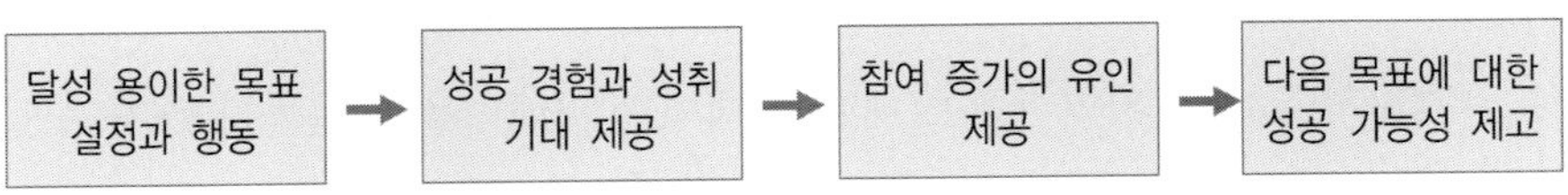

[그림 7-13] 지역사회 구성원의 인식과 참여 행동의 맥락

이런 맥락에서 지역사회 시민단체는 다음과 같이 단계적으로 지역사회 구성원이 참여하고, 집단행동을 하도록 하기 위한 활동을 할 필요가 있다.

첫째, 지역사회 구성원들이 부담 없이 참여하고, 성공의 경험을 가질 수 있는 사업을 수행한다. 지역사회 구성원들이 지역사회 문제와 쟁점에 공분하면서도 쉽게 행동에 나서지 못하는 배경은 다음과 같다. 우선, 지역사회 구성원은 집단행동을 위한 전문적인 훈련을 받을 여유가 없거나, 집단행동 참여에 필요한 시간과 자금 여유가 없다. 다음, 자신들에게 관련이 있는 지역사회 내 해당 문제와 쟁점에 대한 전문적 지식과 판단이 일천하다. 끝으로, 집단행동을 했을 때 이로 인해 어떤 불이익을 당하거나, 처벌을 받을 수 있다는 두려움도 가질 수 있다. 지역사회 구성원이 집단행동에 나서지 못하는 배경을 정리하면 [그림 7-14]와 같다.

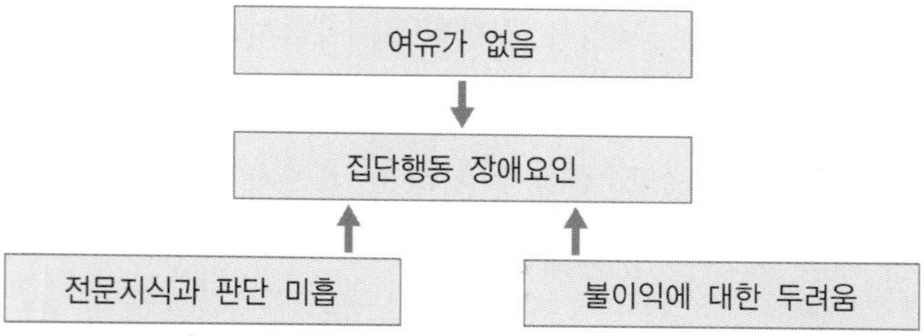

[그림 7-14] 지역사회 구성원이 집단행동에 나서지 못하는 배경

따라서 초기 집단행동은 지역사회 구성원들이 적은 노력과 부담으로 가시적 승리를 가져올 수 있는, 상대적으로 가볍고, 확실하게 이길 수 있는 문제와 쟁점을 중심으로 해야 한다. 지역사회 구성원들은 집단행동을 통해 개인적으로는 가지지 못했던 지역사회에 대한 통제력과 지배력을 자신들이 가지고 있고 만들 수 있다는 것을 느끼게 된다.

둘째, 지역사회 구성원이 성공의 경험을 느낀 작은 쟁점과 문제에서 시작하여, 보다 많은 노력과 참여가 있어야 하는 큰 쟁점과 문제로 움직이도록 해야 한다. 이를 위해 처음에는 최소한의 참여와 노력으로도 성공적인 결과를 이끌어 낼 수 있는 쟁점과 문제를 선정하고, 여기서의 가시적 성과를 바탕으로 보다 많은 참여와 노력이 요구되는 문제와 쟁점을 선정하여, 집단행동으로 연결시켜야 한다.

셋째, 집단행동에 참여한 지역사회 구성원을 지역사회 시민조직의 구성원이 되도록 한다. 이를 위해 연대 감정, 즉 구성원에게 지역사회 시민조직, 그리고 다른 구성원이 '우리(weness)'라는 심정적 기반을 만드는 것이 필요하다. 지역사회 시민조직은 지역사회 구성원이 시민조직과 정체성을 같이하고, 공동의 이해를 가지며, 우리라는 인식을 강화하도록 해야 한다. 지역사회 구성원들이 공동의 정체성과 이해, 우리라는 인식을 가지면 지역사회 시민조직의 사업에 대한 참여가 활발해진다.

이러한 활동의 필요성을 배경으로 지역사회 시민교육을 통해 지역사회 구성원이 지역사회 문제와 쟁점을 인지하고, 공동으로 행동하며, 조직화하는 과정을 도식적으로 정리하면 <표 7-3>과 같다.

<표 7-3> 지역사회 구성원의 인지, 행동, 조직화 과정

단계	내용
1	• 지역사회 내의 문제와 쟁점, 또는 지역사회 시민단체의 솔선수범하는 행위가 일부 지역사회 구성원을 자극 • 집단행동에 대한 동기를 유발
2	• 지역사회 구성원이 행동을 시작하는 전략 수립
3	• 행동전략은 지역사회 구성원이 행동해야 하는 문제와 쟁점에 대해 정확히 규정 • 문제와 쟁점 해결을 위한 행동 시작
4	• 지역사회 문제와 쟁점을 해결하기 위한 행동이 호응 확보 • 지역사회 구성원이 추가로 참여
5	• 행동에 참여한 지역사회 구성원이 해당 문제와 쟁점에서 일정한 성공을 거둠 • 지속적인 행동과 성공을 위해 필요하면 외부 조직과 연대 추구
6	• 참여자들이 지속적으로 활동하기 위해 조직을 구성 • 기존 지역사회 시민단체에 가입하거나, 새로운 시민단체를 구성

7	• 지역사회 시민단체가 행동전략을 수립 • 지방자치단체에 압력을 가해서 성과를 확보 • 구성원에게 자원과 복지의 분배, 의사결정에 대한 통제력과 지배력을 제공
8	• 지역사회 시민단체는 구성원이 행동역량을 강화할 수 있도록 시민교육과 훈련을 실시
9	• 지역사회 시민단체는 일상적 의사소통이 조직 구성원, 그리고 지역사회 구성과 원활하고 구체적으로 이루어지도록 전략을 수립하고 실천
10	• 지역사회 시민단체의 안정화를 위한 자원 개발 • 일반적으로 필요한 것보다 적음
11	• 지역사회 내 다른 시민단체와 연대를 구성
12	• 지역사회 시민단체에 대한 평가를 정기적, 실질적으로 진행
13	• 지역사회 시민단체에서 지속적으로 새로운 구성원 확보 • 지역사회의 새로운 문제와 쟁점 해결을 위한 사업 지속

이와 같은 지역사회 구성원에 대한 조직화는 지역사회 발전을 위해 필수적이다. 지역사회의 시민교육은 이러한 내용을 기반으로 지역사회 구성원의 심리와 행동 촉진 경로 등을 다룰 필요가 있다.

(4) 지역사회 구성원의 지역사회 시민조직 통제

지역사회 구성원은 지역사회 발전을 위해 지역사회 시민조직이 수행하는 사업을 통제할 수 있어야 한다. 지역사회 시민조직은 지역사회의 문제를 규정하고, 해결책을 제기하며, 해결을 위해 집단행동에 참여하고, 이를 통해 문제해결이 된다는 것을 보증한다. 지역사회 시민조직이 사업의 선정과 구체적 전략 수립을 주도적으로 담당한다고 해도, 이와 같이 당면한 지역사회 문제 중 우선적으로 해결할 것을 선택하고, 해결책을 제시하는 것은 지역사회 구성원에 의해 이루어져야만 한다. 구성원은 이와 함께 지역사회 시민조직을 통하여 지역사회에 영향을 미치는 지방자치단체의 정책 수립과 집행 등에 대한 통제력과 지배력을 가질 수 있어야 한다.

지역사회의 문제는 구성원이 최종적으로 책임져야 할 부분이다. 지역사회 시민조직은 문제 해결을 위한 매개체의 성격을 가질 수 있다. 이는 지역사회 구성원이 지역사회 시민조직의 주체가 되어야 한다는 것을 의미한다. 지역사회 시민교육에서 지역사회 시민조직의 지속과 활동을 위해 지역사회 구성원이 맡아야 하는 권한과 책임, 의무를 다루는 것이 필요하다.

3. 지역사회 발전과 삶의 질

지역사회 구성원은 다양한 삶의 경험과 환경을 가지고 있고, 다채로운 가치관과 관점을 가지고 있다. 구성원 각자가 바라는 것과 삶과 사회에 대한 관점, 지역사회의 문제와 갈등을 판단하는 기준이 다를 수 있다. 따라서 지역사회 구성원 모두를 만족시키는 시민활동의 영역과 주제를 구축하는 것이 용이하지 않을 수 있다.

지역사회 구성원이 바라는 것은 가시적인 삶의 질의 향상과 유지일 수 있다. 이를 위해 다양한 시민활동을 할 수도 있다. 그러나 삶의 질이 무엇이며, 지향하는 바가 무엇인지를 규정하는 어려운 문제이다. 삶의 질은 시대와 사회 상황에 따라, 그리고 국가나 기관에 따라 다르게 이해되기도 한다. 삶의 질과 유사한 용어로 웰빙, 복지, 잘 삶, 생활수준, 생활만족, 욕구충족, 삶의 행복 등이 혼용되어 사용되기도 한다. 삶의 질에 대한 이해가 각자의 관점과 환경에 따라 가변적인 것은 용어 자체가 개념 규정을 쉽게 허용하지 않기 때문이다. 삶의 질의 뜻을 살필 때 삶과 질의 의미를 구분하여 살피면 다음과 같다. 우선, 삶이란 무엇인가라는 질문에 대한 답은 시대적, 개인적, 환경적 여건에 따라 달라진다. 이는 삶이 하나의 단순한 기록이나 성과가 아니라 인간의 복잡한 존재양식이기 때문이다. 다음, 질이라는 개념에도 다양한 속성들이 내포되어 있다. 일반적으로 질은 사물의 속성, 가치, 유용성, 됨됨이를 이루는 근본 바탕의 총체를 의미하지만, 일부에서는 질을 등급(grade)이라는 개념으로 치환하여 사용하기도 한다. 한편 삶의 질의 지향을 물질적인 것을 확보하거나 남을 지배하는 위치에 자리하는 것으로 볼 수도 있고, 인간다운 삶을 누리는 것으로 갈음할 수도 있다. 이러한 삶의 질이 뜻과 지향에 대하여 다음과 같이 정리할 수 있다.

첫째, 삶의 질은 사회의 가치체계를 기반으로 한다. 이것은 삶의 질이 단일 개념이 아니라 사회의 가치체계를 기반으로 형성되는 복합적이고 종합적인 개념이라는 것을 시사한다. 즉, 삶의 질의 개념은 사회구조와 그 안의 삶이 어우러지는 관계 속에서 형성된다는 것을 의미하고 있다.

둘째, 삶의 질은 복합적이고 종합적인 구성요소를 가지고 있다. 이러한 구성요소로서 정치체계, 좋은 삶에 대한 개념, 사회적 신념과 전통, 경제적 상황, 다른 요소 등이 있다.

셋째, 삶의 질의 필요조건은 다양하며, 이러한 필요조건을 위한 요구에는 차이점과 공통점이 존재한다. 우선, 차이점은 시기, 지역, 대상 등에 따라 필요로 하는 삶의 조건이 다르다는 것이다. 어느 사회에서는 점증하는 여가를 어떻게 활용하는가에 주목하고 있는 반면에 다른 사회에서는 인간다운 삶을 영위하기 위한 최소한의 경제 성장을 위해 전력을 다하고 있다는 것을 예로 들 수 있다. 반면에 공통점으로는, 삶의 필요조건의 차이점과 별도로 존재하는 평화에 대한 보편적 요구, 기술의 비인간화에 대한 요구, 공기와 물의 오염 방지, 인구 폭발 억제, 자연자원 착취 제한 등을 들 수 있다.

넷째, 삶의 질은 개인적 선과 사회적 선을 지향한다. 삶의 기반과 조건의 다양성에도 불구하고 이 모든 영역에서 개인적 선과 사회적 선이 강화되고 성취되어야 한다. 평생교육은 궁극적으로 이 고상한 이상을 지향해야만 하며, 이러한 평생교육의 목적은 개인적 선과 사회적 선을 지향하는 것이다.

이와 같은 삶의 질은 사회의 가치체계를 기반으로 하는 종합적이고 복합적인 개념으로서 다양한 구성요소를 가지고 있으며, 개인 또는 지역에 따라 삶의 질의 필요조건에 대한 요구가 다양하다. 삶의 질은 이러한 다양성을 수용하면서, 주거, 경제 등 객관적인 준거 외에 평화, 인간, 선 등 인간과 사회가 지향해야 할 공동가치를 가져야 하고, 이것이 개인적 선과 사회적 선을 지향해야 한다.

한편 시민활동의 영역과 주제로 관련되는 구성원의 삶의 질을 객관적 차원과 주관적 차원에서 살펴볼 수 있다. 객관적 차원에서의 삶의 질은 특정 사회의 객관적 삶의 조건과 환경에 의하여 결정된다. 또한 삶의 질은 주관적 인식과 깊은 관련성을 가진다. 삶의 질은 자신의 총체적 욕구에 대한 만족도에 따라 달라지는 질적 삶에 대한 느낌이라고 할 수 있다. 이런 관점에서 보면 삶의 질을 측정하는 척도는 개인의 행복감이나 만족감이 될 것이다. 이러한 객관적 차원과 주관적 차원의 삶의 질을 통합하면 객관적인 삶의 조건에 대한 주관적인 인지적 평가라고 할 수 있다. 이런 관점에서 객관적 요소는 사람들이 이용할 수 있는 기회를 대변하는 상황조건의 질을 의미하고 주관적인 요소는 인간의 질을 의미할 수 있다. 인지적 평가는 개인의 삶의 영역에 대해 시행되며, 객관적 측면과 주관적 측면의 삶의 질에 대한 준거에 의해서 이루어진다. 이러한 삶의 질에 대한 개인의 주관적인 인지적 평가를 다음과 같이 살펴볼 수 있다.

첫째, 삶의 영역은 개인의 삶의 조건과 삶의 관계를 통하여 형성되며, 삶의 질을 인지하는 기반이 된다. 개인의 삶이 위치한 다양한 삶의 조건을 다음과 같이 구분할 수 있다. 우선, 개인적 수준(individual level)의 조건으로 의료적인 조건, 건강과 안전의 위험도, 육체적·인지적·정서적·사회적 부분의 기능적 상태, 건강의 지각, 개인의 건강자원, 기회, 영성, 채워지지 않은 욕구, 개인적 네트워크, 사회적 지원, 가족 기능 등을 들 수 있다. 다음, 사회·지역사회 수준(societal & community level)의 조건으로서 자유 · 정의 · 평화, 고용 · 소득, 음식 · 주택 · 의복, 환경, 사회복지, 교통 · 통신, 공공안정, 교육 · 문화, 오락 · 여가, 계층 형평성 등을 거론할 수 있다. 이러한 개인적 수준과 사회 · 지역사회 수준의 삶의 조건은 개인의 삶의 질의 기반을 이루게 된다.

이러한 개인적 수준과 사회 · 지역적 수준의 삶의 조건은 직업, 경제, 문화, 가족, 지역사회 활동 등 다양한 측면과 층위에서 개인의 삶과 관계를 맺게 된다. 개인은 삶의 변수와의 관계를 기반으로 자기 자신과의 관계, 자신과 타인의 관계, 자신과 다른 세계와의 관계를 형성한다. 이 관계를 기반으로 하여 개인의 삶의 영역이 구성된다. 이러한 삶의 영역은 자아실현 영역, 가계생활 영역, 가족생활 영역, 직업생활 영역, 여가생활 영역, 지역사회 영역으로 구분할 수 있다. 이와 같은 삶의 영역은 개인의 삶의 질의 구성요소로 위치하게 된다. 삶의 영역의 내용과 그 안에서 개인의 활동에 의해 나타나는 결과는 개인의 삶의 질에 있어 핵심적인 구성요인이 되며 개인이 삶의 질을 인지하는 기반이 된다.

둘째, 삶의 영역의 내용과 결과에 대한 인지적 평가는 객관적 차원과 주관적 차원의 삶의 준거를 통해서 이루어진다. 객관적 차원의 삶의 준거는 사회의 삶의 조건과 환경에 관련이 있다. 주로 국가와 사회에 의해 형성되는 개인적 수준과 사회 · 지역적 수준의 삶의 변수는 사회 구성원인 개인들의 삶의 질에 영향을 주며, 개인의 객관적 차원(objective dimension)의 삶의 준거가 되고 있다. 이러한 객관적 차원의 준거는 자신의 객관적인 삶의 조건을 비교하는 준거집단(reference group)의 조건을 기준으로 비교하여 상대적인 만족감이나 상대적인 박탈감을 경험하게 하는 기반이 된다.

반면에 주관적 차원(subjective dimension)의 준거는 개인의 기대 또는 열망 수준(level of expectation/aspiration)을 기준으로 한 만족 또는 불만족을 의미한다. 이는 자신의 삶의 내용과 결과가 스스로의 명시적 혹은 묵시적인 내면적 기준, 즉 열망수준을 얼마나 충족시키는가를 인지하는 정도를 나타낸다. 주관적 차원의 준거는 똑같은 객관적 조건에 대해서도 개인이나 집단에 따라 만족하는 정도가 다르다는 사실에 기반을 두고 있다. 이것은 자신의 객관적인 조건보다 더 높은 수준의 기대를 가진 사람들은 상대적으로 현재의 조건에 대해 불만을 가질 수 있고, 반면에 상대적인 만족을 느낄 수 있다는 것을 의미한다.

셋째, 개인이 삶의 질을 주관적으로 인지하는 과정에 영향을 미치는 요인으로 우선 개인적 특성요인(dispositional factors)을 살펴볼 수 있다. 개인적 특성요인은 육체적·정신적 건강상태, 성별과 연령, 결혼 등의 인구학적 요인과, 직업, 소득, 교육 정도, 계층 등의 사회경제적 지위요인, 그리고 개인의 퍼스낼리티 등의 심리학적 요인으로 구성된다. 이것은 주로 주관적 차원의 준거의 내재적 범주와 관련이 있으며, 개인의 내면적 기준을 형성하는 바탕이 된다. 이러한 개인적 특성 요인은 인지적 평가에 영향을 미치는 동시에 개인의 삶의 조건을 결정하기도 한다.

환경요인(environmental factors)도 개인의 주관적인 인지적 평가에 영향을 미치는 요인이 된다. 환경요인은 공기, 물 등의 생태적 환경과, 공공안전, 교통, 의료, 고용, 복지, 교육 등의 사회적 환경, 그리고 사회의 이데올로기, 가치관, 관습 등의 문화적 환경이 있다. 이것은 주관적 차원의 준거의 상대적 범주와 관계가 있으며, 자신의 객관적인 삶에 대한 상대적인 만족감이나 박탈감을 구성하는 기반이 된다. 환경요인은 삶의 질에 직접적인 영향을 미치기보다는 삶의 영역의 객관적 조건을 규정하여 간접적으로 영향을 미치게 된다(임희섭, 1996).

이와 같이 개인의 삶의 질에 대한 인지는 자신이 속해 있는 삶의 영역의 내용과 결과에 대한 주관적인 인지적 평가에 바탕을 두게 된다. 삶의 영역에 대한 인지적 평가 과정에서 삶의 질 준거와 개인적 특성 요인 및 환경요인이 영향을 미치게 된다. 이러한 개인의 삶의 질의 인지 과정을 [그림 7-15]와 같이 나타낼 수 있다.

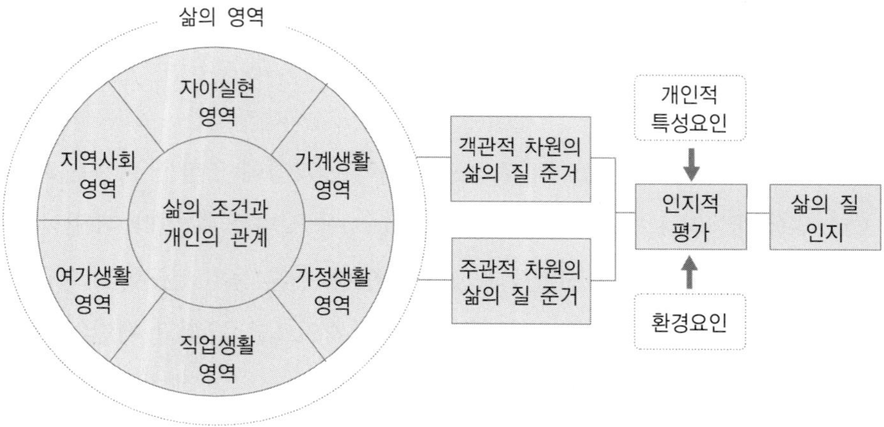

[그림 7-15] 삶의 질 인지 과정

출처 : 김창엽・성낙돈(2009). 평생교육의 평생교육의 목적으로서 삶의 질의 개념에 대한 시론적 접근.

이러한 개인의 삶의 질 인지 과정에서 개인적, 사회적 수준의 삶의 조건은 개인의 삶의 질이 이루어지는 근간이 되며, 삶의 조건과 개인이 다양한 층위에서 관계를 맺어 형성되는 삶의 영역은 개인에 있어서 삶의 질의 구성요소에 위치된다는 것을 보여주고 있다. 아울러 삶의 질을 판단하는 준거로서 작동하는 객관적 차원과 주관적 차원의 준거내용은 삶의 질의 필요조건을 나타낸다고 볼 수 있다. 개인이나 집단의 삶의 질을 만족시키는 조건은 개인과 사회의 가치관 및 의식구조, 경제사회적 발전, 삶의 조건, 시대적 환경 등을 기반으로 하는 다양한 요인으로 구성된다. 이러한 삶의 조건을 객관적 측면에서 삶의 기본 요건, 주관적 측면에서 참여와 선택, 가치 추구 측면에서 지향성으로 구분하여 살펴볼 수 있다.

첫째, 객관적 측면에서 개인의 삶에 필요한 기본 요건이 충족되어야 한다. 삶의 기본 요건의 예로서 다음의 네 가지를 들 수 있다. 우선, 생명과 건강의 안전, 의식주의 안정적 확보, 맑은 물과 공기 등의 기본적 요건이다. 즉, 사람이 기본적인 삶을 영위하는 데 있어 가장 필요한 건강과 안전에 관한 것이다. 다음, 쾌적한 삶을 영위하기 위한 각종 재화와 서비스 같은 물리적 요건이다. 물리적 요건은 절대적 수준과 상대적 수준에서 적절해야 하며, 제도적인 각종 편익의 질적인 측면도 포함되어야 한다. 끝으로, 사람다운 삶을 살기 위한 정신적 요건이다. 정신적인 풍요는 삶의 질을 규정하는 고차원적인 요건이다. 이와 함께 이러한 기본적 요건, 물리적 요건, 정신적 요건을 보호하고 발전시킬 수 있는 사회구조가 필요하다. 이들 요건은 인간다운 삶을 유지하는 데 필요한 최소한의 준거가 될 수 있으며, 삶의 질의 기반, 구성요인, 필요조건 등과 관계가 있다고 할 수 있다.

둘째, 주관적 측면에서 개인의 참여와 선택이다. 삶의 기본 요건을 충족하는 것만으로 삶의 질이 유지되고 향상된다고 할 수 없다. 이러한 기본 요건의 내용을 정의하고 선택하는 주체 문제가 주목되어야 한다. 이것은 국가와 개인 차원의 삶의 질에 대한 관점에서 찾을 수 있는 개인의 참여와 선택 부족이라는 문제와 연계하여 검토될 수 있다. 국가와 개인의 삶의 질에서 개인의 참여와 선택이 미흡할 경우 나타날 수 있는 문제를 다음과 같이 살펴볼 수 있다. 우선, 국가는 삶의 질에 대한 관심을, 개인과 사회의 삶의 상태를 국가가 설정한 기준과 비교하여, 이 기준과의 격차를 없애는 것에 두고 있다. 그러나 사회를 구성하고 있는 다양한 세력의 이해관계와 제한된 국가・사회 자원, 제약적인 국가 환경 등은 삶의 질의 동질성 확보에 장애요인으로 작용할 수 있다. 그 과정에서 기준을 상회한 지역이나 개인은 하위 지역이나 지방에 비해 문제가 없는 것으로 처리될 수 있다. 또한 동일한 삶의 조건에서도 서로 만족도가 다른 개인의 특성에 대한 고려가 충분하지 않다. 국가가 삶의 조건 형성 과정에서 개인의 참여를 전제로 하지 않으며, 삶의 질 기준 설정 과정에서 개인을 배제할 가능성도 있다. 다음, 개인은 삶의 영역의 내용과 결과에 대한 주관적인 인지적 평가로 삶의 질을 판단한다. 그러나 삶의 영역 구축의 기반이 되는 삶의 변수를 구성하는 데 개인의 주체적 참여가 배제되어 있다. 삶의 변수는 삶의 질에 대한 개인의 인지적 판단에 영향을 미친다. 따라서 국가의 정책이나 사회 환경에 의해 형성된 삶의 변수와, 개인이 삶의 변수와 관계를 맺으며 구축되는 삶의 영역의 내용과 결과에 대한 판단은 종속적일 수 있다. 특히 불확실한 미래를 주체적으로 선택하고, 이를 구체화하는 과정에 참여하는 것을 확보하지 않으면 개인의 삶의 질은 종속성을 벗어날 수 없다.

이러한 지적은 국가와 개인 차원에서 참여와 선택의 부족이 한계로 지적될 수 있다는 것을 의미한다. 반면에 삶에 영향을 미치는 삶의 조건을 형성하는 국가의 정책 수립과 사회 환경 변화에 대한 개인의 참여, 그리고 미래의 삶에 대한 개인의 선택이 삶의 질을 유지하고 향상시키는 데 핵심적이라는 것을 보여주고 있다. 삶의 질과 관련하여 이러한 개인의 참여와 선택을 다음과 같이 살펴볼 수 있다.

첫째, 개인은 삶의 조건을 변화시키는 데 참여해야 한다. 삶의 조건은 개인의 삶의 질에 중요한 영향을 미친다. 이러한 삶의 조건이 사회구조 안에서 개인에게 일방적으로 주어질 경우 개인의 삶의 질이 낮아질 수 있으며, 주체적 삶이 제한될 수 있다. 사회 구조는 개인의 삶의 조건에 지속적으로 영향을 미치므로 사회구조의 성격에 따라 개인의 삶은 긍정적 또는 부정적 양태를 가지게 된다. 이것은 개인이 자신의 의지와 상관없이 삶의 조건의 영향에서 벗어나기 어렵다는 것을 의미한다. 따라서 삶의 조건을 스스로 변화시키고, 삶의 질을 주체적으로 창출하기 위하여 개인이 사회의 구조 변화에 참여할 수 있어야 한다.

둘째, 스스로 미래의 삶을 선택할 수 있어야 한다. 현대사회의 특징은 미래에 대한 불확실성이라고 할 수 있다. 미래가 확정되지 않았다는 것은 다른 측면으로 미래에 대한 선택의 폭이 넓다는 것을 의미한다. 즉, 지금과는 다른 삶의 영역을 선택할 수 있는 여지가 많다는 것을 시사한다. 미래를 선택하는 것은 스스로가 삶의 주체가 된다는 것을 의미하는 것으로서 이는 자아실현과 연결되어 삶의 질을 높이는 결과를 가져올 수 있다.

셋째, 가치 추구 측면에서 주목되어야 할 삶의 지향성이다. 삶의 질이 무엇을 지향하는가에 따라 국가 차원의 사회정책, 삶의 기본적 요건, 개인 차원의 참여와 선택이 달라지게 된다. 삶의 질은 시대와 사회 환경, 개인의 특성과 조건 등에 따라 다양하고 중층적으로 표현될 수 있으며, 삶의 질을 위협하는 오래된 새 문제, 새로운 옛 문제도 여전히 상존하고 있다. 삶의 질의 문제에 대한 인식과 명확한 해결방안을 쉽게 수립하기도 어렵다. 그러나 이러한 불확실성과 복합적인 문제 속에서도 삶과 관련된 모든 것의 지향은 개인적 선과 사회적 선을 추구를 향해야 할 것이다.

이러한 검토는 삶의 기본 요건의 충족, 개인의 참여와 선택, 삶의 지향성이 삶의 질의 기반을 이루고 있다는 것을 보여주고 있다. 삶의 질은 이들의 유기적이고 화학적인 결합이라고 할 수 있다. 즉, 삶은 더 이상 '주어진 틀'에 의해서 영위되는 것이 아니라 '구성되는 삶'이라는 것이 주목되어야 한다. 이러한 결합을 위해 다음과 같은 것이 요구된다. 우선, 개인의 주체적 참여를 기반으로 하여 과거의 삶을 기준으로 현재의 삶을 고찰하고, 삶의 조건을 재구성하며, 미래의 불확실성에 대해 최적의 선택을 해야 한다. 다음, 삶의 조건의 구체화와 사회 구조 개선에 개인이 주체적으로 참여하고, 참여의 내용과 결과가 다시 개인에게 긍정적인 영향을 미치는 선순환 구조가 이루어져야 한다. 따라서 삶의 질은 고립된 개인 차원에 머물러서도 안 되고 개인을 초월한 권력체로서의 지역사회나 국가에 치중되어서도 안 되는 개념이라고 할 수 있다. 이것은 삶의 질이 다중적 구성 부문의 종합적이고 유기적인 결합에 터하고 있다는 것을 의미한다. 이러한 결합을 [그림 7−16]과 같이 나타낼 수 있다.

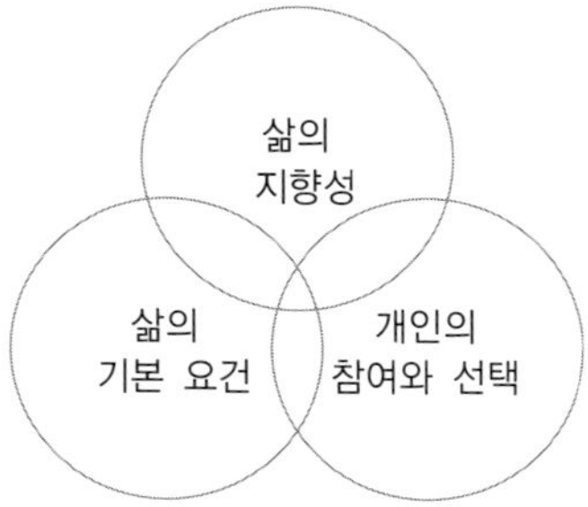

[그림 7-16] 삶의 질의 구성

출처 : 김창엽 · 성낙돈(2009). 평생교육의 평생교육의 목적으로서 삶의 질의 개념에 대한 시론적 접근.

다중적 부문의 결합이라는 관점을 통하여 삶의 질의 개념은 삶의 지향성과 개인의 참여와 선택, 그리고 삶의 기본 요건의 화학적 결합이라고 조심스럽게 정의할 수 있다. 즉, 삶의 질은 세 부문의 중첩지점에서 형성되는 내용과 결과하고 할 수 있다. 삶의 질이 향상되는 것은 세 부문의 중첩지대가 커지는 것이고, 반대로 중첩지대가 작아지는 것은 삶의 질이 악화되는 것을 의미한다. 삶의 질이 커지는 것은 구성원이 인간화되는 것과 지역사회에 대한 민주적 지배력과 통제력을 확보하는 것을 의미한다. 삶의 질을 향상시키기 위한 시민교육의 역할을 구체적으로 살펴야 하며, 삶의 질을 구성하는 각 영역에서 시민교육의 내용과 주제를 확보해야 한다. 이를 통해 지역사회 발전이 구체화된다.

8 장 |

지역사회 시민교육의 지향과 목적

지역사회 발전은 시민교육을 매개로 일어날 수 있고, 지역사회 시민교육은 지역사회 발전을 목표로 한다. 이 상호관계에서 지역사회 구성원을 시민성을 가진 시민으로 이끌고, 이끌어 내는 것이 나타난다. 이 장에서 지역사회 시민교육의 당위성을 살펴보고, 지역사회 시민교육의 목적을 짚어보며, 지역사회 시민교육을 다층적으로 따져본다.

1. 지역사회 시민교육의 지향

1) 시민교육의 당위성

인간은 덜 갖추어진 상태에서 태어난다. 따라서 인간은 평생 동안 인간으로서 다듬어지고, 채워지고, 완성되어야 한다. 인간은 스스로 그러한 존재가 되어야 한다. 즉, 인간화가 되어야 하지만 사회적 상황과 구조 등에 의해 인간으로 되어지지 못하는, 비인간화가 될 수 있다. 인간화는 현상의 인간이 인간으로 되어가는 것을 가리킨다. 인간이 스스로 그러한 존재로서 되어가는 존재이므로, 인간으로 되어가는 인간화는 인간으로서의 사명이다.

인간화는 지역사회에서 자유와 정의, 평등과 평화를 갈망하는 구성원들의 염원과, 상실당한 인간성 회복을 위한 구성원들의 행동에 의해 이루어진다. 지역사회 구성원은 인간으로 되어갈 수도 있고, 비인간화가 강제될 수도 있다. 일반적으로 비인간화는 사회의 구조적 모순과 착취, 폭력에 의해 발생하며, 현상의 인간이 인간으로 되어가지 못하게 강제되는 것을 의미한다. 즉, 비인간화는 국가권력과 시장권력 또는 사회의 구조적 모순에 억눌려서 인간이 인간으로 되어가는 과정에서 배제되어, 인간화의 대척점에 자리매김 되는 것을 가리킨다. 그러나 비인간화는 폭력으로 인간성을 갈취당한 지역사회 구성원뿐 아니라 폭력을 행사하여 인간성을 갈취한 당사자들에게서도 나타난다. 즉, 인간이 되는 경로와 과정을 폭력으로 봉쇄당한 지역사회 구성원이 비인간화되는 동시에, 폭력으로 인간화의 경로와 과정을 막는 당사자도 비인간화된다.

이와 같은 비인간화의 양면성은 지역사회 시민교육에서 주의 깊게 살펴야 할 부분이다. 이것을 통해 왜 시민교육을 해야 하는가에 대한 근거를 확보할 수도 있다. 지역사회 시민교육을 해야 하는 이유로 먼저 지역사회 구성원이 지역사회 내 생활세계에서 평화롭고 행복한 삶을 추구할 권리가 있다는 것을 지적할 수 있다. 이러한 권리를 구체적으로 구현하기 위해 우선, 지역사회 구성원이 생활세계에서 인간화되어야 하고, 다음, 지역사회가 발전해야 한다.

지역사회 구성원의 인간화는 지역사회 내 생활세계에서 구체화된다. 지역사회 구성원은 지역사회 내 생활세계에서의 자기와의 관계 맺기, 타인과의 관계 맺기, 다른 세계와의 관계 맺기를 통해 인간화된다. 이를 위해 더불어 사는 인간으로서의 품성 갖추기, 인간을 비인간화시키는 사회구조와 운영원리를 간파하고 이를 극복하기 위한 실천하기, 더불어 사는 모습을 구체적으로 꿈꾸고 이를 현실화하는 방법 모색과 실천하기를 해야 한다.

그러나 지금, 여기 지역사회 구성원은 지역사회 내 생활세계에서 비인간화되어가고 있다. '노력한 만큼 대가가 있다'는 말은 홀연 무대 위에서 사라졌고, 만인에 대한 만인의 투쟁이 가속화되고, 심화되고 있다. 생활세계의 식민화가 재앙 수준이다. 지역사회 내 생활세계를 중심으로 실태를 살피면 다음과 같다.

첫째, 관계 맺기를 통한 인간으로서의 품성 갖추기가 실종되었다. 인간의 품성을 갖추기 위한 인간과 인간의 관계 맺기라는 전제가 파괴되었다. 인간으로서 인간 간의 관계가 소멸되었다. 남이 나에게 어떤 쓸모가 있는가 또는 나는 남에게 어떤 소용이 있는가 라는 교환가치가 절대적 지위를 가지고 있다. 인간으로서의 나와 너, 그리고 우리의 관계는 사라지고 상품으로서만 존재하고 있다. 인간의 가치와 품성은커녕 인간의 존재 의미가 부정되고 상품의 가치만 강조된다. 모든 인간이 자신을 팔기 위해서 애쓰고 있다. 인간은 모든 것을 파는 사회에, 팔리지 않는 것은 가차없이 폐기되고 오직 팔리는 것에만 몰두하는 사회에 있다. 인간관계가 상품 교환이라는 틀에 담기고, 인간은 교환가치로만 표현되며, 인간관계는 상품 교환의 형식으로 존재할 수밖에 없다. 얼굴 없는 생산과 얼굴 없는 소비 구조로 이루어진 사회, 모든 것이 상품이고 모두가 팔려고만 하는 사회, 인간으로서의 관계가 없는 사회에서는 서로를 배려할 필요도 없다. 따라서 묻지마 폭행, 유해식품, 사회의 구조적 문제 야기 등이 가능해진다. 인간의 비인간화[1]가 당연해진다.

둘째, 사회구조가 인간을 비인간화시키고 있다. 먹고사는 문제가 해결되지 않으면 인간다운 삶을 누리기 어렵다. 먹고사는 것을 해결하기 위해 취업을 해야 한다. 구직자 대부분이 이른바 대기업에 취업을 하려고 한다. 이에 따라 취업률이 낮아질 수밖에 없다. 대기업 취업자는 전체 노동자의 10%가 안 된다. 나머지 90%는 중소기업에 취업해야 한다. 그러나 불안정성, 임금, 근로조건 등을 이유로 중소기업을 외면한다. 여기서 간과하면 안 되는 것이 있다. 중소기업이 사업 안정성과 재무건정성을 확보하고, 급여와 복지, 근로조건을 향상시키지 못하는 것은 대기업의 착취가 주요 원인이라는 것이다. 한편 국가

---

1) 인간의 비인간화를 단적으로 나타내는 말로서 '스펙'이 있다. 지금, 여기 스펙은 구직자 사이에서 학력, 학점, 자격증 따위를 통틀어 이르는 말로 통용되고 있다. 본디 스펙(spec)은 specification의 줄임말로서, 제품의 사양, 사항, 설명서 또는 장치나 프로그램을 만들 때 필요한 성능이나 특성에 대한 규정이나 제조 방법을 일컫는다. 인간에게 스펙이라는 말을 사용하는 자체가 인간을 상품으로 간주하고 있다는 것을 의미하는 것이다.

가 기업에게 생산비 이하의 가격으로 전기를 공급하고, 시민에게는 생산비 이상의 가격으로 전기를 판매하는 것은 부적절하다. 일방적으로 기업의 편을 드는 것이다. 이는 국가권력과 시장권력이 상호 이익을 보장하고 증가시키기 위한 사회구조를 작동시키기 때문이다. 개인의 노력과 상관없이 결과가 미리 결정되는 사회구조와 운영이 문제가 된다. 그러나 더 심각한 것은 국가권력과 시장권력 입장에서는 이러한 것이 수익성 제고의 영역에서 검토되는 것이지 사회적 문제가 아니라는 것이다. 지역사회 구성원이 이러한 것을 제대로 간파하지 못하고 있는 것이다. 이 과정에서 지역사회 구성원의 삶은 억압받게 되고 구성원은 철저하게 비인간화된다.

셋째, 더불어 사는 삶과 사회는 사라지고 만인에 대한 만인의 투쟁만이 존재한다. '인간은 기본적으로 더불어 관계를 맺고, 이를 통해 자신의 가치를 만들며 살아간다'는 것은 상상조차 되지 않는다. 삶과 사회의 뒤안길에 서로를 경계하며 홀로 웅크리고 노숙하고 있다. 상호 상품성만 강조하고 있다. 인간의 모습은 찾아볼 수 없다.

지역사회 발전은 지역사회 구성원이 인간으로 되어가는 과정을 위한 토대가 된다. 이런 맥락에서 지역사회 발전은 지역사회 내 물질적인 변화나 확대만을 가져오는 것이 아니다. 지역사회 구성원이 자신들의 삶에 영향을 미치는 의사결정과 정책 수립 등에 대해 민주적 지배력과 통제력을 확보하는 것이 지역사회 발전이다. 지역사회 구성원이 스스로를 인식하고, 삶의 주변을 인지하며, 자신과 다른 구성원의 삶의 평화와 행복을 위해 지역사회의 미래와 현상을 따져보고 선택하는 것이 인간의 본질이기 때문이다. 선택한 그 모양과 내용, 방법대로 지역사회를 움직이는 것이 인간화의 토대이기 때문이다. 그러나 현실에서 지역사회 발전은 철저하게 물질 위주로 진행되고 있다. 이러한 의사결정의 과정, 정책 수립과 집행 과정에서 지역사회 구성원은 철저하게 배제되고 소외된다. 물질중심의 지역사회 발전의 결과조차 압축된 소수가 독과점한다.

한편 생활세계에서 비인간화되고, 지역사회 의사결정에서 소외되고 배제된 지역사회 구성원에게서 무기력, 체념, 침묵, 자연스러움, 정당화, 긍지, 동일시의 특징이 나타난다. 지역사회 구성원의 비인간화로 귀결되고, 비인간화를 강화시키는 이러한 특징을 살펴보면 다음과 같다. 첫째로, 무기력은 스스로의 힘과 판단으로 할 수 있는 것이 없다는 인식에 바탕을 둔다. 타인의 강제나 조종에 의해서 움직이며, 자존감이 없다. 둘째로, 체념은 앞날에 대한 희망이 없다고 단정하는 것을 가리킨다. 이룰 수 있거나 할 수 있는 것이 없다고 판단하는 것이며, 자신의 효능감이 극히 낮다. 셋째로, 침묵은 주변의 상황을 자신의 관점으로 보지 못하고, 자신에게 영향을 미치는 환경과 요인을 의식하지 못하는 것을 기반으로 한다. 삶의 환경과 상황에 대한 주체적 인식이 없어서 주변의 현상에 대해 자기 인식을 바탕으로 말하지 못한다. 넷째로, 자연스러워하기는 자신에게 부정적인 영향을 미치거나 생각과 행동을 강제하는 사회구조가 오래전부터 있었던, 자연스러운 것으로 인식하는 것을 가리킨다. 이 경우 지금의 상황을 당연한 것으로 받아들이고, 상황의 원인이나 배경에 대한 판단을 하지 않는다. 다섯째로, 정당화는 침묵을 정당화하는 스스로의 변명과 논리를 개발하는 것을 의미한다. 스스로에게 악영향을 미치는 사회적 갈등과 문제를 인식하기는 하지만, 이것에 저항하거나 바로잡으려는 행동을 했을 때 감당해야 하는 불이익 등을 생각하여 침묵을 지키면서 이를 정당화한다. 여섯째로, 긍지는 부적절한 사회의 요구에 순응하는 것을 우선으로 한다. 이후 요구기준에 진입하여 결과를 얻으면 긍지를 가진다. 일곱째로, 동일시는 자신을 소외시키고 억누르는 자를 자신의 삶의 본보기로 삼는 것을 가리킨다. 이 상황에서 지역사회 구성원은 억누르는 자의 생각과 행동을 내면화한다.

소외되고 비인간화된 지역사회 구성원의 이와 같은 특징은 왜곡된 지역사회의 구조와 질서, 이들에게 부과되는 교육, 즉 지배헤게모니의 주입에 의해서 촉발되는 경우가 많다. 이러한 소외되고 비인간화된 지역사회 구성원의 특징을 정리하면 [그림 8-1]과 같다.

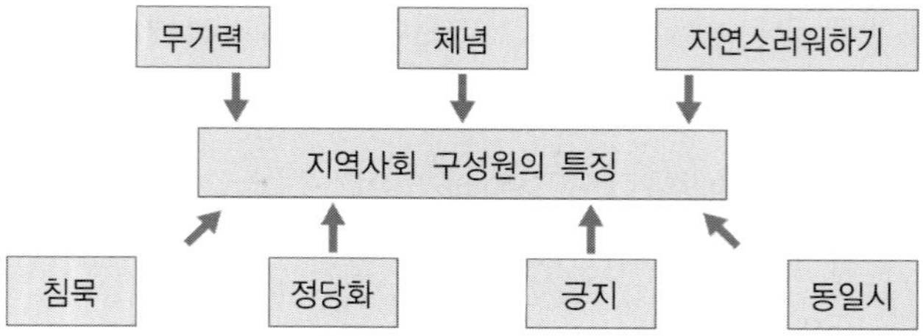

[그림 8-1] 소외되고 비인간화된 지역사회 구성원의 특징

이렇게 소외되고 비인간화된 지역사회 구성원은 스스로를 억누르는 사회구조와 운영원리가 취득한 상품으로 생각하게 되고, 그릇된 가치관과 세계관을 내면화한다. 예를 들어, 지역사회 구성원은 의타적이고 의존적 존재가 되어 자신이 느끼고 생각하는 바를 말하지 못한다. 소외되고 배제된다. 구성원은 종속상태로 인해 직장이나 지역사회에서의 일 또는 관계 때문에 고통을 당하는 경우가 많지만, 이를 드러내지 못한다. 이 과정에서 울분이 만들어지고 쌓이게 된다. 그 울분을 직장이나 지역사회에서 드러내지 못하고, 집에서 터뜨린다. 배우자에게 또는 자식들에게 고함치고 폭력을 행사한다. 직장이나 지역사회에서 자신의 마음을 드러내지 못하는 것은 상사나 사회구조가 자신보다 우월하고 자신을 지배하고 있다고 생각하기 때문이다. 무기력감과 좌절을 느끼는 지역사회 구성원은 수많은 시간을 술로 보내며 스스로도 의식하지 못하는 자신의 한을 달랜다.

지역사회 구성원은 이러한 소외와 배제에서 벗어나고, 지역사회에 대한 민주적 통제력과 지배력을 확보하여, 이를 인간화의 토대로 삼아야 한다. 이를 위해 지역사회 구성원은 자신과의 관계, 타인과의 관계, 다른 세계와의 관계를 인식하여 관계 맺기에 주목하고, 부적절한 사회구조와 운영원리를 간파하고 이를 극복하기 위해 노력해야 한다. 인간으로서의 품성을 갖추고, 더불어 사는 모습을 구체적으로 꿈꾸고 현실화하는 방법을 모색하고 실천해야 한다. 지역사회의 시민교육은 이런 맥락과 범주 아래서 이루어져야 한다.

주목할 것은 지역사회 구성원을 비인간화시키는 사회구조와 운영원리의 주도권을 가진 압축적 소수들도 비인간화된다는 것이다. 이들의 비인간화는 다음과 같은 요인에서 기인한다. 우선, 다른 구성원을 비인간화시키는 것을 통해 비인간화된다. 즉, 인간을 억눌러 비인간화하는 자체가 당사자의 비인간화를 촉진하게 되는 것이다. 다음, 돈을 모든 것의 우선순위에 두며, 돈이 전부라는 인식을 하게 되면서 비인간화된다. 사회구조를 통해 대다수 지역사회 구성원을 비인간화시키는 것은 많은 경우 돈을 독점하기 위해서이다. 돈을 모든 것의 으뜸으로 삼으면 세상의 모든 것을 자신이 소유해야 하는 물건으로 낮추어 보게 된다. 이 과정에서 당사자의 비인간화가 심화된다.

여기서 주목할 것은 다음과 같다. 우선, 대다수 지역사회 구성원이 비인간화되어 있고, 이들을 비인간화시키는 압축된 소수와 지배집단도 모두 비인간화되어 있다. 다음, 비인간화된 구성원과, 비인간화시키는 압축된 소수와 지배집단이 모두 인간화되어야 한다. 지역사회 구성원 모두의 인간화가 시민교육의 목적이며 내용이 되어야 한다. 그러나 지역사회 구성원을 비인간화시키는 압축된 소수와 지배집단은 스스로 주체적으로 비인간화되었기 때문에 시민교육으로 되인간화하는 것이 어렵다. 자신의 힘으로 인간화되는 것 역시 난망하다. 반면에 비인간화된 지역사회 구성원 대다수는 강제적으로 비인간화된 피해자이다. 이는 비인간화를 강제한 요인을 시민교육을 통해 제거하면 인간화될 수 있다는 것을 가리킨다. 또한 대다수 지역사회 구성원의 되인간화를 통해 구성원을 비인간화시킨 압축된 소수와 지배집단의 인간화를 가져올 수도 있다. 이와 같이 지역사회 구성원에 대한 되인간화는 지역사회 시민교육의 목적이며 기능이다. 구성원을 인간화시키는 것은 동시에 인간을 비인간화하는 요인들을 지역사회에서 구체적으로 제거하는 것을 가리키며 지역사회 발전을 가져오게 된다.

지역사회 구성원의 되인간화는 깨달음을 토대로 이루어진다. 지역사회 구성원의 현실과 그 현실을 뒷받침하고 있는 구조를 깨달아야 한다. 구성원을 포섭하고 있는 문화적 기제를 깨달아야 하고, 지금, 여기의 지배 담론이 압축된 소수와 이해집단의 자기 확장을 위한 이데올로기라는 것을 깨달아야 한다. 사회의 구조를 깨달아야 한다. 지역사회의 문제와 갈등이 그 전체를 보기 어려운 거대한 기제에 의해 생성된 작은 부분들임에도 불구하고, 그 작은 부분들 자체에만 독자적인 존재성을 부여하고 있다는 것을 깨달아야 한다. 이러한 작은 부분들이 독립적이고 개별적으로 존재한다고 생각하는 것이 부적절하다는 것을 깨달아야 한다. 이러한 깨달음을 되살리는 부분에서 지역사회에서 시민교육을 해야 하는 이유를 찾을 수 있다.

2) 시민교육의 지향

지역사회 시민교육은 지역사회 구성원의 인간화와 지역사회 발전을 주목한다. 이를 위한 지역사회 시민교육의 목표와 지향을 다음과 같이 살펴볼 수 있다.

(1) 지역사회 시민교육의 지향 토대

지역사회에서 구성원들이 더불어 두루 누리며 사는 삶과 사회를 만들기 위해 구성원 스스로 판단하고, 생각하며, 자신들의 삶을 선택하고 결정할 수 있어야 한다. 이를 위해 지역사회 내 현상을 있는 그대로 판단할 수 있는 능력을 갖추고, 바람직한 방향으로 이끌어 가도록 행동할 수 있어야 한다. 이러한 행동은 지금, 여기라는 주어진 시간과 상황 안에서 시작해야 한다. 즉, 전체를 꿰뚫어 보되 현실에 기반을 두고 행동을 해야 한다. 행동을 하기에 부담을 주는 이런 환경이, 행동을 해도 부담을 가지지 않을 수 있는 저런 환경으로 변하면, 행동하겠다는 것은 부적절하다. 낭만적인 기대나 이상적인 상황만을 꿈꾸고, 이를 기반으로 행동을 시작해서는 안 된다.

지역사회 시민단체는 주어진 조건과 틀 안에서 시민교육을 해야 한다. 이를 통해 지역사회 안에 시민활동의 기반을 조성해야 한다. 문제의 해답은 항상 가장 문제가 심각한 지점에 존재한다. 지역사회의 문제를 해결하기 위해서 지역사회 변화를 가져올 수 있는 기반을 살피고, 구축해야 한다. 지역사회를 변화시킬 수 있는 기반이 없는 상태에서 이루어지는 지역사회 구성원의 행동은 실패를 자초할 뿐이고, 이에 따른 무력감과 패배의식을 초래하게 된다. 따라서 지역사회 시민교육은 다음과 같은 실천적 목표를 우선 설정하고 달성해야 한다.

첫째, 지역사회 구성원의 비판적 시민의식을 고양시켜야 한다. 비판적 시민의식 고양은 구성원 자신의 주위 환경과 위치를 인식하는 것은 물론 지역사회 구성원에게 영향을 미치는 사회의 구조와 운영원리에 대한 비판적 이해를 높이는 것을 가리킨다. 비판적 시민의식의 구체적 내용을 다음과 같이 정리할 수 있다. 우선, 지역사회 구성원이 사회적 맥락과 역사적 맥락 속에 어디에, 어떻게, 왜 위치하고 있는가를 판단한다. 다음, 구성원 자신의 생활세계 환경이 자신에게 어떤 영향을 미치고 있는가를 파악한다. 끝으로, 이러한 맥락과 환경이 어떤 사회구조와 운영원리에 의해 움직이는가를 인식한다. 지역사회 시민교육이 고양시켜야 하는 이러한 구성원의 비판적 시민의식의 내용을 정리하면 [그림 8-2]와 같다.

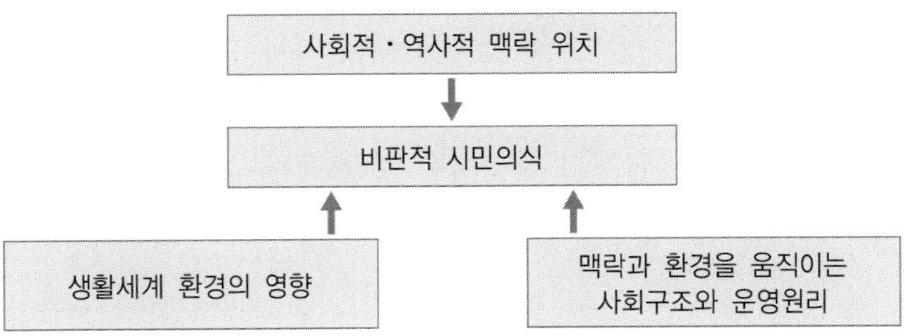

[그림 8-2] 비판적 시민의식의 내용

둘째, 다르게 생각하고 꿈꿀 수 있어야 한다. 현재의 사회구조나 작동원리는 매우 오래전부터 있었던 것은 아니고, 항구적인 것도 아니다. 이전의 사회구조나 작동원리가 해결할 수 없었던 지역사회의 문제와 쟁점을 처리하기 위해 변화되고 새로 만들어진 결과가 지금, 여기의 사회구조와 작동원리이다. 즉, 사회구조와 작동원리는 역동적이고 변화하는 특성을 가지고 있다. 현재의 사회구조와 작동원리가 지역사회 구성원들의 평화와 행복을 담보하는 데 부족하고, 지역사회 구성원에게 부정적 영향을 미치는 지역사회 문제를 해결하는 데 적절하지 않다면, 바뀌어야 하고, 바꾸어야 한다. 지역사회 시민교육은 지역사회 구성원이 현재의 사회구조나 작동원리가 보다 바람직하게 되도록 하기 위해 지금과는 다르게, 다른 것을 생각하고 꿈꿀 수 있어야 한다.

이러한 지역사회 시민교육의 실천적 목표를 정리하면 [그림 8-3]과 같다.

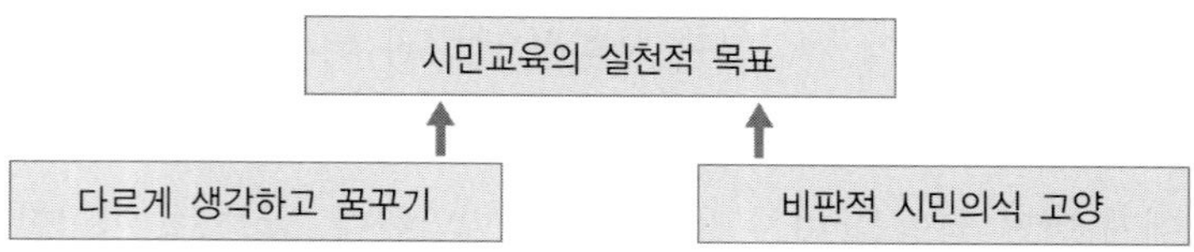

[그림 8-3] 시민교육의 실천적 목표

시민교육의 실천적 목표인 비판적 시민의식 고양, 그리고 다르게 생각하고 꿈꾸기를 위해 현실, 즉 지역사회와 구성원의 상태를 냉철하게 파악해야 한다. 이는 다음과 같은 이유 때문이다.

첫째, 새롭게 꿈꾸고 다르게 생각하는 것과, 꿈꾸고 생각하는 것을 구현하는 것은 다른 범주이다. 꿈꾸고 생각하는 것을 구현하기 위해서는 토대가 있어야 한다. 예를 들어, 3층집을 짓고자 한다면 1층부터 지어야 한다. 1층을 짓지 않고 3층을 올릴 수는 없다. 따라서 꿈꾸고 생각하는 것을 구현하기 위해서, 지금, 여기의 사회구조와 작동원리를 톺아봐야 한다. 꿈꾸고 생각하는 것에 반대 입장을 가진 세력을 따져보고, 그들이 보유한 역량과 자원을 치밀하게 분석해야 한다. 현재의 사회구조와 작동원리, 그리고 반대 세력은 꿈꾸고 생각하는 것의 구현 과정에서 장애요인으로 작동할 수 있고, 갈등을 빚을 수 있기 때문이다.

둘째, 비판적 시민의식을 고양하기 위해 시민교육에 함께해야 할 지역사회 구성원이 어떤 상태에 있고, 어떤 문화적 배경을 가졌는지를 현실적으로 냉철하고 꼼꼼하게 파악해야 한다. 일반적으로 현실에서 지역사회 구성원은 대부분 거의, 언제나 지역사회 발전을 위해 행동하지 않으며, 자신의 개인적 이익과 욕구충족을 위해서 행동한다. 스스로 생활세계에서 억눌리고 식민화된 사람보다는 억누르고 식민화시키는 자가 되려고 하는 경향을 보인다. 상황이 허락하고 가능하다면 새로운 억누르고 식민화시키는 자가 되려고 한다. 많은 경우 지역사회 구성원이 잘 사는 것으로 꿈꾸는 것은 자신을 억누르고 식민화시키는 자처럼 사는 것이고, 자신들이 파악한 바람직한, 또는 따라서 하고 싶은 인간상의 전형은 억누르고 식민화시키는 자이다. 이러한 경향에 물들어 있는 지역사회 구성원은 지역사회 발전을 바라기보다는 자신이 억누르고 식민화시키는 자의 범주에 편입되기를 바란다.

이런 현상이 나타나는 것은 지역사회 구성원이 구체적인 현실 상황의 모순에 길들여져 있고, 매몰되어 있고, 이를 통하여 이러한 경향성과 사고방식이 만들어졌기 때문이다. 시민교육은 지역사회 구성원과 함께 이루어진다. 구성원이 누군지, 어떤 상태에 있는지를 알고 모르고에 따라 시민교육이 성공할 수도 있고 실패할 수도 있다. 따라서 시민교육을 추진하기 위해 지역사회 구성원의 현실을 냉철하게, 정확하게 파악해야 한다.

한편 지역사회 구성원은 생활세계에서 복합적인 성격을 가진 존재이다. 생활세계에서 다른 사람을 억누르고 강제하는 가해자이면서, 그 자신이 사회구조와 흐름에 의해 삶이 소멸되고, 기업의 부품으로 치부되는 피해자이기도 하다. 또한 식민화된 삶의 변방에 주저앉은 경계인이다. 그러나 이런 정의를 지역사회 구성원의 삶을 재구성하기 위한 토대로 활용하는 것은 적절하지 않다. 복합적 현상의 근원이 짚어지지 않았기 때문이다. 지역사회 구성원의 삶을 찬찬히 들여다보면 암울한 과거, 심각한 현재의 문제와 혼돈의 미래가 보인다. 지역사회 구성원을 알기 위한 틀을 과거, 현재, 미래, 가능성, 의지로 구분하여 다음과 같이 살펴볼 수 있다.

첫째, 지역사회 구성원이 과거에 무엇을 했었는지를 알아야 한다. 이를 위해 [그림 8-4]와 같이 무엇을 했었고, 왜 했었고, 어떤 입장에서 했었고, 어떻게 했었고, 언제 했었고, 어디서 했었고, 어느 정도로 했었고, 누구와 했었는지를 살펴야 한다.

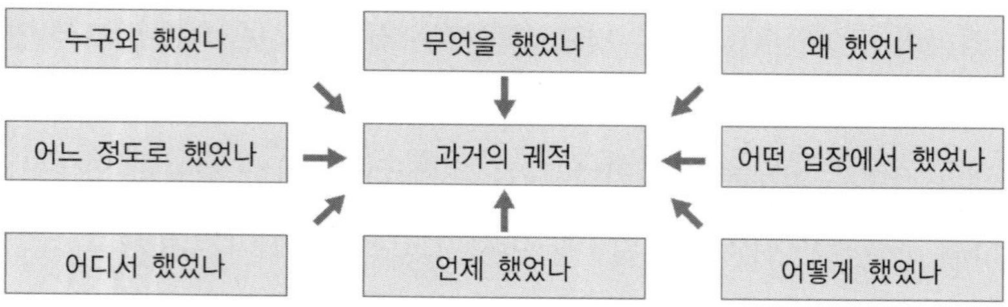

[그림 8-4] 지역사회 구성원의 과거 : 무엇을 했었나

둘째, 지역사회 구성원이 현재 무엇을 하는지를 알아야 한다. 이를 위해 [그림 8-5]와 같이 무엇을 하는지, 왜 하는지, 어떤 입장에서 하는지, 어떻게 하는지, 언제 하는지, 어디서 하는지, 어느 정도로 하는지, 누구와 하는지를 살펴야 한다.

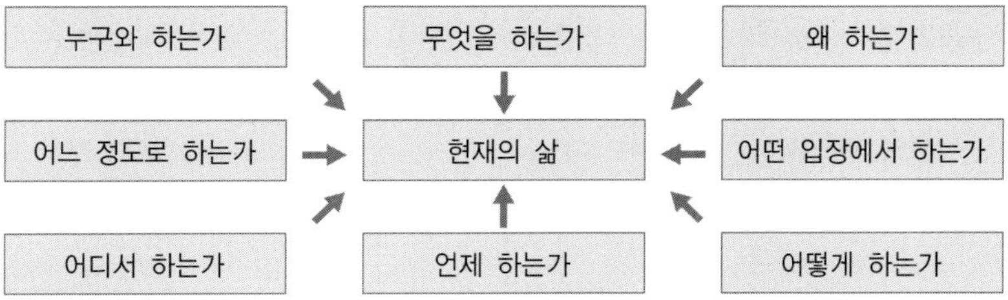

[그림 8-5] 지역사회 구성원의 현재 : 무엇을 하는가

셋째, 지역사회 구성원이 앞으로 무엇을 해야 하는지를 알아야 한다. 이를 위해 [그림 8-6]과 같이 무엇을 해야 하는지, 왜 해야 하는지, 어떤 입장에서 해야 하는지, 어떻게 해야 하는지, 언제 해야 하는지, 어디서 해야 하는지, 어느 정도로 해야 하는지, 누구와 해야 하는지를 살펴야 한다.

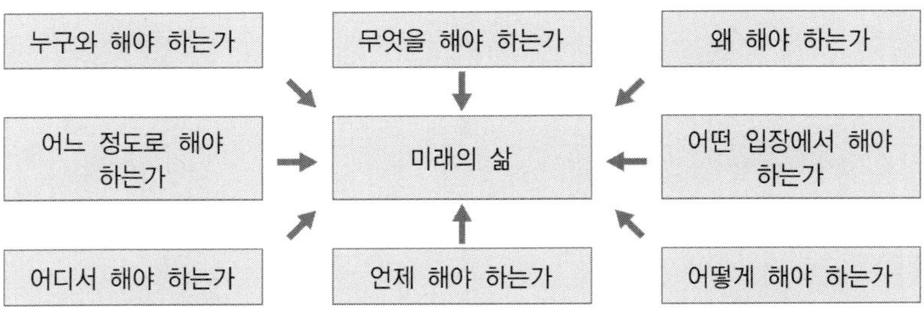

[그림 8-6] 지역사회 구성원의 미래 : 무엇을 해야 하는가

넷째, 지역사회 구성원이 무엇을 할 수 있는지를 알아야 한다. 이를 위해 [그림 8-7]과 같이 무엇을 할 수 있는지, 왜 할 수 있는지, 어떤 입장에서 할 수 있는지, 어떻게 할 수 있는지, 언제 할 수 있는지, 어디서 할 수 있는지, 어느 정도로 할 수 있는지, 누구와 할 수 있는지를 살펴야 한다.

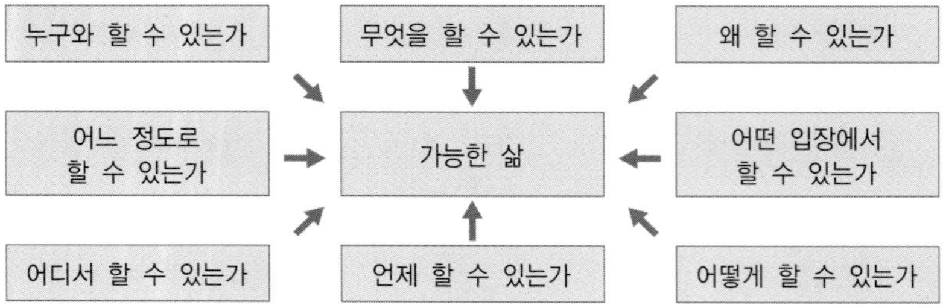

[그림 8-7] 지역사회 구성원의 가능성 : 무엇을 할 수 있는가

다섯째, 지역사회 구성원이 무엇을 하고 싶은지를 알아야 한다. 이를 위해 [그림 8−8]과 같이 무엇을 하고 싶은지, 왜 하고 싶은지, 어떤 입장에서 하고 싶은지, 어떻게 하고 싶은지, 언제 하고 싶은지, 어디서 하고 싶은지, 어느 정도로 하고 싶은지, 누구와 하고 싶은지를 살펴야 한다.

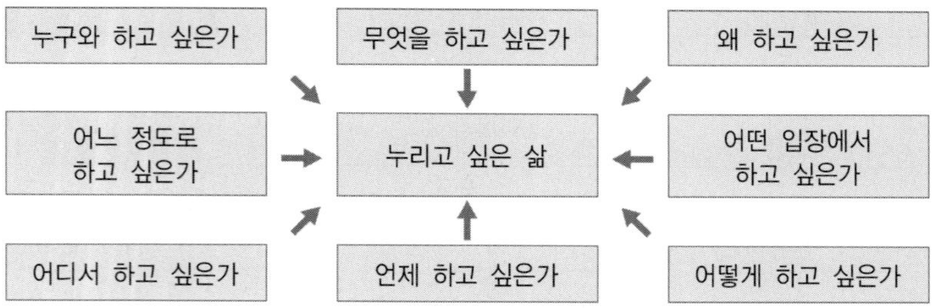

[그림 8-8] 지역사회 구성원이 누리고 싶은 삶 : 무엇을 하고 싶은가

지역사회 구성원의 과거와 현재, 미래, 그리고 가능한 삶과 누리고 싶은 삶을 톺아보는 것은 지역사회 구성원이 누구인가를 상대적으로 샅샅이 알 수 있는 경로이다. 이를 통해 만난 지역사회 구성원의 삶을 보다 역동적이고 바람직하게 만들어 나가는 작업을 시민교육을 통해 추진해야 한다.

(2) 지역사회 시민교육의 지향

지역사회 시민교육은 현실을 냉철하게 판단하고 파악하며, 다르게 생각하고 꿈꾸고, 지역사회 구성원의 비판적 시민의식을 높이는 것을 기반으로 이루어진다. 이를 통해 지역사회 시민교육은 구체적으로 지역사회 구성원이 지역사회에 대한 민주적 지배력과 통제력을 확보하고, 시민성을 내재화하며, 대안적 사회를 구축하는 것을 지향해야 한다. 이러한 지역사회 시민교육의 지향을 살펴보면 다음과 같다.

첫째, 지역사회 시민교육은 시민성 내재화를 지향한다. 시민성은 더불어 사는 인간으로서의 품성, 인간을 비인간화시키는 사회구조와 작동원리를 간파하고 이를 극복하는 실천, 더불어 사는 모습을 구체적으로 꿈꾸고 이를 현실화하는 방법 모색과 실천 등이 유기적으로 결합된 것이다. 시민성 내재화는 이러한 시민성이 지역사회 구성원에게 내재되는 것을 가리킨다. 이를 위해 지역사회 구성원은 시민교육을 통해, 생각하고, 행동하며, 생각하는 순환과정을 지속적으로 밟아야 한다.

둘째, 지역사회 시민교육은 지역사회에 대한 민주적 지배력과 통제력의 확보를 지향한다. 이는 다음의 두 가지 측면에서 주목되어야 한다. 우선, 지역사회에 있는 제한된 자원의 분배에서 공정성과 공평성이 유지되어야 한다. 공정성은 분배의 방식과 과정을 지역사회 구성원이 투명하게 들여다보고 납득할 수 있는 것을 가리킨다. 공평성은 자원이 덜 배분된 곳에 분배를 집중하여 많이 배분된 곳과 평평한 상태를 만드는 것을 의미한다. 즉, 낮은 곳에 물이 먼저 고이고, 기존의 낮은 곳과 높은 곳이 평평하게 물이 고인 다음에 전체적으로 물이 고르게 높아지는 것을 가리킨다. 지역사회의 자원을 독과점하려는 압축적 소수가 존재하고, 이들이 자원 분배에 영향을 미쳐서 공정성과 공평성을 해칠 수 있다. 자원분배의 공정성과 공평성 확보를 위해 지역사회 구성원이 지역사회에 대한 민주적 지배력과 통제력을 확보해야 한다. 다음, 지역사회 정책은 지역사회의 모든 구성원을 위해 수립되고 집행된다고 표면적으로 주장되지만, 정책 결과를 독과점하는 압축적 소수와 그렇지 못한 집단이 나타날 수 있다. 이는 대부분의 경우 집단 간의 갈등과 충돌로 이어질 수 있다. 특히 지역사회 정책이 지역사회의 기득권에게 편중되거나 특정 이해집단에게 일방적으로 유리하게 작동될 여지가 상존한다. 따라서 지역사회 구성원들이 지역사회 정책의 수립과 집행에 영향을 미칠 수 있는 민주적 지배력과 통제력을 확보하는 것이 요구된다.

셋째, 대안적 사회를 지향한다. 현재 사회의 구조와 작동원리가 지역사회 구성원을 억압하거나 평화롭게 살지 못하게 한다면, 또는 지역사회 내 문제를 해결하지 못한다면, 대안적 사회를 모색하는 것이 필요하다. 이러한 대안적 사회는 현실의 문제를 대증요법으로 치유하는 수준을 넘어서서 사람과 삶, 생태가 근본적으로 바뀌고 되살 수 있도록 하는 부분에 주목해야 한다.

지역사회 시민교육은 이와 같이 시민성 내재화, 민주적 지배력과 통제력 확보, 대안적 사회 구축을 지향해야 한다. 이러한 지향을 [그림 8-9]와 같이 나타낼 수 있다.

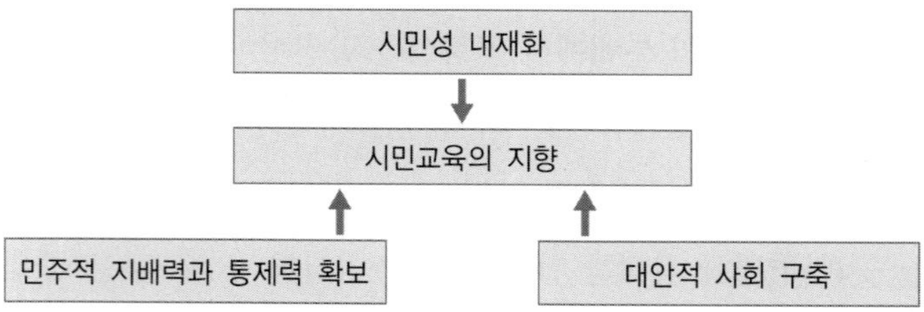

[그림 8-9] 지역사회 시민교육의 지향

지역사회 시민교육의 지향인 시민성 내재화, 민주적 지배력과 통제력 확보, 대안적 사회 구축을 구현하기 위해 지역사회와 지역사회 구성원의 상태와 참여 정도에 대해 현실적이고 구체적으로 파악해야 한다. 일반적으로 모두는 아니지만 많은 경우 지역사회 구성원은 시민교육 초기에 거의, 언제나 지역사회 발전을 위해 행동하지 않는다. 자신의 개인적 이익과 욕구충족을 위해 행동하며, 스스로 다른 구성원을 억누르고 식민화시키는 자가 되려고 하는 경향을 보인다. 인간답게 살고 잘사는 것은 자신을 억누르고 식민화시키는 자와 같이 되는 것으로 생각하며, 자신들이 파악한 인간상의 전형은 억누르고 식민화시키는 자의 인간상이다. 따라서 지역사회 구성원은 지속적으로 억누르고 식민화시키는 자가 되려고 하며, 지역사회 발전을 바라지 않는다. 이는 지역사회 구성원이 이러한 사고방식을 형성시켜 온 구체적 현실 상황의 모순에 길들여져 있고, 억압의 현실 속에 침몰해 있기 때문이다. 이를 극복하는 것에 초점을 두고 지역사회 시민교육의 지향이 설정되어야 한다.

2. 지역사회 시민교육의 목적

1) 시민교육의 목적

지역사회 발전을 위해서 지역사회 구성원이 강화되어야 하고, 지역사회 문제해결을 위해 집단 행동, 지역사회 시민단체 통제 등이 필요할 수 있다. 지역사회 발전과 문제해결을 위한 이러한 전제를 확보하기 위한 토대는 성공적인 지역사회 구성원의 조직화이다. 지역사회 구성원을 조직화하는 목적을 살펴보면 다음과 같다.

첫째, 지역사회 구성원의 조직화를 통하여 지역사회 구성원 개인의 잠재력을 이끌어 내고 강화시켜야 한다. 조직화된 지역사회 구성원은 다양하고 역동적인 참여 활동과 지역사회 시민단체의 결성 등을 통해 지역사회 발전을 이끈다. 지역사회 구성원은 지역사회 발전을 기반으로 일상적인 삶의 환경과 조건 개선, 그리고 지역사회 문제와 갈등이 해결되는 것을 확인한다. 이를 통해 자신이 참여한 활동 또는 참여하려고 하는 지역사회 시민단체의 활동 효과를 인식한다. 자신들의 참여 효과를 확인한 지역사회 구성원들은 지역사회 시민단체의 활동에 깊숙이 참여한다. 이를 통해서 자신들의 잠재력을 이끌어 내고, 강화하며, 실현한다.

지역사회 구성원 조직화의 성과를 정리하면 다음과 같다. 우선, 지역사회 구성원들이 스스로 지역사회 안에 존재하는 문제를 해결할 수 있다. 지역사회의 여성, 노인, 청소년, 육아 등의 영역에서 야기되는 문제를 자신이 참여한 지역사회 시민단체 참여 활동을 통하여 보다 효과적으로 해결할 수 있다. 다음, 지역사회 시민단체 활동을 통해 지역사회 구성원들은 자신들이 유능하고 효과적으로 일을 할 수 있다고 느낄 수 있다. 이러한 자기 효능감은 구성원 상호의 믿음과 문제해결에 대한 자신감을 제공하게 된다. 이와 같은 조직화의 성과는 [그림 8−10]과 같이 지역사회 구성원의 잠재력 강화로 연결된다.

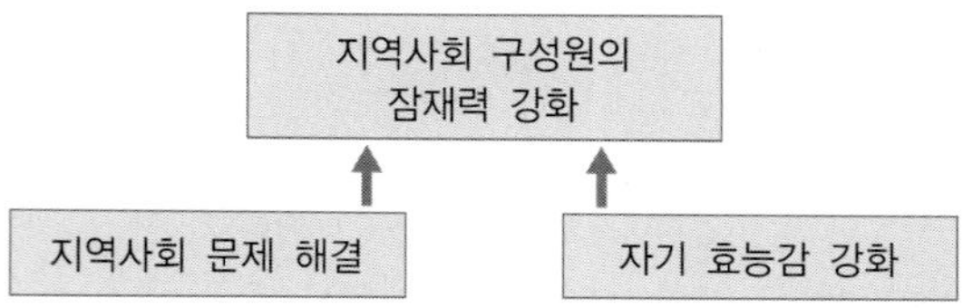

[그림 8-10] 조직화의 성과

한편 삶에 자신이 없고, 사회적 활동의 성공에 대한 경험이 없는 구성원들은 지역사회 시민단체를 통한 집단 활동이 없을 경우, 자신들의 역량에 대한 인식을 제대로 하지 못하고, 역량 발휘가 제한적일 수 있다. 지역사회 시민단체는 지역사회 구성원에게 새로운 기회를 제공한다. 이 기회는 어떤 일의 성취에 필요하고, 활동에 참여하도록 하는 자극을 제공한다. 연대감과 자신감을 확보하기 위해 조직에 소속해야 한다는 인식, 그리고 지역사회 시민단체 활동을 통해 삶과 사회, 자신들의 역량에 대한 학습과 활동을 제공한다. 지역사회 시민단체는 지역사회 구성원의 소외를 감소시키고, 지역사회 안에서 지역사회 시민단체와 함께 다양한 활동에 참여하도록 지역사회 구성원을 촉진시킨다. 이러한 지역사회 시민단체의 역할을 [그림 8-11]과 같이 정리할 수 있다.

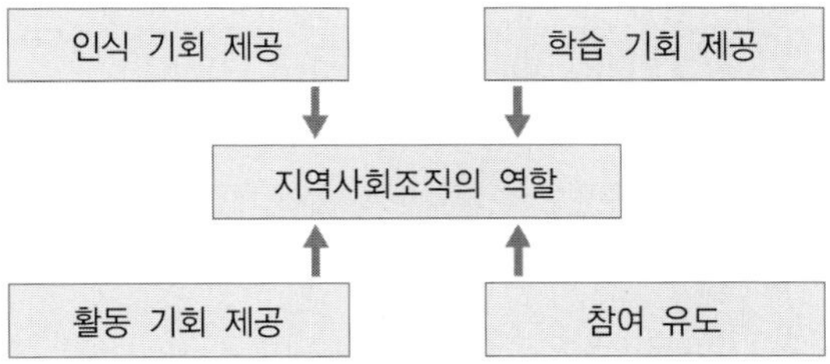

[그림 8-11] 지역사회 시민조직의 역할

둘째, 지역사회 구성원이 조직화를 통해 문제 해결 과정에 봉착하는 장애를 해결할 수 있어야 한다. 지역사회에는 생활세계와 삶과 연결된 다채롭고 다층적인 문제가 존재한다. 이러한 문제를 해결하는 것을 통해 지역사회 구성원의 삶의 질이 향상될 수 있다. 지역사회 구성원들은 자신들의 삶에 영향을 미치는 많은 지역사회 문제에 집단적으로 대응할 수 있다. 개인적인 대응으로 성과를 만들기 어렵기 때문이다. 그러나 지역사회 구성원이 지역사회 문제를 해결하기 위한 대응 과정에서 다음과 같은 장애가 존재할 수 있다. 우선, 문제를 정확하게 인식하지 못하거나 표현하지 못할 수 있다. 다음, 문제를 처리하는 방법과 지식이 부족할 수 있다. 끝으로, 지역사회 문제를 해결할 수 있다는 것을 확신하지 못할 수 있다. 아울러 문제의 원인을 제공하거나 문제를 일으키는 세력과의 갈등 또는 다툼에 대해 두려움을 가질 수 있다. 지역사회 구성원들이 자신들의 삶에 영향을 미치는 지역사회 문제 해결 과정에 존재하는 이러한 장애를 정리하면 [그림 8-12]와 같다.

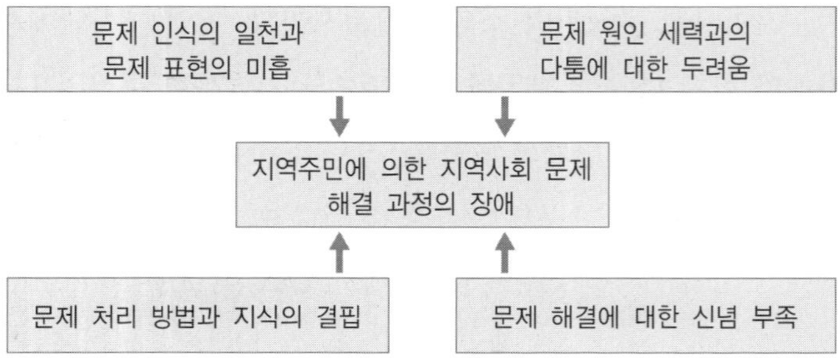

[그림 8-12] 지역사회 주민들의 지역사회 문제 해결 과정에 존재하는 장애

지역사회 구성원들은 지역사회의 문제를 해결하고, 이를 통해 자신들의 삶의 질을 향상시키기 위해서 이러한 장애를 넘어서야 한다. 그러나 지역사회 구성원이 개인적으로 이러한 장애에 맞선다면 그 효과는 기대할 수 없는 경우가 대부분이다. 대부분의 지역사회 구성원들은 지역사회 문제를 해결하는 데 필요한 방법을 잘 알지 못하고, 방법을 수행하기 위한 시간이 없기 때문이다.

이런 맥락에서 지역사회 시민단체를 주목할 수 있다. 지역사회 구성원이 조직화되어 지역사회 시민단체를 결성하거나, 또는 조직화된 구성원이 기존 시민단체와 연대할 경우, 시민단체는 다음과 같은 지점에서 지역사회 구성원이 지역문제 해결에 대한 장애를 넘어설 수 있게 지원한다. 우선, 지역사회 시민단체는 문제해결과 관련된 지식과 방법, 경험을 지역사회 구성원 개인보다 더 많이 가지고 있고, 구성원 개인의 노력과 역량을 집중시키는 구심점 구실을 한다. 따라서 이러한 지식, 방법, 경험을 지역사회 구성원에게 제공하고, 노력과 역량 집중 기능을 수행할 수 있다. 다음, 지역사회 시민단체는 지역사회의 문제를 정확히 파악할 수 있고, 사업을 통해 문제를 해결하겠다는 신념을 구체화한다. 이러한 파악 내용과 신념을 지역사회 구성원에게 제공한다. 끝으로, 지역사회 시민단체는 구성원 개인이 맞닥뜨려야 하는 거대한 사회조직이나 정부 또는 지방정부의 관계 기관과의 대응과 싸움을 구성원을 대신하여 수행한다. 그래서 지역사회 구성원은 그들 스스로만으로 거대한 사회조직 또는 정부나 지방정부의 기관과 맞서지 않아도 된다. 이를 통해 지역사회 구성원의 두려움을 해소시키고, 문제해결에 대한 기대감을 높이게 된다.

이와 같이 지역사회 시민단체는 지역사회 구성원이 문제해결 과정에서 봉착하는 장애를 해결할 수 있도록 다양한 지원을 한다. 이와 같은 지역사회 시민단체의 구실을 정리하면 [그림 8−13]과 같다.

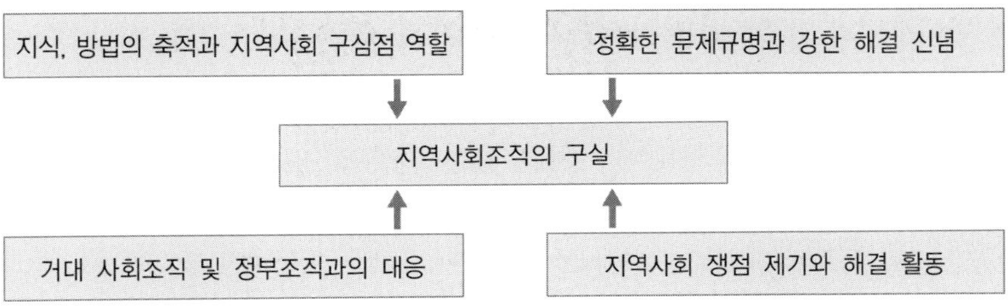

[그림 8-13] 지역사회 시민조직의 구실

셋째, 구성원의 조직화를 통해 민주주의를 강화시키고 향상시켜야 한다. 민주주의는 "모든 사람이 주체가 되어, 모든 사람을 이롭게 하기 위하여, 모든 사람을 조율하는 것"을 의미한다. 지역사회 발전의 근원적 조건인 민주주의를 강화시키고 향상시키기 위해 우선, 민주주의의 원리에 대한 이해와 실천이 있어야 한다. 다음, 지역사회 문제와 쟁점 해결을 위해 민주적 참여가 있어야 하며, 끝으로, 구성원의 조직화가 이루어지고 이는 시민단체의 결성 또는 참여로 이어져야 한다.

여기서 지역사회 시민단체와 구성원의 관계 그리고 상호작용을 주목해야 한다. 지역사회 문제 해결을 하는 과정에서 기존의 지역사회 시민단체 또는 지역사회 구성원이 새로이 결성한 지역사회 시민단체는 지역사회 구성원과 이해를 같이하고 공감을 해야 한다. 지역사회 시민단체는 지역사회 문제 해결과 발전을 위한 특정한 활동을 수행하지만, 지역사회 시민단체의 이러한 활동 그리고 정책은 지역사회 구성원의 참여를 기반으로 하여 민주적으로 결정되어야 한다. 이러한 시민단체와의 상호작용 과정에서 지역사회 구성원에게 '우리가 우리의 운명을 결정할 것이다'라는 민주적인 생각을 갖게 하는 것, '우리의 운명을 선택하고 결정하는 과정에 우리가 참여할 것이다'라는 실천적 행동을 하게 하는 것이 시민교육의 중요한 내용이 되어야 한다.

한편 지역사회 구성원이 행동에 참여하지 않고 민주주의를 실천하지 않으면 지역사회의 민주주의는 작동되지 않거나 무너지기 쉽다. 행동 미참여와 민주주의 미실천의 요인은 [그림 8−14]와 같이 지역사회 구성원들이 소외되고 무기력함을 느끼고, 자신들이 가지고 있는 민주적 권리를 사용하지 않으며, 민주주의 체제가 제대로 작동하도록 감시하지 않는 것이다.

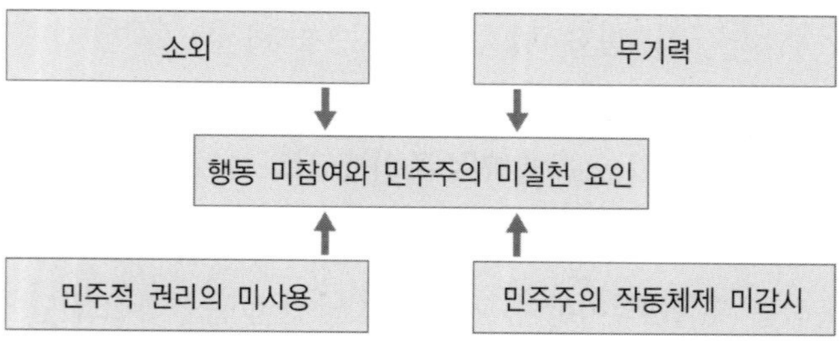

[그림 8-14] 행동 미참여와 민주주의 민주주의 미실천 요인

개별적인 지역사회 구성원들이 행동에 참여하지 않고 민주주의 실천을 포기하는 배경을 살펴보면 다음과 같다. 우선, 지역사회 구성원들이 지역사회에서 자신들이 지배력과 통제력을 행사할 수 있다는 것을 믿지 않는다. 따라서 자신들의 권리 침해 또는 다른 사람들의 권리 침해에 대항하여 싸우지 않는다. 다음, 지역사회 민주주의 체제가 이미 작동되지 않는다고 판단한다. 이러한 이유로 지역사회 구성원들은 지역사회 민주주의 체제의 작동 여부를 감시

하지 않는다. 지역사회 민주주의가 발전되고 제 기능을 다하면, 이를 통해 많은 지역사회 구성원들이 긍정적 보상을 받을 수 있다. 지역사회 구성원 조직화를 통한 행동 참여로 지역사회 발전을 가져올 수 있다. 일반적으로 지역사회 발전의 결과물을 경제적 상황 또는 시설 확장 등 물질적이고 가시적인 것으로 생각한다. 그러나 지역사회 발전의 진정한 모습은 형식적으로나 실질적으로 지역사회 구성원 모두에게 열린 건강하고 민주화된 지역사회이다. 이러한 지역사회의 토대가 지역사회 구성원의 조직화이다.

넷째, 지역사회 구성원 조직화를 통해 지역사회 복지와 자원 분배, 통제력과 지배력 분배에 변화를 가져와야 한다. 지금, 여기의 지역사회에서, 복지와 자원, 통제력과 지배력이 불공정하게 분배되는 경우가 많다. 지역사회의 복지와 자원, 통제력과 지배력이 일반 지역사회 구성원에게는 극히 적게 분배되고, 압축된 소수 또는 이해집단에게 대부분 배정된다. 이런 상황에서 지역사회 구성원의 조직화는 지역사회 안에서 복지와 자원이 공정하게 분배되고, 민주적 지배력과 통제력을 보다 공정하고 적절하게 분배될 수 있게 한다. 이는 조직화된 구성원이 기존 시민단체에 참여하거나, 새로운 시민단체를 만들어서 활동을 할 경우 지역사회의 복지와 지배력 분배에 영향을 미칠 수 있고 지배력과 통제력을 확보할 수 있기 때문이다.

지역사회에서 복지와 자원의 공정한 분배, 지역사회에 대한 민주적 지배력과 통제력 확보는 조직화된 지역사회 구성원이 지역사회에 영향을 미치는 의사결정에 민주적으로, 직접 참여하는 것을 기반으로 한다. 지역사회의 복지와 자원의 공정한 분배, 조직화된 구성원의 민주적 지배력과 통제력 확보는 일상적이고 지속적이어야 한다. 압축된 소수 또는 특정 이해집단에게 지배력과 통제력이 집중되어 있다가, 특별한 상황이 있을 때만 일시적으로 지역사회 구성원에게 부분적으로 재분배되는 것은 의미가 없다. 조직화된 지역사회 구성원들이 자신들에게 영향을 미치는 의사결정과 정책 수립 및 집행 과정에 지역사회 시민단체를 통해 직접 참여해야 한다. 이를 기반으로 지역사회가 발전되어야 한다. 그렇지 않으면 지역사회 구성원들의 지역사회에 대한 민주적 통제력과 지배력이 상실될 것이고, 결과적으로 복지와 자원의 불공정한 분배, 압축된 소수에 의한 통제력과 지배력의 독점 또는 독과점이 지속되게 된다. 이는 지역사회 발전을 저해하게 된다. 시민교육은 지역사회 발전에 주목하고, 구성원 조직화를 통해 이를 구체적으로 실시하는 부분에 주목해야 한다.

2) 시민교육의 원칙

지역사회 발전을 위해서는 지역사회 구성원이 지역사회에 관심을 가지고, 지역사회 발전을 위한 힘을 갖추어야 한다. 또한 지역사회 발전을 위한 행동을 지속적으로 할 수 있는 지구력을 길러야 한다. 지역사회에 무관심했던 지역사회 구성원들에게 지역사회의 문제와 갈등을 자각하고, 이를 해결하고 지역사회를 발전시키겠다는 의욕이 생기도록 지원해야 한다. 지역사회 구성원이 이러한 관심과 힘, 의욕을 가져야 지역사회 발전을 위해 시민단체에 참여하고 행동한다. 그러나 많은 지역사회 구성원이 지역사회 발전에 관심을 보이지 않고 있다. 지역사회 구성원의 무관심은 개인의 무관심 차원에서 멈추지 않는다. 지역사회 내 압축된 소수와 정치권력의 횡포, 기업의 몰상식한 이윤추구, 환경오염, 공동체 의식 파괴, 자의식과 인권의식 소멸 등의 폐해를 가져온다. 이러한 지역사회 구성원의 무관심의 폐해를 정리하면 다음과 같다.

첫째, 지역사회에 대한 무관심이 압축된 소수와 정치권력의 횡포를 초래한다. 정치는 한정된 자원을 모든 사람이 만족할 수 있는 방법으로 나누도록 논의하는 과정을 포함한다. 모든 구성원이 이 논의에 참여하는 대신 대표로 선출된 자들이 논의에 참여하는 것이 대의정치이다. 선출에 의해 대표가 된 선출직 공무원은 지역사회 내 한정된 자원이 모든 구성원에게 공정하고 공평하게 분배가 되도록 해야 한다. 그러나 많은 경우 자신이 속한 시민사회 또는 자신을 선출시켜 준 세력에게 유리하도록 분배를 진행하기도 한다.[2] 따라서 지역사회 구성원이 선출직 공무원에 대한 비판과 견제의 끈을 놓게 되면 선출직 공무원에 의한 여러 가지 폐해가 발생할 수 있다.

둘째, 지역사회에 대한 무관심이 기업의 부적절한 이윤 추구를 야기한다. 기업은 근본적으로 압축된 소수 또는 개인의 이익을 추구하는 집단이다. 이익을 추구하고 극대화하기 위해 가능한 모든 수단과 방법을 사용한다. 이 과정에서 지역사회 구성원의 공익을 침해하는 일을 저지를 수도 있다. 이는 곧 지역사회 구성원에게 부담으로 다가오고, 지역사회에 큰 피해를 강제할 수도 있다.

셋째, 지역사회에 대한 무관심은 심각한 환경오염을 가져온다. 기업은 이익 추구를 위해 상품을 생산하고 판매한다. 이 과정에서 이익을 극대화하기 위해 최저가로 최대한의 원료를 확보하려고 한다. 숲의 파괴와 땅의 막개발 등이 자행된다. 생산과정에서도 비용을 아끼기 위해 공해물질 처리시설을 갖추지 않거나, 처리시설을 가동하지 않고 공해물질을 마구잡이로 방출한다. 근래 심각한 문제로 대두되고 있는 미세먼지의 대부분은 공장에서 유출된 것이다. 물의 오염도 치명적이다. 공해물질 배출로 강과 바다가 심각하게 오염되는 것은 물론이고 터무니없는 댐 건설 등으로 강물의 흐름이 억제되어 심각한 녹조현상이 일어나고, 식수로 사용할 수 없을 정도로 오염된다. 이러한 기업의 이익 추구, 그리고 시장의 이익 확보를 위한 행위가 국가권력과 유착될 경우 국가는 기업의 불법적인 공해유출행위와 자연파괴를 수수방관할 수 있다. 이 경우 환경이 결정적으로 오염되게 되고 지역사회 구성원들의 건강과 생명은 치명

---

2) 지역사회 구성원들은 선출직 공무원에 대한 투표를 잘 하는 것을 최선의 참여방법으로 인식할 수 있다. 그러나 선거에 나오는 사람들은 모두는 아니지만 대부분의 경우 지역사회의 일반 구성원보다 경제적 자본이나 문화적 자본 등을 많이 가지고 있다. 이는 상대적으로 투표를 통한 선출직 공무원들이 지역사회의 일반적 구성원보다는 압축된 소수 등에 편중될 수 있는 원인이 될 수 있다.

적인 위협을 받게 된다. 기후변화로 인한 인류 멸절의 상황에 이르게 될 가능성도 농후하다.

넷째, 지역사회에 대한 무관심으로 공동체 의식이 파괴된다. 지역사회 내의 문제는 일부 구성원에게만 해당되지 않는다. 구성원 전체와 관련이 있다. 지역사회는 더불어 살아가는 구성원들의 공동체이기 때문이다. 지역사회에서 구성원 각자는 서로 독립적으로 존재하고, 개인이 존중되어야 한다. 이와 다른 차원으로, 구성원들이 관심을 갖는 지역사회의 문제와 갈등에 공동으로 대처하고 해결하는 것이 필요하다. 공동체 의식은 지역사회 구성원의 공동 행동으로 생성된다. 지역사회 구성원이 지역사회에 무관심하게 되면 공동 행동이 이루어질 수 없게 된다. 이로 인해 공동체 의식이 생성되지 못하고, 기존의 공동체 의식은 심각하게 훼손된다.

다섯째, 지역사회에 대한 무관심이 자의식과 인권의식의 소멸을 불러온다. 자의식은 자신에 대한 자신의 인식과, 자신에 대한 타인의 인식이 융합되어 형성된다. 따라서 이러한 자의식은 자신과 자신의 관계, 자신과 타인의 관계, 자신과 다른 세계와의 관계에 터하여 이루어진다. 지역사회에 대한 무관심은 다른 구성원과의 관계를 단절시키고, 지역사회라는 세계와의 관계를 끊어버리며, 이런 관계를 통한 자신과의 관계를 파괴한다. 상호주관적인 관계가 생성되지 못하여 자신에 대한 타인의 인식이 만들어지지 않고, 자신에 대한 자신의 인식이 생성되지 못하게 된다. 이는 자의식이 소멸되거나 생성되지 못하는 것을 초래한다. 또한 인간으로서의 존엄성과 가치가 상호 관계 속에서 구체화하지 못하여 인간으로서의 권리의식이 해체되게 된다.

이와 같은 지역사회에 대한 지역사회 구성원의 무관심이 가져오는 폐해를 [그림 8-15]와 같이 정리할 수 있다.

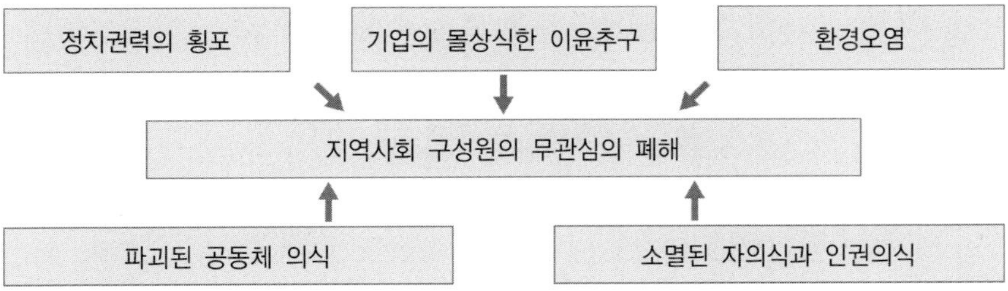

[그림 8-15] 지역사회에 대한 지역사회 구성원의 무관심의 폐해

이와 같이 지역사회에 대한 무관심은 지역사회 공동체와 구성원의 삶에 심각한 폐해를 가져온다. 심각한 것은 이러한 결과가 지금, 여기의 지역사회 구성원에게만 한정되는 것이 아니라 미래세대에게도 영향을 미친다는 것이다. 이러한 폐해와 영향을 방지하고 해결하기 위해서 지역사회 구성원이 삶과 사회를 새롭게 인지하고 깨어나야 한다. 지역사회 구성원이 깨어나지 않으면 구성원 당사자는 물론 다음 세대를 위한 희망도 없다. 이를 위해 다음과 같은 지역사회 구성원의 행동이 필요하다. 우선, 지역사회 구성원들이 지역사회 변화를 위한 행동에 직접 참여하는 것이다. 다음, 직접적인 행동 참여를 안 하더라도 변화를 위한 행동에 심정적으로 동조하는 것이다. 끝으로, 지역사회 변화를 위한 행동에 동조하지 않더라도 행동하는 구성원을 가로막지 않는 것이다. 특히 지역사회 변화를 위해 행동하는 구성원을 막지 않는 것으로도 지역사회 내 문제와 갈등 해결을 위한 변화가 시작될 수 있다는 것에 주목할 필요가 있다. 이러한 지역사회 변화를 촉발하는 구성원의 행동 유형을 정리하면 [그림 8-16]과 같다.

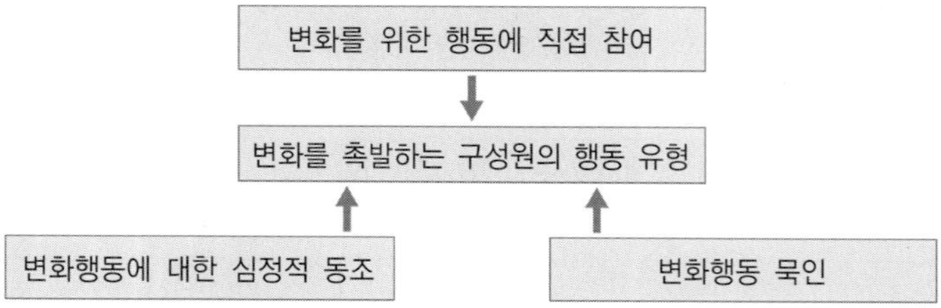

[그림 8-16] 지역사회 변화를 촉발하는 구성원의 행동 유형

지역사회 시민교육은 지역사회에 대한 구성원의 무관심을 제거하고, 행동과 참여를 촉발시켜야 한다. 지역사회 구성원이 지역사회를 변화시키는 행동에 앞장서게 하는 것은 물론, 미참여 구성원들이 행동에 나선 구성원을 가로막지 않고, 심정적 동조 내지는 묵인을 하도록 하는 것이 필요하다. 이러한 지역사회 시민교육을 실시할 때 준수해야 하는 원칙은 다음과 같다.

첫째, 개인이나 집단에 대한 우상화를 금지해야 한다. 시민교육에 참여한 지역사회 구성원은 시민교육 활동가를 통해 자신들이 미처 보지 못하거나 인식하지 못한 지역사회 문제와 갈등을 알게 되고, 그 배경과 원인을 파악하게 된다. 이 과정에서 이러한 깨우침을 이끌어 준 시민교육 활동가나 시민단체가 지역사회 내의 모든 것에 대한 통찰력과 규정력을 가지고 있다고 높게 평가하며 우상시 하는 경우가 발생할 수 있다. 시민단체나 시민교육 활동가에 대한 이러한 우상화는 지역사회 구성원의 주체적이고 자율적인 의식화를 억제하고, 사회변화를 위한 행동 참여를 제한할 수 있다. 또 다른 정신적 예속과 비인간화를 초래할 수도 있다.

둘째, 교조적 교의의 구축을 금지해야 한다. 교조적 교의는 다음과 같은 과정을 거쳐 구축된다. 우선, 특정한 관점과 주장에 대해 그것이 전체를 꿰뚫는 올바른 인식과 판단, 그리고 주장이라는 합의가 이루어진다. 다음, 이 관점과 주장이 틀릴 수 없으며, 이와 다른 관점과 주장은 적절하지 못하다고 지역사회 구성원이 동의한다. 교조적 교의는 다음과 같은 문제를 가지고 있다. 우선, 교조적 교의는 절대적 정당성을 가질 수 없다. 모든 것은 시대적이고 상황적이다. 사회적인 상황과 맥락, 관점에 따라 다른 해석과 접근 방식이 존재할 수 있고, 존재해야 한다. 다음, 교조적 교의는 지역사회 구성원의 자유로운 해석과 판단을 저해한다. 결과적으로 지역사회 구성원의 사고를 제한하고 획일화시키는 또 다른 비인간화를 야기할 수 있다.

셋째, 사회의 문제와 논쟁을 소개할 때, 균형 잡히고 대립적인 논점을 확보해서 같이 제공해야 한다. '크다'거나 '작다', 또는 '넓다'거나 '좁다' 등은 상대적인 것이 있어야 명확하게 동의할 수 있는 개념이다. 사회적인 문제와 논쟁도 그것이 어떤 의미인가를 분명하게 파악하려면, 상대적인 문제와 논점을 확보하여, 상호 비교하는 것이 필요하다. 이를 통해 보다 정확하게, 전체적으로 판단을 할 수 있다.

넷째, 참여한 구성원 스스로 사회적 상황과 문제, 이와 관련된 자신의 위치를 분석하여 최종적으로 자신의 결론을 도출하도록 해야 한다. 예를 들어, 생활세계에서 삶의 안정과 향상을 위해 지속적으로 노력을 하지만, 노력한 만큼 대가를 확보하지 못하여 늘 불안하고 피곤한 생활을 하는 지역사회 구성원이 있다. 이 구성원이 자기의 노력 부족이나 자질 부족을 문제의 원인으로 규정하는 것을 방치하지 말아야 한다. 자기의 노력과는 상관없이 모든 대가를 미리 규정하고 대가와 이익을 압축된 구성원과 이해집단에 편중시키는 사회 구조를 인식하고, 그 구조 안에서 자기가 속한 지형을 깨닫게 하는 것이 필요하다. 지역사회 구성원이 이 과정을 통하여 생활세계의 식민화와 같은 자신만의 인식을 내리게 지원하는 것이 필요하다.

지역사회 시민교육에서 준수해야 하는 이러한 원칙을 정리하면 [그림 8-17]과 같다.

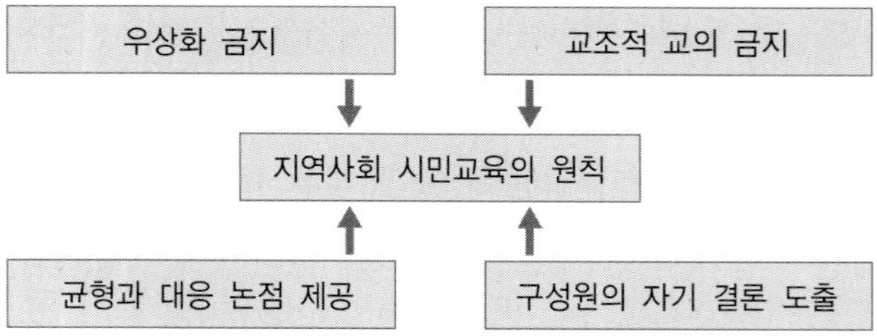

[그림 8-17] 지역사회 시민교육이 준수해야 하는 원칙

지역사회 시민교육의 원칙이 제대로 준수되기 위해서는 가장 기본적인 것을 바로 세우는 것이 필요하다. 예를 들어, 지금, 여기 사회에서 진보 또는 보수라는 말이 차고 넘치고 있다. 그러나 진보 또는 보수가 무엇인가 하는 것이 빠져있다. 진보 또는 보수를 말하려면 반드시 진보나 보수를 말할 수 있는 기준을 먼저 결정해야 한다. 진보 색채가 강해졌다고 하면, 어느 측면에서, 어느 기준에서 강해졌는지를 말해야 한다. 보수 색채가 짙어졌다고 하면, 어느 측면에서, 어느 기준에서 짙어졌는지를 따져야 한다. 막연하게 진보 색채가 강해졌다고 하거나 보수 색채가 옅어졌다고 하는 것은 부적절하다. 모든 가치는 기준이 있어야만 그것이 가치로서 제구실을 할 수 있기 때문이다. 기준 없이 가치를 내세우고 윽박지르는 것은 여러 가지로 위험할 수 있다. 삶과 사회를 헤아릴 때 옳고 그름이 아니라 내 이익이 되는가 아닌가가 판단의 잣대로 구실을 할 수 있기 때문이다. 따라서 시민교육을 진행할 때, 시민, 시민성 등에 대한 기본적인 기준을 세우는 것이 유용하다. 그러나 이러한 내용들이 지역사회 시민교육에서 기계적 방법을 통해 지역사회 구성원에게 주입되는 것은 배제해야 한다.

아울러 지역사회 시민교육에서 지역사회 구성원을 단순히 시민단체의 목적에 부합되는 활동만 하기 위한 또는 지역사회 문제를 해결하기 위해 힘이 되는 존재만으로 취급해서는 안 된다. 시민교육을 통해 지역사회 구성원이 지역사회 발전을 위한 활동에 나설 것을 기대할 수 있다. 그러나 지역사회 구성원을 사회문제와 인간에 대한 사색의 기회가 필요 없는 단순한 활동가로 취급하면 안 된다. 지역사회 구성원에게 단순히 활동만 하면 된다는 환상을 심어주는 것도 곤란하다. 시민교육에서 지역사회 구성원을 단순한 활동가로만 취급하면, 지역사회 구성원은 자신이 활동을 하고 있다는 것 때문에 그 자체로 만족하고 다른 구성원 등에게 우월감을 가지며, 그것이 모든 것으로 판단하는 기준이 된다는 자기 환상에 매몰될 수 있다. 이는 인간의 자율과 '인간으로 되어가기'라는 교육의 본질적인 부분에서 자신의 판단과 의지, 인식과 상관없이 조종에 의해 움직이는 것이 될 수 있다. 물론 시민교육에서 지역사회 구성원의 생각과 행동을 조율하고 지도해야 하는 상황이 있을 수 있다. 이 경우에도 지역사회 구성원의 판단과 사색을 부정하면 안 되고, 시민교육 활동가의 말이나 시민단체의 주장을 지역사회 구성원에게 강요하면 안 된다. 이는 인간을 중심에 둔다는 시민교육의 지향을 외면하는 것이기 때문이다.

3. 지역사회 시민교육을 위한 다층적 짚어보기

1) 시민교육의 가르침과 기름을 톺아보기

지역사회에서 비인간화된 구성원은 더불어 사는 인간으로서의 품성, 인간을 비인간화시키는 요인을 간파하고 이를 극복하는 실천, 더불어 사는 모습을 구체적으로 꿈꾸고 이를 현실화하는 방법 모색과 실천 등이 유기적으로 결합된 시민성을 가진 존재로 되살아나고 자리매김할 수 있어야 한다. 즉, 인간화되어야 한다. 시민교육은 이러한 시민성을 가진 시민이 되도록 현상의 시민을 교육하는 것이고, 인간화를 추구한다는 것을 잊어서는 안 된다.

그러나 시민교육을 구체적으로 실행하는 부분에서 교육의 가르치고 배우는 것이 어떻게 이루어져야 하는지에 대한 고민이 필요하다. 시민교육의 일반적

현상을 살펴보면 다음과 같다. 우선, 모두는 아니지만, 많은 경우 시민교육의 실천 부분에서 누구를 가르치고, 무엇을 왜 가르치며, 언제 어떻게 가르치고, 어디서 언제까지 가르치는가에 대한 구체적 내용이 없다. 막연하게, 가르쳐야 하는 대상은 불특정 다수의 시민이고, 이들에게 주입시키고자 하는 내용은 시민단체의 경우 자신들의 논리와 주장이다. 일부 평생교육기관의 경우 시민의 역량 강화라는 모호한 내용을 내세우기도 한다. 다음, 시민교육을 실시하는 사람이 누군지 명확하지 않다. 어떤 자질을 갖추어야 하고, 어떤 역량이 필요한지도 불분명하다. 어떻게 교육을 해야 하는지도 모호하다. 즉, 시민교육에 대한 기본이 미흡하다.

따라서 시민교육을 실시하기 위한 토대를 구축하기 위하여 교육의 가르침과 기름에서 짚은 기본적 문제를 살펴볼 필요가 있다. 시민교육이 시민을 가르치고, 시민을 기른다는 부분에서 살펴야 하는 문제를 정리하면 다음과 같다.

첫째, 시민을 가르친다는 부분에서 [그림 8-18]과 같이 누가 가르치는가, 누구를 가르치는가, 왜 가르치는가, 무엇을 가르치는가, 어떻게 가르치는가, 언제 가르치는가, 어디서 가르치는가, 어느 정도로 가르치는가 하는 부분이 검토될 필요가 있다.

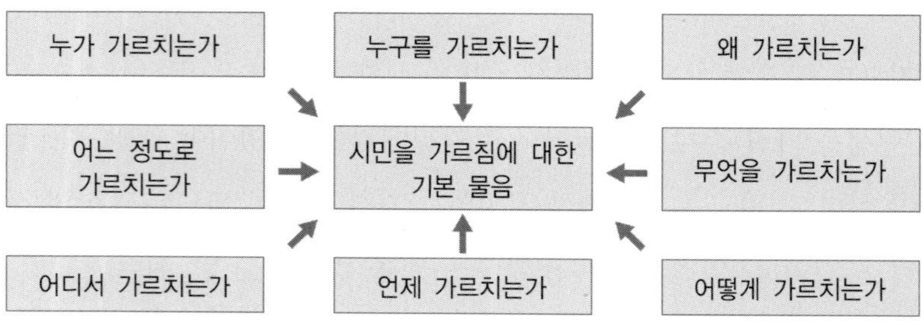

[그림 8-18] 시민교육의 가르침에 대한 기본적 톺아보기

둘째, 시민을 기른다는 부분에서 [그림 8-19]와 같이 누가 기르는가, 누구를 기르는가, 왜 기르는가, 무엇으로 기르는가, 어떻게 기르는가, 언제 기르는가, 어디서 기르는가, 어느 정도로 기르는가 하는 것이 짚어져야 한다.

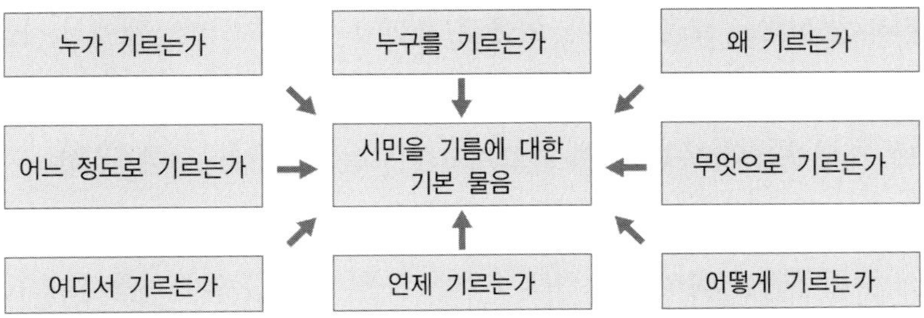

[그림 8-19] 시민교육의 기름에 대한 기본적 톺아보기

2) 시민교육의 범주 내용

시민교육에서 시민을 가르치고 기름에 있어 제기되는 문제는 결국 지역사회 안에서 가르치는 주체와 대상, 목적과 내용, 방법과 시기, 장소와 수준의 범주와 연결되어 판단되어야 한다. 이러한 시민교육과 연결되는 범주의 내용을 살펴보면 다음과 같다.

첫째, 시민교육의 주체는 '누가 가르치고 기르는가'와 연결된다. 교육의 주체는 시민단체와 시민교육 활동가로 구분할 수 있다. 우선, 지역사회 구성원 스스로 다른 구성원을 가르칠 수 있으면, 시민교육 활동가로 가름할 수 있다. 시민교육 활동가는 실제 지역사회 현장에서 구성원들을 만나 시민교육 활동을 수행하게 된다. 다음, 시민단체는 지역사회 내 문제와 갈등 영역에 대한 전문적 역량을 가지고 있고, 전문가를 보유하고 있으며, 다양한 지역사회 문제 해결활동에 대한 경험 등을 가지고 있으므로 시민교육을 실시할 수 있다. 시민단체는 조직 내에서 시민교육을 실시하게 되며, 소속된 시민교육 활동가가 담당하게 된다.

둘째, 시민교육의 대상은 시민교육의 주체가 '누구를 가르치고 기르는가'와 연계된다. 우선, 시민단체는 시민교육 활동가와 지역사회 구성원을 교육시킨다. 즉, 시민단체는 시민교육을 담당할 시민교육 활동가를 교육시키는 것과 동시에, 직접 지역사회 구성원을 교육시킬 수 있다. 다음, 시민교육 활동가는 지역사회 구성원을 교육시킨다. 아울러 자신이 소속된 시민단체에서 다른 시민교육 활동가를 교육시키거나, 지역사회 구성원을 교육시킬 수 있다.

셋째, 시민교육의 목적은 '왜 가르치고 기르는가'에 해당된다. 우선, 시민단체가 시민교육 활동가를 교육시키는 것은 지역사회에서 시민교육을 수행할 시민교육 활동가를 육성하기 위해서이다. 다음, 시민단체가 지역사회 구성원을 교육시키는 목적은 이들을 시민성을 가진 시민으로 이끌기 위해서이다. 끝으로, 시민교육 활동가가 지역사회 구성원을 교육시키는 것은 구성원이 시민성을 가진 시민이 되도록 하기 위해서이다.

넷째, 시민교육의 내용은 '무엇을 가르치고 기를 것인가'에 관련이 있다. 우선, 시민단체는 시민교육 활동가를 육성하기 위해 지역사회 현장에서 구성원을 교육시킬 수 있는 내용과 기법, 태도, 자세, 시민교육 활동가로서의 의미와 가치, 네트워크와 연대 구축 및 운영, 지역사회 내 다양한 문제와 갈등에 대한 해결 방법 등을 교육시킨다. 다음, 시민단체는 지역사회 구성원이 시민성을 인식하고 시민성을 구현하는 방법을 가르친다. 끝으로, 시민교육 활동가는 지역사회 구성원에게 시민성을 갖추고, 시민성을 발휘하는 방법을 가르친다.

다섯째, 시민교육의 방법은 '어떻게 가르치고 기르는가'와 관련이 있다. 우선, 시민단체는 시민교육 활동가를 대상으로 다양한 시민교육훈련 방법과 구조화된 교육 프로그램, 그리고 비구조화된 교육 프로그램을 능숙하게 사용할 수 있도록 교육을 실시한다. 이때 시민교육의 내용과 방법에 따라 탄력적으로 교육을 진행한다. 다음, 시민단체는 지역사회 구성원을 대상으로 다양한 시민교육훈련 방법, 구조화된 교육 프로그램, 비구조화된 교육 프로그램 등을 통하여 교육을 실시한다. 끝으로, 시민교육 활동가는 지역사회 구성원을 대상으로 비구조화된 교육 프로그램과 구조화된 교육 프로그램 등 다양한 시민교육 훈련 방법을 사용하여 시민교육의 내용에 따라 탄력적이고 실질적인 교육을 실시한다.

여섯째, 시민교육의 시기는 '언제 가르치고 기르는가'와 관련이 있다. 우선, 시민단체는 시민교육 활동가와 지역사회 구성원을 대상으로 시민교육의 내용과 방법에 따라 탄력적으로 시민교육을 실시한다. 미리 정해진 시간과 내용, 방법을 준수하기도 한다. 다음, 시민교육 활동가는 지역사회 구성원을 대상으로 탄력적으로 시간과 시기를 정하여 시민교육을 실시한다. 지역사회의 문제와 갈등 해결을 위해 활동하는 때를 중요한 시민교육 시기로 활용할 수도 있다.

일곱째, 시민교육의 장소는 '어디서 가르치고 기르는가'와 관련이 있다. 우선, 시민단체는 시민교육 활동가와 지역사회 구성원을 대상으로 시민교육의 내용과 방법에 적합하도록 탄력적인 교육을 실시한다. 이론교육은 정해진 장소에서 하는 경우가 많으며, 지역사회 문제와 갈등의 발생과 해결을 하는 현장이 중요한 교육장소로 사용될 수 있다. 다음, 시민교육 활동가는 지역사회 구성원을 대상으로 시민교육의 내용과 방법에 적합하도록 탄력적으로 시민교육을 실시한다. 지역사회 문제와 갈등의 발생과 해결 지점이 중요한 교육장소로 사용될 수 있다.

여덟째, 시민교육의 수준은 '어느 정도로 가르치고 기르는가'에 관련이 있다. 우선, 시민단체는 시민교육 활동가를 대상으로 스스로를 관조하고 성찰하는 단계, 지역사회 구성원을 교육시킬 수 있는 단계, 자아조절 단계까지 교육시킨다. 다음, 시민단체는 지역사회 구성원을 대상으로 시민성을 인식하고, 지역사회 시민단체의 활동에 적극적으로 참여하며, 지역사회의 문제에 대한 해결방법을 도출하는 단계까지 교육시킨다. 끝으로, 시민교육 활동가는 지역사회 구성원을 대상으로 시민성을 인식하고, 적극적으로 참여하며, 지역사회의 문제를 해결하는 단계까지 교육시킨다.

이와 같이 지역사회 시민교육은 주체, 대상, 목적, 내용, 방법, 시기, 장소, 수준에 적확하게 그리고 이를 바탕으로 탄력적으로 진행되어야 한다. 지역사회 시민교육의 내역을 정리하면 <표 8−1>과 같다.

<표 8-1> 지역사회 시민교육의 내역

구 분		시민교육의 내역		
주체	누가	시민단체		시민교육 활동가
대상	누구를	시민교육 활동가	지역사회 구성원	지역사회 구성원
목적	왜	시민교육 활동가 육성	시민으로 되도록 지원	시민으로 되도록 지원
내용	무엇을	• 시민을 교육시킬 수 있는 내용과 기법, 태도, 자세 • 시민교육 활동가로서의 의미와 가치 • 네트워크와 연대 구축 및 운영 • 지역사회 내 다양한 문제와 갈등에 대한 해결 방법	• 시민성 • 시민성 발휘 방법	• 시민성 • 시민성 발휘 방법
방법	어떻게	• 다양한 시민교육훈련 방법, 구조화된 교육 프로그램, 비구조화된 교육 프로그램을 능숙하게 사용하도록 교육 • 내용과 방법에 따라 탄력적으로 교육	• 다양한 시민교육훈련 방법 • 구조화된 교육 프로그램 • 비구조화된 교육 프로그램 • 내용과 방법에 따라 탄력적으로 교육	• 비구조화된 교육 프로그램은 내용에 따라 탄력적으로 교육 • 구조화된 교육 프로그램은 다양한 시민교육훈련 방법
시기	언제	• 내용과 방법에 따라 탄력적으로 교육 • 구조화된 교육 프로그램의 경우 규정된 시간과 시기 • 비구조화된 교육 프로그램의 경우 내용과 방법에 따라 탄력적으로 교육	• 구조화된 교육 프로그램의 경우 규정된 시간과 시기 • 비구조화된 교육 프로그램의 경우 내용과 방법에 따라 탄력적으로 교육 • 지역사회 갈등과 문제 해결을 위한 활동	• 지역사회 갈등과 문제 해결을 위한 활동 시기 • 구조화된 교육 프로그램의 경우 규정된 시간과 시기 • 비구조화된 교육 프로그램의 경우 내용과 방법에 따라 탄력적으로 교육

장소	어디서	• 내용과 방법에 적합하도록 융통성 있게 교육 • 이론교육 장소 • 지역사회 문제와 갈등발생 지점	• 내용과 방법에 적합하도록 융통성 있게 교육 • 이론교육 장소 • 지역사회 문제와 갈등 발생 지점	• 내용과 방법에 적합하도록 융통성 있게 교육 • 지역사회 문제와 갈등 발생 지점
수준	어느 정도	• 자신을 관조하고 성찰하는 단계 • 시민을 교육시킬 수 있는 단계 • 자아조절 단계	• 시민성 인식 • 적극 참여 • 문제 해결방법 도출	• 시민성 인식 • 적극 참여하여 문제 해결

지역사회 시민교육의 대상은 생활세계에서 식민화되어 있는 지역사회의 구성원들이 우선이다. 지역사회 생활세계에서 식민화된 구성원들에 대한 시민교육의 주체는 식민화된 구성원 스스로가 되는 것이 가장 바람직하다. 그러나 식민화된 구성원들은 생활세계에서 여러 한계상황과 억압적 환경을 가지고 있으므로 처음부터 스스로 시민교육의 주체가 되는 것이 어렵다. 시민단체에서 실시하는 시민교육에 참여하는 것도 용이하지 않다. 그러한 한계상황과 억압적 환경, 식민화된 의식을 뚫고 일어서서 스스로 시민교육의 주체가 되도록 행동을 이끌고, 잠재력을 이끌어 내는 마중물의 역할이 필요하다. 지역사회 시민단체의 시민교육 활동가가 이 노릇을 해야 한다.

그러나 시민교육 활동가가 지역사회에서 시민교육의 주체가 되는 것은 식민화된 지역사회 구성원이 각성하고 인식하여 스스로 시민교육의 주체가 되기 바로 전까지이다. 지역사회 구성원이 스스로 일어서 시민교육의 주체가 될 수 있으면 시민교육 활동가는 그 현장에서 물러나는 것이 필요하다. 그래야 지역사회 구성원 스스로에 의해 자주적이고 자발적이며 자생력을 갖춘 지역사회 시민교육이 지속될 수 있다.

한편 지역사회 시민교육은 언제나, 그리고 지역사회 구성원과 만나고 관계를 가질 수 있는 곳 어느 곳에서나, 어떤 상황에서나 이루어져야 한다. 지역사회의 문제와 갈등에 대하여 침묵하고, 이를 해결할 수 없다는 무기력에 매몰되어 식민화된 지역사회 구성원은 매사에 소극적이고, 누군가와의 관계 맺기를 경계하며, 자신의 테두리로 들어오는 자를 믿지 않는다. 식민화된 삶의 자리 한켠에 노숙하고 있다. 이런 지역사회 구성원들을 구조화된 시민교육 프로그램으로 유인하는 것은 쉽지 않다. 따라서 지역사회 시민교육은 구성원의 생활세계에서 자연스럽게 사귀고, 어울리는 과정에서 시작되어야 한다. 그곳이 술집이 될 수도 있고, 조기축구회가 될 수도 있으며, 그 때는 아침이나 휴일이 될 수도 있다. 지역사회 구성원과 만나고 부대끼며 체온을 나누는 그 곳, 그 때에서 지역사회 시민교육이 시작되어야 한다.

이러한 지역사회 시민교육에서 교육방법의 원리가 적용되어야 한다. 즉, 가르치는 사람은 배우는 사람을 이끄는 동시에 자기 자신의 부족하고 미처 몰랐던 것을 깨달아 채우게 되고, 배우는 사람은 그동안 몰랐고 부족했던 것을 구하는 동시에 가르치는 사람이 스스로 자극을 받도록 한다. 이것은 시민교육이 다방향적이고, 다층적 성격과 다양한 부면을 가지고 있고, 유연하며 탄력적이어야 한다는 것을 가리킨다.

9장 | 지역사회 시민교육의 내용과 형태

지역사회 시민교육은 당위적인 주장이나 형해화된 이론만으로 이루어지지 않는다. 구체적인 내용과 가시적인 방법을 기반으로 진행된다. 이 장에서 지역사회 시민교육의 구실, 시민교육의 내용과 방법을 짚어본다.

1. 시민교육의 구분 : 구조화된 시민교육과 비구조화된 시민교육

1) 시민교육의 구실

지역사회 시민교육은 시민교육 활동가, 시민단체 연대, 시민활동을 기반으로 이루어진다. 시민단체는 지역사회에서 다양한 시민교육을 통하여 자신의 목적과 주장을 확산하고 대중화함으로써 구성원들의 자발적 동의를 획득한다. 이 다양한 시민교육과 동의를 통해 지역사회에 대한 민주적 지배력과 통제력을 확보한다. 시민교육은 시민교육 활동가가 자신의 주장을 정당화하고, 지역사회 구성원이 사회 현상과 자신의 삶을 주체적으로 의식할 수 있도록 하는 기능을 수행할 수 있는 여건을 형성하고, 시민활동을 지원하고 행동 동력을 제공하며, 시민단체 간 연대를 지원한다. 또한 시민교육 활동가, 시민활동, 시민단체의 유기적 연결고리 역할을 수행하게 된다. 시민교육은 별도의 내용과 형식이 갖추어져 진행될 수도 있고, 시민교육 활동가, 시민활동, 시민단체의 활동 내용에 내재되어 진행될 수도 있다. 이러한 지역사회 시민교육의 구실을 정리하면 [그림 9-1]과 같다.

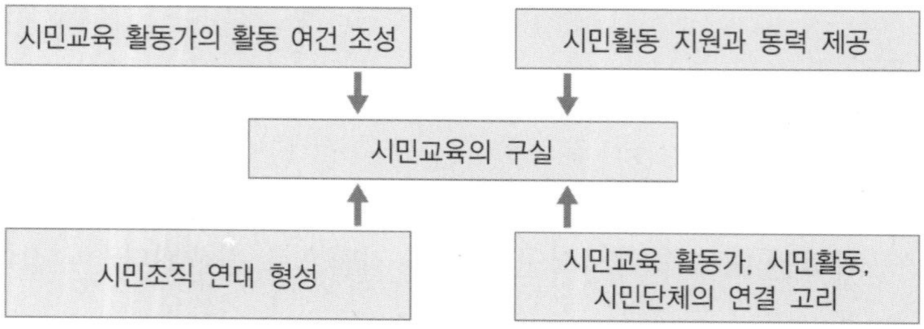

[그림 9-1] 지역사회 시민교육의 구실

이와 같은 지역사회 시민교육의 기능은 시민교육 활동가, 시민단체, 시민활동 각 영역의 공통요소이다. 지역사회 구성원의 인간화와 지역사회 내 민주적 지배력과 통제력의 확보를 목적으로 한다. 따라서 지역사회 시민교육은 구성원의 새로운 관점과 의식을 만드는 기능을 수행하게 되며, 시민단체의 사업과 교육 프로그램을 통하여 이루어진다. 여기서 주목할 것은 다음과 같다. 우선, 지역사회 시민단체의 사업은 시민교육의 영역이면서 동시에 지역사회 시민단체의 설립 목적을 달성하는 역할을 수행하는 이중적 성격을 가지고 있다. 다음, 교육 프로그램도 시민교육의 목적을 달성하는 역할을 수행하면서 시민단체의 사업을 지원하는 상호 보완적, 상호 완성적 성격을 가지고 있다. 이것은 지역사회 시민단체가 동일한 주제에 대해서 다른 내용과 지향을 가지는 배경을 설명할 근거로 기능하기도 한다. 이러한 지역사회 시민교육의 구실을 다음과 같이 정리할 수 있다.

첫째, 지역사회 시민교육은 구성원 개개인의 잠재력을 이끌어 내고 강화한다. 시민교육은 다음과 같은 성과를 가져올 수 있다. 우선, 지역사회 구성원들의 생활세계의 삶의 질의 향상을 통해서 잠재력을 구현하고 강화한다. 다음,

지역사회 구성원들의 활동 효과에 대한 구성원의 개인적 인식을 확장하는 것을 통해서 지역사회 구성원의 잠재력을 구현하고 강화한다. 지역사회 시민단체는 구성원들이 자신들을 지역사회 문제를 해결하는 데 있어서 보다 유능하고, 쓸모 있다고 느낄 수 있도록 지원할 수 있다. 이것은 지역사회 구성원들이 개별적 노력과 실패 안에서 깊이 스며든 패배의식에서 벗어나도록 이끌 수 있다. 지방정부의 관련 부서와 다투거나 기업의 횡포와 싸우고, 그리고 이들을 이긴 경험이 있는 지역사회 구성원들은, 그러한 다툼과 싸움이 소용이 없고 싸움에서 질 수밖에 없다고 생각하는 구성원과 다른 신념과 꿈을 가질 수 있다. 지역사회 안에서 삶이 활기가 없고, 성공한 경험이 없는 지역사회 구성원은 시민교육을 접할 기회가 없었을 가능성이 높다. 지역사회 시민단체는 시민교육을 통하여 구성원들에게 성취의 기회, 자극의 기회, 소속에 대한 인식의 기회를 제공한다. 시민단체의 활동 참여를 통해 구성원에 대한 시민교육이 이루어지고, 시민단체는 구성원이 시민교육과 시민활동을 통해 조력을 받을 수 있는 기회를 제공한다. 시민교육은 구성원의 사회적 소외를 감소시키고, 구성원이 지역사회 활동에 참여하도록 유인한다. 이를 통해 지역사회 구성원의 잠재력을 구현하고 강화한다.

둘째, 지역사회 시민교육은 지역사회 내 문제와 갈등을 해결한다. 지역사회 시민단체는 시민교육을 통해 지역사회가 당면한 문제를 해결하여 구성원의 삶의 질을 향상시킨다. 지역사회 구성원은 자신들의 삶에 영향을 미치는 지역사회의 많은 문제와 갈등에 시민교육을 통해 집단적으로 대응하는 것을 학습할 수 있다. 그러나 지역사회 구성원 개개인은 다음과 같은 약점을 가지고 있을 수 있다. 우선, 지역사회 내 문제를 처리하는 방법에 대한 역량과 지식이 부족할 수 있다. 다음, 지역사회 문제가 변화될 수 있다는 믿음을 가지지 못할 수 있다. 지역사회 구성원들은 지방정부 관련 부서나 기업 등이 그들에게 유리한 가시적인 결과를 가져오는 것은 그들이 전문가를 가졌고 정보를 확보했기 때문이지만, 구성원 자신들은 충분한 역량과 정보화를 갖추지 못했다고 판단한다. 변화를 가져올 수 있다는 믿음을 가지지 못한다. 그러나 이러한 판단의 상당 부분은 압축된 소수와 이해집단에 의해 조종되고 강제된다.

여기서 주목할 것은 행복과 성공의 느낌에 대한 지역사회 구성원의 결핍이다. 지역사회 구성원이 자신들의 문제 해결을 위해 압축된 소수에 다투기 위해, 그리고 그들이 만든 사회구조와 조직에 집단적으로 맞서기 위해 반드시 극복해야 하는 부분이다. 이러한 결핍이 가져오는 소극적이고 패배주의적인 생각은 지역사회 구성원을 현재의 문제상황을 자연스러워하고, 아무것도 하지 않고 가만히 있는 것을 정당하게 생각하며, 왜곡된 상황이 요구하는 것을 이루었을 때 긍지를 가지도록 하는 기반이 된다.

지역사회 구성원 대부분은 문제를 해결하기 위한 시간이 없고, 지방정부 관련 부서 또는 기업에 압력을 가하는 방법을 알지 못한다. 그러나 지역사회 시민단체는 지역사회 구성원 개인보다 많은 지식과 행동방법을 가지고 있다. 개인보다 지역사회 각 분야에 지배력과 통제력을 상대적으로 많이 가지고 있는 시민단체는 시민교육을 통해 다음과 같은 노릇을 한다. 우선, 지역사회 구성원 개인의 노력과 영향력을 시민단체를 중심으로 집중시키고, 구성원 개인과 다른 시민단체 사이에 체계적인 연대를 제공한다. 다음, 지역사회 구성원의 개인적 이해관계나 파편화된 불만을 조율하여 구체적 힘으로 전환시키고, 이를 통하여 압축된 소수에 맞서 지역사회에 대한 민주적 지배력과 통제력을 확보한다. 끝으로, 구성원에게 개개인의 결집이 가져오는 효과와 힘을 깨닫게 하고, 이를 시민활동으로 전환시킨다.

셋째, 지역사회 시민교육은 지역사회 내 복지와 자원의 공정한 분배, 그리고 통제력과 지배력의 확보를 가져온다. 현재의 지역사회 내 정치 체제와 경제 체제에서 복지와 자원, 통제력과 지배력은 불공정하게 분배된다. 지역사회 시민단체는 시민교육을 통해 지역사회 구성원의 기본적인 권리와 의무의 할 당에서의 동등함을 추구하며, 공정하고 공평한 지역사회를 만들기 위해 활동한다. 복지와 자원, 통제력과 지배력의 불공정한 분배를 거스르기 위해 활동을 한다. 이것은 지역사회 구성원이 시민단체를 통하여 자신들에게 영향을 미치는 의사결정을 하는 데 참여하고, 민주적 지배력과 통제력을 발휘하는 것을 기반으로 이루어진다. 복지와 자원이 일시적으로 동등하게 분배된다고 해도, 지역사회의 민주적 체제가 지역사회 구성원들이 자신들에게 영향을 미치는 의사결정에 참여하는 것을 통해 발전되지 않는 한, 지역사회에 대한 구성원들의 통제력과 지배력은 상실될 수 있다. 그리고 결과적으로 자원과 복지의 불공정한 분배가 복원될 수 있다.

한편 지역사회 구성원들은 지역사회 문제를 해결하기 위해 행동하지 않는 상황을 살펴보면 다음과 같다. 우선, 지역사회 구성원이 지역사회 체제에 대해 자신들이 지배력을 행사할 수 있다는 것을 믿지 않는다면 자신들의 권리가 침해되고, 다른 사람들의 권리가 침해되는 문제가 발생할 때 저항하지 않는다. 다음, 지역사회 구성원들이 이미 지역사회 민주주의가 존재하고 있다는 인지하지 못하고, 이 민주주의가 작동해야 한다는 것을 믿지 않는다면, 지역사회 민주주의를 보존하기 위하여 행동하지 않는다.

따라서 지역사회 시민교육은 지역사회 구성원이 무력감과 패배감, 전망 부재와 꿈의 상실을 극복할 수 있도록 지원해야 한다. 지역사회 발전은 지역사회 구성원이 인간화를 이룰 수 있고, 지역사회 내 문제를 해결하고, 복지와 자원을 공정하게 분배하며, 지역사회에 대한 민주적 통제력과 지배력을 확보한다는 전망을 성취하는 기반이다. 이러한 전망은 꿈일 수 있지만, 이룰 수 있는 꿈이다. 지역사회 시민교육은 이러한 전망을 현실로 만들어 나가기 위한 수단이며, 경로로서 구실을 해야 한다.

2) 구조화된 시민교육과 비구조화된 시민교육

지역사회 시민교육은 다양한 형태와 다채로운 내용으로 구성되어 진행된다. 여기서 주목할 것은 시민교육을 단순하게 강의 형식으로 진행되거나, 경험이 많고 지식이 풍부한 사람이 그렇지 못한 사람에게 일방적으로 가르쳐 주는 것으로 규정해서는 안 된다는 것이다. 시민교육은 삶과 사회에서 언제나, 어디서나, 누구에 의해서나 이루어질 수 있다.

이러한 시민교육을 다음과 같이 구조화된 시민교육과 비구조화된 시민교육으로 구분할 수 있다. 우선, 구조화된 시민교육은 시민단체나 평생교육기관에서 일반적으로 운영하는, 그리고 지역사회 구성원에게 공개되고 광고되는 교육을 가리킨다. 이러한 시민교육은 가시적으로 프로그램화되어 있어서 누구나 이것이 교육 프로그램이라고 인식할 수 있는 구성을 가지고 있고, 강의를 위주로 이루어지고 있으며, 체험, 답사 등의 방식도 가능하다. 다음, 비구조화된 시민교육은 시민활동이나 시민단체 사업을 통해 이루어지는 교육을 의미한다. 비구조화된 시민교육은 구조화된 시민교육에 비해서 공식성, 형식성이 약하지만, 이를 통해 생성되는 교육의 효과는 훨씬 강력하다. 이와 같은 지역사회 시민교육의 구분을 정리하면 [그림 9−2]와 같다.

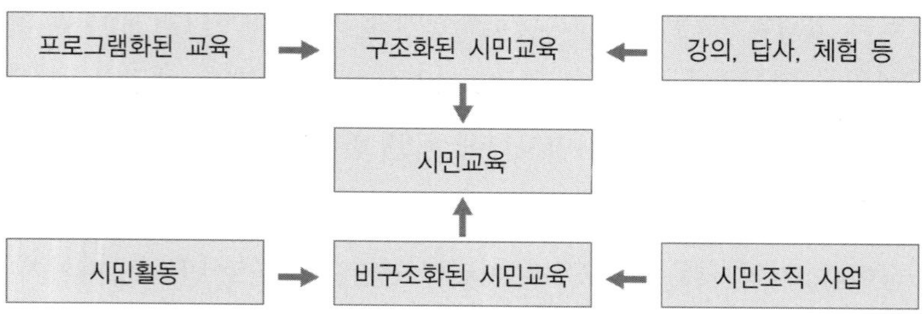

[그림 9-2] 지역사회 시민교육의 구분

3) 지역사회 시민활동과 시민교육의 연리지

지역사회 구성원을 비인간화시키고 식민화시키는 지역사회의 문제와 갈등 그리고 사회구조를 고치고, 바로잡기 위해서는 구성원의 시민활동이 필요하다. 이러한 시민활동은 지역사회 시민교육에 포함된다. 이는 시민활동과 시민교육이 분리될 수 없고, 홀로 존재할 수 없기 때문이다. 시민활동은 시민활동으로 독립되어 존재하는 것이 아니라 시민교육을 전제로 존재한다. 시민교육 역시 시민활동을 전제로 하지 않으면 성립할 수 없다. 시민교육은 시민활동이 있어야 존재할 수 있고, 시민활동은 시민교육이 있어야 존재할 수 있다. 시민교육은 시민교육으로서 시민교육이 되는 것이 아니고, 시민활동은 시민활동으로서 시민활동이 되는 것이 아니다. 시민교육 속에 시민활동이 들어 있고, 시민활동 속에 시민교육이 자리하고 있다. 시민활동이 시민교육과 맥락적으로 같은 것은 다음과 같이 인간화와 지역사회 발전을 추구하는 시민교육의 특성에서 근원을 찾을 수 있다.

첫째, 시민교육은 지역사회 구성원의 인간화를 추구한다. 인간화를 두 가지 측면에서 살펴볼 수 있다. 우선, 현상의 인간이 스스로 그러한 존재로 되어가는 인간화이다. 스스로 그러한 존재로 되어가기 위해서 자기와의 관계, 타인과의 관계, 다른 세계와의 관계를 맺으며, 이들 관계가 인간화되는 것이 요구된다. 인간화되는 관계를 맺기 위해서는 더불어 함께하기 위한 실천이 요구된다. 다음, 여러 가지 상황과 압박에 의하여 비인간화된 구성원을 인간화시키는 인간화이다. 인간을 비인간화시키는 지역사회의 문제와 갈등, 사회구조를 고치고 바르게 하는 것으로 기반으로 한다. 시민활동이 이러한 실천을 담보할 수 있다. 즉, 구성원의 인간화라는 시민교육은 시민활동이라는 실천을 통해서 이루어진다.

둘째, 시민교육은 지역사회의 발전을 추구한다. 지역사회 발전은 지역사회 내 자원과 복지의 공정한 배분, 구성원에게 영향을 미치는 의사결정과 정책의 수립, 집행에 대한 민주적 통제력과 지배력을 구성원이 확보하는 것을 의미한다. 그러나 지역사회에는 대다수 구성원의 대척점에 구성원을 비인간화시키고 식민화시키는 압축된 소수와 이해집단이 있다. 이들은 자신들의 기득권과 지배력을 유지하기 위하여 구성원을 분열시키고, 무력화시키며, 구성원의 문화를 침해한다. 이러한 과정은 이들이 만든 조직이나 자신들에게 유리하게 만들어진 사회체제, 언론 등에 의해 이루어지며, 지역사회의 생활세계 곳곳에서 문제와 갈등을 야기한다. 지역사회 내 자원과 복지의 일방적 독점, 지역사회 내 의사결정과 정책 결정에 대한 지배력과 통제력의 집중이라는 틀, 즉 사회구조를 만든다. 따라서 이러한 사회구조를 바로잡고, 지역사회에 대한 민주적 지배력과 통제력을 확보하기 위해서는 지역사회 내 문제와 갈등이 벌어지는 현장에서 이것을 해결하고자 하는 시민활동이 있어야 한다. 이 시민활동은 지역사회 발전을 목적으로 하고, 지역사회 발전은 구성원의 인간화를 위한 기반이 된다. 이런 측면에서 시민활동은 지역사회 내 단일 사안 또는 특정한 사회적 문제를 해결해 나가는 지역사회 구성원의 시민교육이다.

이러한 시민교육의 특성을 정리하면 [그림 9-3]과 같다.

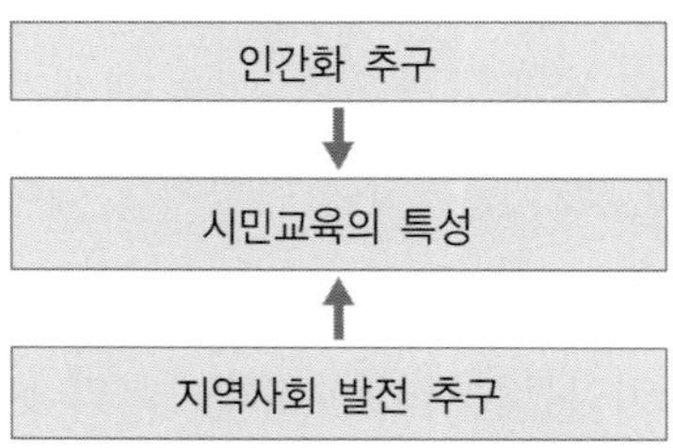

[그림 9-3] 시민교육의 특성

이와 같이 시민활동은 시민교육과 유기적인 관계를 가지고 있다. 지역사회 시민활동의 특성을 정리하면 다음과 같다. 우선, 시민활동은 구성원에게 구체적으로 노출된 사회적 문제를 해결하려는 행동으로 나타난다. 이 과정과 결과에서 구성원의 의식전환이 일어나며, 삶과 사회를 바라보는 관점의 변화가 야기된다. 다음, 시민활동은 참여한 구성원이 삶과 사회를 스스로 인식하는 의식화와 자신들의 생각과 행동에 대한 정당화를 가져오며, 이를 통해 지역사회 시민단체직에 가입하여 시민조직의 확대로 이어진다. 지역사회 구성원의 사회적 힘을 발휘하는 공동의 활동인 시민활동은 시민단체의 연대를 형성하고 확대하는 결과를 가져올 수도 있다. 끝으로, 시민활동은 장기적으로 이루어진다. 지역사회에서 시민활동은 일회적 행동 또는 정해진 일정 기간 동안의 행동으로 제한되지 않는다. 지역사회 문제와 갈등이 가시적으로 해결될 때까지 진행되며, 이는 장기적으로 이어진다.

지금, 여기의 지역사회 내 압축된 소수와 이해집단이 경제적, 사회적, 정치적 측면에서 지배권을 장악하더라도 구성원의 삶과 사회에 대한 관점과 의식을 장악하지 못하면, 구성원은 자신들의 관점과 생각을 드러나지 않게 확장해 나가고, 이것이 지역사회 시민활동으로 연결된다. 시민활동은 구성원의 의식을 점차 바꾸어 나감으로써 지역사회에 민주적이고 주체적인 관점과 사고를 수립하게 된다. 장기적으로 진행되는 시민활동에서 가장 중요한 것은 구성원의 관점과 의식을 전환시키는 시민교육이다.

시민활동을 하기 위해 몇 가지 전제가 필요하다. 이는 구성원이 준비 없이 즉각적으로 시민활동을 하려 할 때 역량 부족[1]이 나타날 수 있기 때문이다.

첫째, 구성원들이 시민활동을 할 수 있는 자세가 갖추어져야 한다. 지역사회 구성원은 지역사회의 문제와 갈등, 자신들에게 불이익을 강제하고 비인간적인 판단과 행동을 강요하는 지역사회의 분위기와 흐름이 이전부터 있었던 것으로 자연스러워할 수 있다. 지역사회 발전을 위해 행동했다가 받을 수 있

1) 일반적으로 지역사회 구성원은 생활세계에서 존재한다. 지역사회 문제와 갈등을 해결하기 위한 지식과 역량, 경험 등이 일천하고 조직활동 경험도 미흡하며, 문제와 갈등 해결의 기반이 되는 조직도 없다. 지역사회의 문제를 해결하기 위해 시민활동에 나섰다가 받을 수 있는 불이익 등에 대한 두려움도 있다. 이러한 것들이 시민활동의 역량 부족으로 나타날 수 있다.

는 불이익을 고려하여, 자신은 행동하지 않으면서 이에 대한 정당화를 시도한다. 가치 판단을 배제하고, 지역사회의 분위기와 흐름에서 요구하는 것을 성취하고, 이에 대해 긍지를 느끼기도 한다. 구성원이 이러한 자연스러워함, 정당화, 긍지에 포획되어 있으면 시민활동을 할 수 없다. 지역사회 발전을 위한 시민활동에 나설 수 있는 자세가 갖추어져야 한다.

둘째, 시민활동을 지속할 수 있는 사회적 기반이 있어야 한다. 지속적 행동이 정신을 형성한다. 이는 구성원이 지속적으로 시민활동을 하는 것을 통해 시민성이 강화되고 내재화된다는 것을 의미한다. 주목할 것은 구성원이 특별한 사안에 대한 시민활동을 한 번 또는 단기간 동안 하는 것은 가능할 수 있지만, 지속적으로 그리고 장기적으로 행동을 하는 것은 쉽지 않다는 것이다. 이것을 가능하게 하기 위해 사회적 기반이 필요하다. 지역사회에 시민단체가 있어야 하고, 구성원 간 교류와 나눔, 인간적 관계를 형성하기 위한 모임, 그리고 시민교육이 이루어져야 한다. 이러한 지역사회 내 사회적 기반이 구축되어야 구성원의 지속적이고 장기적인 시민활동이 존재할 수 있다.

2. 지역사회 시민교육의 내용

지역사회 시민교육을 시행하는 주체와 교육대상으로 구분하여 살펴볼 수 있다. 우선 교육시행 주체로 시민단체와 시민교육 활동가가 있다. 시민단체는 시민교육 활동가와 지역사회 구성원에 대해 교육을 실시하고, 시민교육 활동가는 지역사회 구성원을 대상으로 시민교육을 실시한다. 다음, 교육대상으로 시민교육 활동가와 지역사회 구성원이 있다. 시민교육 활동가는 시민단체의 교육대상이고, 지역사회 구성원은 시민단체와 시민교육 활동가의 교육대상이 된다. 시민교육의 주체와 대상을 정리하면 <표 9-1>과 같다.

<표 9-1> 시민교육의 주체와 대상

구 분		주 체	
		시민단체	시민교육 활동가
대 상	시민교육 활동가	○	○
	지역사회 구성원	○	○

시민단체에서는 지역사회 구성원을 상대로 직접 시민교육 프로그램을 운영하기도 하고, 지역사회 구성원을 상대로 시민교육을 진행할 시민교육 활동가를 상대로 교육을 운영하기도 한다. 시민교육 활동가는 지역사회 구성원을 직접 만나 시민교육을 실시하기도 하고, 시민단체에 소속되어 지역사회 구성원을 상대로 교육활동을 하는 데 필요한 제반 내용으로 다른 시민교육 활동가를 훈련시키기도 한다. 다음, 시민단체에서 지역사회 구성원을 상대로 시민교육을 진행할 시민교육 활동가를 상대로 교육 프로그램을 운영한다. 이와 같은 지역사회 시민교육에서 다루어져야 하는 내용을 정리하면 다음과 같다.

1) 지역사회 구성원을 대상으로 한 시민교육의 내용

지역사회 구성원을 대상으로 이루어지는 시민교육의 내용은 우선, 시대적 문제에 대한 인식과 성찰, 그리고 행동과 참여를 내용으로 가져야 한다. 다음, 인간이 살아가는 데 필요한 것을 가르치고, 배우며, 익히고, 실천하는 내용을 담아야 한다. 끝으로, 인간의 본질을 채우고 보태는 내용을 갖추어야 한다. 이러한 범주 안에 포함될 내용의 너름과 깊음은 역사, 사회, 삶, 인간의 요인에 따라 역동적으로 변화하고 생성하게 된다. 따라서 이를 고정하여 기술하는 것은 적절하지 않다. 변증법적인 생성과 변화에 따라 기술되어야 한다.

지역사회 시민교육은 구성원의 인간화와 지역사회에 대한 민주적 지배력과 통제력을 확보하는 지역사회 발전을 중심으로 내용이 구성되어야 한다. 이는 시민성의 내재화와 밀접한 관련이 있다. 지역사회 구성원을 대상으로 진행되는 시민교육의 내용을 다음과 같이 세 가지 범주로 구분하여 볼 수 있다.

첫째, 지역사회 시민교육은 인간의 본질을 채우고 보태는 내용을 갖추어야 한다. 이는 지역사회 시민교육이 지역사회 구성원으로 하여금 인간이 인간으로서의 본성을 갖추어 나가면서 스스로 그러한 상태로 되어가도록 해야 한다는 것을 가리킨다. 이를 위해 인간으로서의 존엄, 자유, 정의, 평화, 평등, 인권의식, 박애, 참여, 관용, 타협, 다수결 원칙, 비판의식과 비판의 허용, 저항, 소수의견 존중, 노인, 여성, 권리와 책임 등을 갖추기 위해 구성원이 자신과 자신의 관계 맺기, 자신과 타인과의 관계 맺기, 다른 세계와의 관계 맺기를 구체적으로 실천하도록 해야 한다. 시민교육은 이러한 인간 본성을 갖추어 나가는 내용을 갖추어야 한다. 이와 같은 인간의 본성에 주목하는 지역사회 시민교육의 내용을 정리하면 [그림 9−4]와 같다.

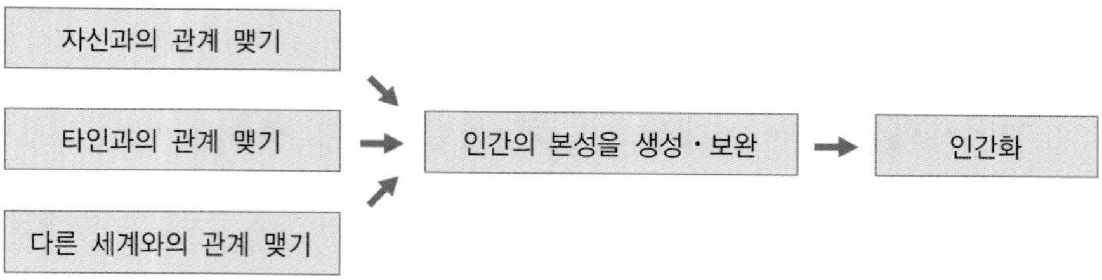

[그림 9-4] 지역사회 시민교육의 내용(1) : 스스로 그러한 존재인 인간으로의 되어짐

둘째, 지역사회 시민교육은 구성원이 인간으로서 더불어 사는 내용을 담아야 한다. 즉, 지역사회 구성원이 인간으로서 더불어 살아가는 데 필요한 것을 가르치고, 배우며, 익히고, 실천하는 내용을 다루어야 한다. 시민교육은 이를 위해 필요한 전문기술, 사회화, 문화화, 의사소통, 인간관계, 생존수단 확보 등을 내용으로 확보해야 한다. 구성원이 인간으로서 더불어 살아가면서 필요한 내용에 대한 교육을 통해 구성원이 인간으로서 스스로 그러한 존재가 되도록

지원해야 하며, 이 과정에서 인간적 성숙이 배가되도록 해야 한다. 이와 같은 지역사회 시민교육의 내용을 정리하면 [그림 9−5]와 같다.

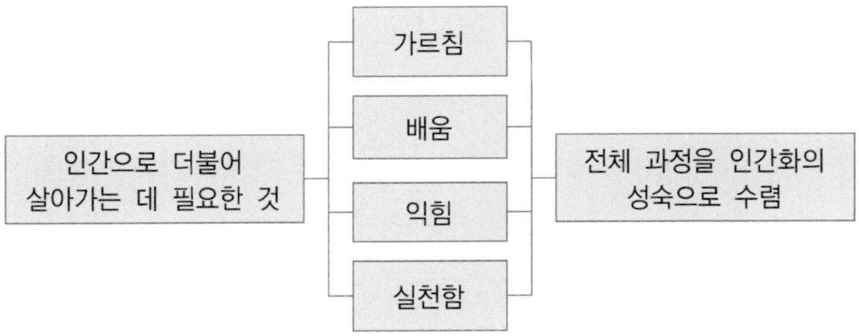

[그림 9-5] 지역사회 시민교육의 내용(2) : 살아가는 데 필요한 것의 익힘과 실천

셋째, 지역사회 시민교육은 인간을 비인간화시키고, 식민화시키는 시대적 문제에 대한 인식과 성찰, 그리고 행동과 참여를 내용으로 가져야 한다. 이는 지역사회 시민교육이 구성원을 비인간화, 식민화시키는 지금, 여기의 현상을 인식하고, 이러한 현상을 강제하고 조종하는 사회구조와 작동원리를 간파하며, 그것을 고치고 바로잡는 내용을 가져야 한다는 것을 가리킨다. 이 부분의 시민교육 내용을 정리하면 다음과 같다. 우선, 현재 지역사회 구성원의 비인간화된 현상을 인식하고, 이러한 현상을 강제하는 사회구조와 작동원리, 그리고 사회적 모순을 깨달을 수 있도록 지원하는 시민교육이 이루어져야 한다. 다음, 인간의 비인간화가 내포한 의미를 정확하게 파악하고, 인간의 비인간화를 강제하는 사회구조와 작동원리, 즉 사회적 모순을 해결하기 위한 방법을 제공해야 한다. 끝으로, 이러한 방법을 통해 사회적 모순을 해결하기 위한 실천에 나서서 지역사회 구성원의 인간화를 이루어내는 내용을 제시해야 한다.

비인간화의 배경은 주로 사회구조나 제도이지만, 수직폭력과 수평폭력 등과 같이 일상적 삶에서 사색하고 주의를 기울이지 않으면 인지하지 못하는 것들도 많다. 따라서 지역사회 시민교육은 지역사회 구성원이 인간을 비인간화시키는 요인을 간파하고, 현시대의 소명을 파악하여, 비인간화 요인을 극복하도록 해야 한다. 이는 사회문제 또는 사회정의에 관련된 부문에서 행동을 요구하는 것과 연결된다. 이러한 부문에서의 지역사회 시민교육이 인간을 비인간화하는 것을 배척하고, 인간이 스스로 그러한 존재로 되어가도록 해야 한다. 지역사회 시민교육은 지역사회 구성원이 언제나 지금, 여기의 시대적 요청에 귀를 기울여 이에 대처하고, 나아가 스스로의 역사적 사명을 거듭 새롭게 성찰하고 실천하도록 해야 한다. 그리고 이러한 과정을 통해서 지역사회 구성원이 스스로 그러한 존재로서의 인간적 성숙이 이루어지도록 해야 한다. 이와 같은 지역사회 시민교육의 내용을 정리하면 [그림 9-6]과 같다.

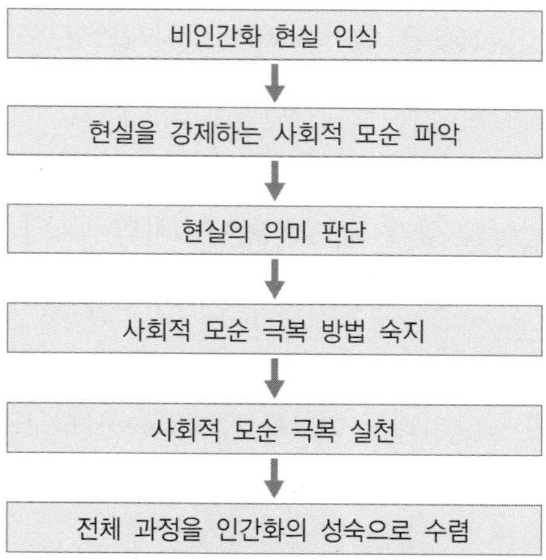

[그림 9-6] 지역사회 시민교육의 내용(3) : 비인간화 현실의 인식과 처리

이와 같이 지역사회 시민교육은 인간이 자신을 성찰하면서 스스로 그러한 존재로서의 인간으로 완성되어 가고, 인간이 살아가는 데 필요한 것을 가르치고 배우고 익히고 실천하며, 인간이 인간답게 존재하지 못하도록 하는 사회구조적인, 시대적인 문제를 인식하도록 하는 내용을 가져야 한다. 지역사회 시

민교육가 가지는 이러한 시민교육의 내용은 독립적으로 존재하면서, 동시에 상호 유기적으로 중첩되고 연결되어야 한다. 지역사회 시민교육의 내용을 정리하면 [그림 9−7]과 같다.

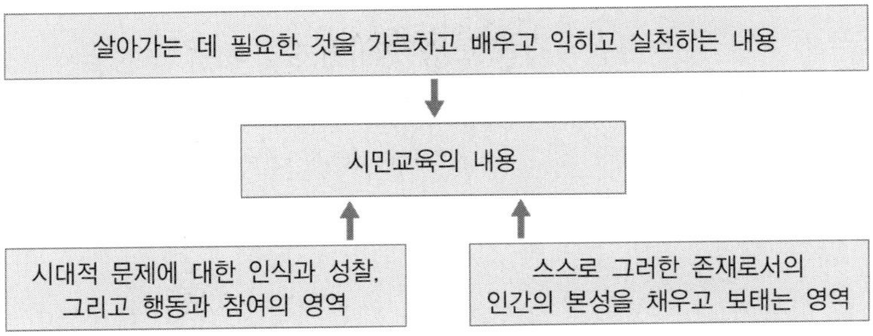

[그림 9-7] 지역사회 시민교육의 내용

2) 시민교육 활동가를 대상으로 한 시민교육 내용

지역사회 구성원들의 인간화, 그리고 삶의 평화와 행복을 위해 구성원들이 지역사회의 복지와 자원의 공정한 배분, 의사결정과 정책 수립에 대한 민주적 통제력과 지배력을 확보해야 한다. 지역사회 구성원이 지역사회에 영향력을 행사하기 위한 힘으로 결집되기 위해서는, 지역사회 구성원을 교육시키고, 시민단체를 만들어야만 한다. 이는 지역사회 시민교육 활동가가 없이는 불가능하다. 지역사회 구성원의 교육은 지역사회 시민단체와 시민교육 활동가를 통해서 이루어지고, 지역사회 시민단체는 대부분 시민교육 활동가를 통해 조직되기 때문이다. 따라서 현재 활동하고 있는 시민교육 활동가에 대한 지속적이고 심도 있는 교육을 함과 동시에 잠재적 시민교육 활동가를 찾아내고, 훈련시켜야 한다.

시민교육 활동가는 지역사회 현장에서 많은 내용을, 순간적으로 결정하고 실천해야 하는 상황에 당면할 수 있다. 이런 맥락에서 시민교육 활동가는 실천적 역량을 갖추어야 하고, 이를 시민교육에서 다루어야 한다. 시민교육 활동가의 실천적 역량을 짚어보면 다음과 같다.

(1) 전략적 의사결정

시민교육 활동가가 구조화된 교육 프로그램을 통한 시민교육과 시민활동 같은 비구조화된 교육 프로그램을 통한 시민교육을 위한 교육전략을 수립하기 위해서 지역사회 내 특정 문제와 갈등의 처리에 대한 전략적 의사결정을 해야 하는 경우가 있다. 이를 위해 시민교육 활동가와 지역사회 구성원이 당면하고 있는 지역사회의 문제와 갈등의 현상에 대해 분석을 해야 한다. 즉, 시민교육 활동가와 구성원은 외부환경과 내부역량에 대한 체계적인 분석을 통해 외부환경의 기회요인과 위협요인, 그리고 시민교육 활동가와 구성원의 강점과 약점을 파악해야 한다. 교육전략 수립을 위한 지역사회 현상 분석을 효과적으로 수행하기 위하여 다음과 같은 단계를 거치는 것이 필요하다. 우선, 문제와 갈등에서 쟁점을 정의해야 한다. 각종 분석을 실시하기 전에 기본적으로 해결해야 할 쟁점이 무엇인가를 명확히 정의해야 한다. 다음, 분석방법을 결정해야 한다. 정의된 쟁점을 해결하기 위해 필요한 분석방법을 사전에 명확하게 결정해야 한다. 쟁점 정의와 분석방법 결정을 다음과 같이 살펴볼 수 있다.

첫째, 쟁점과 하위쟁점을 규정한다. 예를 들어, 지역사회 시민단체가 시민교육 활동가를 중심으로 이미 다양한 교육 프로그램을 제공하는 교육기관들이 밀집해 있는 지역사회에 새로운 시민교육 프로그램을 실시하려고 한다. 이때 쟁점은 새로운 시민교육 프로그램을 실시하는 것이 적절한지 아닌지를 판단하는 전략적 의사결정이다. 이 쟁점을 해결하기 위하여 세부내용이 검토되어야 한다. 즉, 새로운 지역사회에 대한 매력도, 경쟁우위, 경제적 타당성 등의 하위쟁점이 규정되고, 검토되어야 한다.

둘째, 하위쟁점을 해결하기 위한 분석방법을 결정한다. 하위쟁점을 해결하기 위하여, 하위쟁점을 따져볼 수 있는 세부적인 분석방법이 설계되어야 한다. 쟁점을 규정하고 이를 해결하는 데 초점을 두고 분석을 실시하면, 우선순위가 높고 중요한 분석에 시간과 역량을 집중할 수 있고 분석 작업의 효과성과 효율성을 제고할 수 있다. 시민교육 활동가는 하위쟁점에 대한 분석결과를 토대로 쟁점에 대한 전략적 의사결정을 한 후, 교육전략을 수립하게 된다. 전략적 의사결정과 교육전략 수립의 과정을 [그림 9−8]과 같이 나타낼 수 있다.

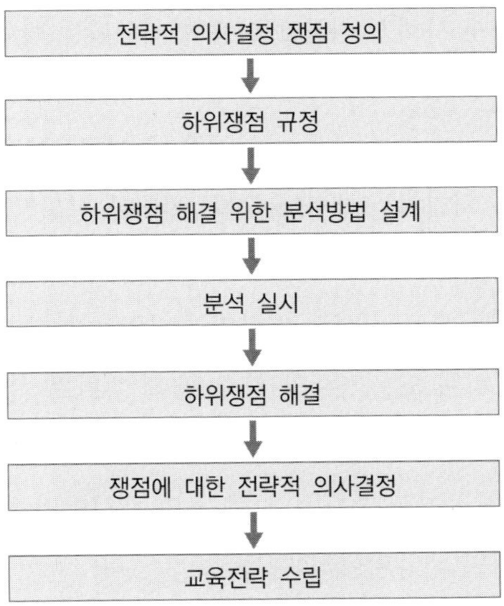

[그림 9-8] 전략적 의사결정과 교육전략 수립 과정

(2) 시민활동 방법[2]

지역사회의 문제와 갈등을 처리하기 위한 시민활동 방법이 교육내용에 포함되어야 한다. 시민활동 방법은 대상, 문제와 갈등의 종류에 따라 적확하게 사용될 필요가 있다. 시민교육 활동가의 교육내용에 포함되어야 하는 시민활

---

2) 시민활동 방법의 세부 내용은 10장 참조

동 방법을 살펴보면 다음과 같다.

첫째, 비폭력 항의와 설득을 통한 시민활동 방법이 시민교육 내용에 포함되어야 한다. 지역사회의 문제와 갈등을 해결하기 위해 비폭력 방법으로 항의를 하고 이를 통하여 압박을 가하며, 지역사회 구성원들에게 문제의 내용을 알려 설득을 하고 우호적 여론을 조성하는 것이 필요하다. 이러한 비폭력 항의와 설득의 방법으로 공식입장 제기, 집단거부, 집단적 의사소통, 상징적 집단행동, 지역사회 의사소통, 집단적 압박하기, 대중모임, 집단추모행사, 집단행진, 행동예술 등이 있다.

둘째, 시민교육에서 사회적 비협조를 통한 시민활동 방법을 다루어야 한다. 시민활동의 대상이 일하고 관계하는 여러 가지 영역들에 대해 사회적 비협조를 통하여 대상에게 압박을 가하고 지역사회 내 여론을 조성하는 것은 지역사회의 문제와 갈등을 처리하는 데 유용하다. 이러한 사회적 비협조의 방법으로 사회적 행사, 관습 및 제도에 대한 비협조, 외면, 사회제도 탈퇴 등이 있다.

셋째, 시민교육 내용으로 경제적 비협조의 방법을 통한 시민활동 방법이 있어야 한다. 경제적 비협조는 기존의 경제 관련 행위를 거부하여 상대방에게 타격과 압박을 가하는 것이다. 경제적 비협조를 통한 시민활동 방법으로 소비자의 행동, 소유자와 경영자의 행동, 노동자 및 생산자의 행동, 중간상인에 의한 행동, 경제적 재원 소유자들의 행동 등이 있다.

넷째, 정치적 비협조의 방법들을 통한 시민활동 방법이 시민교육 내용에 포함되어야 한다. 지역사회 구성원들이 지방자치단체에 정치적으로 협조하지 않는 방법을 통하여 자신들의 주장과 요구를 관철시키는 것은 매우 유용한 시민활동이다. 이러한 시민활동에 대한 내용을 시민교육 활동가가 숙지해야 한다. 정치적 비협조의 방법들을 통한 시민활동 방법으로 권위에 대한 거부, 지방자치단체에 대한 비협조, 시민 불복종 등이 있다.

다섯째, 비폭력 개입의 방법들을 통한 시민활동 방법이 교육내용으로 필요하다. 비폭력 개입의 방법으로 심리적 개입, 물리적 개입, 사회적 개입, 경제적 개입, 정치적 개입이 있다.

이러한 시민활동 방법의 내용을 정리하면 [그림 9-9]와 같다.

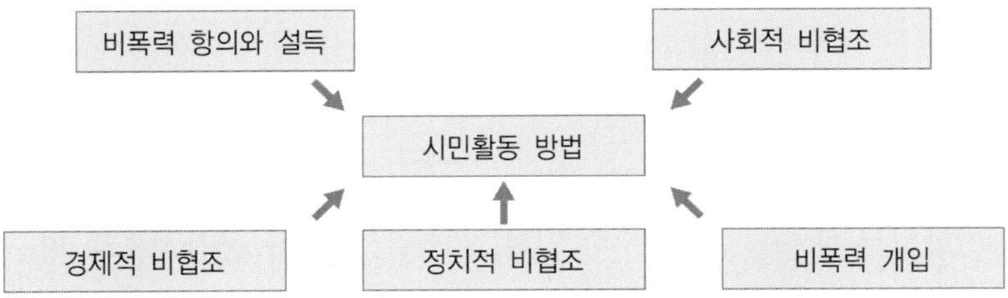

[그림 9-9] 시민교육 활동가의 교육내용에 포함되어야 하는 시민활동 방법

시민교육 활동가를 위한 시민교육 내용에 이러한 시민활동 방법들이 포함되어 교육되면, 그 자체로 시민교육 활동가의 역량을 강화시키는 성과를 거둘 수 있다. 아울러 이러한 시민활동 방법에 참여한 시민교육 활동가들이 자기 효능감을 강화하고, 자기 정체성을 확인하며, 자신의 가치와 힘을 확인하는 등의 긍정적 효과를 거둘 수 있다.

(3) 공문 쓰는 법[3)]

시민교육 활동가는 시민교육 활동을 수행하는 동안에 공문을 작성해야 하는 경우가 있다. 공문은 시민교육 활동가가 직무상 작성하고 처리한 문서 및 접수한 문서를 말한다. 공문은 내용이 복잡하여 문서가 없이는 업무처리가 곤란할 때, 업무처리에 대한 의사소통이 대화로는 불충분하여 문서가 필요할 때, 시민교육 활동가의 의사표시 내용을 증거로 남겨야 할 때, 업무처리의 형식상 또는 절차상 문서가 필요할 때, 업무처리 결과를 보존할 필요가 있을 때 요구된다. 이러한 공문의 기능을 짚어보면 다음과 같다.

3) 공문작성의 세부내용은 김창엽(2014). 평생교육실무론 참조.

첫째, 의사의 기록을 구체화한다. 공문은 사람의 의사를 구체적으로 표현하는 기능을 가진다. 사람이 가지고 있는 주관적인 의사를 문자·숫자·기호 등을 활용하여 종이나 다른 매체에 표시하고 문서화함으로써 그 내용을 구체화한다. 이 기능은 공문의 기안에서부터 결재까지 공문이 성립하는 과정에서 나타난다.

둘째, 의사를 전달한다. 공문은 자기의 의사를 타인에게 전달하는 기능을 가진다. 공문에 의한 의사전달은 전화나 구두로 전달하는 것보다 좀 더 정확하고 변함없는 내용을 전달할 수 있다. 이것은 의사를 공간적으로 확산하는 기능으로서 공문의 발송, 도달 등 유통과정에서 나타난다.

셋째, 의사를 보존한다. 공문은 의사를 오랫동안 보존하는 기능을 가진다. 공문으로 전달된 의사는 지속적으로 보존할 수 있고 역사자료로서 가치를 가지기도 한다. 이는 의사표시를 시간적으로 확산시키는 역할을 한다.

넷째, 자료를 제공한다. 보관, 보존된 공문은 필요한 경우 언제든 참고자료 내지 증거자료로 제공되어 시민단체나 시민교육 활동가의 활동을 지원하고 촉진시킨다.

다섯째, 업무의 연결과 조정을 한다. 공문의 기안과 결재 및 협조 과정 등을 통해 조직 내외의 업무처리 및 정보순환이 이루어져 업무의 연결과 조정 기능을 수행하게 된다.

이러한 공문의 기능을 정리하면 [그림 9−10]과 같다.

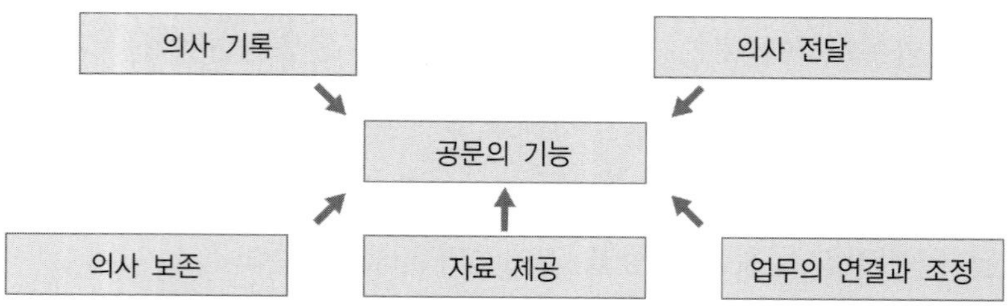

[그림 9-10] 공문의 기능

(4) 시민교육 성공을 위한 환경조성[4)]

시민교육 활동가는 지역사회 구성원과 시민교육을 같이 만들고 함께 행동하는 것이 필요하다. 그러나 시민교육 활동가는 구성원이 하는 일의 범주를 넘어서서 활동가의 차원과 수준에 맞는 업무를 해야 한다. 이 가운데 시민활동을 포함한 시민교육의 프로그램과 사업에 환경이 우호적으로 작용하도록 만드는 것도 시민교육 활동가가 해야 할 일 중 하나이다. 시민교육에 우호적인 환경을 조성하기 위해 기본적으로 필요한 것을 정리하면 다음과 같다.

첫째, 인맥을 구성[5)]해야 한다. 시민교육 활동가는 다양한 영역의 구성원들과 교류하면서 인맥을 구성해야 한다. 이 인맥은 시민교육 현장에서 이루어지는 사업과 프로그램에 우호적인 환경을 조성하는 역할을 해줄 수 있다.

둘째, 고급정보를 확보해야 한다. 시민교육 활동가는 지역사회 구성원 모두에게 공개된 자료에서 추출할 수 있는 정보 외에 시민교육에 크게 도움이 되는 고급정보를 획득해야 한다. 다양한 모임과 행사 참여, 인맥 가동 등을 통해 정보를 확보할 수 있다.

셋째, 환경변화를 활용할 수 있어야 한다. 사회의 변화에 따른 환경변화는 모든 시민교육 현장에 똑같이 다가온다. 이때 환경변화에 단순히 적응만 하는 것이 아니라, 환경변화를 활용할 수 있는 통찰력과 직관력을 가져야 한다. 이를 통해 변화된 환경을 시민교육 현장에 우호적으로 기능하도록 만들 수 있다. 시민교육 활동가가 세부적이고 부분적인 실무에만 매몰되는 것은 적절하지 않다. 객관적으로 시민교육 현장 전체를 보고, 시민교육의 내외부환경을 파악하며, 시민교육 현장에 우호적인 환경을 조성하는 것이 시민교육 활동가의 가장 중요한 업무이며 역량이다.

한편 지역사회 시민교육 활동가가 시민교육을 추진할 때, 당위적인 가치에

---

4) 시민교육 프로그램의 성공을 위한 환경조성의 세부 내용은 11장 참조

5) 인맥구성의 세부방법은 8장 참조

매몰되어 실제 교육이 성공하려면 무엇이 필요한지를 지나치는 수가 있다. 시민교육은 현실에 있는 구성원을 대상으로 현실에서 이루어진다. 모든 조건이 이상적인 상태로 갖추어진 후에 시민교육을 하는 것이 아니다. 따라서 시민교육이 성공하려면 어떤 것이 필요한가를 분명하게 규정하고 이것을 구현해야 한다.

(5) 회의 진행

시민단체를 포함하여 시민교육 활동가가 활동하는 시민교육 현장은 인원이 많고 조직이 규모를 갖춘 경우가 극히 드물다. 따라서 시민교육 활동가가 시민교육 현장에서 해야 하는 노릇은 다채롭다. 그중 중요한 구실 가운데 하나는 전체 의견을 모으고, 상황을 판단하며, 선택과 결정을 하는 회의를 진행하는 것이다. 지역사회 구성원과의 회의 또는 시민단체 안에서의 회의를 원활하게 그리고 의미 있고 생산적으로 진행하기 위해서 [그림 9−11]과 같이 회의 목적과 목표의 사전 공유, 회의 취지의 명확화, 회의 물밑작업이 필요하다.

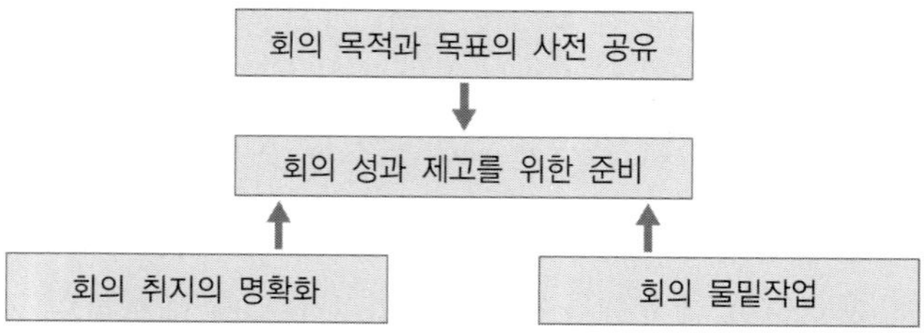

[그림 9-11] 회의 성과를 만들기 위한 준비 내용

회의 성과를 만들기 위한 준비 내용을 구체적으로 살펴보면 다음과 같다.

첫째, 회의 목적과 목표[6]를 사전에 공유하도록 한다. 회의 진행에서 중요한 것은 시간 낭비를 방지하는 것과 회의 과정에서 주제에 집중하여 논의가

6) 목적은 최종적으로 실현할 일이고, 목표는 목적이 실현된 상태를 측정하는 기준이다.

되도록 하는 것이다. 회의의 목적과 목표를 사전에 공유하지 않으면, 회의 참석자가 다른 주제와 방향으로 이야기를 하는 경우가 나올 수 있다. 이 경우 원래 회의 주제로 되돌아가지 못할 수 있고, 회의의 목적과 목표를 달성하지 못하게 되어 시간 낭비가 될 수 있다. 따라서 사전에 참석자들이 회의의 목적과 목표를 공유하도록 해야 하며, 이것이 실천되지 않으면 회의를 하지 않는 것도 검토할 수 있다.

둘째, 회의의 취지를 명확하게 정리해야 한다. 회의는 아이디어 회의와 결정 회의로 구분될 수 있다. 우선, 아이디어 회의는 브레인스토밍 등을 통해 회의에서 계속 아이디어를 생산하는 것이다. 다른 사람의 아이디어를 부정하지 않고, 계속 아이디어를 제시하는 것이 필요하다. 다음, 결정 회의는 아이디어를 근거로 계획을 정리하고 최종 결정으로 이끌어 가야 한다. 이를 위해 회의에서 나온 아이디어를 마인드맵이나 프레임으로 정리하고 결론까지 도출한다. 회의의 취지를 명확하게 하지 않고, 이에 대한 공유가 없다면 회의를 진행할 수 없게 된다.

셋째, 회의가 시작되기 전에 물밑작업을 통해 회의를 준비해야 한다. 회의를 하기 전에 필요할 경우 이해관계자에게 협조를 요청하거나, 의견을 사전에 청취하는 작업, 즉 물밑작업을 해야 한다. 회의 전에 물밑작업을 하면 회의의 수준이 높아지고 의미 있는 결과가 도출될 수 있다. 그러나 물밑작업이 회의의 토의 내용과 결과를 사전에 결정짓는 것은 아니다.

이와 같이 시민교육 활동가가 성공적으로 회의를 진행하기 위해서는 회의의 사전 준비가 필수적이다. 회의 준비 내용을 정리하면 <표 9-2>와 같다.

<표 9-2> 회의 준비 내용

구 분	내 용
회의 목적과 목표의 사전 공유	• 시간 낭비 방지와 회의 주제 유지 • 목적과 목표를 사전 공유하지 못하면, 회의 참석자가 다른 주제와 방향으로 이야기를 유인해도 되돌아가야 할 지점을 알지 못함 • 사전에 참석자들이 회의의 목적과 목표를 공유하지 못하면 회의를 하지 말아야 함 • 회의의 사전 준비가 필수임
회의 취지의 명확화	• 회의는 아이디어 회의와 결정 회의로 구분됨 • 아이디어 회의는 브레인스토밍을 활용하여 회의에서 계속 아이디어를 생산함 • 상대의 아이디어를 부정하지 말고 아이디어를 제시함 • 결정 회의는 아이디어를 근거로 계획을 정리하고 최종 결정으로 이끌어 감 • 회의에서 나온 아이디어를 마인드맵이나 프레임으로 정리하고 결론까지 도출 • 회의 취지의 공유가 없다면 회의를 진행할 수 없음
회의 물밑작업	• 회의가 시작되기 전부터 물밑작업을 통해 회의를 시작해야 함 • 회의 전에 이해관계자에게 협조를 요청하거나, 의견을 청취 • 사전에 물밑작업을 하면 회의 수준과 결과가 급상승함 • 물밑작업이 회의의 토의 내용을 사전에 결정짓는 것이 아님

한편 시민교육 활동가는 회의에서 참여자들이 충분하게 의견을 개진하고, 정보를 공유하며, 결과물을 만들어 내도록 유인해야 한다. 이를 위해 시민교육 활동가는 회의를 진행하는 데 있어 다음과 같은 부분을 주목할 필요가 있다.

첫째, 발언을 할 때 결론을 말머리에 제시한다. 회의는 주장을 하거나 질의하는 것의 반복이다. 이 모든 주장과 질의 과정에서 결론을 처음에 말하는 것이 필요하다. 이것은 시간이 부족하거나 상대방이 자신의 의견에 관심을 보이지 않을 때 특히 효과적이다.

둘째, 논점을 가시화하는 것이 필요하다. 예를 들어, 회의에서 칠판에 적으면서 토론하는 것은, 말만 난무하고 좀처럼 토론이 진행되지 않는 상황을 정리하는 데 유용하다. 말로만 의견을 나누다 보면 서로 의견이 다른 데 합의한 듯한 분위기로 끝나버릴 수 있다. 의사소통이 충분하지 않아 상대의 주장을 확인하느라 시간을 낭비하는 경우도 있다. 칠판 등을 이용해서 논점을 가시화하면 충분한 토론과 의미 있는 결론을 생산할 수 있다.

셋째, 후속 조치를 바로 결정해야 한다. 회의는 개최하는 데 의미가 있는 것이 아니라, 회의 이후의 행동에 의의가 있다. 회의 후에 참석자들마다 해야 할 행동에 대한 인식이 다르거나, 회의에 참석한 사실을 잊어버릴 즈음에 행동 대책을 의논하면, 회의의 의미가 없어진다. 따라서 회의 후의 후속 조치는 회의 자리에서 결정하고 확인하는 것이 좋다. 의제에 대한 논의가 일단락되면 후속 조치에 대한 의견이 제시되어야 한다. 무엇을 할지 결정한 다음에 그 일을 누가 하고, 언제까지, 어느 정도로 해야 할지를 결정해야 한다. 결정 후에 회의 참석자 전원의 확인을 확보하여, 이후 개별 확인의 시간과 노력을 없애고, 토론의 성과를 후속조치로 연결하는 장치를 하는 것이 요구된다.

이러한 회의에서 유의할 사항을 정리하면 [그림 9−12]와 같다.

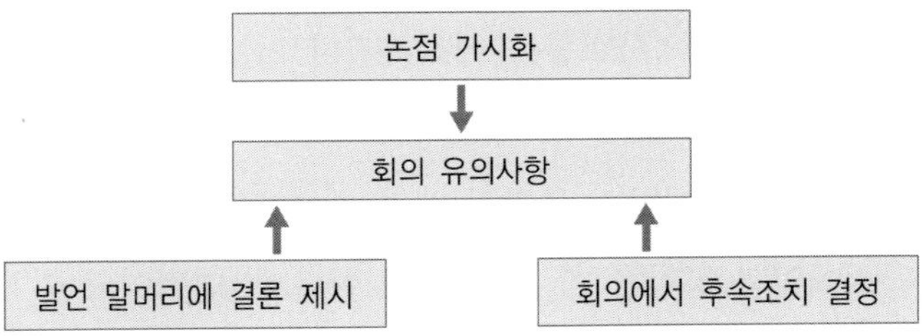

[그림 9-12] 회의 시 유의사항

시민교육 활동가는 회의를 통하여 참여자와의 의사소통과 정보공유, 그리고 결정 내용의 실시와 참여를 촉진해야 한다. 이를 위해 회의진행 방법과 회의 시 유의사항을 숙지하여 회의를 진행하는 것이 필요하다.

(6) 의사소통

의사소통(意思疏通)에서 의사(意思)란 생각과 뜻을 말한다. 소통(疏通)은 막힌 것을 트고, 뚫어 두루 미치게 하고 오가도록 하는 것을 가리킨다. 즉, 의사소통은 생각과 뜻이 오가지 못하도록 막고 있는 것을 트고, 뚫어 서로 두루 미치고 되돌아 흐르게 하는 것을 가리킨다. 의사소통이 잘 되게 하기 위해서는 우선, 뜻과 생각이 있는 둘 이상의 주체가 있어야 한다. 아무런 뜻과 생각이 없는 사람들끼리는, 또는 한 명 외에 다른 사람들은 뜻과 생각이 없다면 의사소통이 이루어지기 어렵다. 다음, 서로의 의사가 두루 미치고 오가는 것을 가로막는 것이 무엇인지를 명확하게 파악해야 한다. 사람들은 서로 사는 환경과 살아온 경험 등이 다르다.

이런 것들은 표현 방식 등을 독특하게 형성시킨다. 처음 만난, 또는 이야기를 주고받은 경험이 없는 사람들끼리 원활한 의사교환을 어렵게 만들 수 있다. 끝으로, 그 가로막는 것을 트고 뚫어야 한다. 의사소통을 가로막는 것이 무엇인지를, 그리고 그 배경이 무엇인지를 파악하면, 그것을 트고 뚫는 방법을 만들어 낼 수 있다.

지역사회 구성원들이 의사소통을 배척하거나 거부하는 경우는 거의 없다. 의사소통을 어떻게 하면 잘 할 수 있는지를 모르는 경우가 대부분이다. 의사소통을 잘 하기 위해 상대방의 문화적 배경을 이해하고, 삶의 환경과 경험을 파악하며, 감정이입과 공감을 할 수 있어야 한다. 단면적이고 기계적인 방법이나 기법에만 기대는 것은 적절하지 않다.

시민교육 활동가가 시민교육 현장에서 일방적으로 가르치고 제시만 한다면, 시민단체의 분위기가 경직되게 된다. 구성원들에게 동기부여가 안 되어 시민활동에 대한 열정과 헌신을 끌어내는 것이 어렵게 된다. 시민교육 활동가는 시민교육 현장에서 시민단체의 분위기를 역동적으로 만들고, 구성원들에게 동기를 부여하고 열정과 헌신을 유인할 수 있도록 다른 구성원과의 의사소통을 매끄럽게, 그리고 심도 있게 해야 한다. 의사소통이 잘 되고, 많이 될수록 시민활동이 진전되고 새로운 발상이 나올 가능성이 높아진다. 시민교육 활동가가 구성원과 의사소통을 하기 위해 주목해야 할 것은 다음과 같다.

첫째, 구성원의 이름을 빠르고, 정확하게 외워야 한다. 예를 들어, 시민교육 활동가가 구성원과 이야기할 때 '○○○ 씨가 말씀하신 것처럼'라고 이름을 외워서 의도적으로 이름을 부르면, 구성원과 심리적인 거리가 줄어들게 되고, 원활한 의사소통이 진행될 수 있다. 이름을 외우기 위해서는 연습을 할 필요가 있다. 명단을 만들어 외우는 것도 필요하고, 전에 만났던 사람을 멀리서 보았을 때 이름을 떠올려 보는 것도 이름을 외우는 데 효과적이다.

둘째, 구성원의 취미나 신상정보에 관심을 가져야 한다. 취미나 고향 등을 알게 되면 구성원과 자연스럽게 이야기를 나눌 수 있게 된다. 특히 취미나 신상정보에 관심을 가지게 되면, 이야기를 나눌 때 구성원이 싫어하는 화제를 피할 수 있게 된다. 구성원과 그 가족의 생일을 기억하여, 그 날에 맞춰 이메일을 보내거나 작은 선물을 하는 것도 의사소통에 크게 도움이 된다.

셋째, 사적인 자리를 만들어야 한다. 시민활동과 시민교육을 통한 의사소통이 아니라 일상적으로, 그리고 보다 사적인 자리에서 의사소통을 할 수 있으면, 결과적으로 시민교육의 의사소통도 보다 잘 된다. 사적이고 일반적인 의사소통이 새로운 행동과 기회를 제공하기도 하며, 인맥 형성과 연결된다는 것을 주목할 필요가 있다.

넷째, 대화 중에 끼어들지 않아야 한다. 의사소통에서 대화는 중요한 도구이지만, 다른 구성원이 이야기할 때 끼어들지 않는 것이 절대로 필요하다. 대화 중에 끼어들면, 우선, 상대방에 대해 성급하게 판단할 수 있다. 일반적으로 사람이 말을 할 때는 다양한 방법과 다채로운 용어를 사용하기 때문에, 이야기 도중에 끼어들면 상대방의 의도를 다르게 이해할 수 있다. 다음, 말하는 상대방의 감정을 다치게 할 수 있다. 사람은 누구나 말할 때 상대가 자기의 말을 들어주기를 원한다. 누가 도중에 말에 끼어들거나, 이야기의 맥락을 자르면 감정이 상하게 된다. 특히 회의나 토의 중에 시민교육 활동가의 끼어드는 말로 인해 회의나 토의가 제대로 진행되지 않고, 구성원이 드러내지는 않지만 불만을 가질 수 있다.

의사소통에서 위에서 제시한 부분을 주목하면 훨씬 부드럽고 깊이 있는 이야기가 오갈 수 있다. 그러나 의사소통에서 가장 중요한 것은 진정성과 상대방에 대한 예의이다. 진성성과 예의를 가지고 시민교육 현장의 구성원과 깊고 넓게 의사소통을 하여, 구성원 개인의 목표와 시민단체의 목표를 일치시키고, 구성원의 잠재력을 발현시키며, 열정과 헌신을 이끌어 내는 토대를 구축하는 것이 시민교육 활동가가 가져야 할 의사소통 역량이다.

(7) 구성원 실무교육과 관리

시민교육 활동가가 구성원에게 실무를 교육하고 관리하는 역량이 교육내용에 포함되어야 한다. 시민교육 활동가는 시민활동을 추진하는 것과 관련하여 지역사회 구성원에게 실무를 교육하고 관리해야 한다. 이는 시민활동이 시민교육 활동가 주도에 의해 이루어지는 것이 아니라 구성원과 함께 추진하는 것이기 때문이다. 따라서 구성원도 시민활동에서 일정한 실무를 담당할 필요가 있다. 시민교육 활동가가 시민활동에서 구성원의 실무를 관리하고 교육하기 위해서는 다음과 같은 내용이 고려되어야 한다. 우선, 구성원의 실무는 고정되어 있는 것이 아니다. 구성원의 실무는 늘 새로운 과제를 맞이하게 되고, 내외부 환경변화에 따라 달라질 수밖에 없다. 다음, 시민교육 활동가는 구성원의 업무 관리와 교육만 담당하는 것이 아니다. 시민교육 활동가는 그 위치와 역량에 맞는 업무를 수행해야 한다. 끝으로, 구성원의 자발적 역량 강화가 이루어져야 한다. 이러한 시민교육 활동가의 구성원 실무 관리와 교육에서 고려되어야 할 사항을 정리하면 [그림 9-13]과 같다.

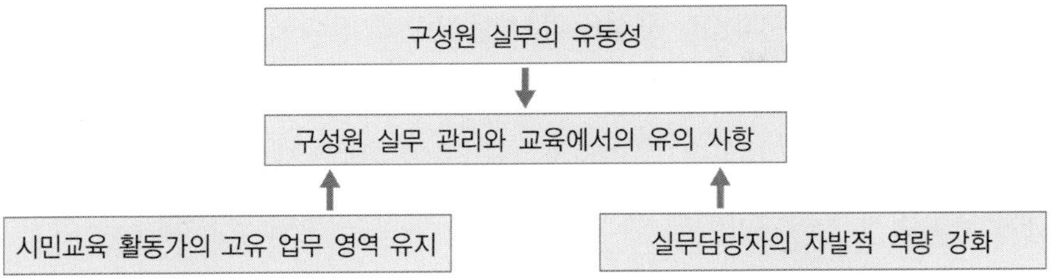

[그림 9-13] 시민교육 활동가의 구성원 실무 관리와 교육에서 고려 사항

시민교육 활동가는 구성원의 실무 관리와 교육을 위해 가능한 시민활동 실무는 모두 구성원에게 위임하는 것이 필요하다. 구성원이 가지고 있는 실무 역량을 최대한 끌어낼 수 있는가 없는가의 여부는 시민교육 활동가의 마음가짐에 달려있다. 단 한 명의 구성원이 있어도 가능한 일은 모두 위임하는 것이 필요하고, 이것이 시민교육 활동가의 역할이라고 판단해야 한다. 이는 시민교육 활동가가 자신이 해야 하는 다른 차원의 실무를 처리할 수 있다는 것과 함께 다음과 같이 구성원의 실무를 관리하고 교육하는 측면이 있다.

첫째, 시한을 정한 실무위임을 통해 구성원의 실무를 관리해야 한다. 시민교육 활동가가 구성원에게 실무를 맡기는 것은 쉽지 않다. 시민교육 활동가가 직접 하면 훨씬 빠르고, 정확하게 실무를 처리할 수 있다. 그러나 이렇게 하면 구성원의 역량이 강화되거나 계발되지 않고, 시민교육 활동가는 자신의 위상에 걸맞은 실무를 추진할 수 없다. 결과적으로 구성원을 교육시키지 못하게 되고, 시민교육의 성과와 목표를 달성하지 못할 수 있다. 또한 시민교육 활동가가 실무를 과중하게 가지고 있으면, 자신의 일을 하기 위해서 구성원이 담당한 일을 제대로 하고 있는지 확인할 수 없다. 시민교육 활동가가 나중에 확인해 보니 구성원이 진행한 실무가 제대로 되어있지 않고 문제를 발생시키고 있어서 시민교육 활동가가 그 실무의 뒤처리를 해야 하는 상황이 벌어질 수 있다.

이러한 상황을 방지하고, 구성원의 실무역량을 강화시키기 위해서라도 시민교육 활동가는 처음부터 가능한 실무를 모두 구성원에게 맡기고, 시한을 정하여 진행 상황이나 내용을 치밀하게 관리해야 한다. 시한을 정하면, 그때까지는 구성원에게 위임한 실무에 일체 개입하지 않는 것이 필요하다. 구성원에 대한 시민교육 실무교육은 실무의 위임을 토대로 이루어지며, 실무의 관리는 실무의 시한을 기반으로 진행될 수 있다.

둘째, 시민교육 활동가가 구성원에게 실무를 위임할 때 중요한 것은 실무를 위임하되, 시한을 정하여 실무 성과를 관리하고, 구성원이 요구하거나 또는 시민교육 활동가가 필요하다고 판단되는 것을 교육시키는 것이다. 실무의 시한을 정한다는 것은 구성원에게 그때까지 실무를 끝내라고 지시한 것뿐 아니라, 그때까지 실무에 대한 의무와 책임, 권한을 위임한다는 것을 의미한다. 구성원은 실무를 시한 안에 끝내기 위해 최대의 노력을 기울일 것이고, 실무 수행에 필요한 것을 다양한 방법과 경로로 학습하게 된다. 시민교육 활동가는 구성원이 실무를 수행할 역량을 갖출 때까지 다양한 방법으로 지원하고 환경을 조성해 준다. 이런 측면에서 시한을 정한 실무의 위임은 구성원에 대한 효과적인 교육으로 기능할 수 있다.

시민교육 활동가는 교육과 훈련이 다채로운 방식으로 진행된다는 것을 인식해야 한다. 특히 시민단체에서의 교육과 훈련은 시민교육 실무를 바탕으로 하는 것이 가장 효과적일 수 있다. 실무에 바탕을 두고 교육을 시킨다는 것은 실무 관리를 병행한다는 것을 의미한다. 시민교육 활동가의 실무 역량 중 하나는 업무 위임과 시한을 활용하여 구성원의 실무 관리, 그리고 교육과 훈련의 효과를 이끌어 내는 것임을 다시 주목해야 한다.

(8) 위기 대응

시민교육 활동가의 교육내용에는 위기에 대처하는 역량이 포함되어야 한다. 시민교육이 실행되는 현장은 불확실하지만 역동적이다. 시민교육 활동가는 이러한 환경 속에서 앞으로 닥칠 수 있는 위기를 잘 막아내기 위하여 다음의 내용을 실천해야 한다.

첫째, 환경변화의 징후를 읽고 대비할 준비를 해야 한다. 지역사회의 움직임과 구성원의 행동을 주목하고, 지방정부나 시민단체의 회의 내용을 주의 깊게 살펴야 한다. 눈에 보이고 귀에 들리는 정황과 정보를 잘 해석하면 많은 결정과 변화를 예측할 수 있다. 다른 시민단체나 타 평생교육기관의 동향을 살피는 것도 필요하다. 이를 통해 시민교육 현장에 알려지지 않은 정보들을 미리 확보할 수 있다. 최악의 위기에 대비하여 시나리오를 작성하고 이에 대한 대책을 마련해 두어야 한다.

둘째, 어려운 상황에 당면했을 때 구성원에게 모범을 보여야 한다. 시민교육 활동가는 어떤 상황에서나 자신감 넘치는 자세를 유지해야 한다. 위기를 극복하기 위해 최선을 다하되, 안간힘을 쓴다는 인상을 주지 말아야 한다. 자신감을 보여야 한다. 이 자신감은 구성원에게 그대로 전염된다. 자신감 넘치는 자세를 유지하려면 많은 노력과 수고가 필요하다. 여유와 자신감은 말없이 가만히 앉아 있는 것으로 확보할 수 있는 것이 아니기 때문이다.

셋째, 위기를 예방해야 한다. 지역사회 문제와 갈등의 핵심을 찌르는 질문을 자신에게 그리고 구성원에게 해야 한다. 중요한 정보를 수집하며, 구성원을 먼저 돌보고, 문제를 예방하며, 모범을 보이고, 상황에 휘둘리지 말고 중심을 잡을 수 있어야 한다.

3. 지역사회 시민활동 프로그램과 성공요인

1) 지역사회 시민활동 프로그램 만들기[7)]

(1) 프로그램 개발의 기본 틀

프로그램 개발은 기본적으로 문제를 해결하거나 현상태를 이상적 상태로 전환시키기 위해 이루어진다. 즉 문제해결과 이상적 상태로의 전환 방편이 프로그램이다. 이를 정리하면 [그림 9−14]와 같다.

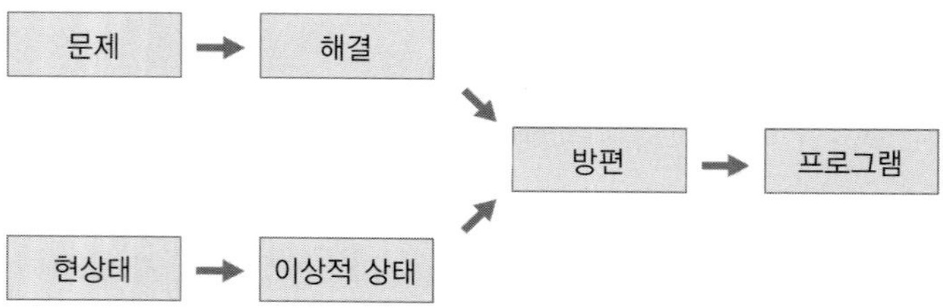

[그림 9-14] 프로그램 개발의 흐름

이러한 프로그램 개발의 흐름에 터하여 프로그램 개발 단계 및 내용을 정리하면 다음과 같다.

첫째, 프로그램 주제 설정 단계이다. 이 단계에서는 프로그램의 주제를 설정하게 된다. 주제 설정을 위하여 시나리오 기법, 패러다임 기법, 문제 해결, 이상적 상태 전환, 프로그램 믹스 관리, DB 자료를 활용하게 된다. 주요 결과물로는 2~3개의 프로그램 주제 설정이다.

둘째, 프로그램 표적시장 선정 단계이다. 이 단계에서는 프로그램의 대상이 되는 표적시장을 선정하게 된다. 표적시장 선정을 위해 프로그램 시장 설정, 학습자행동변수를 활용한 프로그램 시장 세분화, 표적시장 선정을 진행하게 된다. 주요 결과물로 프로그램 주제별 1개를 기준으로 선정된 프로그램 표적

7) 보다 자세한 내용은 김창엽(2020). 생각과 실천의 어울림을 위한 평생교육프로그램 개발 참조

시장을 들 수 있다.

셋째, 프로그램 표적시장 욕구조사 단계이다. 이 단계에서는 프로그램의 대상인 표적시장을 중심으로 욕구조사를 실시하게 된다. 욕구조사를 위해 학습자행동변수와 학습자특성변수를 기반으로 표적시장 학습자를 분석하고, 분석된 학습자별로 욕구분석을 진행한다. 주요 결과물로 표적시장별 욕구조사 내용이 있다.

넷째, 프로그램 표적시장구조 분석 단계이다. 이 단계에서는 프로그램 출시 시점 기준의 표정시장구조 분석을 진행하게 된다. 프로그램 표적시장구조 분석을 위해 5Force 모델 분석이 유용할 수 있다. 주요 결과물로 프로그램 출시 시점 기준 표적시장별 구조분석을 들 수 있다.

다섯째, 프로그램의 시장성 분석 단계이다. 이 단계에서 개발할 프로그램의 주제를 결정하게 된다. 프로그램 시장성 분석을 위해 시장매력도 분석, 경쟁우위 분석, 시장적합성 분석을 진행한다. 주요 결과물은 프로그램별 시장성 분석을 통한 개발할 프로그램 주제이다.

여섯째, 프로그램 개발 단계이다. 이 단계에서 프로그램을 구체적으로 개발하게 된다. 개발 영역으로 우선, 프로그램 내용, 수강료, 촉진방법과 경로, 학습자 지원 방편이 있다. 다음, 프로그램 내용과 대상, 규모에 적확한 단계[8]별 교수법을 개발해야 한다. 주요 결과물은 프로그램의 생산, 수강료, 촉진, 학습자 지원, 단계별 교수법 등이다.

일곱째, 프로그램 성공환경 조성 방안 마련 단계이다. 이 단계에서 프로그램을 성공시킬 환경조성 방안을 구축하게 된다. 구체적으로 성공요인 분석, 보유요인 분석, 비교 및 문제점 도출, 현재 전략 분석, 대안(미래 전략) 도출, 대안 실행의 장애요인 분석, 장애요인 해결을 위한 해결책 도출 등이 이루어지게 된다. 주요 결과물은 프로그램 성공환경 조성 방안이다.

8) 단계는 시작단계, 교수단계, 마무리단계로 구분할 수 있다.

여덟째, 프로그램 평가 방편 마련 단계이다. 이 단계에서 프로그램 4단계 목표 달성 평가, 단계별 교수법 평가, 프로그램 개발 과정 평가가 이루어진다. 주요 결과물은 프로그램 평가 방법이다.

아홉째, 프로그램 운영관리 방안 마련 단계이다. 이 단계에서 프로그램을 운영하는 데 활용할 방안을 마련하게 된다. 프로그램 위기관리 방안, 프로그램 사후관계 등을 다루게 된다. 주요 결과물은 프로그램 운영관리 방안이다.

이러한 프로그램 개발 단계 및 주요 결과물을 정리하면 <표 9−3>과 같다.

<표 9-3> 프로그램 개발 단계 및 주요 결과물

단계	내 용	처리내용/ 사용할 기법	주요 결과물	비 고
1	프로그램 주제 설정	• 시나리오 기법 • 패러다임 기법 • 문제의 해결 • 이상적 상태로의 전환 • 프로그램 믹스 관리 • DB 자료	프로그램 주제	• 2~3개 주제 설정
2	프로그램 표적시장 선정	• 프로그램 시장 설정 • 학습자행동변수를 활용한 프로그램 시장 세분화 • 표적시장 선정	프로그램 표적시장 선정	• 프로그램 주제별 1개 표적시장
3	프로그램 표적시장 욕구조사	• 학습자행동변수와 학습자특성변수를 기반으로 표적시장 학습자 분석 • 분석된 학습자별 욕구 분석	표적시장 욕구분석	• 표적시장별 욕구조사
4	프로그램 표적시장구조 분석	• 5Force Model 분석(현재 시장 내 경쟁/ 잠재적 진입자의 위협/ 대체재의 위협/ 공급자의 위협/ 수요자의 위협)	시장구조 분석	• 표적시장별 구조분석 • 프로그램 출시 시점 기준 분석
5	프로그램의 시장성 분석	• 시장매력도 분석 • 경쟁우위 분석 • 시장적합성 분석	프로그램 주제결정	• 프로그램별 시장성 분석

6	프로그램 개발	• 개발 영역 . 프로그램 생산(기획/ 설계) . 프로그램 수강료 . 프로그램 촉진(광고/ 홍보/ PR) . 학습자 지원 • 프로그램 내용/ 대상/ 규모에 적확한 단계별(시작단계/ 교수단계/ 마무리단계) 교수법 개발	프로그램 개발	• 기획 : 무엇을, 어떻게, 목표 • 설계 : 어떻게
7	프로그램 성공환경 조성	• 성공요인 분석 • 보유요인 분석 • 비교 및 문제점 도출 • 현재 전략 분석 • 대안(미래 전략) 도출 • 대안 실행의 장애요인 분석 • 장애요인 해결을 위한 해결책 도출	성공환경 조성	
8	프로그램 평가	• 프로그램 4단계 목표 달성 평가 • 단계별 교수법 평가 • 프로그램 개발 과정 평가	프로그램 평가방법	
9	프로그램 운영관리	• 프로그램 위기관리(예상인원 미달 시 결정기준/ 학습자 불만제기 시 처리방법 등) • 프로그램 사후관계(학습동아리와 회원모임 구성/ 사후활동 및 심화학습 연결/ 시민단체 우호환경 조성 등)	프로그램 운영관리	

이러한 프로그램 개발 단계와 내용은 모든 시민단체에서 동일하게, 반드시 적용해야 하는 것은 아니다. 주제에 따라, 기관의 상황에 따라, 프로그램 개발자의 역량과 환경에 따라 적절하게 가감하여 활용하는 것이 필요하다.

(2) 시나리오기법을 활용하여 사회현상에서 주제를 발굴하는 프로그램 개발

사회현상을 기반으로 시나리오기법을 활용한 프로그램 개발을 다음과 같이 살펴볼 수 있다.

첫째, 프로그램 주제를 선정한다. 프로그램 주제는 '사회현상－동향－쟁점－시나리오 작성'의 과정을 거쳐 선정된다. 프로그램 주제 선정 과정을 정리하면 [그림 9－15]와 같다.

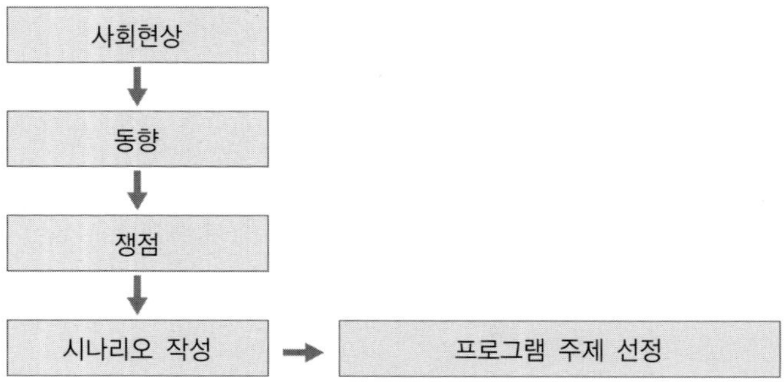

[그림 9-15] 프로그램 주제 선정 과정

둘째, 선정된 프로그램 주제를 기반으로 프로그램 표적시장 선정, 프로그램 표적시장 욕구조사, 프로그램 표적시장 구조 분석, 프로그램의 시장성 분석의 과정을 거쳐서 프로그램을 개발한다. 프로그램 개발의 과정을 정리하면 [그림 9－16]과 같다.

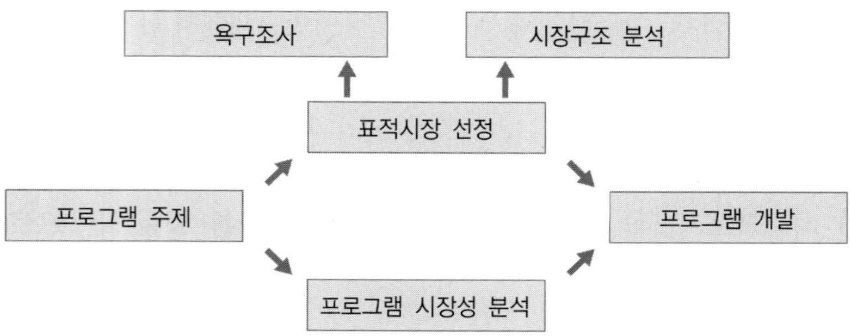

[그림 9-16] 프로그램 개발 과정

한편 개발된 프로그램의 내용에는 프로그램의 대상과 규모, 주제, 장소, 차시별 소주제 그리고 차시별 시작단계, 교수단계, 마무리단계에서 사용할 교수법[9]이 포함된다. 프로그램의 내용에 들어가야 할 요인들을 정리하면 [그림 9-17]과 같다.

[그림 9-17] 개발 프로그램 내용

아울러 개발된 프로그램 내용에 프로그램 주제와 교수법에 타 기관 프로그램과 차별화할 수 있고, 기능적 편익뿐 아니라 사회적 편익과 심리적 편익을 장치할 수 있도록 해야 한다. 이러한 장치는 프로그램의 내용과 상황에 따라 탄력적으로 적용시킨다.

셋째, 개발된 프로그램을 대상으로 프로그램 수강료, 프로그램 촉진, 프로그램 성공환경 조성, 프로그램 평가, 프로그램 운영관리 등속의 방안을 마련하여 프로그램 개설 준비를 한다. 프로그램 개설 준비 내용을 정리하면 [그림 9-18]과 같다.

9) 김창엽(2019). 성인교수학습의 이론과 실제 참조

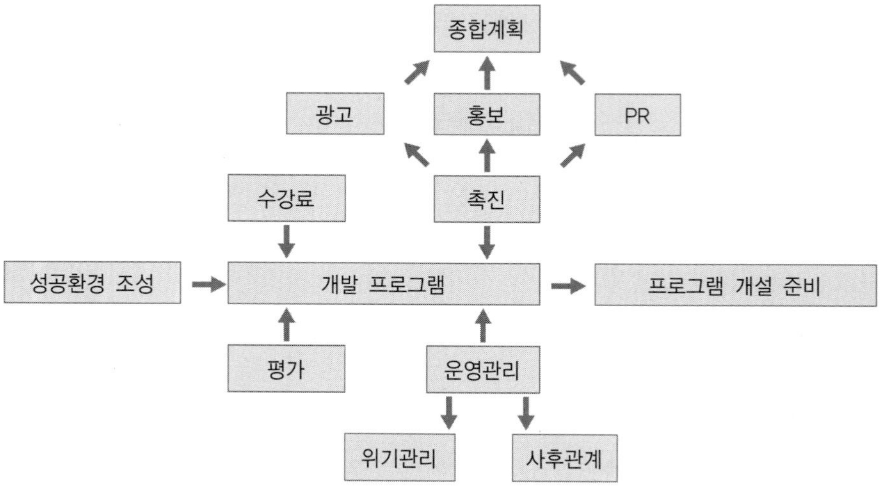

[그림 9-18] 프로그램 개설 준비 내용

(3) 특정 주제를 특정 대상에게 제공하는 프로그램 개발

특정 주제를 특정 대상에게 제공하기 위한 프로그램 개발은 도출된 문제를 해결하거나, 현상태를 이상적 상태로 전환하는 데 주목할 수 있다. 특정 주제를 가지고 프로그램을 개발하는 과정을 다음과 같이 살펴볼 수 있다.

첫째, 특정 대상에게 적용할 프로그램 주제를 특정한다. 이 과정에 시민교육 프로그램 개발자의 패러다임이나 시민단체의 의도가 작동할 수 있다.

둘째, 프로그램 개발 주제가 선정되었으면 이를 기반으로 프로그램을 개발하게 된다. 일반적으로 프로그램 개발 단계에서 프로그램 표적시장 선정, 프로그램 표적시장 욕구조사, 프로그램 표적시장 구조 분석, 프로그램의 시장성 분석을 진행하고, 프로그램의 대상과 규모, 주제, 장소, 차시별 소주제, 진행단계에 맞는 교수법을 개발하며, 개발된 프로그램을 대상으로 프로그램 수강료, 프로그램 촉진, 프로그램 성공환경 조성, 프로그램 평가, 프로그램 운영관리 등속의 방안을 마련하게 된다.

한편 시민단체의 경우 특정 학습자 등을 대상으로 특정 주제로 프로그램을 개발하는 과정은 위에서 제시한 내용을 제대로 담지 못하는 경우가 빈번하다. 이 문제를 해결하는 '정답'은 없다. 그러나 프로그램의 구체적 내용을 개발하기 전에 특정 대상을 직접 만나 주제에 대한 이야기를 주고받는 것이 필요하다. 이를 통하여 프로그램 내용을 충실하게 할 수 있고, 학습자의 욕구를 반영할 수 있기 때문이다.[10)]

2) 지역사회 시민활동 성공요인 갖추기

시민활동을 실시할 때 목표를 너무 낮게 잡는 것은 실패의 요인이 된다. 목표를 너무 높게 잡는 것도 실패의 요인이 된다. 한편 목표와 계획만 잘 구축해서도 안 된다. 시민활동이 성공할 수 있는 환경요인을 만드는 것이 필요하다. 지역사회 시민활동 성공요인을 생성하는 과정을 예를 들어 살펴보면 다음과 같다. 첫째는, 대학생 취업의 핵심성공요인[11)]을 도출한다. 핵심성공요인은 구체적으로, 그리고 계량화할 수 있으면 그리 하여 기술한다. 일반적으로 많이 알려진 성공요인을 그대로 인용한다면, 학점 95점 이상(A^+), 외국어는 원어민 수준으로 3개 국어 구사, 토익 960점 이상, 용모개선비용은 1억 이상, 공모전 5개 입상, 봉사활동 200시간 정도면 겉치레는 그럴 듯할 것이다. 둘째는, 현재 보유요인을 판단한다. 학점이 82점(B^0)이다.[12)] 셋째는, 핵심성공요인과 현재 보유요인을 비교한다. 비교는 반드시 같은 내용의 요인끼리 해야 한다. 핵심성공요인의 학점은 95점이고 현재 학점은 82점이다. 13점 차이가 난다. 넷째는, 문제점을 도출한다. 취업난으로 입사지원생이 많이 몰려서 학점 82는 서

---

10) 이 방법은 신규 프로그램 개발 전반에 적용할 수 있다.

11) 여기서 대학생 취업을 예로 드는 것은 삶터에 내몰린 그들의 아픔을 고려하고, 그들의 상황을 조장하는 사회구조를 생각할 때 적절하지 않다. 그러나 대학생 취업이 많은 관심을 받고 있고, 취업을 위해 애쓰는 모습과 내용이 많이 알려져 있어 핵심성공요인을 설명하는 예로 사용할 때 효과적이라는 판단을 하였다. 이해를 부탁드린다.

12) 다른 요인의 기술은 같은 내용이 반복되므로 생략한다.

류심사에서 탈락한다. 다섯째는, 현재 전략을 파악한다. 현재 전략은 당사자가 현재 어떻게 공부하고 있는가 하는 것이다. 학점 95점 이상이 되려면 하루 8시간을 공부해야 한다. 그러나 당사자는 하루 1시간을 공부하고 있다. 여기서 중요한 것은 하루 1시간 공부하는 이유와 원인을 정확하게 파악하는 것이다. 당사자는 학비와 생활비를 확보하기 위해 하루 12시간씩 편의점 등에서 시간제 근무를 해야만 한다. 공부할 시간을 확보하기가 어렵다. 여섯째는, 대안을 마련한다. 하루 10시간 공부하는 것을 대안으로 제시할 수 있다. 하루 8시간 공부하면 95점 이상이 되므로 하루 10시간 공부를 하면 점수가 95점 이상이 될 수 있다. 일곱째는, 대안을 실천하는 부분에서 장애요인을 파악한다. 당사자는 하루 12시간을 일해야 하므로 물리적으로 하루 10시간 공부시간을 만들 수 없다. 여덟째는, 해결책을 만들어야 한다. 장애요인을 처리할 수 있는 구체적인 내용이 해결책에 나타나야 한다. 일반적으로 '누가, 누구와, 무엇을, 어떻게, 어느 정도로, 언제까지' 할 것인지를 해결책에서 제시해야 한다.

해결책이 실현되면 장애요인이 소멸된다. 장애요인이 사라지면 대안이 작동하게 된다. 대안이 작동하면 현재보유요인이 핵심성공요인으로 전환되게 된다. 핵심성공요인이 확보되면 사업의 성공을 지원하는 환경이 조성된다. 이 흐름을 정리하면 [그림 9−19]와 같다.

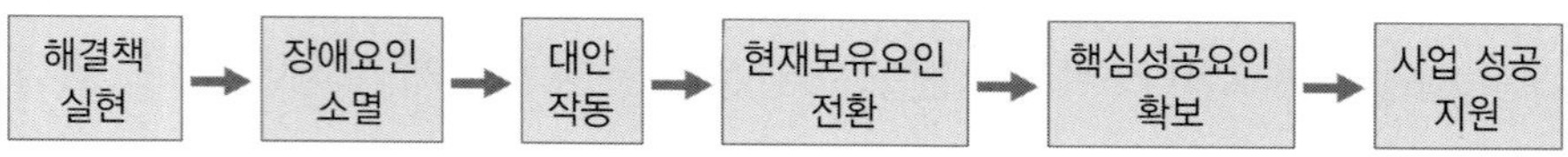

[그림 9-19] 지역사회 시민활동의 성공요인 확보

한편 이러한 핵심성공요인은 요인별로 해결책을 만들어야 한다. 즉, 핵심성공요인이 네 가지면 4개의 해결책이 만들어져야 한다. 이 내용을 정리하면 <표 9−4>와 같다.

<표 9-4> 지역사회 시민활동의 성공요인 확보

사업명	핵심 성공요인	현재 보유요인	비교	문제점 도출	현재전략	대안	장애요인	해결책
	①	②	③	④	⑤	⑥	⑦	⑧
	a	b	c	d	e	f	g	h
	i	ii	iii	iv	v	vi	vii	viii
	가	나	다	라	마	바	사	아

지역사회 시민활동을 추진할 때, 당위적인 가치에 매몰되어 실제 활동이 성공하려면 무엇이 필요한지를 간과하는 경우가 많다. 시민활동은 현실에서 이루어진다. 따라서 시민활동이 성공하려면 어떤 것이 필요한가를 명확하게 짚어서 이를 확보해야 한다.

10장 | 지역사회 시민교육의 방법

지역사회 시민교육은 다채로운 내용을 가지게 되며, 지역사회 구성원과 시민교육 활동가를 대상으로 이루어진다. 이러한 내용은 시민교육의 다양한 방법을 통하여 다루어진다. 시민교육의 방법을 구조화된 시민교육과 비구조화된 시민교육으로 구분하여 살펴보면 다음과 같다.

1. 구조화된 시민교육에서 사용하는 방법

지역사회 구성원과 시민교육 활동가를 대상으로 하는 구조화된 시민교육은 강의, 토론, 집단학습, 경험학습, 전환학습 등 다양한 방법을 통하여 다채로운 내용을 다루게 된다. 시민교육의 내용에 따라 사용되는 시민교육 방법은 광대한 확장성을 가지게 된다. 특정한 시민교육 방법으로 다룰 수 있는 시민교육 내용의 용량도 제한될 수 없다. 특정 내용에 적확한 방법 또는 특정 방법에 적절한 내용을 기술하는 것은 가능하지도 않고 부적절하다. 따라서 여기서는 상황과 때에 따라 사용할 수 있는 시민교육 방법을 예시하는 데 멈춘다.

한편 시민교육 방법은 지역사회 구성원과 시민교육 활동가의 삶과 사회 전체에서 시민교육이 구현되는 전반적인 상황과 때를 기반으로 실시된다. 이는 시민교육 방법이 매우 다양하고 다채로울 수 있다는 것을 의미한다. 예를 들어, 여행, 독서, 등산, 자원활동, 고소고발 등이 모두 그 상황과 목적에 맞는 적절한 시민교육 방법이라고 할 수 있다. 이것은 개인 차원에서 실시될 수도 있고, 집단 차원에서 실시될 수도 있다. 시민교육 방법은 시민교육의 내용과 목적, 그리고 참석 대상과 기간에 따라 서로 다른 모습을 가질 수 있다. 이러한 시민교육 방법의 범주를 다양한 관점에서 바라볼 수 있으나 크게 시민교육 프로그램의 시작 단계, 교수 단계, 마무리 단계로 구분할 수 있다.

1) 시민교육 프로그램 시작 단계의 방법[1)]

시민교육은 시민교육 활동가가 프로그램 장소에 들어서는 순간부터 시작된다. 시민학습자는 시민교육 활동가가 들어서는 순간부터 관찰을 한다. 시민교육 활동가는 프로그램 장소에 있는 시민학습자와 눈을 마주치고, 자신감 있는 표정과 태도를 취할 필요가 있다. 시민학습자에게 웃음을 보내며 '반갑습니다'라고 먼저 인사를 한다. 이와 함께 시민교육 활동가는 교수행위의 토대로서 시민학습자와 공감 형성, 감정 공유, 상호 인정과 상호 수용 등이 이루어지도록 해야 한다. 이를 위해 프로그램 시작 단계에서 시민학습자의 주의집중 도출, 학습안전지대 구축, 시민학습자 간 벽 허물기, 시민교육 활동가와 시민학습자 간 벽 허물기를 마련해야 한다.

(1) 시민학습자의 주의집중 이끌어 내기

시민학습자는 프로그램 현장에서 다른 성인학습자, 교육장소, 프로그램 내용 등을 낯설어하고, 두려워하며, 불안해한다. 그렇기 때문에 끝없이, 끊임없이 주변과 상황을 살피고, 집중하지 못한다. 시민교육 활동가에게도 집중하지 않는다. 그러나 시민학습자가 집중하게 해야 시민학습자를 안정시킬 수 있고, 학습효과를 생성할 수 있다. 그렇기 때문에 강의 시작 즈음에 시민학습자의 주의를 집중시키는 것이 필요하다. 주의를 집중시키는 교수법으로 '모은 눈동자', '허를 찌르는 이야기' 등이 있다. 한편 시민학습자의 주의를 집중시키기

---

1) 자세한 내용은 김창엽(2011). 평생교육방법론, 김창엽(2019). 성인교수학습의 이론과 실제 참조

위해 시민학습자가 몸을 움직여서 하는 방법을 사용하며 이것을 교육내용과 자연스럽게 연결시키기, 시민교육 활동가가 역동적으로 말을 하며 어조의 강약과 완급 조절하기, 시민학습자에게 공격적인 질문 하기, 익살과 해학 활용하기 등을 적절하게 사용할 수 있다.

(2) 학습안전지대 만들기

시민교육 활동가는 시민학습자가 프로그램에 참석하여 학습을 할 때 불안을 느끼고 긴장하는 것을 이해해야 한다. 이는 시민학습자가 생경한 교육내용에 낯설어하고 부담을 가지며, 자신이 교육내용에 대해 모르는 것이 드러나거나 역량과 태도, 지식이 부족하다는 것이 밝혀지면 안 된다는 불안심리를 가지고 있고, 이것이 자존심과 연결될 수 있기 때문이다. 이러한 불안심리는 다른 시민학습자에 대한 공격심리로 바뀔 수도 있고, 견제로 나타날 수도 있다. 시민교육 활동가의 교수에 대한 저항으로 표출되기도 한다.

따라서 시민교육이 제대로 이루어지기 위해서는 시민학습자에게 학습안전지대를 구축해서 제공해야 한다. 학습안전지대와 관련하여 다음과 같이 살펴볼 수 있다. 우선, 시민학습자가 있는 학습공간이 안전하다는 것을 확신하도록 해야 한다. 다음, 학습동료인 다른 시민학습자도 '나'를 공격하지 않을 것이고, 따라서 내가 안전할 것이라고 느끼게 해야 한다. 다른 시민학습자와 동질감, 유대감을 가지도록 해야 한다. 끝으로, 시민교육 활동가도 '나'를 지원하려고 하고 '내' 편이므로 안전하다는 느낌을 시민학습자가 갖도록 해야 한다. 이러한 학습안전지대를 구축하기 위해 '세대공감 나누기' 등의 방법을 사용할 수 있다

한편 시민학습자가 서로를 받아들이고 편안한 감정을 갖도록 하기 위해 이름 익히기를 활용할 필요가 있다. 이름 익히기에서 두 가지 측면을 주목할 필요가 있다. 우선, 처음 만난 성인학습자들이 서로를 만나고 받아들이는 기반

이 된다. 다음, 직장 또는 생활세계에서 어떤 일을 하는 누구로 존재했던 시민학습자들을 이제 인간 그 자체로서 인정하고 중요하게 여긴다는 의미가 있다. 끝으로, 이름을 익힘으로써 팀워크가 형성되고 공동체가 이루어져 시민교육 프로그램의 성과를 높일 수 있다.

시민교육 프로그램을 역동적으로 만들기 위해 시민학습자가 스스로가 중요하다는 것을, 인정받고 주목받고 있다는 것을 알게 하는 것이 중요하다. 시민학습자들은 자기의 이름을 누군가 부르는 것을 들을 때 그러한 느낌을 받는다. 이름을 부르기 위해서는 서로의 이름을 익히는 것이 필요하다. '이름고리 잇기', '이름풀이', '이름파도타기' 등의 방법이 있다. 이를 통해 성인학습자 간 서로의 중요성을 인식하고, 인식시키는 것을 통해 시민교육 프로그램 분위기를 역동적으로 만들 수 있다.

(3) 시민학습자 간 벽 허물기와 이해하기

처음 한자리에 모인 시민학습자들은 서로를 경계하고 살피면서 자기를 닫고 벽을 세운다. 이 벽을 없애는 것이 학습활동을 역동적으로 하는 데 요긴하다. 현장에서 시민학습자들이 서로 모르는 상태에서 학습하는 것과 잘 아는 사이에서 학습하는 것은 분위기뿐만 아니라 성과도 다르게 나타난다. 우선, 서로 모르는 경우 시민학습자와 시민교육 활동가, 시민학습자 간에 서먹서먹한 분위기가 지배한다. 남의 시선을 지나치게 의식하고, 튀고 돋보이는 행동을 하거나, 또는 정반대로 아무런 반응도 없고 행동도 하지 않는다. 학습활동 자체가 매우 수동적일 수 있다. 다음, 서로 아는 경우 시민학습자와 시민교육 활동가, 시민학습자 간 우호적이고 상호 지원하는 분위기가 조성된다. 서로 개방된 관계를 기반으로 학습활동 중 상호작용이 역동적으로 일어난다. 학습활동 성과도 긍정적이다. 시민학습자 사이의 벽을 허물기 위해 '손풀기', '연환악수', '두 마음 한 손' 등의 방법을 사용할 수 있다.

한편 성인학습자가 벽을 허물기 위해서는 서로 상대를 알고 이해하는 것이 필요하다. 이를 위해 다음과 같은 내용을 살필 수 있다. 예를 들어, 시민단체에서 리더십에 관련하여 교육 프로그램을 진행하고자 할 때 대상집단으로 대표자, 실무책임자, 실무담당자를 설정할 수 있다. 이때 대상집단이 서로 잘 알고 이해하는 것이 요구된다. 이를 위해 대상집단 상호 간에 서로를 다채롭고 다양한 관점에서 살펴서 이해할 수 있다. 대상집단이 좋아하는 것, 싫어하는 것, 하고자 하는 것, 잘하는 것, 못하는 것, 강점, 약점을 파악하는 것이 필요하다. 이때 대상집단을 하나로 범주화하여 판단하지 말고 대표자 관점, 실무책임자 관점, 실무담당자 관점으로 구분하여 판단하는 것이 필요하다. 이를 통하여 보다 정확하고 실질적인 내용을 파악함과 동시에 상호 이해를 가져올 수 있는 기반을 만들 수 있다.

(4) 시민교육 활동가와 시민학습자 간 벽 허물기

시민교육 프로그램을 진행하는 시민교육 활동가는 시민학습자와 시민교육을 더불어 만드는 데 일정한 한계를 가지고 있다. 우선, 시민학습자를 잘 모른다. 시민학습자들의 성장배경, 문화적 환경, 즉 어떻게 살아왔는가, 어떻게 살아가고 있는가, 어떻게 살아가고자 하는가, 어떻게 살아갈 수 있는가, 어떻게 살아가야 하는가를 알지 못한다. 다음, 시민학습자와 감성적 공감대가 형성되어 있지 않다. 끝으로, 시민학습자와 신뢰관계가 형성되어 있지 않다.

시민교육이 효과적이고 의미를 생성할 수 있도록 진행되기 위하여 시민교육 활동가가 시민학습자와의 벽을 허물고 동질감을 형성하며 상호 수용해야 한다. 이를 위해 우선, 시민교육 활동가가 자기소개를 잘할 필요가 있다. 일반적으로 시민교육 활동가의 자기소개를 듣고 시민학습자들은 강의를 잘할지 아닐지를 판단하기도 한다. 따라서 자기소개를 효과적으로 할 수 있도록 준비해야 한다. 시민교육 활동가의 자기소개는 프로그램의 시간 규모에 따라 달라져야 한다. 우선, 하루 또는 1박 2일 이상의 프로그램에서는 자기소개를 자세하게 하는 것이 바람직하다. 다음, 4시간 이하의 프로그램에서는 너무 자세한 자기소개를 지양하는 것이 좋다. 오래 할 경우 소개로 강의시간을 소비한다는 오해를 불러일으킬 수 있다. 다음, 시민교육 활동가가 시민학습자와 공통의 경험이나 감성을 나누는 것도 상호 벽을 허무는 데 효과적이다. 이러한 시민교육 활동가의 자기소개와 경험·감성 나누기를 위해 '이름으로 하는 자기 소개', '경력으로 하는 자기 소개', '별명으로 하는 자기 소개', '감명받은 이야기 나누기' 등의 방법을 사용할 수 있다.

2) 시민교육 프로그램 교수 단계의 방법[2)]

(1) 강의 방법

강의는 시민교육 활동가가 시민학습자에게 주제내용에 대한 설명과 해설을 하면서 수업내용을 일방적으로 전달하는 방법이다. 강의는 교수법 중에서 가장 보편화되고 역사적으로 가장 오래전부터 존재한 방법으로서 집단교육 방법의 중심을 이루고 있다. 강의는 시민교육 활동가가 시민학습자에게 학습내용을 언어로 직접 전달하는 형태이다. 시민교육 활동가는 이러한 수단을 통해 정보를 제시하고 시민학습자들은 그것을 수동적으로 받아들이게 된다. 이러한 강의는 짧은 시간에 다량의 정보를 전달할 수 있고, 자료를 소개하고 정보를 제시하며 개념을 설명하는 데 유용하다. 그러나 강의는 강의 시간 중 질문이나 토의를 위한 시간이 거의 제공되지 않으며, 수업의 질과 성패가 시민교육 활동가의 강의능력에 의존한다. 시민학습자의 입장에서 강의내용을 자신의 삶에 적용하고 재구성할 수 있는 부분이 부족하다.

---

2) 자세한 내용은 김창엽(2011). 평생교육방법론, 김창엽(2019). 성인교수학습의 이론과 실제 참조

따라서 강의를 효과적이고 효율적으로 진행하기 위해서는 다음에 주목할 필요가 있다. 우선, 강의에서 시청각 보조 자료를 활용하여 시민학습자들의 학습을 지원해야 한다. 시민학습자들은 시민교육 활동가의 일방적인 구두 설명보다 시청각 보조 자료를 활용한 학습에 흥미를 보인다. 다음, 시민교육 활동가는 강의에서 추상적인 것보다는 실생활에서 쉽게 관찰될 수 있는 것을 사례로 들어야 한다. 시민학습자들은 경험과 사전 지식이 있기 때문에 시민교육 활동가가 현실에 기반을 둔 예를 들어 설명하면 학습에 대한 이해도를 높일 수 있다. 끝으로, 참여교육의 원리에 기초하여 강의를 해야 한다. 강의를 하는 도중에 시민학습자들에게 질문을 하거나 의견을 발표하게 함으로써 시민학습자의 참여를 유도하는 것이 필요하다.

(2) 강의내용에 대한 다중입장 정리학습 방법

시민교육 활동가의 강의 내용을 시민학습자가 모두 긍정적으로 받아들이지는 않는다. 시민학습자의 살아온 경험과 환경에 따라 다르게 받아들이고 해석할 수도 있다. 이것을 두려워하거나 꺼릴 필요는 없다. 다중입장 정리학습 교수법은 이러한 다양한 관점을 활용하여 강의의 효과를 높일 수 있는 방법이다. 다중입장 정리학습 교수법은 우선, 시민교육자가 강의를 하고, 다음, 팀별로 역할을 맡아 강의 내용을 압축하며, 끝으로, 시민학습자가 다측면으로 판단하도록 하는 방법이다.

(3) 강의내용에 대한 질문구성 학습 방법

시민교육 활동가가 강의를 충실히 잘해도 시민학습자가 강의 내용을 완벽하게 이해하거나 내재화할 수는 없다. 이는 생소한 내용을 들었을 경우 이를 다시 정리할 시간이 필요하고, 이미 알고 있었던 내용이지만 그동안 잊고 있었을 경우 이를 떠올릴 여유가 있어야 하기 때문이다. 그러나 어떤 경우라도 강의 내용에 대한 질문 구성을 통해서 학습효과를 극대화할 수 있는 것에 주목해야 한다. 질문을 만들어 학습을 강화하는 방법은 프로그램에 참여한 시민학습자들이 팀 단위로 강의 내용을 되짚어 보고 질문을 생산하고 답하는 과정을 통해 학습을 강화할 수 있다.

(4) 강의 내용에 대한 토론 지도 방법

시민교육 활동가는 시민학습자가 토론을 할 때 교화 또는 주입을 하지 말아야 한다. 시민교육 활동가가 생각하는 것을 바탕으로 자신이 원하는 방향대로 시민학습자가 움직이도록 조종하면 안 된다. 이는 시민학습자가 자주적인 판단을 내리는 것을 저해하기 때문이다. 시민교육 프로그램에서 모두는 아니지만 많은 경우 시민교육 활동가와 시민학습자 사이에는 권력관계가 존재한다. 이것은 시민교육 활동가가 시민학습자를 대상으로 교조화하는 위험성이 상존한다는 것을 의미한다. 그러나 시민교육 활동가가 교화 또는 주입을 하지 않기 위해 강의나 토론에서 무조건 중립적인 태도를 취하거나 아무런 행위를 하지 않는 것은 바람직하지 않다. 시민학습자 집단이 누구이고, 어떤 행동을 보이는가에 따라 다르게 다음과 같이 교수행위를 해야 한다. 첫째는, 시민학습자들이 토론 주제에 대해 비슷한 의견을 가지고 있지만 논쟁의 여지가 있을 때, 시민교육 활동가는 중립을 지켜야 한다. 둘째는, 시민학습자가 토론 주제에 대해 생각이 양분되어 있고 잠재적으로 상호 공격적인 토론이 진행될 수 있을 때, 시민교육 활동가는 양측의 최소 합의를 보장하도록 해야 한다. 셋째는, 시민학습자가 토론 주제에 대해 유사한 생각을 가지고 있고 같은 관점을 가지고 있을 때, 시민교육 활동가는 다른 관점을 제시함으로써 관점 전환을 하도록 지원해야 한다. 넷째는, 시민학습자가 제시된 토론 주제에 관심이 없을 경우, 시민교육 활동가는 자신의 의견을 도전적으로 제시하여 시민학습자에게 자극을 주는 충격요법을 실시할 필요가 있다.

3) 시민교육 프로그램 마무리 단계의 방법[3)]

시민학습자들이 강의를 들을 때만 또는 학습행위를 할 때만 그 내용에 공감하고, 이후에는 내용과 공감을 잊어버린다면 교수행위를 한 의미가 없어진다. 시민학습자들이 강의와 학습행위 내용을 내면화하고 느낌을 유지하려면 프로그램의 마무리 시점에서 다시 한번 강의와 학습행위 내용을 짚어보고 살펴볼 수 있도록 하는 것이 필요하다. 이 단계에서 시민학습자가 직접 참여하여 프로그램의 마무리 단계를 만들어 나가도록 하는 것이 중요하다.

시민교육 프로그램의 마무리 시점에서 이루어져야 하는 것은 우선, 시민학습자들이 스스로 학습한 내용을 정리할 수 있도록 하는 것이다. 이를 통해 시민학습자들이 학습내용을 되짚어 내면화하게 할 수 있어야 한다. 다음, 학습결과를 평가해야 한다. 이는 시민교육 프로그램의 목적 달성 여부와 시민학습자의 목표 달성 및 만족도를 확인할 수 있다. 끝으로, 시민학습자가 학습한 내용을 바탕으로 향후 스스로 실천할 실행계획을 수립하는 것이다. 이러한 과정을 통하여 시민학습자는 시민교육 프로그램에 참여하여 학습한 내용을 내면화하고, 역량과 태도를 향상시키며, 학습전이를 이룰 수 있게 된다.

4) 시민교육 프로그램 마무리 상황에서의 방법[4)]

화룡점정(畵龍點睛)이라는 말이 있다. 이는 용의 눈에 눈동자를 찍어 넣어서 용의 그림을 완성하는 것을 가리킨다. 시민교육도 마찬가지이다. 치밀하고 섬세한 준비를 거쳐, 역동적이고 참여적인 교수학습 실행을 하는 것만으로 충분하지 않다. 학습한 내용을 추수하고 되짚는 정리와 아울러 참여한 시민학습자들에게 감동을 주고, 지속적인 학습여운을 남길 수 있도록 시민교육 프로그램을 마무리하는 것이 필요하다.

---

3) 자세한 내용은 김창엽(2011). 평생교육방법론, 김창엽(2019). 성인교수학습의 이론과 실제 참조
4) 자세한 내용은 김창엽(2011). 평생교육방법론, 김창엽(2019). 성인교수학습의 이론과 실제 참조

한편 마무리 상황에서 일정한 의식을 행하는 것이 요구된다. 의식은 단순한 겉치레가 아니다. 의식을 통하여 시민학습자의 마음을 다잡고, 동기를 유지시키며, 학습결과를 실행하고자 하는 다짐을 굳게 할 수 있다. 따라서 시민교육 프로그램의 마무리 시점에서 마침 의식을 의미 있게, 인상 깊게 진행하는 것이 필요하다. 마무리 의식은 가급적 시각적 효과와 공동 행동 효과를 거두는 것을 목표로 하는 것이 좋다.

(1) 마무리 의식 방법

의식은 단순한 겉치레가 아니다. 의식을 통하여 시민학습자의 마음을 다잡고, 동기를 유지시키며, 학습결과를 실제 활용하고자 하는 다짐을 굳게 할 수 있다. 따라서 시민교육 프로그램의 마무리 시점에서 마무리 의식을 의미 있게, 인상 깊게 진행하는 것이 필요하다. 마무리 의식은 가급적 시각적 효과와 공동행동 효과를 목표로 하는 것이 필요하다. 한 점의 사진이나 그림은 자주 수많은 말보다 강력한 호소력을 가지기 때문이다. 프로그램에 참여한 시민학습자에게 학습내용 또는 동료 시민학습자와 관련된 사진이나 문헌을 생산하여 제공하는 것은 프로그램의 학습효과를 극대화시키고 지속시킬 수 있다. 프로그램 마무리 기록은 단순한 기록에 멈추지 않고 강력한 학습효과를 발생시킨다. 마무리 의식에 사용할 수 있는 방법으로 '마음의 실타래', '세상에 하나뿐인 수료증', '돌려채우는 마음' 등이 있다.

(2) 마무리 발언

발언은 사람의 생각과 마음을 나타내는 유용한 수단이다. 발언에서 더욱 주목되는 것은 발언 내용이 그 사람의 행동과 생각에 강력한 영향을 미친다는 것이다. 따라서 프로그램 마무리 시점에서 학습자에게 프로그램에서 학습한 내용과 느낌을 발언하게 함으로써 지속적이고 풍부한 학습효과를 거둘 수 있다. 특히 학습효과를 오래 지속시키고, 실천 행위를 촉발하는 데 유용하다. 프로그램 마무리 발언은 '비유로 소감으로'와 같이 시민학습자의 감성을 자극하고, 유형화하는 형태가 바람직하다.

2. 비구조화된 시민교육의 영역

비구조화된 시민교육은 주로 지역사회의 문제와 갈등을 처리하기 위한 시민활동에 기반을 두고 이루어진다. 즉, 시민활동을 통해 다양하고 풍부한 시민교육의 효과가 생산된다. 시민활동을 통해 많은 시민교육 성과를 만들어 낼 수 있는 다양한 비구조화된 시민교육 영역을 몇몇 짚어보면 다음과 같다.[5)]

1) 의회감시 시민활동

의회감시 시민활동은 지방정부의 정치와 시의회에 대한 감시와 비판, 정치제도 개혁, 선거 시기 유권자운동, 그리고 지역사회 시민교육으로 이루어진다.

첫째, 의회감시 시민활동은 지방정부의 정치와 시의회에 대한 감시·비판활동이다. 의회감시 시민활동을 다음과 같이 살펴볼 수 있다. 우선, 유권자의 올바른 선택을 지원할 수 있다. 정치인들의 의정활동 및 정치활동에 대한 정확한 정보를 수집하고 정치인 데이터베이스를 구축하여 이를 인터넷에 공개할 수 있다. 본회의 출결 및 상임위 사·보임 현황, 주요 개혁입법안에 대한 찬반입장 등 의회활동에 대한 평가자료도 포함할 수 있다. 다음, 시의회 정기회의 및 시정감사 모니터를 할 수 있다. 모니터는 투명하고 책임 있는 의회활동을 견인하기 위해 실시된다. 시정감사 모니터는 시의회뿐만 아니라 지방정부에 대한 견제와 감시효과를 거둘 수 있고, 개혁과제의 입법화를 위한 공익적 로비의 효과도 가질 수 있다. 다음, 정치제도 개혁운동이다. 의회활동 시민

5) 김창엽(2006). 시민사회 분화기의 시민교육 연구의 해당 부분 내용을 재구성함

감시는 지방정부의 정치제도 전반의 문제점을 지적하고 개혁하기 위한 다각적인 노력을 전개할 수 있다. 예를 들어, 정치부패 척결을 위한 제도개혁운동을 전개할 수 있다. 끝으로, 선거 시기 유권자운동이다. 주로 공명선거운동, 유권자매뉴얼 배포, 정책비교활동 등의 활동을 포함할 수 있다.

둘째, 의회감시 시민활동은 지역사회 시민교육과 관련하여 다음과 같은 의미를 가질 수 있다. 우선, 의회감시 시민활동 과정에서 시의회의원 자료조사, 시정감사 모니터 활동, 집회 및 로비활동 등에 지역사회 구성원들이 자원활동으로 참여할 수 있다. 이들은 참여활동을 통해 시의회와 정치권의 문제를 인식하고 비판적 사회의식을 획득하며, 감정적 만족을 확보할 수 있다. 다음, 의회감시 시민활동에 참여하는 구성원들을 중심으로 시민단체를 구성할 수 있다. 이러한 시민단체는 지역사회 문제와 갈등 해결을 위한 각종 집회 및 시의회 모니터 활동에 적극 참여할 수 있다.

2) 공정사회만들기 시민활동

공정사회만들기 시민활동은 지역사회 내 권력형 부정부패 배제, 지방정부의 반부패정책 활성화, 공익제보자에 대한 지원 등을 기반으로 두고 전개될 수 있다. 공정사회만들기 시민활동의 내용을 살펴보면 다음과 같다. 우선, 반부패 제도개혁 및 정책대안을 제시할 수 있다. 다음, 지방정부의 반부패정책과 법안에 대해 수시로 모니터하고 의견서를 제출할 수 있다. 끝으로, 공익제보 지원활동을 할 수 있다. 공익제보 지원활동은 대표적인 반부패시민활동이 될 수 있다. 이는 부패척결의 핵심고리가 내부 공익제보자이기 때문이다.

공정사회만들기 시민활동은 시민교육과 관련하여 다음과 같은 의미를 가질 수 있다. 우선, 공정사회만들기 시민활동은 부패방지법 제정의 당위성을 알리고, 법 제정에 대한 관계자들의 반대 실상을 공개하여 지역사회 구성원들의 비판적 사회인식 확보에 기여할 수 있다. 공익제보 지원행동을 통하여 공공기관의 문제를 알리고 이를 시정하기 위하여 시민의 감시와 행동이 필요하다는 인식을 생성시킬 수 있다. 다음, 공정사회만들기 시민활동과 연계된 구성원들을 중심으로 시민단체가 만들어질 수 있다.

3) 생활권리찾기 시민활동

지역사회 구성원들 일상에서 부딪히는 갖가지 권리침해를 고발하고 이를 구제하고 보호하고자 하는 생활권리찾기 시민활동을 할 수 있다. 생활권리찾기 시민활동은 소비자 분야, 사생활 분야 등에서 구성원들의 권리가 침해되지 않도록 지방정부와 기업을 감시하고, 지역사회의 문제와 갈등 처리를 할 수 있다. 생활권리찾기 시민활동의 내용을 살펴보면 다음과 같다. 집단손해배상소송을 할 수 있다. 지역사회 구성원들이 일상에서 겪게 되는 권리침해에 대해서 집단적인 손해배상소송을 제기할 수 있다. 이를 통해 구성원들의 권리를 구제받고, 궁극적으로 시민권리 보호에 필요한 사회여론을 환기시키며 제도개선에 기여할 수 있다. 다음, 구성원 중 해당 분야 전문가들을 중심으로 생활권리찾기 상담활동을 할 수 있다.

생활권리찾기 시민활동은 시민교육 측면에서 다음과 같은 의미를 가질 수 있다. 우선, 생활권리찾기 캠페인에 참여하거나 집단소송 당사자로 참여하는 활동을 통하여 비판적 시민의식을 확보할 수 있다. 지역사회의 일반 구성원들은 자신의 권리의식이 약할 뿐 아니라 설사 권리를 회복하고 싶어도 그 방법을 강구하기 어렵다. 행정기관을 상대로 고발하거나 소송하는 것은 심리적으로도 부담이 된다. 이를 생활권리찾기 시민활동을 통해 해결할 수 있다. 다음, 생활권리찾기 시민활동에 지속적으로 자원활동을 하거나 활동에 참여한 구성원들을 중심으로 시민단체를 만들 수 있다. 이러한 시민단체는 상담활동, 집회참여, 자원활동 등 생활권리찾기 시민활동에 주도적으로 참여하여 활동할 수 있다.

4) 건강먹거리 시민활동

건강먹거리 시민활동은 우선, GMO(Genetically Modified Organism, 유전자변형식품) 감시를 할 수 있다. 이 GMO 감시 시민활동은 GMO 개발 도입으로 인해 발생할 수 있는 인체 및 생태계의 위험성과 경제적 불평등, 사회적 문제 등을 제기할 수 있다. 이 시민활동은 GMO의 위험성에 대한 사회적 인식을 확대하고, 철저한 성분 표시제 도입을 촉구할 수 있다고 기대된다. 다음, 시민교육 활동을 할 수 있다. 이를 통해 생명공학과 같은 과학기술 분야의 잠재적인 위험성을 인지할 수 있다. 지방정부나 기업 및 과학기술 엘리트에 의해서 독점된 과학기술 정책결정, 집행 및 평가에 참여할 수 있다.

건강먹거리 시민활동은 다음과 같은 시민교육의 의미를 가질 수 있다. 우선, 월례토론회, 시민과학강좌 등의 시민교육 활동을 통하여 과학과 사회민주화에 대한 지역사회 구성원의 주체적 판단을 가져올 수 있다. 일반적인 이해와 다르게 과학기술의 발전이 모든 구성원들에게 이익이 되지 않을 수 있다는 인식전환을 가져올 수 있다. 다음, 과학기술의 발전이 인간에게 행복을 주는가에 대한 근본적인 문제제기와 함께 과학이 제대로 가치를 가지려면 사회 구조의 민주화가 이루어져야 한다는 인식확장을 가져올 수 있다. 끝으로, 과학기술의 민주화나 건강먹거리에 관심을 갖는 구성원들을 중심으로 시민단체를 구성할 수 있다.

5) 공동주택공동체만들기 시민활동

공동주택공동체만들기 시민활동은 지역사회에서 보편적 주거공간으로 자리 잡은 아파트 자치관리의 민주화와 효율화를 확보할 수 있다. 이를 통한 지역적, 공간적 생활운동의 조직화와 구성원 참여 확대를 이끌어 낼 수 있다. 공동주택공동체만들기 시민활동의 내용은 다음과 같다. 우선, 아파트 문제 상담과 분쟁개입 활동을 할 수 있다. 주민들에 의해 직접 선출되는 대표자회의를 통해 운영되는 아파트 관리운영체계는 주민자치의 최소단위로서 그 의미가 크다. 그러나 경험과 인식의 부재로 단지 소수 대표자들에게 맡겨지거나 방치되어 왔다. 이 과정에서 많은 비리와 담합, 비민주적 전횡이 이루어질 수 있다. 이러한 아파트의 관리운영을 주민자치라는 취지에 맞도록 소수의 대표자들이나 위탁관리업체 등이 결탁된 각종 비리관행과 전횡을 근절하여 아파트 주민들의 손에 되돌려 놓는 것이 필요하다. 이를 위해 아파트 관리운영에 대한 법률과 행정 상담, 각종 비리 및 주민권익침해 해결, 분쟁 사건에 있어서의 청원 및 소송 등 행정적, 법률적 대응 등을 할 수 있다. 다음, 공동주택관리제도 개선사업을 할 수 있다. 공동주택으로서 아파트 관리의 문제는 운영상의 비민주성, 비효율성의 문제인 동시에 관리제도상의 흠결과 미비점에서 비롯되었다. 공동주택공동체만들기 시민활동을 통하여 아파트 관리운영상에 나타나는 각종 비리와 전횡이 불식시키고, 공동주택관리제도의 개선을 추구할 수 있다. 끝으로, 아파트세로시민학교[6] 운영을 할 수 있다. 공동주택공동체만들기 시민활동은 아파트 관리운영상의 불투명성을 제거하고 살기 좋은 아파트를 만들기 위한 노력으로 발전되며 이웃과 지역사회로 관심을 확대할 수 있다. 입주민들이 의견을 제시하는 상향식 시민운동이며 주민생활운동으로 운영하는 것이 요구된다. 이러한 활동을 보다 적극적이고 체계적으로 지원하기

---

6) 아파트 거주민은 대부분 엘리베이터를 이용하여 수직, 즉 세로로 이동한다. 이에 착안하여 '아파트세로시민학교'라고 명명하였다.

위하여 일상적이며 지속적인 아파트 시민교육을 통한 구성원들의 인식전환과 참여계기를 확보할 수 있다.

공동주택공동체만들기 시민활동은 시민교육 측면에서 다음과 같은 의미를 가지고 있다. 우선, 아파트세로시민학교를 통하여 지속적인 주민교육을 실시할 수 있다. 이를 통해 주민들의 아파트 생활권리와 활동을 기반으로 권리확보에 대한 인식을 전환시키는 데 기여할 수 있다. 다음, 아파트세로시민학교의 수강생을 중심으로 시민조직을 구축할 수 있다. 이러한 시민조직은 공동주택공동체만들기 시민활동의 확산에 기여할 수 있다.

6) 내지갑지키기 시민활동

내지갑지키기 시민활동은 내가 낸 세금이 적절하게 쓰여지는지를 감시할 수 있다. 내지갑지키기 시민활동의 내용을 살펴보면 다음과 같다. 우선, 판공비 정보공개청구 시민활동을 할 수 있다. 판공비는 예산서상 각종 업무추진비로 표시되는 예산으로서 직책별 또는 기관별로 원활한 업무추진, 직원사기진작 등의 추상적 목적으로 배정되어 주로 식사대접 등 접대용 경비로 지출되어 왔다. 판공비의 성격상 사용용도나 지출증빙에 관한 규정이 미흡하였고 해당 부서에서 사용용도와 사용처를 공개하는 것을 회피하는 경우가 많다. 이는 내가 낸 세금이 적절하게 사용되지 않을 수 있다는 것을 의미한다. 예를 들어, 모 시민단체에서 1998년 11월 서울시장 업무추진비에 대한 정보공개청구를 필두로 서울시 25개 자치구와 정부 각 부처의 판공비 공개를 요청하였으나 대부분 비공개 또는 부분공개를 하였다. 이에 정보공개거부처분 취소소송을 제기하였다. 다음, 회의록 정보공개청구 시민활동을 할 수 있다. 회의록 공개요구는 지방자치단체의 주요정책 결정회의 회의록을 공개하도록 요구하는 것이다. 이는 지역사회 구성원의 관심사가 되는 민감한 사회적 쟁점에 대한 정책결정과 집행과 관련하여 공무원들이 자의적으로 회의록을 비공개 처리할 수 있기 때문이다. 지역사회 구성원에게 영향을 미치는 정책 결정과 집행에 대한 구성원의 민주적 통제력과 지배력을 확보하는 데 필수적인 활동이다. 끝으로, 예산감시활동이다. 지방자치단체에 대한 예산낭비 감시활동은 지방자치단체의 대표적인 낭비성 예산항목에 대해 정보공개청구 등을 활용하여 집중감시하는 것으로 이루어질 수 있다. 구체적으로 판공비 외 사회단체 보조금, 민간위탁 보조금, 계도지 발간 등 홍보예산, 지방자치단체가 추진하는 전시성 행사나 축제 등에 대한 예산감시활동을 할 수 있다.

내지갑지키기 시민활동은 시민교육 측면에서 다음과 같은 의미를 가지고 있다. 우선, 지역사회 구성원이 납부한 세금은 지방자치단체 기관에 의해 공정하게 집행되는 것으로 이해되고 있었다. 내지갑지키기 시민활동을 통해 지방자치단체 및 행정기관의 예산 실태와 사용내역을 조사함으로써 의식전환과 비판적 사회인식을 갖게 할 수 있다. 다음, 내지갑지키기 시민활동에 참여한 구성원을 중심으로 시민조직을 결성할 수 있다.

이러한 시민활동이 모두 목표를 달성하고 성과를 확보하지 못할 수 있다. 이는 시민활동의 내용과 목표에 직간접적으로 관련된 기관이나 집단에서 조직적인 저항과 반대를 할 수 있기 때문이다. 그러나 시민활동을 통해 지역사회의 문제와 갈등, 그 배경과 환경에 구성원의 이목을 집중시킬 수 있다. 이를 통해 제도변화를 유도하거나 사회적 경각심을 높이고, 구성원들의 인식전환과 비판적 의식을 확보할 수 있다. 따라서 가시적 결과를 확보하지 못하여도 시민교육으로서의 목적을 이루지 못하였다고 말하기는 어려울 것이다.

3. 비구조화된 시민교육의 방법 : 지역사회에서 활용하는 시민활동 방법을 중심으로

지역사회의 문제와 갈등의 근원인 기관 또는 집단에게 양보를 받거나 상식적 처리를 끌어내는 것은 쉽지 않다. 이는 기관이나 집단이 합리적 판단과 행동을 하는 것이 아니라 자신들의 이익을 위한 합목적적 판단과 행동을 하기 때문이다. 이들은 시민들이 합리적인 설득과 대화를 시도해도 이에 응하지 않거나 무시하는 경우가 대부분이다. 여기에 시민활동을 위한 시민교육의 중요 지점이 있다. 지역사회 시민조직을 중심으로 한 시민활동의 내용과 방법[7]을 정리하면 다음과 같다.

1) 비폭력 항의와 설득을 통한 시민활동 방법

비폭력 방법으로 항의를 하고, 이를 통하여 압박을 가하며, 지역사회 구성원들에게 문제의 내용을 알려 설득과 우호적 여론을 조성하는 것은 유용한 시민교육 방법이다. 이와 같은 지역사회 문제와 부정적으로 연계된 지방자치단체 관계 부서나 기업, 이해집단에게 압박을 가하며, 지역사회 구성원에게 이러한 내용을 알리는 비폭력 항의와 설득의 방법을 살펴보면 다음과 같다.

첫째, 공식적으로 의견을 발표하고 주장을 내세우는 공식 성명을 발표한다. 지역사회 주민을 대상으로 하는 대중 연설, 해당 기관이나 집단에 반대 또는 지지 서한 보내기, 지역사회 시민조직의 선언문 발표, 시민조직이 연이어 서명한 성명서 발표, 고발장 제출과 고발에 대한 의사 표현하기, 단체 또는 집단으로 하는 탄원 등이 있다.

둘째, 지역사회 시민들과 폭넓고 다양한 방법으로 의사소통을 한다. 구호를 적거나 그림 또는 상징물을 전시하고, 현수막과 대자보 등의 전시물을 활용하

---

7) 지역사회 시민조직을 중심으로 한 시민활동의 내용과 방법은 Gene Sharp(1973). The Politics of Nonviolent Action(2): the methods of nonviolent action을 재구성하였음

며, 유인물과 소책자 그리고 서적들을 발간하고, 신문과 잡지에 기사와 의견을 게재하며, 음반과 라디오 그리고 텔레비전을 이용하여 의사와 주장을 전달하고, 특정 장소에서 자전거 또는 사람을 이용한 글자 쓰기 등의 방법이 있다.

셋째, 다양한 방식으로 단체의 의사를 표현한다. 해당 집단이나 조직에 대표단을 파견하여 단체의 의사 밝히기, 상대를 조롱하는 상장 만들어 수여하기, 단체 로비 활동, 해당 집단이나 조직, 또는 지역사회 시민이 많이 보는 곳에서 피켓팅하기, 조롱하는 내용의 선거 진행하기 등이 단체의사 표현을 하는 방법으로 사용될 수 있다.

넷째, 상징적인 대중행동을 실천한다. 상징적 대중행동에는 상징적인 색깔과 깃발 게양하기, 배지나 버튼 등의 상징을 몸에 지니기, 특정 주제의 기도회, 상대를 상징하는 쥐 또는 쓰레기 등의 물건 전달하기, 항의의 표시로 옷 벗기, 특정 자격증이나 문서 또는 자산 파괴하기, 촛불, 횃불 등 상징적 불빛 드러내기, 초상화 전시, 보디페인팅 시위, 새로운 표현이나 이름짓기, 호루라기나 사이렌 등을 이용한 상징적 소리 내기, 상징적 개간,[8] 땅이나 건물의 상징적 탈환, 무례한 몸짓하기 등이 있다.

다섯째, 지방자치단체 관계 부서에 속해있는 개인들에 대하여 다양한 방법을 사용하여 압력을 행사한다. 압력을 행사하는 방법으로 당사자를 조용하고 공손하게 계속적으로 따라다니거나 무언가를 상기시키거나 하여 부담주기, 조롱하거나 모욕을 주는 방식으로 당사자 놀리기, 친절하고 신중한 전략으로 당사자를 지역사회 구성원 편으로 끌어들이기, 다수가 특정 장소에 모여 의견을 주장하는 농성하기 등이 있다.

여섯째, 연극과 음악 등을 활용할 수 있다. 익살스러운 촌극과 장난, 연극과 음악 공연, 노래가사 바꿔 부르기 등을 통하여 주장을 펼칠 수 있다.

일곱째, 집단행진은 강력한 비폭력 항의와 압박이 될 수 있다. 행진은 비조

8) 홍대 걷고 싶은 거리 버려진 땅에 모종을 심은 게릴라 도시농부의 텃밭 습격

직적인 행진, 조직된 가두시위인 퍼레이드, 기도회 등의 후에 진행되는 종교적 행진, 특정 장소에 대한 순례, 차량행진 등이 있다.

여덟째, 죽은 자를 기리는 행위를 조작하여 항의를 할 수 있다. 여기에는 정치적 애도, 조롱 장례식, 시위성 장례식, 매장장소에서 존경 표하기 등이 있다.

아홉째, 대중 집회가 비폭력 항의와 설득의 방법으로 활용된다. 항의 또는 지지 집회, 시위성 모임, 위장 모임, 항의성 토론회 등이 있다.

열째, 특정 장소에서의 철수와 수상 거부하기 등을 통한 항의가 있다. 졸업장에서의 퇴장, 침묵, 수상 거부, 특정 인물 발언 시 등 돌리기 등이 있다.

이러한 비폭력 행위와 설득을 기반으로 하는 시민활동 방법은 대상을 정하고, 그 대상에게 직접적으로 압박을 가하는 데 주목하고 있다. 비폭력 행위와 설득의 시민활동 방법을 정리하면 <표 10-1>과 같다.

<표 10-1> 비폭력 행위와 설득의 시민활동 방법

구 분	내 용
공식입장 제기	• 대중 연설 • 기자회견 • 지방자치단체 관련 부서와 기업 등에 편지 보내기 • 선언문과 성명 발표 • 연대서명 • 관련 부서와 기업 고발 • 지방자치단체 관련 부서 등에 집단 탄원
지역사회와의 의사소통	• 구호, 그림, 상징물의 제작과 배포 • 현수막, 대자보, 전시물의 제작과 전시 • 유인물과 소책자의 제작과 배포 • 신문과 잡지 기사 게재 • 라디오와 텔레비전 기사 송고 • 음반 제작과 배포 • 특정 장소에서 몸으로 글씨 만들기
집단적 의사표현	• 관계 부서나 기업 등에 대표단 파견 • 관계 부서나 기업 등의 행위를 조롱하는 상 제정과 수여 • 단체 로비활동 • 피켓팅 • 관계 부서나 기업 등의 행위를 조롱하는 선거 실시

상징적 집단 행동	• 상징적인 색깔과 깃발 게양하기 • 상징을 몸에 지니기 : 배지, 버튼 • 기도와 예배 • 관계 부서나 기업에게 쓰레기 등의 상징적 물건 전달하기 • 플래시몹[9] • 졸업장, 자격증 등을 찢거나 반환하는 자산 파괴행위 • 보디페인팅 시위 • 관련 부서나 기업의 행위에 대한 새로운 표현이나 이름 짓기 • 관련 부서나 기업의 행위에 대한 상징적 소리 내기
집단적으로 압박하기	• 관계 부서 당사자 압박하기 • 관계 부서 당사자 조롱하기 • 지역사회 구성원으로 끌어들이기 • 농성
행동예술	• 익살스러운 촌극과 장난 • 연극과 음악 공연 • 노래 부르기
집단 행진	• 행진(march) • 조직된 가두시위(parade) • 종교적 행렬 • 순례 • 차량행진
집단 추모행사	• 정치적 애도 • 조롱 장례식 • 시위성 장례식 • 매장장소에서 존경을 표하기
대중모임	• 항의 혹은 지지 집회 • 시위성 모임 • 위장모임 • 항의성 토론회
집단거부	• 항의성 퇴장 • 침묵 • 수상 거부 • 등 돌리기

출처 : Gene Sharp(1973). The Politics of Nonviolent Action(2): the methods of nonviolent action 재구성.

9) 특정 웹사이트에 갑자기 사람들이 몰리는 현상을 뜻하는 플래시 크라우드(flash crowd)와 동일한 생각을 가지고 행동하는 집단인 스마트 몹(smart mob)의 합성어이다. 서로 모르는 불특정 다수가 인터넷과 전자 메일, 휴대전화 등의 연락을 통하여 약속된 시간에, 약속된 장소에 모여, 짧은 시간 동안 주어진 놀이나 행동을 취하고는 금세 제각기 흩어지는 것을 가리킨다.

2) 사회적 비협조를 통한 시민활동 방법

압박 대상이 행하는 여러 가지 영역들에 대해 사회적 비협조를 통하여 간접적으로 대상에게 압박을 가하고 지역사회 내 여론을 조성하는 것은 상당한 효과를 가져올 수 있다. 사회적 비협조를 통한 시민활동 방법을 살펴보면 다음과 같다.

첫째, 보이콧은 당사자를 무시하거나 외면하는 방법으로서 강력한 효과를 가져올 수 있다. 반대자와의 관계 때문에 당사자 혹은 그가 속한 집단과의 협력이나 업무를 거부하는 사회적 보이콧, 악수하기를 거부하는 등의 특정한 사회적 행위에 대해 거부하는 선택적 사회적 보이콧 등이 있다. 여성의 남편에 대한 성행위와 자녀낳기를 거부하는 리시스트라타[10)]와 종교적인 보이콧 그리고 예배 중단도 활용될 수 있다.

둘째, 사회적 행사, 관습 및 제도에 대한 비협조를 활용할 수 있다. 사교, 스포츠 등 사회활동을 일시 중지하고, 사회적 행사를 거부하며, 학생의 경우 동맹휴업을 할 수 있다. 사회적 기구로부터 탈퇴하거나, 사회적 관습과 제도에 대한 불복종[11)]을 할 수 있다.

셋째, 사회적 제도로부터 탈퇴할 수 있다. 집에 머물러 있거나, 완전한 개인적인 비협조가 있다. 노동자의 경우 다수의 노동자가 더 이상 참고 견디길 거부하고 작업장을 그냥 떠나버릴 수 있다. 은신처에 머물거나 종교적, 도덕적, 사회적, 또는 법적인 금지 행위를 위반을 하지 않고는 개인을 건드릴 수 없는

---

10) 리시스트라타(Lysistrata)는 서기전 410년에 쓰인 아리스토파네스의 희극이다. 펠로폰네소스전쟁으로 피해를 본 아테네 여성들이 성 파업을 일으켜 남편들이 전쟁을 끝내고 평화를 선택하도록 한다는 것이다. 주인공 리시스트라타는 젊고 아름다운 아테네의 여성이다. 모든 그리스 여성을 일치 단결시켜 섹스 파업을 감행함으로써 남자들이 벌이고 있는 전쟁을 종결시키고자 시도한다. 며칠 동안의 농성이 지속되자 여자들 중에서 남자를 그리워해 파업에서 빠지고자 하는 여성들이 속출한다. 그럴 때마다 리시스트라타는 그녀들을 다시 설득하여, 파업 장소로 데리고 온다. 결국 아테네와 스파르타 양측 대표들은 라시스트라타 앞에서 화해를 하게 된다.

11) 예를 들어, 인도에서 '불가촉천민'과 어울리는 것과 같은 사회적 불복종

곳으로 가는 것도 가능하다. 지역사회 구성원이 자신들의 집을 포기하고 집단적으로 다른 곳으로 이주하거나, 항의성 이민으로서 살던 나라를 떠날 수 있다.

이러한 사회적 비협조를 통한 시민활동 방법의 내용을 정리하면 <표 10−2>와 같다.

<표 10-2> 사회적 비협조를 통한 시민활동 방법의 내용

구 분	내 용
사람에 대한 외면	• 사회적 보이콧 • 선택적인 사회적 보이콧 • 리시스트라타 비행위 • 종교적인 보이콧 • 예배 중단
사회적 행사, 관습 및 제도에 대한 비협조	• 사교, 스포츠 등 사회활동 일시중지 • 사회적 행사 보이콧 • 학생 동맹휴업 • 사회적 불복종 • 사회적 기구로부터 탈퇴
사회적 제도로부터 탈퇴	• 집에 머물러 있기 • 완전히 개인적인 비협조 • 노동자의 작업장 이탈 • 은신처에 머물기 • 집단 이주 • 이민

출처 : Gene Sharp(1973). The Politics of Nonviolent Action(2): the methods of nonviolent action 재구성.

3) 경제적 비협조를 통한 시민활동 방법

지역사회에서 사용할 수 있는 경제적 비협조는 보이콧이 있다. 보이콧은 기존의 행위를 거부하여 상대방에게 타격과 압박을 가하는 것이다. 지역사회 구성원이 개별적으로 또는 집단적으로 하는 보이콧의 내용을 정리하면 다음과 같다.

첫째, 특정 기업이나 특정 제품을 보이콧 하는 직접적인 소비자 행동이 있다. 특정 기업 또는 특정 제품의 제품을 구매하지 않고, 구매하지 않도록 요청하는 행동을 한다. 이는 특정 기업에게 제품의 판매 저항뿐 아니라 지역사회 내 부정적 여론 조성이라는 압박을 가할 수 있다. 이미 자신이 구매한 제품을 포함하여 보이콧한 상품을 소비하지 않을 수 있다. 절대적 최소치까지 소비를 줄여 절약하는 방법도 가능하다. 부당한 임차료를 지급하지 않는 지급 거부의 방법도 있다. 전국적인 소비자 보이콧으로 다른 나라의 제품이나 서비스 구매를 거부할 수 있다. 국제적 소비자 보이콧으로 특정 국가의 제품에 대해 여러 국가에서 보이콧을 진행할 수 있다.

둘째, 노동자 및 생산자의 행동이 있다. 노동자의 보이콧으로 반대자가 제공하는 제품이나 도구를 사용하여 작업하는 것을 거부하는 것이 있다. 생산자는 자신이 생산한 제품을 판매하거나 제공하기를 거부할 수 있다.

셋째, 공급자와 중간상인에 의한 보이콧이 수행될 수 있다. 공급자와 중간상인이 특정 상품을 취급하거나 공급하는 것을 거부하는 것이다.

넷째, 지역사회에 필요한 경제적 재원 소유자들의 행동이 있다. 지역사회 구성원이 특정 은행에서 예금을 인출할 수 있다. 각종 공과금 납부를 거부하는 것도 포함된다. 채권자에게 빚을 갚거나, 이자 지불을 거부할 수 있다. 특정 목적의 세금 납부를 거부할 수 있다.

이러한 지역사회 구성원이 개별적으로 또는 집단적으로 하는 보이콧의 내용을 정리하면 <표 10-3>과 같다.

<표 10-3> 지역사회 구성원의 보이콧 내용

구 분	내 용
소비자의 행동	• 상품에 대한 소비자 보이콧 • 보이콧된 상품을 소비하지 않는 것 • 절약하기 • 전국적인 소비자 보이콧
노동자 및 생산자의 행동	• 노동자의 보이콧 • 생산자의 보이콧
중간상인에 의한 행동	• 공급자와 중개인의 보이콧
경제적 재원 소유자들의 행동	• 예금 인출 • 각종 공과금 지불 거부 • 빚, 이자 지불 거부 • 자금 지원 및 융자 중단 • 납세 거부

출처 : Gene Sharp(1973). The Politics of Nonviolent Action(2): the methods of nonviolent action 재구성.

4) 정치적 비협조를 통한 시민활동 방법

지역사회 구성원들이 지방자치단체에 정치적으로 협조하지 않는 방법을 통하여 자신들의 주장과 요구를 관철시키는 시민활동 방법이 있다. 정치적 비협조의 방법의 내용을 정리하면 다음과 같다.

첫째, 권위에 대한 거부가 정치적 비협조의 방법으로 활용될 수 있다. 지방자치단체에 대한 충성의 보류나 취소를 할 수 있다. 기존 지방자치단체 집행부와 그 정책들에 대한 지지를 거부할 수 있다. 지방자치단체의 권위에 대한 저항을 옹호하는 책을 출판하거나 연설 등을 할 수 있다.

둘째, 지방자치단체에 대한 비협조가 있다. 지방자치단체 의회 등 입법기구에 대해 보이콧할 수 있다. 선거를 보이콧하거나, 지방자치단체 고용 등 공무원으로의 임용을 거부할 수 있다. 지방자치단체 기구협의회 등에서 탈퇴할 수 있고, 지방자치단체가 지원하는 기관에 대해 거부할 수 있다. 지방자치단체

정책 집행기관에 대한 협조를 거부할 수 있다. 지방자치단체에 대한 공헌으로 만들어진 자신의 서명과 위치표시를 제거할 수 있다.

셋째, 시민적 불복종이 정치적 비협조의 방법으로 기능할 수 있다. 세금을 마감 날 내는 등 지방자치단체에 대한 의무를 마지못해 하거나 천천히 이행할 수 있다. 다수에 의해 행해지나 분명하지 않은 방식으로, 공표하지 않고 신중하게 하는 대중적 불순종이 있다. 예를 들어, 어떤 신문이 금지되었다면 이름을 바꾸어 재발간하기 같은 은근히 불복종하기가 있다. 해산 명령의 거부나 연좌 파업도 가능하다.

이러한 정치적 비협조의 시민활동 방법을 정리하면 <표 10-4>와 같다.

<표 10-4> 정치적 비협조의 시민활동 방법

구 분	내 용
권위에 대한 거부	• 충성의 보류나 취소 • 대중 지지의 거부 • 저항을 옹호하는 출판 및 책이나 연설
지방자치단체에 대한 비협조	• 입법기구에 대한 보이콧 • 선거 보이콧 • 공무원 임명 거부 • 지방자치단체 기관 협의체 탈퇴 • 지방자치단체 지원기관에 대한 보이콧 • 정책 집행기관에 대한 협조 거부 • 자신의 서명과 위치표시의 제거
시민적 불복종	• 시민 의무 마지못해 하기 및 천천히 순종하기 • 대중적 불순종 • 은근히 불복종하기 • 해산 명령의 거부 • 연좌 파업

출처 : Gene Sharp(1973). The Politics of Nonviolent Action(2): the methods of nonviolent action 재구성.

5) 비폭력 개입을 통한 시민활동 방법

지역사회 구성원이 비폭력 개입을 통해 진행하는 시민활동 방법이 있다. 이러한 비폭력 개입의 시민활동 방법을 살펴보면 다음과 같다.

첫째, 심리적 개입이 비폭력 시민활동 방법으로 사용될 수 있다. 지방자치단체 구성원 대중의 연민을 얻기 위한 행동이 있다. 비바람에 스스로를 노출시킬 수 있다. 삼보일배도 대표적인 심리적 개입의 방법이다. 자기 희생을 보여줌으로써 지역사회 문제에 대한 자신의 진정성과 심각성을 증명할 수 있다. 특정한 문제의 해결을 요구하면서 단식이나 금식을 할 수도 있다. 활동가들이 재판을 이용해 자신들의 목소리를 알리는 행위인 역재판(reverse trial)이 있다. 재판을 통해 자신들의 행동의 이유를 알리는 것으로서 상대방에 대한 검사의 역할을 할 수 있다. 다양한 수단을 동원해 정신적으로 괴롭히기가 있다. 지속적인 전화걸기, 편지 보내기, 메일 보내기 등이 있다.

둘째, 비폭력 시민활동 방법으로 물리적 개입이 있다. 지역사회 구성원이 집단으로 앉거나 서서 하는 시위가 있다. 특정 장소에서 1인이 진행하는 1인 시위가 있다. 저항의 의미로 상징적인 의미를 갖는 어떤 장소에 모이는 행위인 밀인(Mill－in)이 있다. 그 자리에서 시위를 벌이거나 연좌를 하는 대신 그 장소에서 계속적으로 움직이는 형태의 시위 방식이다. 비폭력적 점거 방식과 다르게 폭력적인 탄압을 유발하지 않아 어떤 면에서는 효과적인 형태의 방식이라 할 수 있다. 기도회를 열어 지역사회 구성원이 기도를 통해 시위할 수 있다. 특정 장소에 불특정 지역사회 구성원이 같은 시간에 일정한 동작을 잠시 취한 후 사라지는 플래시 몹이 있다.

셋째, 사회적 개입이 적절한 비폭력 시민활동 방법으로 사용된다. 집단 항의, 전화 걸기 등 시설이나 기관에 과부하 걸기가 있다. 은행에서 통장 개설과 출금, 입금의 반복 등과 같은 합법적인 일을 가능한 천천히 수행하는 투쟁 방식인 오도가도 못하게 하기가 있다. 특정 주제에 대한 주장을 하며 움직이는 연설 시위가 있다. 즉흥적이고 극적인 방해 행동인 게릴라 극장이 있다. 대안적 사회 기구의 구축 등이 있다.

이러한 비폭력 개입의 시민활동 방법을 정리하면 <표 10-5>와 같다.

<표 10-5> 비폭력 개입의 시민활동 방법

구 분	내 용
심리적 개입	• 비바람에 스스로를 노출시키기 • 단식과 금식 • 역재판(reverse trial) • 비폭력적인 괴롭히기
물리적 개입	• 연좌 시위(sit-in) • 연립 시위(stand-in) • 일인시위 • 밀인(mill-in) • 기도 시위 • 플래시 몹
사회적 개입	• 시설에 과부하 걸기 • 합법적인 일을 가능한 한 천천히 수행 • 연설 시위 • 게릴라 극장
경제적 개입	• 역파업으로 초과근무하기 • 연좌파업 • 비폭력 토지점거 • 봉쇄의 무시 • 덤핑판매 • 선택적 후원
정치적 개입	• 행정업무에 과부하 걸기 • 자기 발로 감옥 들어가기 • '중립적'인 법에 대한 시민불복종 • 협력하지 않고 일하기

출처 : Gene Sharp(1973). The Politics of Nonviolent Action(2): the methods of nonviolent action 재구성.

이러한 시민활동 방법들은 그 자체로 목표를 달성하는 성과를 거둘 수 있다. 아울러 이러한 시민활동 방법에 참여한 구성원들에게 자기 효능감 강화, 자기 정체성 확인, 자신의 가치와 힘의 확인 등 시민교육의 긍정적 효과를 거둘 수 있다. 즉, 시민활동 과정에서 사용하는 다양한 방법을 수행하는 부분에서 시민교육의 역할이 나타나며 다음과 같은 의미를 가지게 된다.

첫째, 비조직화된 시민교육 방법은 구체적인 과정과 결과를 가지고 있고 지역사회 구성원들이 참여하여 진행된다. 구성원들은 자신이 참여하는 시민활동의 내용에 대해 사전에 학습하게 되며, 참여 과정 및 결과를 통해 인식전환, 비판적 의식 확보, 참여의 가치 등을 습득한다. 따라서 이에 참여하거나 관심을 기울이는 구성원은 의식을 전환하고, 사회에 대한 비판적 인식을 하게 되며, 참여를 통한 사회 변화의 의미와 가치를 습득하게 된다.

둘째, 비조직화된 시민교육을 통해 구성원이 조직화된다. 고소고발, 소송, 입법청원, 집회 등은 지역사회 구성원의 참여로 이루어진다. 구성원들은 고발인, 소송 당사자, 입법청원자 등의 자격으로 활동에 참여하며, 집회를 시민교육 활동가와 함께 주도적으로 준비한다. 이러한 과정에서 구성원들은 시민조직의 형태를 갖추게 된다.

셋째, 시민활동은 추상적이고 당위적인 주장만을 하지 않는다. 지역사회의 특정한 영역에 존재하는 구체적인 문제와 갈등을 대상으로 분명한 방법을 통하여 비판, 감시, 해결을 해나간다. 이 과정에서 기존에 당연하게 수용되던 사회질서와 가치의 문제가 부각되고, 활동에 참여하는 구성원들은 기존의 질서와 가치에 문제를 제기할 수 있다.

제4부

지역사회 시민교육 조직과 시민교육 활동가론(論)

11장. 지역사회 시민교육 기반으로서의 시민단체

12장. 지역사회 시민단체의 운영과 관리

13장. 시민교육 활동가론(論)

11장 | 지역사회 시민교육 기반으로서의 시민단체

지역사회에서 시민교육은 시민조직을 기반으로 실시되는 것이 필요하고 시민조직 간의 연대가 요구된다. 이는 시민교육을 실천하는 과정에 존재하는 장애를 효과적으로 배제하기 위해서이다. 여기서 지역사회 시민교육을 위한 조직을 살피기 위해 지역사회 조직을 개괄하고, 지역사회에서 시민교육을 실시하는 시민조직의 구축을 따져보며, 지역사회 시민조직 간의 연대를 짚어본다.

1. 지역사회 시민단체 개괄

지역사회 시민교육은 조직을 기반으로 이루어져야 한다. 이는 지역사회 시민교육이 지역사회 구성원의 인간화, 그리고 시민성의 내재화와 구현은 지역사회 발전을 목표로 이루어지기 때문이다. 구성원의 인간화는 두 가지 측면에서 이루어진다. 우선, 비인간화되고 식민화된 구성원을 인간화시킨다. 다음, 인간으로서 스스로 그러한 존재가 되도록 이끌고 만든다.

시민성의 내재화와 구현은 세 가지 범주에서 진행된다. 우선, 인간이 품성을 채우고 보태고 다듬는 범주로서, 인권, 평화, 자유, 관용, 저항, 비판의식, 성찰, 통찰 등을 내재화하도록 한다. 다음, 더불어 살기 위한 방법을 배우고 실천하는 범주이다. 끝으로, 구성원을 비인간화시키는 사회구조와 작동원리를 간파하고, 이를 고치기 위해 실천하는 범주이다. 이러한 구성원의 인간화와 지역사회 발전을 실천하기 위해 시민교육을 실시하는 시민조직이 요구된다. 시민교육을 위한 시민조직이 필요한 배경을 짚어보면 다음과 같다.

첫째, 지역사회 구성원을 비인간화시키는 힘에 저항하기 위하여 시민교육을 실시하는 조직이 필요하다. 지역사회에서 구성원을 비인간화시키고 식민화시키는 압축된 구성원과 이해집단은 개별 행동을 통해서 움직이지 않는다. 자신들의 힘을 극대화시키고, 자신들의 모습을 감추고 숨길 수 있는 조직을 사용한다. 이것이 보다 확대되면 사회구조와 작동원리로 나타나기도 한다. 이러한 조직과 사회구조, 작동원리에 구성원이 혼자 맞서거나, 고치는 것은 어렵다. 구성원의 뜻과 힘을 모으고 움직일 수 있는 시민교육 조직이 필요하다.

둘째, 시민교육을 실시하기 위해 시민교육 조직이 요구된다. 시민교육은 인간의 품성을 기르고, 더불어 함께 사는 방법을 익히고 실천하며, 인간을 비인간화시키는 사회구조를 간파하고 고치기 위해 실시된다. 이러한 시민교육은 구조화된 교육 프로그램과 비구조화된 교육 프로그램으로 구성된다. 주목할 것은 시민교육을 실시하는 부분에서 일정한 역량과 경험, 그리고 시간적 지속성과 활동의 중심성이 필요하다는 것이다. 지역사회 구성원이 시민교육의 필요성을 인식해도 역량과 경험, 지속성과 중심성이 미흡하여 시민교육 실시에서 지속적으로 주된 구실을 할 수 없는 경우가 일반적이다. 이는 지역사회 구성원이 생업에 종사해야만 하기 때문에 시간이 부족하다. 따라서 일정한 역량과 경험을 가지고 있고 축적하며, 지속성과 중심성을 가지고 시민교육을 맡는 조직이 필요하다. 지역사회 구성원은 자신이 참여해야 하고 참여할 수 있는 범위에서 시민교육에 참여하기 때문이다.

지역사회에서 시민교육을 수행하거나, 시민교육에 직간접적으로 관련이 있는 지역사회 시민조직은 다음의 역할에 주목해야 한다. 우선, 지역사회의 힘없는 구성원에게 힘을 키워주는 것이다. 전부는 아니지만 많은 경우 지역사회 문제와 갈등을 개인이 해결하는 것은 어렵다. 지역사회 구성원을 비인간화시키고, 지역사회 문제와 갈등의 중심에 있는 주체가 거대 기업이거나, 지방자치단체 부서, 또는 강력한 힘을 가진 이해집단일 수 있다. 구성원 개인이 열정과 헌신으로 이러한 주체들과 다투어도 시간, 경험, 지식, 자원, 지속성 등에서 열세일 수밖에 없다. 구성원 개인의 힘이 약하기 때문이다. 따라서 구성원 개인의 힘을 키워주는 것이 필요하다. 지역사회 시민조직은 개인에게 지역사회의 문제와 갈등을 해결하기 위한 힘을 키워주는 역할을 수행해야 한다. 다음, 지역사회의 문제와 갈등 때문에 비인간화되고 자포자기한 지역사회 구성원에게 시민교육을 통해 생기를 불어넣고 삶의 의욕을 촉발시키며, 변화에 대한 기대를 갖게 해야 한다. 이러한 과정과 연결하여, 지역사회 구성원 스스로 일어설 수 있는 의지와, 문제와 갈등 해결에 대한 확신을 갖게 해야 한다.

한편 지역사회 시민조직은 지역사회 구성원이 모여서 구성된다. 지역사회 시민조직은 구성원을 인간화시키고 지역사회에 대한 민주적 지배력과 통제력을 확보하려는 자신들의 고유한 목적과 달리, 이를 추진하고 긍정적 결과를 이끌어 낼 힘이 약할 수 있다. 즉, 시민조직에 속한 지역사회 구성원의 규모가 작아서 지역사회 구성원을 비인간화시키고, 지역사회 문제와 갈등을 일으키는 주체의 규모와 역량, 자원을 감당하지 못하거나, 시민조직에 속한 구성원 자체로는 지역사회 문제와 쟁점을 해결하는 데 충분한 역량, 경험, 자원, 지식, 태도를 보유하지 못할 수 있다. 지역사회 시민조직은 이러한 부분을 극복하기 위하여 다른 지역사회 시민조직과 연대를 하는 것이 필요하다.

시민조직 간의 연대는 당면한 지역사회 문제를 해결하는 데 도움이 될 뿐 아니라 지역사회에 대한 민주적 통제력과 지배력 확보에 동의하는 지역사회 구성원들을 결집시키고 확대하여 문제 해결을 위한 동력을 만드는 효과를 가져올 수 있다. 시민조직의 연계는 지역사회 내의 단순한 동맹 이상의 것으로서, 특정한 역사적 국면에서 생성되는 주관적, 객관적 사회관계의 결합 양상을 나타낸다. 즉, 시민조직의 연계는 지역사회 내의 경제적 범주, 문화적 범주,

사회적 범주 사이의 철저한 구분 대신에 상호 엇물림 또는 접합(articulation)을 강조한다.

이러한 시민조직의 연계의 확대를 세 가지 영역으로 구분하여 살펴보면 다음과 같다. 우선, 자기 집단으로의 확대를 통한 연대이다. 지역사회 시민교육 활동가와 함께 시민교육을 만드는 구성원은 시민조직의 다양한 활동에 참여하며, 자신의 상황과 사회 환경 등을 새롭게 인식하고, 삶과 인간에 대한 성찰 등을 통하여 시민으로서의 관점과 태도, 실천을 갖추게 된다. 이러한 지역사회 구성원은 시민조직의 다양한 활동과 생활세계의 실천을 통해 지역사회의 다른 구성원에게 영향을 미쳐 이들은 자신이 속한 시민조직에 유기적으로 연결시킨다. 다음, 유사한 목적과 활동내용을 갖는 다른 시민조직과의 연대이다. 목적과 활동 내용이 유사한 시민조직들은 연대하여 지역사회의 문제와 갈등을 해결하고 민주적 통제력과 지배력을 확보하는 기반을 만들 수 있다. 이 과정에서 시민조직 연계의 확대가 이루어지고, 시민조직에 소속된 구성원에 대해 자신들의 행동에 대한 정당화와, 행동을 둘러싼 사회 환경과 자신의 위치를 의식하는 시민교육이 이루어진다. 끝으로, 목적과 활동 내용이 상이한 지역사회 내 다른 시민조직으로의 확대와 연대이다. 이 연대는 시민교육 활동가들이 목적과 활동내용이 다른 시민조직 구성원에 대해 인간과 삶, 사회에 대한 관점과 인식의 동화를 통한 유기적 결합을 수행하고, 시민조직에 소속된 구성원이 지역사회의 생활세계 활동을 통해 다른 시민조직의 구성원을 유인하는 것으로 진행된다.

이와 같이 시민조직의 연계는 구성원에 대한 확대와 연대, 유사 시민조직과의 연대, 상이한 시민조직과의 연대로 이루어진다. 이러한 시민조직의 연대를 범주화하여 정리하면 [그림 11－1]과 같다.

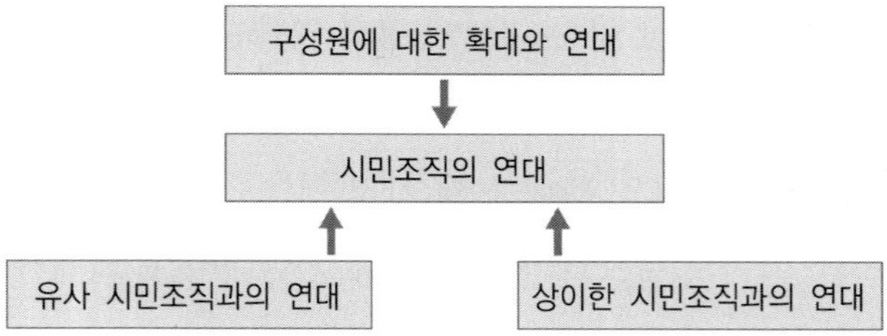

[그림 11-1] 시민조직의 연대 범주

시민조직의 연대는 자신의 관점과 태도, 그리고 행동의 정당성을 강화하고 전파하는 시민교육 기능을 수행한다. 다양한 내용과 방법의 시민교육이 시민조직 연대 형성과 확대 과정에서 중심적 역할을 수행할 수 있다. 또한 시민교육 활동가와 지역사회 구성원 사이에서 감정과 문화, 신뢰의 유기적 결합이 이루어지게 된다. 시민조직 간의 연대는 지역사회와 인간을 바라보고 해석하는 동일한 관점의 확산으로 이어질 수 있다.

2. 지역사회 시민교육 기반으로서의 시민단체 구축

지역사회에서 시민교육을 실시하는 시민조직을 구축하기 위해 일정한 시간과 단계가 필요하다. 시민교육을 하는 시민조직을 만들 때 단순히 조직의 이름을 만들고 구성원들에게 참여하도록 알리는 것은 의미도 없고 효과가 없다. 많은 경우 시민조직을 만드는 과정을 보면 누군가 또는 몇몇이 조직의 이름을 정하고, 회장을 선출하며, 정관을 만드는 수준에서 머문다. 좀 더 나아가면 조직이 움직이도록 구조를 구축한다. 그러나 이것만으로 시민조직이 만들어질 수 없다. 시민조직은 누군가가 결성을 주도를 하거나, 함께하는 구성원 사이에서 자연스럽게 시민조직을 결성하자는 분위기가 형성되면서 만들어지기 시작한다. 어느 경우든 시민교육을 실시하는 시민조직을 만들기 위해서는 다음과 같은 단계가 필요하다.

첫째, 지역사회 구성원들이 친해지고 신뢰감을 형성해야 한다. 구성원들이 서로 알고, 받아들이고, 믿음을 갖는 것이 시민조직을 만드는 토대가 된다. 이를 위해 서로의 문화적 배경, 삶의 환경과 경험을 이해하고, 감정이입과 공감을 해야 한다. 지역사회 구성원은 시민교육 활동가처럼 훈련되고 자기 단련을 거친 사람이 아니다. 모두는 아니지만 많은 경우, 두려움과 비겁함 그리고 약하다는 의식에 사로잡혀 무기력하기까지 한 존재라는 것을 알아야 한다. 따라서 함께하여 힘이 되어주기 위해 구성원 간의 인간관계 맺기가 필요하다. 서로 부대끼고, 느끼며, 부족한 것을 나누고 채워주고, 인간으로서의 정을 느끼도록 해야 한다.

둘째, 지역사회의 문제와 갈등을 자연스럽게 함께 만난다. 구성원 서로가 지역사회의 문제와 갈등을 주시하거나 또는 자신들이 비인간화되어 있다는 사실을 정면으로 만나고자 하는 준비가 되지 않았음에도 불구하고 문제와 갈등, 그리고 비인간화 사실과 조우하도록 하는 것은 적절하지 않다. 준비가 부족함에도 불구하고 시민조직 결성이나 지역사회 문제에 정면으로 부딪치게 하면 대부분의 지역사회 구성원은 외면하거나 일상생활에 숨어버리기 쉽다. 밥을 지을 때 뜸을 들이는 것과 같은 기다림과 시간이 필요하다. 시민조직을 만들기 위해 기다리고 시간을 보내면서 지역사회 문제와 갈등을 자연스럽게 만나게 해야 한다. 구성원 사이에 같은 문제와 갈등 때문에 힘들어하고, 같은 아픔과 부담을 가지고 있다는 것을 공유하는 것이 필요하다. 서로의 처지를 이해하고 동질감을 느끼는 것이 요구된다.

셋째, 지역사회 문제와 갈등을 그대로 두면 구성원 자신들뿐 아니라, 자식들 그리고 가족과 주변 사람들도 피해를 입게 된다는 인식을 하도록 한다. 이것은 사람을 움직이는 힘에 대한 이해를 기반으로 한다. 지역사회의 문제와 갈등으로 인해 피해를 당하거나 비인간화되는 것이 자신뿐이라면 많은 구성원이 감수하는 경우가 있을 수 있다. 문제와 갈등을 해결하는 데 따른 부담을 생각할 때 두려움 때문에 감수할 수 있고, 비겁함 때문에 외면할 수도 있다. 그러나 자식과 가족, 지인들이 다치는 경우는 전혀 다른 판단을 할 수 있다. 노여움, 보호본능 등이 나타나며, 이를 기반으로 지역사회 문제와 갈등을 해결하기 위한 행동을 모색하는 것으로 연결될 가능성이 높아진다.

넷째, 지역사회 문제와 갈등의 원인과 배경을 살펴보도록 한다. 어떤 현상이든 원인과 배경이 존재한다. 이 원인과 배경을 알아야 현상을 정확하게 이해하게 되고, 해결의 실마리를 찾을 수 있게 된다. 원인과 배경 제공자에 대한 공분을 할 수 있고, 구성원의 생각과 행동을 정당화할 수 있게 되며, 인간으로서의 자존심을 되새기는 기회로 삼을 수 있다.

다섯째, 지역사회 구성원에게 지역사회의 문제와 갈등의 내용, 원인과 배경, 해결해야 하는 당위성, 이를 통해 얻을 수 있는 부분들을 널리 알리고, 힘을 모으기 위한 시민교육의 필요성을 인식한다.

여섯째, 지역사회 시민교육을 위한 조직의 필요성을 공유한다. 지역사회의 문제와 갈등 해결, 지역사회에 대한 민주적 통제력과 지배력 확보를 위한 교육을 실시하기 위한 기반과 준비를 짚어본다. 이를 통해 지역사회 시민교육을 위한 조직의 필요성을 확인하고 공유한다.

일곱째, 누구와 함께 시민조직을 구성하고, 누가 역할을 맡을 것인가를 판단한다. 이를 바탕으로 시민조직 결성을 추진한다.

이와 같이 시민교육을 위한 시민조직을 만들기 위해 일정한 단계와 시간 등이 필요하다. 이러한 시민조직 구축의 과정을 정리하면 [그림 11-2]와 같다.

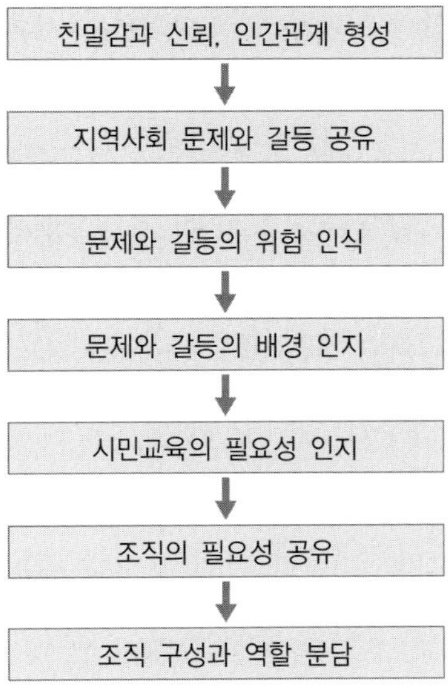

[그림 11-2] 조직 구축의 과정

한편 시민교육을 위한 시민조직을 만들 때 조직화 과정을 거쳐 조직이 구성된다. 조직화 과정에서 시민교육을 추진하기 위한 업무와 직무 설계가 이루어진다. 일반적인 조직화 과정을 정리하면 다음과 같다.

첫째, 사업목적을 설정한다. 시민조직에서 사업을 통해 어떤 것을 달성하고, 지역사회를 어떤 상태로 만들 것인지 등을 명확하게 드러낸다. 예를 들어, 지역사회 구성원이 인간화되고, 지역사회에 대한 민주적 지배력과 통제력을 확보하기 위해 시민성을 갖추는 것이 필요하다면, 사업 목적을 지역사회 구성원의 시민성 내재화로 설정할 수 있다.

둘째, 사업내용 결정을 결정한다. 사업목적을 달성하기 위해 어떤 사업을 해야 하는지를 판단하고 결정한다. 지역사회 구성원의 시민성 내재화가 사업목적일 경우 이를 달성하기 위해 여러 가지 사업을 실시할 수 있다. 구성원을 대상으로 하는 구조화된 시민교육도 사업의 하나로 추진될 수 있다.

셋째, 사업추진을 위한 업무내용을 규정한다. 사업내용이 결정된 후, 이 사업을 구체적으로 추진하기 위해 어떤 업무가 필요한지를 규정한다. 예를 들어, 지역사회 구성원을 대상으로 구조화된 시민교육을 실시하는 사업이라면 다음과 같은 업무가 필요할 수 있다. 우선, 프로그램을 개발하고 운영하는 업무가 있어야 한다. 다음, 프로그램을 광고・홍보・PR을 통해 알리고 수강생을 모집하는 업무가 있어야 한다. 끝으로, 수강생의 학습을 지원하고, 필요할 경우 수강료를 관리하는 업무가 있어야 한다.

넷째, 업무를 추진하는 단위 부서를 결정한다. 각 업무별 특성과 요구하는 역량을 기반으로 이 업무를 추진할 단위 부서를 결정한다. 처음 시민조직을 만들 경우 새로운 부서가 업무를 맡게 되고, 기존 시민조직에서 시민교육을 할 경우 기존 부서에서 업무를 맡거나, 새로운 부서를 만들어 업무를 맡을 수 있다. 예를 들어, 프로그램을 개발하고 운영하는 업무를 맡는 부서를 교육지원팀이라고 할 수 있고, 프로그램을 광고・홍보・PR[1])을 통해 알리고 수강생

1) 광고, 홍보, PR은 시민조직의 구조화된 교육 프로그램을 지역사회 구성원에게 널리 알리는 기능을 한다는 동질성을 가지지만 세부적인 내용에서는 다른 측면이 존재한다. 먼저, 광고와 홍보를 비교하면 다음과 같다. 첫째, 광고(advertising)는 시민조직이 비용을 지불하고 비인적 매체를 통하여 프로그램을 널리 알리고 지역사회 구성원들의 수강등록을 촉진하기 위하여 벌이는 모든 형태의 활동을 말한다. 반면에 홍보는 비용을 지불하지 않고 시민조직의 활동이나 프로그램에 대한 정보를 언론의 기사나 뉴스 형태로 내보내는 것을 의미한다. 둘째, 시민조직이나 프로그램에 관한 정보를 비인적 매체를 통하여 잠재적 학습자에게 내보낼 때 광고는 매체비용을 지불하지만, 홍보는 지불하지 않는다. 그러나 홍보가 매체비용을 들이지 않는 것일 뿐 전혀 돈이 들지 않는다는 뜻은 아니다. 시민조직은 다른 범주이지만, 일반적인 경우 홍보가 실시되는 매체의 PD, 편집관계자 등과의 관계 형성 등에서 일정한 유지비용이 들 수 있다. 셋째, 지역사회 구성원은 광고보다는 언론의 기사나 뉴스를 더 신뢰한다. 이는 구성원이 광고가 특정 시민조직이 프로그램을 판매하여 수익을 확보하고자 하는 의도를 가지고 이루어지기 때문에 약간의 과장이나 편향성을 가지고 있다고 생각하기 때문이다. 반면에 언론의 기사나 뉴스는 상대적으로 공정성을 가지고 보도를 한다고 판단하기 때문에 더 신뢰를 받는다. 넷째, 광고의 내용, 위치, 일정 등에 대해서는 시민조직이 통제할 수 있지만, 홍보의 경우에는 그렇지 않다. 광고는 시민조직이 비용을 지불하면서 매체를 사용하기 때문에 사용 조건에 대한 요구와 협상, 그리고 통제가 이루어진다. 그러나 홍보의 경우, 홍보 매체의 PD, 편집 관계자가 매체의 상황과 환경을 기반으로 기사를 취사선택하고 보도 내용을 결정하기 때문에 시민조직이 개입할 여지가 없어진다. 예를 들어, 시민조직은 기관이나 프로그램에 대한 기사의 내용, 위치, 일정, 심지어 기사의 게재 여부조차도 통제할 수 없는 경우가 많다.

을 모집하는 업무를 맡는 부서를 교육촉진팀이라고 할 수 있으며, 수강생의 학습을 지원하고, 필요할 경우 수강료를 관리하는 업무를 맡는 부서를 교육관리팀이라고 할 수 있다.

다섯째, 업무를 처리하는 직무를 설계한다. 업무를 구체적으로 실시하기 위한 세부 내용을 직무라고 한다. 이 업무를 하는 데 어떤 세부내용이 있어야 하고, 필요한 역량은 무엇이며, 어떻게 해야 잘 할 수 있는지를 분석하고, 이를 바탕으로 직무를 설계한다.

이와 같이 조직화 과정은 사업목적 설정, 사업내용 결정, 업무내용 규정, 업무추진 단위 구성, 업무처리 직무 설계로 구성될 수 있다. 조직화 과정을 정리하면 [그림 11-3]과 같다.

한편 PR은 시민조직이 지역사회 안에서 직간접으로 관련이 있는 여러 집단들과 좋은 관계를 구축하고 유지함으로써 시민조직의 이미지를 좋게 하고, 구성원의 프로그램 수강을 촉진하기 위하여 벌이는 활동이다. 즉, 지역사회 구성원, 언론, 지방자치단체 관계 부서, 지역사회, 타 시민단체 등 시민조직과 직접 또는 간접으로 관련이 있는 여러 집단들과 좋은 관계를 구축하고 유지하는 활동, 그리고 이들에게 시민조직에 유리한 방향으로 영향을 미치기 위한 합법적 활동 등을 모두 포함한다. 이러한 광고, 홍보, PR의 비교를 정리하면 <표 11-1>과 같다.

<표 11-1> 광고, 홍보, PR 비교

구분	광 고	홍 보	PR
개념	시민조직이 비용을 지불하고 비인적 매체를 통하여 시민조직이나 프로그램을 널리 알리고 수강등록을 촉진하기 위하여 벌이는 모든 형태의 활동	비용을 지불하지 않고 시민조직의 활동이나 프로그램에 대한 정보를 언론의 기사나 뉴스 형태로 내보내는 활동	시민조직이 직간접으로 관련이 있는 여러 집단들과 좋은 관계를 구축하고 유지함으로써 이미지를 높이고 수강을 촉진하기 위하여 벌이는 활동
매체	비인적 매체	비인적 매체	인적매체
비용	매체사용 비용 지출	매체사용 비용 없음 기타 홍보 관련 비용 지출	PR 관련 비용 지출
신뢰도	보통	높음	높음
매체통제	가능	불가능	상호 관계

[그림 11-3] 조직화 과정

조직화 과정을 거쳐 만들어진 결과를 조직이라고 한다. 조직의 업무와 직무는 탄력적이다. 사업의 규모와 내용이 변했을 경우 그것을 처리하기 위해 새로운 업무와 직무가 만들어져야 하기 때문이다.

3. 지역사회 시민단체의 성격과 활동형태

지역사회 시민조직은 다양한 시민교육을 통해 지역사회 구성원들이 지역사회 시민조직과 함께 일하면서 자신에게 영향을 미치는 의사결정에 대한 민주적 통제력과 지배력을 증가시키는 수단을 제공한다. 즉, 지역사회 발전을 위한 참여와 경로를 지역사회 구성원에게 제공하고, 지역사회 발전에서 필수적인 구실을 한다. 사람의 생김새가 다르고, 추구하는 바가 다른 것처럼, 지역사회에 있는 다양한 시민조직들은 각각 상이하고 독특한 성격과 형태를 가지고 있다. 지역사회 시민조직은 자신들의 목적 달성을 위하여 조직화를 추진하고, 지역사회 안에서 독특한 구실을 하게 된다.

1) 지역사회 시민단체의 성격

지역사회 시민조직은 지역사회 구성원과 지역사회 발전을 관계 맺게 하는 매개물이다. 지역사회에는 성격과 행태가 다양한 시민조직이 존재할 수 있다. 지역사회 시민조직을 활동기반 중심과 활동형태 중심으로 구분하여 살펴보면 다음과 같다.

첫째, 활동기반을 중심으로 한 지역사회 시민조직을 지역활동기반과 쟁점활동기반으로 구분하여 다음과 같이 살펴볼 수 있다. 우선, 지역을 기반으로 하는 지역활동기반 시민조직은 특정 지역사회에 기반을 두고, 그 지역사회 구성원들이 당면하고 있는 문제를 처리하고, 지역사회에 영향을 미치는 다양한 문제를 다루게 된다. 다음, 쟁점을 기반으로 지역사회 시민조직은 단일 지역사회가 가지고 있는 문제가 아니라 복수의 지역사회에 공통으로 영향을 미치는 문제와 쟁점을 해결하기 위해 행동한다. 지역사회 구성원들이 살거나 일하는 단일 지역사회보다는 복수의 지역사회에서 보다 많은 사람과 관련된 특정한 문제와 쟁점을 주목한다. 활동기반 중심 지역사회 시민조직을 정리하면 [그림 11-4]와 같다.

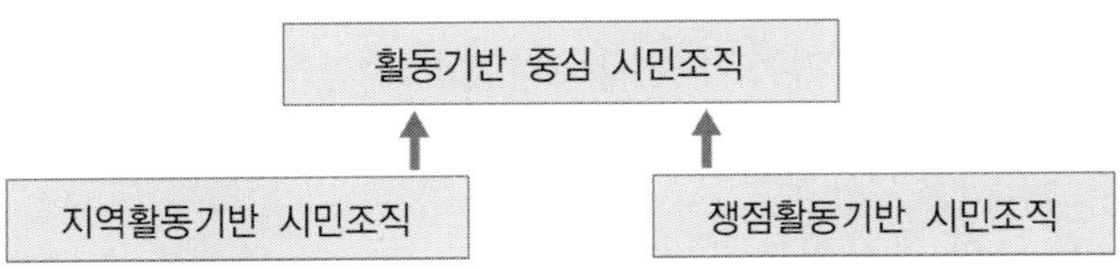

[그림 11-4] 활동기반 중심 지역사회 시민조직

둘째, 활동형태를 중심으로 한 지역사회 시민조직은 특정 지역을 중심으로 활동하기보다는 문제와 쟁점을 중심으로 활동한다. 활동형태 중심 시민조직은 다양한 활동형태를 가지고 있다. 일부 시민조직은 다른 시민조직과 연대를 하는 활동형태를 가진 반면에, 다른 시민조직은 독자적으로 활동한다. 일부 시민조직이 대외적으로 드러나지 않게 활동하는 반면에, 다른 시민조직은 대외적으로 활동을 부각시키고 갈등을 조정하는 활동형태를 보인다. 일부 시민조직은 지방자치단체 또는 지방자치단체 관련 기관과 공동활동의 활동형태를 보이는 반면에, 다른 시민조직은 지방자치단체나 지방자치단체 관련 기관을 배제하고 활동한다. 이러한 활동형태 중심 지역사회 시민조직을 정리하면 [그림 11-5]와 같다.

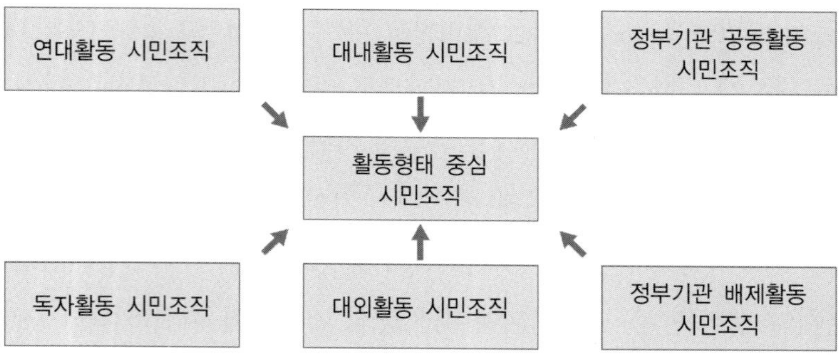

[그림 11-5] 활동형태 중심 지역사회 시민조직

이와 같이 지역사회 시민조직의 활동기반과 활동형태가 다양하게 나타나는 것은 지역사회의 문제와 쟁점이 다채롭기 때문이다. 일반적으로 지역사회 시민조직은 지역사회 구성원들이 가지고 있는 공통의 문제를 처리하려고 집단적으로 행동하기 위해 구성된다. 지역사회의 문제와 쟁점이 다양하기 때문에 이를 해결하기 위한 지역사회 시민조직의 기반과 활동도 다양하게 존재하게 된다. 이러한 시민조직들이 자신들의 주장과 행동을 중심으로 지역사회에서 시민교육을 실시할 경우 그 내용과 방법이 다채롭게 된다.

2) 지역사회 시민단체의 활동형태

지역사회 시민조직은 지역사회 안의 문제와 쟁점을 처리하기 위하여 다양한 행동형태를 가지게 된다. 이는 지역사회 시민조직이 목표와 활동을 추구하는 과정에서 당면하게 되는 정치적 환경과 사회적 환경에 대응하기 위해서이다. 지역사회 시민조직의 행동형태를 구분하면 다음과 같이 지원형, 동반자형, 협동활동형, 압력행위형, 항의활동형이 있다.

첫째, 지원형 지역사회 시민조직은 지역사회 내 구성원들이 당면하고 있는 문제를 인식하고, 이를 해결하기 위한 활동을 한다. 구성원을 대상으로 회원을 모집하고, 외부기관의 지원 또는 지역사회 구성원들의 지원을 확보하고, 외부기관과의 상호작용을 통해 문제를 해결한다. 노숙자지원조직이나 독거노인지원조직 등 사회적 약자 또는 소외된 사람들을 지원하는 활동을 하는 지역사회 시민조직이 해당된다.

둘째, 동반자형 지역사회 시민조직은 지역사회 구성원들이 하고자 하는 행동을 제한하는 문제를 정의하고, 이를 해결하기 위해 행동한다. 주로 지방자치단체나 지방자치단체 관련 기관 등 외부기관의 재정 지원을 통해 문제를 해결하는 활동을 한다. 지역사회에 예술 프로그램의 정보를 제공하고, 예술 프로그램을 운영하기 위하여 정부나 지방자치단체의 관련 부서, 기업 등의 지원을 받는 지역사회의 예술단체를 예로 들 수 있다.

셋째, 협동활동형 지역사회 시민조직은 지역사회 시민조직이 지방자치단체나 지방자치단체 관련 부서와 함께 이미 지방자치단체나 지방자치단체 관련 부서에 의해서만 수행되었던 활동을 공동으로 수행한다. 협동활동형 지역사회 시민조직의 구성원이 지방자치단체나 지방자치단체 관련 부서가 수행하는 활동에 전체적으로 또는 부분적으로 참여하여 활동한다. 협동활동의 성격과 내용에 따라 일부 의사결정에 대한 재량권이 협동활동형 지역사회 시민조직에게 위임될 수 있다. 예를 들어, 지방자치단체나 지방자치단체의 관련 부서에서 일정한 자금과 역할을 받고 지역의 공원 관리와 유지를 담당하는 지역사회 시민조직은 관리와 유지를 위한 노동을 할 뿐 아니라 지역공원의 설계 등에 대한 의사결정을 할 수도 있다. 지역사회의 경찰과 함께 활동하는 지역범죄순찰은 협동활동형 지역사회 시민조직의 협동활동을 적확하게 보여주는 사례이다.

넷째, 압력행위형 지역사회 시민조직은 지역사회의 문제와 쟁점을 해결하려고 법적 테두리 안에서 지역사회의 정치인과 공무원에게 압력을 행사하고 설득하여 지방자치단체의 정책을 변화시키려는 시도를 한다. 예를 들어, 지역사회 재개발 사업 지역에 포함된 역사적 유물과 지역 보존을 위해 압력행위형 지역사회 시민조직은 다음과 같은 행동을 할 수 있다. 우선, 지방자치단체 관련 부서에 민원을 제기한다. 다음, 지역사회의 의회 의원들을 면담하여 재개발 사업을 중단하도록 압력을 행사한다. 끝으로, 지역사회의 대중매체 등을 활용하여 역사적 유물과 지역 보존을 하도록 여론을 조성한다. 이러한 행위는 지역사회 정치인과 공무원 당사자들에게 압력을 가하는 행동인 동시에, 법적 테두리 안에서 이루어진다는 특징을 가지고 있다.

다섯째, 항의활동형 지역사회 시민조직은 일반적으로 경제적 체제 또는 정치적 체제 안에서 변화를 가져오기 위한 행동을 한다. 그리고 항의활동형 지역사회 시민조직이 취하는 활동형태는 종종 전통적 방식이나 법 테두리 밖에 있을 수 있다. 항의활동형 지역사회 시민조직은 지역사회의 요구를 충족시키기 위해 그리고 지방자치단체나 지역사회 안팎의 반대자에게 자신들의 의도를 관철시키기 위해 행진, 연좌농성, 시위 등 다양한 방식으로 항의활동을 할 수 있다.

이러한 지역사회 시민조직의 활동형태를 정리하면 [그림 11-6]과 같다.

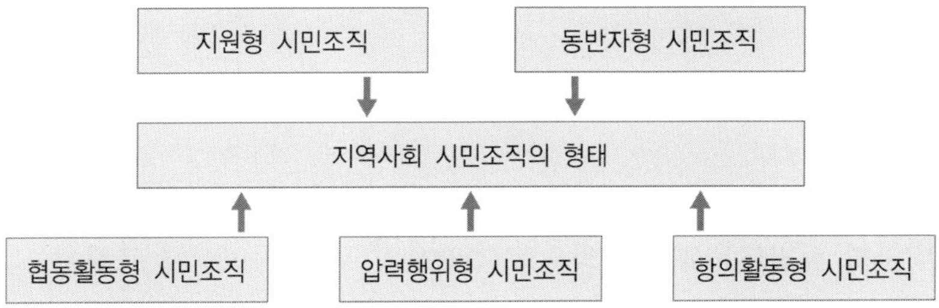

[그림 11-6] 활동형태로 본 지역사회 시민조직

특정한 지역사회에 구성된 지역사회 시민조직은 해결하고자 하는 문제의 종류와 특별한 쟁점에 관련된 정치적 환경과 사회적 환경, 해결책의 종류에 의해 활동형태가 구분된다. 그러나 지역사회 시민조직의 종류나 구성원의 활동 정도에 관계없이, 지역사회 시민조직은 지역사회의 발전 동력을 강화시키기 위해 만들어진다. 따라서 시민조직을 구성하고, 구성원을 집단행동으로 이끌어 지역사회의 문제를 해결하는 부분을 시민교육에서 다루어야 한다.

12장 | 지역사회 시민단체의 운영과 관리

지역사회 시민교육을 효과적으로 추진하기 위해 시민단체 구성이 필요하다. 이러한 지역사회 시민단체는 구성으로 멈추지 말고 운영과 관리가 치밀하게 이루어져야 한다. 이 장에서는 지역사회 시민단체의 운영과 조직 관리, 그리고 연대에 대하여 살펴본다.

1. 지역사회 시민단체의 운영 관리

지역사회 시민단체를 운영하기 위해서는 구성원과 사업이 전제되어야 한다. 여기서는 구성원에 대한 교육과 훈련, 그리고 운영 활동과 사업 활동의 관리를 살펴본다.

1) 시민단체의 구성원 교육과 훈련

시민조직 구성원은 지역사회 시민조직의 운영과 사업 실무를 담당한다. 구성원 개인의 실무 역량과 구성원들이 수행하는 조직의 사업수행 수준에 의해 지역사회 시민조직의 사업성과가 달라진다. 지역사회 시민조직은 빈약한 재정 등 여러 가지 상황으로 인해 사업과 운영에 관련된 특정 분야의 전문가를 채용하는 것이 어렵다. 따라서 구성원의 역량을 강화시켜서 조직의 운영과 사업을 수행해야 한다. 구성원 개인의 실무역량을 강화하고, 구성원이 수행하는 사업 수준을 높이기 위한 방안을 다음과 같이 살펴볼 수 있다.

첫째, 시민조직 구성원에게 교육과 훈련을 실시해야 한다. 구성원 개인의 실무 역량을 강화하기 위해 교육과 훈련이 요구된다. 실무 역량의 범주에서 훈련은 구성원이 현재 하고 있는 직무를 더 잘하게 하도록 제공되는 것이고, 교육은 구성원이 가까운 장래에 맡아야 할 일을 무리 없이 하도록 준비시키는 것이다.

둘째, 시민조직 구성원의 직무수행을 관리해야 한다. 지역사회 시민조직은 직무에 대한 구성원의 개인 역량을 바탕으로 사업을 진행한다. 이러한 직무는 사업 추진을 위한 업무를 처리하기 위하여 구체적이고 효과적으로 설계되고 명시화되어야 한다. 지역사회 시민조직의 사업과 관련된 업무가 제대로 추진되도록 구성원의 직무수행을 관리하는 것이 수행관리이다. 수행관리는 일반적으로 [그림 12−1]과 같은 이상적인 결과 상정, 현재 결과 파악, 문제점 확인, 문제 원인 분석, 해결책 마련, 해결책 시행, 평가의 과정을 가진다.

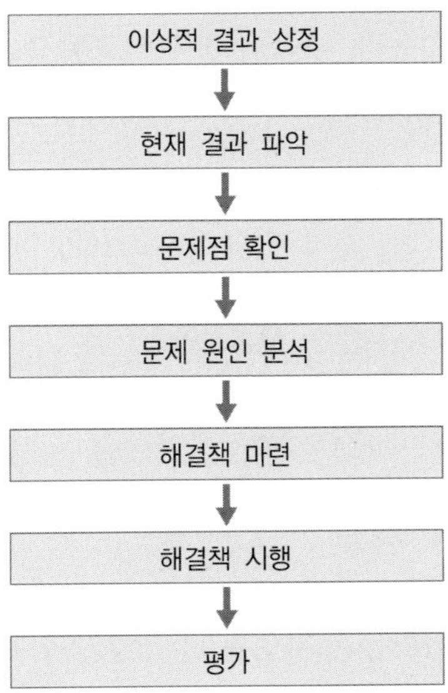

[그림 12-1] 조직 구성원의 수행 관리

확인된 문제점은 구성원의 직무 역량 부족, 그릇된 직무설계, 지원 부족 등 다양한 원인을 가질 수 있다. 수행 수준을 높이기 위해서는 문제의 원인에 따라 적확한 해결책을 마련하여 실시해야 한다.

2) 시민단체의 운영활동과 사업활동 관리

지역사회 시민단체는 다양한 활동을 수행한다. 이 활동을 다음과 같이 시민조직의 운영활동과 사업활동으로 구분하여 살펴볼 수 있다.

첫째, 시민단체의 운영활동은 기반구축, 구성원 역량 강화, 사업수행 역량 강화의 영역으로 나누어 볼 수 있다. 우선, 기반구축은 지역사회 시민단체의 이미지 개선, 창발적이고 역동적인 조직문화 형성, 재무구조 강화, 일반관리 역량 향상, 지역사회 내 우호적인 관계 구축 등을 가리킨다. 다음, 구성원 역량 강화는 구성원의 모집과 채용, 훈련과 교육, 보상과 동기부여 등의 활동을 가리킨다. 끝으로, 사업수행 역량 강화는 사업성과의 내용과 질을 향상시키기 위한 역량을 강화하는 활동과, 사업 수행에 필요한 정보를 확보하고 분류하며 가공하여 활용하는 활동을 가리킨다. 운영활동은 [그림 12−2]와 같이 나타낼 수 있다.

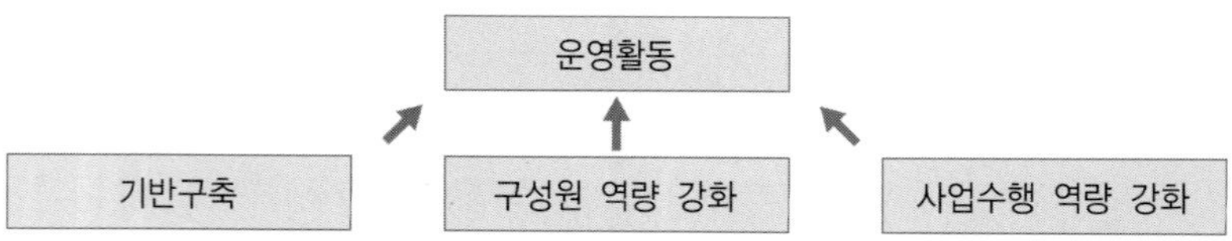

[그림 12-2] 운영활동의 구분

둘째, 시민조직의 사업활동은 투입활동, 개발활동, 수행활동의 영역으로 구성된다. 우선, 투입활동은 사업을 개발하고 수행하는 데 필요한 요인을 확보하고 투입하는 활동을 가리킨다. 투입요인으로는 인적자원, 물적자원, 정보자원, 재정자원 등이 있다. 다음, 개발활동은 투입된 요인을 활용하여 사업을 개발하는 활동을 가리킨다. 환경분석, 표적대상 선정, 사업 진행의 기획과 설계, 준비 등이 포함된다. 끝으로, 수행활동은 개발된 사업을 실제로 추진하고 평가하는 활동을 의미한다. 지역사회 시민조직의 사업활동을 정리하면 [그림 12−3]과 같다.

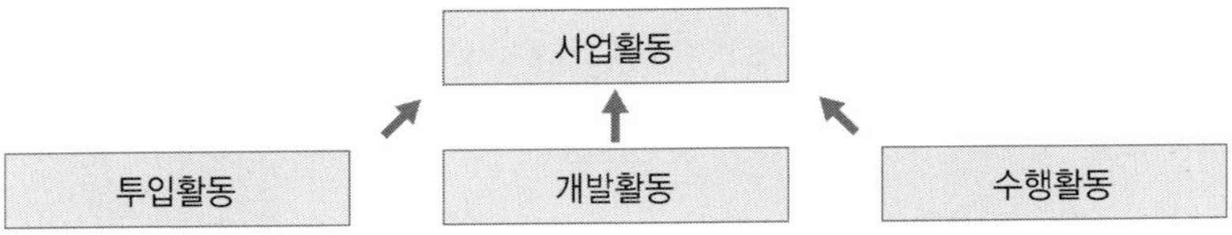

[그림 12-3] 사업활동의 구분

이러한 운영활동과 사업활동의 내용은 고정되어 있지 않다. 운영활동과 사업활동이라는 틀을 유지하면서 지역사회 시민조직의 상황과 환경에 따라 탄력적으로 구성내용에 변화를 주거나 제외, 또는 추가할 수 있다. 지역사회 시민조직은 [그림 12−4]와 같이 운영활동과 사업활동을 통하여 목적을 달성하게 된다.

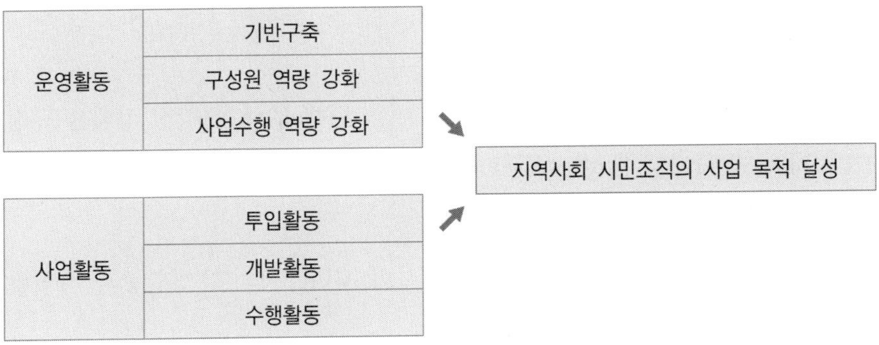

[그림 12-4] 지역사회 시민조직의 활동과 사업목적

운영활동과 사업활동을 관리하는 것은 지역사회 시민조직이 수준과 효과를 담보하는 성과를 이끌어 내는 데 기여한다. 운영활동과 사업활동 관리의 내용을 구체적으로 평가하고, 변화, 개선하는 과정을 정리하면 다음과 같다.

첫째, 운영활동과 사업활동별로 구분하여 영역을 설정한다. 우선, 운영활동의 영역은 기반구축, 구성원 역량 강화, 사업수행 역량 강화로 구성된다. 다음, 사업활동의 영역은 투입활동, 개발활동, 수행활동으로 구성된다.

둘째, 각 영역에 포함되는 세부요인을 규정한다. 우선, 운영활동에서 기반구축 영역의 세부요인은 이미지 개선, 창발적이고 역동적인 조직문화 형성, 재무구조 강화, 일반관리 역량 향상, 우호적인 관계 구축 등으로 구성된다. 구성원 역량강화 영역은 구성원의 모집과 채용, 훈련과 교육, 보상과 동기부여 등으로 이루어진다. 사업수행 역량 강화 영역은 사업성과를 제고하는 활동과 사업 수행에 필요한 모든 정보를 확보하고, 분류하며, 가공하여, 활용하는 활동으로 구성된다. 다음, 사업활동에서 투입활동 영역의 세부요인은 인적자원, 물적자원, 정보자원, 재정자원 등으로 이루어진다. 개발활동 영역의 세부요인으로 환경분석, 표적대상 선정, 사업의 기획과 설계, 준비 등이 포함된다. 수행활동 영역의 세부요인은 사업 추진과 평가로 구성된다.

셋째, 각 세부요인의 내용을 기술한다. 세부요인은 조직의 구성원이 함께 정하도록 한다.

넷째, 각 세부요인의 내용을 분석한다. 이를 위해 우선, 이상적 상태를 규정한다. 다음, 현상태를 분석한다. 끝으로, 이상적 상태와 현상태를 비교하여 문제점을 도출한다.

다섯째, 세부요인 분석을 토대로 지역사회 시민조직의 운영활동과 사업활동에 대한 전략적 시사점을 이끌어낸다.

이와 같은 운영활동과 사업활동은 상보적 관계에 있다. 운영활동이 탄탄하게 이루어져야 사업활동이 내실 있게 추진될 수 있다. 사업활동의 성과에 기반하여 운영활동의 동력이 건강해질 수 있다. 이러한 운영활동과 사업활동의 내용을 정리하면 <표 12−1>과 같다.

<표 12-1> 운영활동과 사업활동의 관리 내용

구분	분 류		내 용	분 석			전략적 시사점
	영역	세부요인		이상적 상태	현상태	문제점	
운영활동	기반구축	조직의 이미지 개선					
		조직문화 개발					
		재무구조 강화					
		일반관리 역량					
		우호적 관계 형성					
	구성원 역량 강화	모집과 채용					
		교 육					
		훈 련					
		보 상					
		동기부여					
	사업수행 역량 강화	사업수행 역량 강화					
		사업수행 필요정보의 확보, 가공, 활용역량 강화					
사업활동	투입활동	인적자원의 확보와 투입					
		재정자원의 확보와 투입					
		정보자원의 확보와 투입					
		설비자원의 확보와 투입					
	개발활동	환경분석					
		표적대상 선정					
		사업 기획					
		사업 설계					
		사업 준비					
	수행활동	사업 추진					
		사업 평가					

지역사회 시민단체는 사업의 효과성과 효율성 제고를 위한 기반을 공고하게 해야 한다. 효과성은 시민조직에서 무슨 일을 하는가가 아니라 무엇을 이루었는가에 주목하고, 효율성은 그것을 이루는 데 어느 정도의 비용이 들었는가에 주목하는 것이다. 이를 위해 운영활동과 사업활동 관리를 6개월 또는 1년 단위로 정기적으로 실시하여 결과를 활용하는 것이 필요하다.

2. 시민단체의 조직문화와 외부조직 관리

명검도 쓰지 않으면 무뎌지게 되고, 좋은 악기도 음색이 달라진다. 지역사회 시민단체도 지속적으로 관리하지 않으면 처음 조직했던 목적과 지향 그리고 기능을 다하지 못할 수 있다. 환경변화에 맞춰 조직을 변화시키고, 바람직한 조직문화를 만드는 조직관리를 지속적으로 실시해야 한다. 이를 위해 지속적으로 조직문화를 개발하고, 외부조직을 관리해야 한다.

1) 조직문화

시민단체의 조직구조가 조직 구성원의 행동을 지배하는 공식적 시스템이라면 조직문화는 조직 구성원의 행동을 지배하는 비공식적 환경이라고 할 수 있다. 조직구조와 조직문화를 다음과 같이 살펴볼 수 있다. 우선, 조직구조는 공식적인 조직도에 나타나며, 구성원에게 공식적, 외형적 영향을 미친다. 구성원의 직무를 분업과 통합의 원리에 기반을 두고 규정하고, 이를 통하여 조직목표를 달성하도록 구성원의 태도와 행동을 결정한다. 다음, 조직문화는 공식적인 조직도에는 나타나지 않으며, 구성원에게 비공식적, 내재적 영향을 미친다. 구성원의 가치와 규범에 작용하고, 이를 통하여 조직 목표를 달성하고자 하는 구성원의 태도와 행동을 조정한다. 이러한 조직구조와 조직문화를 [그림 12-5]처럼 정리할 수 있다.

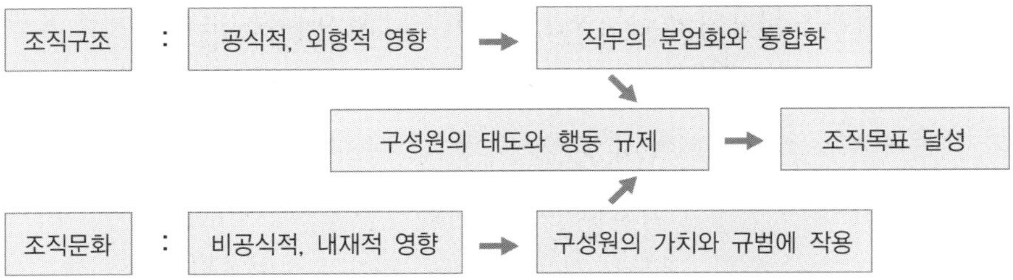

[그림 12-5] 조직구조와 조직문화

지역사회 시민단체의 구성원에게 비공식적, 내재적 영향을 미친다는 측면에서 조직문화는 조직을 다른 조직과 구별되게 하는 구성원들의 공통적 가치시스템(system of shared meaning)이다. 조직문화는 유기적으로 연계된 총체적 집합성을 가지고 있고, 고유한 특성을 가지고 있으며, 지속성과 안정성이 있고, 무형의 정신세계이며, 구성원의 행동을 조절하고 통제한다. 조직문화가 행동양식이지만, 사실 이러한 개인의 행동은 조직문화 자체가 아니라 조직문화의 결과적 산물이다. 조직문화는 구성원 개인의 여러 행동요인 중 어떤 것은 권장하고, 어떤 것은 억제한다. 구성원의 행동을 조절하고 통제하는 신념, 태도, 상징 등이 조직문화의 실질적인 내용이라고 할 수 있다. 이와 같은 조직문화의 속성을 [그림 12-6]과 같이 나타낼 수 있다.

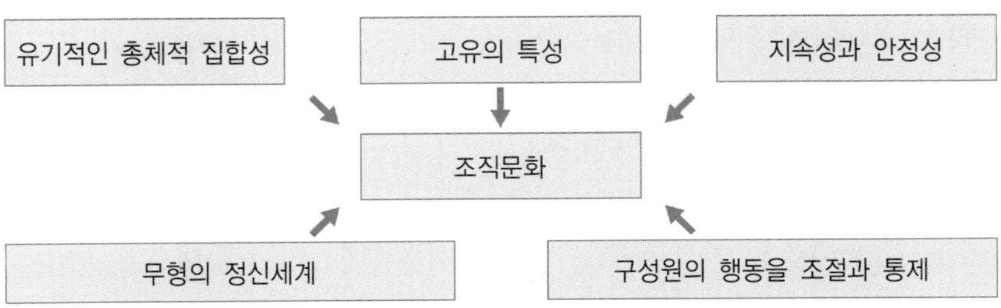

[그림 12-6] 조직문화의 속성

한편 조직에는 하나의 조직문화만 존재하는 것이 아니다. 조직 전체를 포괄하는 공통된 조직문화가 있고, 조직 내 각 부서와 집단에 다시 고유한 조직문화가 존재한다. 조직 전체의 조직문화를 상위조직문화(dominant organizational culture)라고 하고, 부서나 집단의 조직문화를 하위조직문화(sub organizational culture)라고 할 수 있다. 대개의 경우 하위조직문화는 상위조직문화의 핵심적 가치(core values)를 그대로 유지하면서 추가로 자신의 특수한 상황을 반영하는 가치를 가지게 된다.

조직문화를 구성하고 형성하는 요인들은 비가시적인 것에서 가시적인 것까지, 그리고 구성원 개인부터 조직 전반에 걸쳐 존재한다. 조직문화는 조직 구성원에게 많은 영향을 미치며, 이를 통해 조직에 긍정적으로 기능할 수도 있고, 부정적으로 기능할 수도 있다. 이러한 조직문화의 순기능과 역기능을 다음과 같이 살펴볼 수 있다. 우선, 조직문화의 순기능은 구성원에게 행동지침을 제공하고, 구성원의 조화와 단합을 촉진하며, 환경적응력을 강화하고, 구성원의 조직 몰입도를 제고한다. 다음, 조직문화의 역기능은 구성원에게 부담이 되는 조직 변화 내지는 조직 정책에 저항하는 기반이 될 수 있으며, 구성원의 태도와 행동, 관점을 획일화시킨다. 조직문화의 순기능과 역기능을 정리하면 <표 12-2>와 같다.

<표 12-2> 조직문화의 순기능과 역기능

구 분	내 용
순기능	• 구성원에게 조직 안에서의 행동 지침을 제공 • 구성원의 조화와 단결을 강화 • 외부환경 변화에 대한 대응역량 제공
역기능	• 조직의 변화 시도와 정책에 대한 저항 기반을 형성할 가능성 • 구성원의 관점, 태도, 행동을 획일화

2) 외부조직 관리

지역사회 시민단체는 다양한 기능을 수행한다. 우선, 지역사회 주민들에게 구조적 교육과 비구조적 교육을 제공하여 바람직한 지역사회 발전과 삶의 질을 높인다. 다음, 지역사회 시민조직 구성원에게 자아를 성취할 수 있는 기회를 제공한다. 끝으로, 지역사회에게 지역발전의 좋은 동반자가 된다.

한편 지역사회 시민단체는 지속적으로 이러한 기능을 수행하기 위해 사업활동과 교육활동을 통하여 회원과 학습자를 확보하고, 수익을 올려야 한다. 지역사회 내에서 후원자를 확보하고, 활동 동력을 획득해야 한다. 이것이 지역사회 시민조직의 가장 중요한 목표가 되지는 않지만, 지역사회 시민조직이 생존하고 지속되기 위해서는 필수적이다. 지역사회 시민조직이 지속적으로 회원과 학습자를 확보하고, 후원을 획득하며, 활동 동력을 확보하기 위해 [그림 12-7]과 같이 경작형 회원·학습자 관리, 체계적 후원자 관리, 자원활동 활성화가 필요하다.

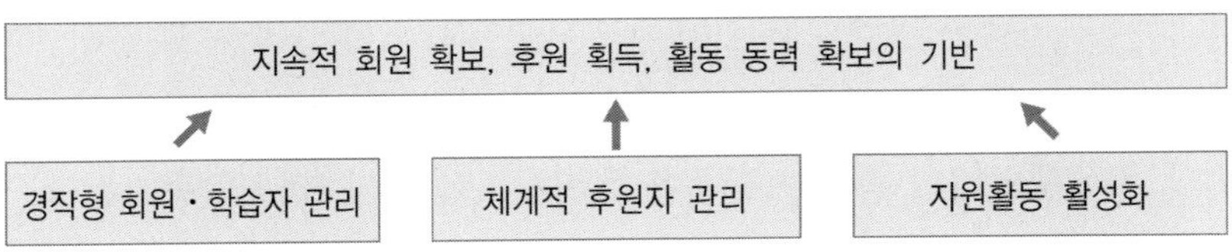

[그림 12-7] 지속적 활동 기반의 창출

이러한 경작형 회원·학습자 관리, 체계적 후원자 관리, 자원활동 활성화를 다음과 같이 살펴볼 수 있다.

첫째, 경작형 회원·학습자 관리는 신규 사업활동이나 교육활동을 추진할 때마다 새로운 회원이나 학습자를 확보하기 위해 노력하는 것이 아니라, 기존의 회원과 학습자와 우호적인 관계를 형성하고 이들을 통하여 회원과 학습자를 확보하는 것을 의미한다. 이를 위해 기존 사업활동과 교육활동에 참여한 회원과 학습자와의 관계를 한 번으로 끝내지 않고 지속시키는 것이 필요하다. 즉, 지역사회 시민조직은 회원을 회비만 내는 존재로, 교육활동에 참여한 학습자를 일회용품과 같은 존재로 볼 것이 아니라, 재활용품과 같은 존재로 봐야 한다. 주목할 것은 현재 지역사회 시민조직이 기존 회원과 학습자를 유지하는 데 드는 비용보다 새로운 회원과 학습자를 획득하는 데 드는 비용이 더 많이 소요되고, 효과는 더 적다는 것이다. 그러므로 지역사회 시민조직의 사업활동과 교육활동에 참여한 회원과 학습자를 소홀히 취급하여, 이들을 떠나보내고, 매번 새로이 학습자를 사냥하는 수렵형 회원·학습자 관리보다는, 사업활동과 교육활동에 참여한 회원과 학습자를 잘 관리하여, 이들을 통해 더 많이, 더 자주 열매를 맺도록 하는 경작형 회원·학습자 관리가 필요하다.

둘째, 후원자를 체계적으로 관리해야 한다. 후원자는 지역사회 시민단체에 재정을 후원할 뿐 아니라 지역사회 안에서 지역사회 시민단체에 대한 우호적 분위기를 조성하고, 지역사회 시민단체와 관련된 정책이나 사업 등이 결정될 때 유리한 환경을 조성하는 것으로 후원할 수 있다. 따라서 후원자를 체계적으로 관리하여 후원이 지속적으로 유지되고, 확대될 수 있도록 해야 한다.

셋째, 자원활동가의 활발한 활동을 유지시켜야 한다. 자원활동가는 지역사회 시민단체에서 무보수로 강의, 행사진행, 프로그램 운영, 안내 및 상담 등의 역할을 할 수 있다. 특정한 사업활동에 자신들의 전문역량을 발휘하여 참여한다. 자원활동가는 다음과 같은 의미가 있다. 우선, 자원활동을 통해 프로그램에서 학습한 부분을 체화한다. 다음, 자원활동을 통해 지역사회 시민단체는 비용을 가지고 많은 일을 할 수 있다. 특히 지역사회 시민단체의 사업활동과 교육활동에 참여한 학습자를 자원활동으로 연결시키면 경작형 회원·학습자 관리, 후원자 발굴 등의 효과도 수반될 수 있다.

이러한 경작형 회원·학습자 관리와 후원자 관리, 그리고 자원활동 활성화를 위해 요구되는 것이 회원·학습자와 후원자, 자원활동가를 중심으로 외부조직을 구성하는 것이다. 외부조직은 그 자체로 회원·학습자 확보와 후원, 활동 동력 획득의 토대가 되는 기능이 있다. 이는 지역사회 시민조직을 환경변화와 외부 압력에서 보호하는 울타리 기능을 할 수 있다. 이러한 지역사회 시민단체의 외부조직은 회원·학습자조직, 후원자조직, 자원활동가조직으로 구분할 수 있다. 외부조직에 대한 관리를 다음과 같이 살펴볼 수 있다.

첫째, 지역사회 시민단체의 회원·학습자조직관리와 자원활동가조직관리는 지역사회 시민단체의 기존 사업활동과 교육활동에 참여한 회원·학습자를 중심으로 실시된다. 회원·학습자과 학습자가 사업활동과 교육활동이 종료된 후에도 지역사회 시민단체에 지속적인 관심을 가지도록 하기 위해서는 신규 사업활동과 교육활동에 정보를 제공하고, 지역사회 시민조직의 구성원과 인간적인 관계를 유지하는 것이 필요하다. 이와 함께 회원·학습자가 정기적으로 함께할 수 있도록 조직을 구성하면 더욱 효과적일 수 있다. 이를 위해 회원·학습자가 사업활동과 교육활동이 끝난 후에도 연결활동과 심화학습을 하도록 지원하고, 학습한 내용을 중심으로 실천하거나 자원활동을 하는 것과 연결시키는 것이 필요하다. 학습과 활동을 통해 회원·학습자의 조직 충성도를 높이며, 이들을 자연스럽게 신규 사업활동과 교육활동에 참여하거나, 또는 새로운 회원으로 연결되도록 하는 것이 필요하다. 이러한 일련의 과정이 조직적으로 관리되면 지역사회 시민단체는 회원·학습자 확보와 후원자, 활동 동력 확보의 효과를 높일 수 있다. 이와 같은 회원·학습자에 대한 조직적 관리를 [그림 12-8]과 같이 나타낼 수 있다.

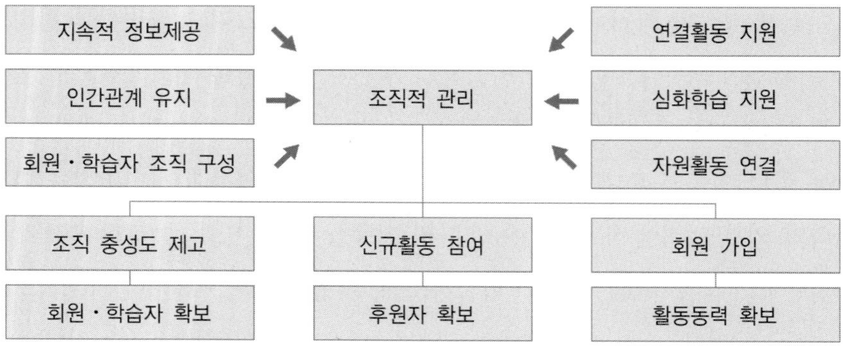

[그림 12-8] 회원・학습자에 대한 조직적 관리

둘째, 지역사회 시민단체에서 후원자조직을 중심으로 후원자를 만족시키는 행동을 해야 한다. 후원자는 다양한 의도와 목적을 가지고 지역사회 시민단체의 생존과 발전에 필요한 자원을 제공한다. 지역사회 시민단체가 후원자의 호의와 관심을 무방비상태로 기다리고, 당연한 것으로 기대하는 것은 적절하지 않다. 지역사회 시민단체가 사업활동과 교육활동을 운영하기 위해 필요한 자원을 확보하기 위해 후원자의 호의와 관심을 동원하고 통제를 할 수 있어야 한다. 후원자들은 [그림 12−9]와 같이 자기 행위에 대한 합리적 판단뿐 아니라 내면적 가치나 감정의 맥락에 따라 지역사회 시민단체에 대한 후원을 실천한다.

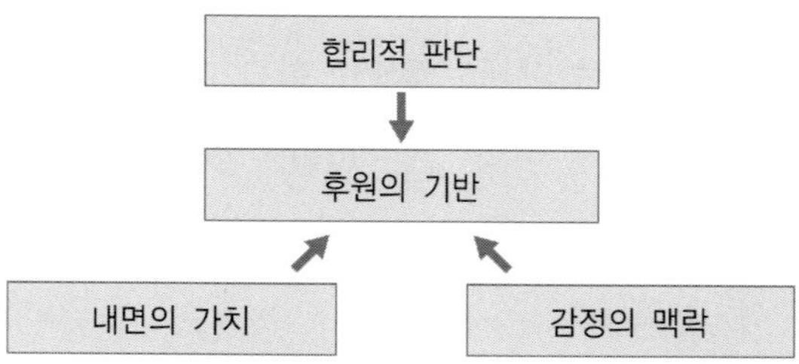

[그림 12-9] 지역사회 시민단체 후원자의 행위 동기

따라서 지역사회 시민단체가 후원자들의 후원을 지속적으로 유지하기 위해서는 다음의 두 가지를 실천해야 한다.

첫째, 후원자의 내면적 가치를 충족시키고, 감정을 자극하며, 합리적으로 판단할 수 있도록 유인을 제공하는 프로그램을 개발하여 제공해야 한다. 후원자조직을 초대하고, 지역사회 시민단체의 대표가 직접 김치찌개를 끓여 식사를 대접하는 것 등을 예로 들 수 있다.

둘째, 후원자들과 지역사회 시민단체의 집합체로서의 연대성을 구축해야 한다. 이를 위해 후원자들을 조직화하고 네트워크를 형성하는 것이 필요하다. 이러한 집합체 조직을 통한 후원자의 동질성 확보와 네트워크는 후원자들에게 지역사회 시민단체에 대해 더욱 강한 연대성과 실천력을 갖추게 함으로써 집단적 또는 개인적 후원을 강화하는 유인의 기초가 된다. 이러한 후원관리를 [그림 12−10]과 같이 살펴볼 수 있다.

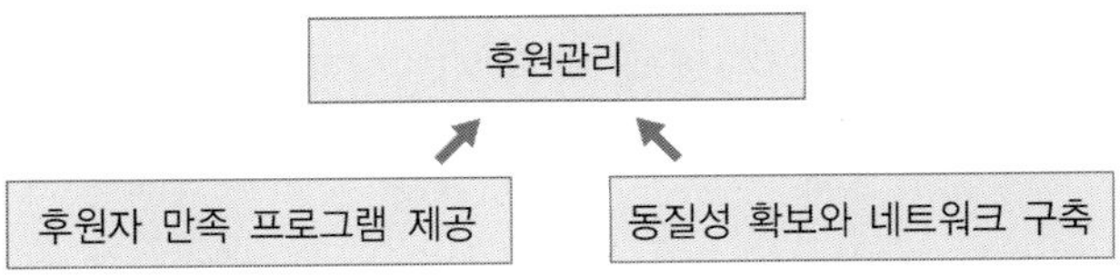

[그림 12-10] 지역사회 시민단체 후원자에 대한 후원관리

한편 정부나 지방자치단제의 지원을 받아 운영하는 지역사회 시민단체의 경우, 관련된 기관의 담당부서와 실무담당자를 효율적으로 관리해야 한다. 이를 위해 다음과 같은 실천이 요구된다.

첫째, 관련 기관의 담당자가 지역사회 시민단체와 관련된 업무를 정확하게 하고, 편하게 할 수 있도록 요구되는 자료나 정기적인 보고서 등을 적시에 차질 없이 제출해야 한다. 관련 기관 담당자의 지역사회 업무가 지역사회 시민단체에서 제출하는 자료 등을 토대로 이루어진다는 것을 주목해야 한다.

둘째, 관련 기관 내부에 지역사회 시민단체에 대한 지원을 지속적으로 그리고 확대해서 실시할 수 있는 환경을 조성한다. 정부나 지방자치단체의 관련 담당자가 지역사회 시민단체에 대한 지원 여부에 대한 판단과 결정을 할 때 근거로 삼을 수 있는 실적을 만들고, 이를 자료화하여 적시에 제공해야 한다.

지역사회 시민단체는 회원·학습자조직과 후원자조직, 자원활동가조직을 효율적으로 관리하기 위해서 다양한 프로그램을 개발하여 실천해야 한다. 이와 함께 회원·학습자와 후원자가 자신들이 지역사회 시민단체의 소중한 존재이며, 인정받는 주체라는 것을 지속적으로 인식하도록 해야 한다. 이를 위하여 지속적, 정기적으로 네트워크 활동을 할 필요가 있으며, 주기적으로 지역사회 시민단체의 사업활동과 교육활동 정보를 제공해야 한다.

3. 지역사회 시민단체의 연대

지역사회 시민단체가 지역사회 내 다른 시민단체와 연대를 하면 사업의 성과를 극대화시키는 것과 동시에 지역사회 내 통제력과 지배력을 확대하는 데 도움이 될 수 있다. 그러나 이러한 연대는 가능성과 실효성을 분석하여 세밀하게 접근해야 한다. 각 시민단체는 자신들의 사업을 추진하는 데 모든 것을 투입해야 한다. 여력이 없다. 따라서 당위적인 연대의 필요성만으로 시민단체 간 연대가 될 수 없고, 연대가 성립되더라도 실효성이 부족할 수 있다. 여기서는 지역사회 시민단체 간의 연대를 효과적으로 이끌기 위한 전략을 살펴본다.

첫째, 시민교육을 실시하는 시민단체는 재정, 시설, 인원, 역량, 지식 등에서 열악한 상황에 있다. 이러한 상황을 극복하고 시민교육을 활성화시키기 위하여, 시민단체는 지역사회 내 타 시민단체와 연대를 시도할 수 있다. 즉, 시민교육단체와 타 시민단체 사이에 전략적 연대가 발생할 가능성이 높다. 전략적 연대는 특정 사업 또는 기능 분야에서 두 개 이상의 조직이나 기관들이 경영자원과 조직역량을 공유함으로써 상호 이익을 추구하는 협조 전략을 의미한다. 전략적 연대가 발생할 수 있는 것은 지역사회의 문제와 갈등을 해결하는 부분에서 지역사회와 구성원의 변화에 대응하고 적극적으로 활용하기 위해 상호 협조의 필요성이 제기되기 때문이다. 이러한 전략적 연대는 시민단체 간 협력을 통한 적시의 시민교육 프로그램의 실시, 새로운 정보와 실무역량 확보를 통한 시민단체 내부역량의 강화, 규모의 경제 달성 및 위험 분산을 위한 자원공유를 목적으로 한다. 전략적 연대의 목적을 정리하면 <표 12-3>과 같다.

<표 12-3> 시민단체 간 전략적 연대 목적

구 분	내 용
시민교육 프로그램 실시	시민단체 간 협력을 통한 적시의 프로그램 실시
내부역량 강화	새로운 정보와 실무역량 확보를 통한 내부역량의 강화
자원 공유	규모의 경제 달성 및 위험 분산을 위한 자원공유

지역사회 시민단체가 다른 시민단체와 연대할 때 자신의 유형에 기반을 두고, 자신에게 잘 맞는 유형을 가진 시민단체를 선택할 필요가 있다. 전략적 연대의 중요한 목표는 상호 간의 지속적인 협력을 통하여 보다 높은 사업성과를 창출하는 것이다. 상호 학습의욕과 능력이 높을수록 전략적 연대의 성공 가능성이 높아진다. 지속적인 협력이 이루어지기 위해서는 지역사회 시민단체가 전략적 연대의 목적을 명확하게 이해하고, 상호 신뢰를 토대로 활발한 정보교환과 협조체제를 구축하는 것이 중요하다. 전략적으로 연대할 시민단체를 선택하기 위해서는 <표 12-4>와 같이 해당 시민단체의 전략적 목표, 운영자원, 조직문화에 대한 검토가 요구된다.

<표 12-4> 제휴 대상 시민단체 검토 내용

구 분	검토 내용
전략적 목표	• 전략적 연대에 대해 양측의 목표가 일치하는가? • 이해가 상충될 여지는 없는가?
운영자원	• 전략적 연대의 성공을 위해 양측 모두 운영자원과 역량을 충분히 제공하고 공헌할 의사와 능력이 있는가? • 양측의 운영자원과 역량 제공 및 공헌의 정도는 공평한가?
조직문화	• 양측의 사업 운영논리와 조직문화는 융화될 수 있는가? • 양측의 의사결정 및 운영체제는 양립할 수 있는가?

다른 시민단체와의 전략적 연대는 지역사회 시민단체의 양적 성장과 질적 도약에 많은 기여를 할 수 있다. 전략적 연대를 통해 확보되는 역량은 지역사회 시민단체의 핵심역량이 될 수도 있다. 지역사회 시민단체의 전략적 연대를 다음과 같이 단계별로 살펴볼 수 있다. 우선, 연대 1단계에서 주로 사업 단위의 전략적 연대가 이루어진다. 다음, 연대 2단계에서는 사업 전략과 연계되어 전략적 연대가 이루어진다. 상호 내부교육과 사업 전략의 최선의 실행(best practice)이 공유된다. 전략적 연대의 동태적 과정에 대한 이해가 높아진다. 끝으로, 연대 3단계에서는 시민단체의 운영전략과 연계되어 전략적 연대가 진행된다. 전략적 연대 절차가 공식화되고, 연대 성과에 대한 분석기법이 개발된다. 이러한 전략적 연대 단계를 [그림 12−11]과 같이 나타낼 수 있다.

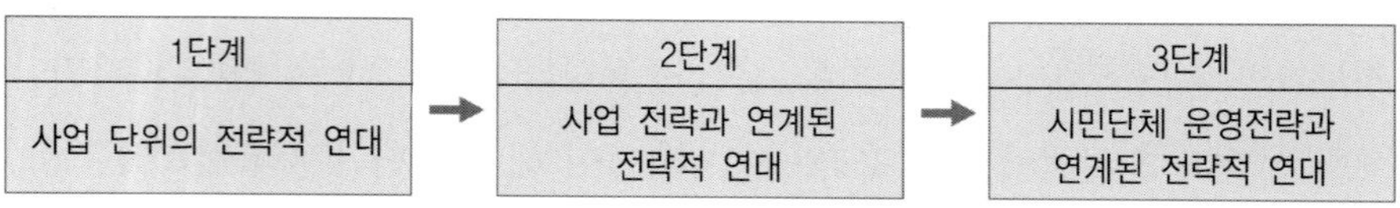

[그림 12-11] 지역사회 시민단체의 전략적 연대 단계

지역사회 시민단체에서 다른 시민단체와 전략적 연대를 할 경우 조직의 환경과 역량, 사업 내용과 성격 등을 종합적으로 판단하여 적절한 전략을 선택해야 한다. 일반적으로 전략적 연대가 시민단체의 사업성과를 높이는 데 기여를 하지만 반드시 전략적 연대를 해야 하는 것은 아니다.

둘째, 시민단체는 지역사회 내 다른 시민교육 조직과 사업 및 교육내용을 연대할 필요가 있다. 이는 지역사회 시민단체가 가지고 있는 자원의 한계를 극복하고, 제휴를 통해 상호 보완을 확보하는 것에 목적을 둔다. 지역사회 시민단체 간 연대를 위해서 다음과 같은 마련이 전제되어야 한다. 우선, 지역사회 시민단체의 핵심요인을 분석하고, 다른 시민단체의 핵심요인을 파악해야 한다. 다음, 지역사회 시민단체의 교육내용과 사업목표를 분석해야 한다. 끝으로, 평소 지속적인 우호적 관계를 형성해야 한다. 이를 통해 상호 신뢰를 갖추지 못하면, 연대가 어려울 수도 있다.

셋째, 지역사회 시민단체와 평생교육기관의 연대를 살펴볼 수 있다. 지역사회 시민단체와 평생교육기관은 지향하는 부분이 동일할 수 있어도, 교육내용이나 사업은 다른 경로로 갈 수 있다. 그러나 이러한 경로가 상호 보완적 역할을 할 수 있다는 측면에서 연대를 긍정적으로 고려할 수 있다. 지역사회 시민단체와 평생교육기관의 연대를 위한 마련은 지역사회 시민단체 간의 연대와 유사하다. 우선, 지역사회 시민단체의 핵심요인을 분석하고, 다른 평생교육기관의 핵심요인을 파악해야 한다. 다음, 지역사회 시민단체와 평생교육기관의 교육내용과 사업목표를 분석해야 한다. 끝으로, 평소 지속적인 우호적 관계를 형성해야 한다. 이를 통해 상호 신뢰를 갖추면 연대가 원활하게 진행될 수 있다.

13장 | 시민교육 활동가론(論)

지역사회에서 시민교육은 시민교육 활동가를 통해 실현된다. 시민교육 활동가는 시민조직에서 실시하는 시민교육에서, 또는 지역사회의 문제와 갈등 현장에서 이루어지는 시민교육에서 지역사회 구성원과 함께 시민교육을 만들어 간다. 지역사회 시민교육 활동가가 다양한 층위와 문화적 경험 등을 갖춘 지역사회 구성원과 함께 시민교육을 만들어 가고, 인간화를 추구하는 과정의 많은 부분에서 부딪히고 충돌하는 것이 많다. 시민교육 활동가가 이러한 것을 넘어서고 스스로 인간화되기 위해 필요한 갖춤과 버림을 짚어보면 다음과 같다.

1. 시민교육 활동가의 구실

지역사회 구성원은 지금, 여기의 생활세계에서 여러 가지 억압적 환경과 강제된 상황에서 위축되고, 비인간화된다. 스스로 인식하고 판단하는 것을 유보당한 채, 다른 사람의 생각과 말에 의존하여 생활하며, 현실을 비판적으로 바라보고 판단하는 것에 두려움을 가지기도 한다. 이러한 지역사회 구성원이 자신과 주변을 의식하고, 느끼고, 판단하고, 이것들을 말하며 고치기 위해 행동하는 과정에서 스스로가 알고, 깨닫고, 판단하며, 행동하도록 지원하는 사람이 필요하다. 이러한 역할을 담당하는 것이 시민교육 활동가이다. 지역사회에서 시민교육 활동가가 하는 노릇을 살펴보면 다음과 같다.

첫째, 지역사회 구성원의 활동에 정당성을 부여한다. 시민교육 활동가는 지역사회 발전과 지역사회 구성원의 활동에 대한 이론을 구축하여 지역사회 구성원의 생각과 행동을 정당화한다. 우선, 기존 지역사회의 압축적 구성원과 이해세력의 가치관과 판단에 대응하여, 지역사회에서 구성원의 가치관과 판단을 도출한다. 압축적 구성원과 이해세력의 가치관과 판단은 지역사회 구성원을 비인간화시키고 식민화시키는 지배 이데올로기의 구실을 한다. 비인간화되고 식민화된 구성원은 자신의 존재 의미를 상실하는 경우가 많다. 다음, 지역사회 구성원의 집단활동에 대해 정당성을 부여한다. 시민교육을 통하여 지역사회 구성원의 지역사회에 대한 인식을 강화하고 판단과 행동의 정당화를 가져오며, 이를 통해 지역사회 구성원의 조직화를 추진한다. 지역사회의 발전을 달성하도록 시민조직이 강해지기 위해서는 시민조직 구성원이 지역사회 문제와 갈등을 인식하고, 자신들의 행동을 정당화하는 것이 필요하기 때문이다. 끝으로, 지역사회 구성원이 지역사회의 문제와 쟁점에 대해 자각하도록 한다. 시민교육 활동가는 교육 프로그램 운영, 다양한 강연과 저술 활동 등을 통하여 지역사회 구성원들의 인식과 판단을 정당화하고 지역사회 상황을 인식하도록 하는 지각화 기능을 수행한다. 정당화와 지각화[1]는 지역사회 구성원이 자신의 판단과 생각에 대한 확신을 가지고, 지역사회의 문제와 쟁점 해결에 적극 참여하는 등 강력한 시민교육 효과를 가져온다.

둘째, 지역사회 구성원의 활동 역량을 강화시킨다. 우선, 지역사회 구성원에게 시민교육을 통해 구성원 상호 간의 동질성, 그리고 자신들의 효능감과 역량에 대한 믿음을 갖게 한다. 다음, 지역사회 구성원이 지역사회의 발전을 위해 지적, 도덕적 변화를 가져올 수 있는 지적 능력과 정치의식, 행동능력을 갖추도

1) 지각(知覺)은 감각적 인식을 말하지 않는다. 지(知)와 각(覺)의 합성어로서 보다 복합적인 함의를 가진다. 지(知)는 '앎'이라는 뜻이고, 각(覺)은 '깨달음'이라는 의미이다. 각(覺)은 지(知)보다 낮은 단계의 감성을 뜻하는 것이 아니라, 지(知)보다 높은 단계의 깨달음을 뜻한다. 지각(知覺)은 감각적 인지를 전달받는 기능이 아니다. 앎으로써 깨달음의 경지에까지 이르는 포괄적인 도덕적 인식을 지칭한다.

록 지원한다. 끝으로, 구성원들을 구체적 사안 해결을 위한 행동에 참여하도록 유인하고, 이를 통해 구성원의 자율적이고 자발적인 역량을 강화시킨다.

셋째, 지역사회에 대한 인식과 판단이 다른 지역사회 구성원을 동화시킨다. 지역사회에는 판단과 인식이 다른 다양한 구성원이 있다. 시민교육 활동가는 자신들과 인식과 판단을 같이하는 지역사회 구성원과 함께 활동하는 한편, 인식과 판단이 다른 지역사회 구성원들에게 자신들의 판단과 인식을 제시하여 설득하고 동화시킨다. 이는 시민교육을 진행하여 공감 영역을 생성한다는 것을 가리킨다. 시민교육 활동가는 시민교육을 통하여 다른 집단의 구성원을 자기 집단의 생각과 관점에 동화시키는 지각화를 수행한다. 이를 통해 자기 집단에 다른 집단의 구성원을 유기적으로 엮어내는 조직화 기능을 수행하여 공감 영역을 형성하고 확대시킨다. 인식과 판단이 다른 집단 구성원과의 개별적 접촉을 통해 공감 영역을 확대시키는 기능을 수행한다. 공감 영역의 형성과 확대는 동질성을 확보하고 의식전환을 가져오는 시민교육의 효과를 유발한다. 이 과정에서 시민교육 활동가와 지역사회 구성원 사이에 감정적 유대가 생성된다.

시민교육 활동가는 지역사회 구성원과 관련이 있는 지역사회 내 경제적, 정치적 구조를 판단하고, 지역사회 구성원에게 지역사회 수준에서 다른 구성원과의 동질성과 자기 효능감을 지각하도록 한다. 이러한 지역사회 시민교육 활동가의 노릇을 정리하면 [그림 13-1]과 같다.

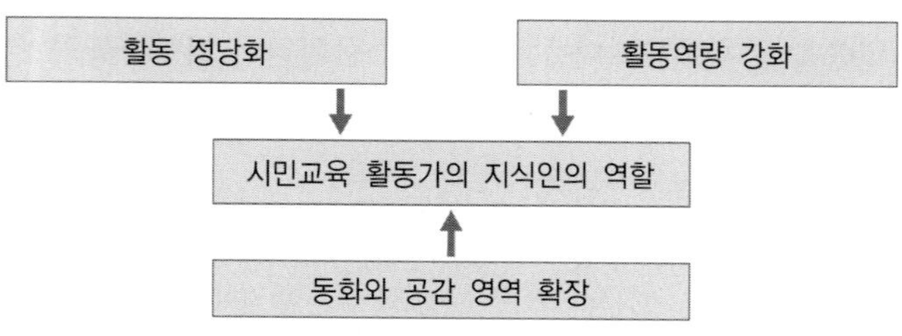

[그림 13-1] 지역사회에서 시민교육 활동가의 노릇

이와 같이 시민교육 활동가는 지역사회 안에서, 지역사회 구성원과 그들의 생활세계 안에서 유기적인 관계를 맺고 활동하며, 지역사회 구성원이 지역사회 발전을 위해 행동하도록 촉발하고 지원한다.

한편 지역사회 시민교육 활동가는 다채롭고 종합적인 시민교육 구실을 지역사회에서 수행해야 한다. 지역사회 구성원을 대상으로 시민조직을 구축하고, 이를 기반으로 시민활동을 만들며, 이를 통해 시민교육을 실시해야 한다. 시민교육 활동가의 다양한 역할은 다음과 같다.

첫째, 시민교육 활동가는 지역사회에서 시민조직을 조직하는 조직가의 역할을 해야 한다. 지역사회 구성원들이 자신들의 권리를 되찾고, 지역사회에 대한 민주적 통제력과 지배력을 확보하기 위해 개인이 아닌 조직적 대응이 필요하다. 이를 추진하기 위해 시민교육 활동가는 지역사회 구성원이 지역사회와 자신들에 대한 현상과 배경을 인식하고, 이러한 문제를 해결하기 위해 행동할 수 있는 기반 조성을 지원해야 한다. 시민교육 활동가는 시민교육에 참여한 구성원들과 함께 자신들의 문제를 해결하고 지역사회 발전을 이루면서 인간화되는 발판으로서 시민조직을 조직해야 한다.

둘째, 시민교육 활동가는 지역사회 구성원들이 중심이 되는 시민활동을 조직하는 조직가의 역할을 해야 한다. 길가에 있는 돌멩이 하나도 말로써만 움직일 수는 없다. 스스로 돌멩이를 치우는 행동이 필요하다. 지역사회의 문제를 해결하고, 지역사회 구성원이 지역사회에 대한 민주적 통제력과 지배력을 확보하기 위해서 시민활동이 필요하다. 시민교육 활동가는 지역사회 구성원이 시민활동을 할 수 있도록 역량을 강화시키고, 조직을 구축하며, 시민활동 방법에 대한 지식과 경험을 제시하여 시민활동을 조직해야 한다.

셋째, 시민교육 활동가는 지역사회에서 시민교육을 실시하는 실천가 역할을 해야 한다. 시민교육은 건물 등 닫힌 공간에서 많이 아는 사람을 통한 이론과 지식의 소개로만 진행되지 않는다. 거리에서의 시민활동만으로도 충분하지 않다. 지역사회의 문제와 배경을 따져보고, 자신들의 상황에 대해 숙고하며, 숙고를 바탕으로 행동하는 것이 요구된다. 문제 해결을 위한 시민활동을 하면서 생각하고 인식하는 것이 필요하다. 이러한 생각과 행동의 유기적 통합을 통하여 시민교육이 실천되어야 한다.

이와 같은 지역사회 시민교육 활동가의 역할을 정리하면 [그림 13−2]와 같다.

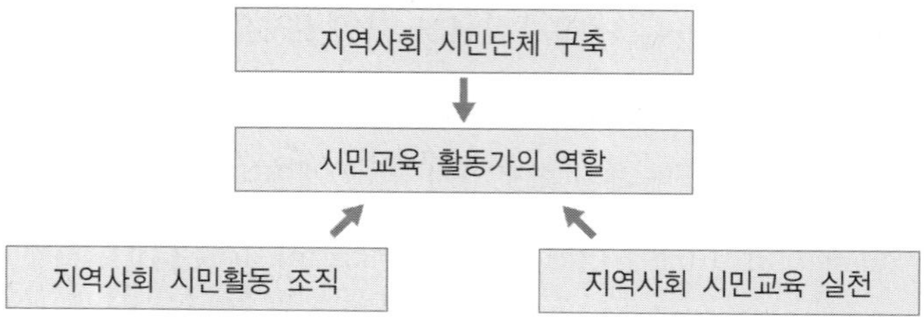

[그림 13-2] 지역사회 시민교육 활동가의 역할

시민교육 활동가는 지역사회에서 시민조직을 구축하고, 시민활동을 조직하며, 시민교육을 실천하는 역할을 해야 한다. 이러한 역할을 각자 독자적 영역을 가지면서도, 유기적으로 통합되어야 한다.

2. 지역사회 시민교육 활동가의 자질과 역량

지역사회 시민교육 활동가의 현장은 지역사회이다. 지역사회에는 다양하고 다채로운 관점과 가치관, 주장과 경험이 엇걸리고 중층적으로 쌓여있다. 이러한 지역사회의 구성원은 동일한 관점과 경험, 주장이 아닌 다양한 관점과 경험, 주장을 가지고 있다. 지역사회 발전을 위해 활동하는 구성원은 인간화되고, 자신들의 주체적 관점을 가지고 있다. 반면에 비인간화되고 식민화된 정도가 다르고, 압축적 구성원과 이해집단의 관점을 내면화한 정도가 다른 구성원들이 있다. 즉, 구성원들은 지금, 여기의 지역사회라는 동일한 시간과 장소에 존재하지만 서로 매우 다른 생각과 지향을 가지고 있다. 시민사회의 다른 범주, 다른 영역에 소속되어 있다. 또한 구성원이 소유한 관점, 가치관, 경험은 지속적으로 변화하고 축적된다. 시민교육 활동가는 지역사회에서 이처럼 다양하고 중층적인 지역사회 구성원들과 함께하며 시민교육을 실시해야 한다. 이는 시민교육 활동가는 교조적이고 획일적인 감성과 관점을 고수해서는 안 되고, 지속적으로 공부와 성찰을 하지 않고서는 지역사회 구성원과 긍정적 관계를 가질 수 없으며, 시민교육을 펼칠 수 없다는 것을 의미한다. 시민교육 활동가가 지역사회에서 시민교육을 실시하는 데 요구되는 자질과 역량을 살펴보면 다음과 같다.

1) 시민교육 활동가의 자질

시민교육 활동가는 서로 다르고 다양한 관점과 가치관, 경험과 환경을 가진 지역사회 구성원과 마주치고 관계를 맺으며 활동해야 한다. 지역사회 구성원은 지역사회에서 생존하기 위해 자발적으로 동의하였거나 강요되어 수용한, 고정된 관점과 가치관을 가질 수 있다. 이것을 토대로 삶을 영위하면서 축적시킨 경험을 확보하고 있다. 이들 구성원은 자신들이 가진 것을 부정하거나 흔들 가능성이 있는 것을 본능적으로 거부하는 경향이 있다. 이런 맥락에서 지역사회 시민교육 활동가는 구성원의 신뢰를 얻고, 인간적인 관계를 맺으며, 서로 동화되고 문화를 종합시키는 시민교육 활동을 위해 다음과 같은 자질을 갖출 필요가 있다.

첫째, 시민교육 활동가는 겸손해야 한다. 시민교육 활동가들은 신뢰를 얻고, 인간적 관계를 형성하기 위해 지역사회 구성원과 만나는 상황과 만나는 대상에 적절한 다양하고 유연한 방법[2])을 사용해야 한다. 시민교육 활동가가 구성원에게서 신뢰를 얻고 인간적 관계를 형성할 방법을 모르거나, 역량이 부족하여 신뢰를 얻지 못하고 인간적 관계를 만들지 못하면 다음과 같은 현상이 나타날 수 있다. 우선, 자신이 가진 역량과 수단의 모자람을 인정하지 않고, 자신의 말과 행동에 대한 도덕적 포장에 주력한다. 다음, 구성원의 인식 부족과 자질을 탓하며, 자신의 언행을 도덕적으로 포장하게 된다. 시민교육 활동가 스스로 구성원과 다른 경지의 지각과 판단을 한다고 내세운다. 끝으로, 구성원에 대한 강압과 교조적 언설이 나타난다. 자신의 수준에 도달하지 못한 구성원을 멸시하거나 낮춰보고, 스스로 교만하고 도도해진다. 이렇게 되면 지역사회의 시민교육은 궤멸하게 된다. 지역사회 발전을 위해 구성원의 신뢰를 얻고 인간적 관계를 맺는 행동이 도덕적, 이론적인 것으로 포장되어 강제되면, 시민교육 활동가에게 우호적인 구성원은 물론이고 지역사회의 다른 관점과 주장을 가진 구성원과의 사회적 대화는 깨지고, 서로 양극단으로 치달리며, 서로의 도덕적 우위를 주장하게 된다. 개인의 관점과 도덕은 관용과 화해를 가르치고 차이와 특성을 인정해 서로 더불어 살아가는 비전을 포함할 수도 있는 반면에 아주 극심한 지역사회 내 문제와 갈등의 원인으로 자리하기도 한다. 이런 모순과 충돌의 한복판에 지역사회 구성원과의 신뢰 획득과 인간적 관계 맺기 방법의 미숙함과 잘못함을 인정하지 않으려는 시민교육 활동가들의 교만이 가로놓여 있는 경우가 있다. 따라서 시민교육 활동가에게 겸손이 숨쉬기와 같은 일상의 상식과 행위로 자리 잡아야 한다. 시민교육 활동가는 언제나, 누구에게나, 어디서나, 무엇에서나 겸손해야 한다.

---

2) 이러한 방법은 의사소통과 같은 맥락에서 살펴볼 수 있다. 사람 사이에서 서로의 뜻과 생각이 두루 미치고 오가야 한다. 무엇인가가 이를 막고 있으면 불가능하다. 무엇이, 왜 막고 있는지를 살펴서, 이것을 트고, 뚫어 서로의 뜻과 생각이 통하게 해야 한다. 이것이 의사소통의 의미이다. 여기서의 방법은 트고, 뚫는 방법을 가리킨다. 소통의 세부 방법은 김창엽(2011). 평생교육방법론 : TPO에 맞춰 사용하는 126가지 방법, 김창엽(2014). 평생교육실무론에 소개하였다.

둘째, 사람을 움직이는 힘에 대한 이해가 있어야 한다. 사람을 움직이게 하는 근본적 힘을 동기라고 할 수 있는데, 이 동기에 대한 이론은 경영학, 심리학 영역에서 다양하고 다채롭게 소개되고 있다. 그러나 지역사회 현장에서 이러한 이론을 적용하는 것은 용이하지 않다. 지역사회 현장에서 사람을 움직이는 본질적인 힘을 부정적 측면과 긍정적 측면으로 구분하여 살펴보면 다음과 같다. 우선, 사람을 움직이는 부정적 힘의 대표적인 것은 노여움이다. 노여움은 사람을 바로 움직이는, 즉 순발력 있는 동원의 원천이다. 그러나 빠르게 나타나는 만큼 빠르게 소멸된다. 사람을 움직이는 힘으로서의 노여움은 이기적 노여움과 이타적 노여움으로 구분할 수 있다. 이기적 노여움은 개인에게서 즉각적인 행동을 유발한다. 그러나 개인의 이익에 기반을 둔 노여움은 그 노여움을 야기한 상황이 지나가거나 원인이 사라진 후 곧 없어진다. 사회적인 노여움도 몇 달 또는 2~3년 내 소멸된다. 이타적 노여움도 사람을 움직인다. 그러나 이타적 노여움도 4~5년 안에 소진된다. 이기적 노여움과 이타적 노여움의 공통된 특징은 부정적 힘이라는 것이다. 다음, 사람을 움직이는 긍정적 힘은 학문적·이성적 결단과 정치적 전망, 그리고 종교 등이다. 학문적·이성적 결론과 이것에 근거한 결단은 사람을 움직이도록 이끌고, 노여움에 의한 움직임 보다 오래 지속된다. 정치적 전망도 사람을 움직이는 긍정적 힘으로서, 사람의 의지와 저력을 학문적·이성적 결단보다 오래 지속시켜 준다. 종교 역시 사람의 행동을 이끌어낸다. 종교적 신념과 주장에 동의한 사람의 행동은 그 무엇보다도 오래갈 수 있다. 반면에 종교적 주장과 선동은 사람을 교조주의라는 사슬로 묶어버릴 수 있다.

시민교육 활동가가 이러한 사람을 움직이는 긍정적 힘과 부정적 힘의 제한을 넘어서 지역사회에서 구성원을 움직이기 위해서는 사람을 만나야 한다. 시민교육 활동가가 먼저, 스스로 사람으로서 지역사회 구성원을 인간적으로 만나야 한다. 서로 부대끼고, 부족한 것을 나누고 채워주고, 인간으로서의 정을 느끼도록 해야 한다. 이를 통해 비인간화되고 식민화되어 생활세계에 대한 무관심의 늪으로 빠져 들어가던 구성원들에게 삶의 의욕을 갖게 해야 한다. 비인간화되고 식민화된 구성원을 인간으로서 만나기 위해 구성원을 믿어야 한다. 구성원들이 자신들에게 자유롭게 행동할 수 있는 기회가 주어지고, 자기들의 운명을 지배할 수 있는 힘이 생기면 올바른 결정을 만들어 낼 수 있다는 것을 믿어야 한다. 이를 통해 구성원이 움직일 수 있다는 것을 이해해야 한다.

셋째, 시민교육 활동가는 자신의 성찰과 통찰, 그리고 인간에 대해 지속적으로, 깊고 넓게 공부해야 한다. 시민교육 활동가는 늘 지역사회 구성원을 만나고, 함께하며, 지역사회의 문제와 갈등을 해결하기 위해 노력한다. 이러한 생활은 시민교육 활동가의 시간을 부족하게 하고, 다음과 같은 문제를 야기하게 된다. 우선, 다른 사람을 만나서 무엇인가를 이루기 위해 필요한 자기 용량이 부족하게 된다. 늘 바쁘고 할 일이 많은 시민교육 활동가는 자신의 용량에 맞게 가지고 있던 열정과 역량을 소진하게 된다. 특히 새로운 상황과 다채로운 구성원과의 조우는 시민교육 활동가가 가지고 있는 기존의 용량으로 담을 수 없는 상황를 초래할 수 있다. 다음, 활동가가 배제하고 벗어나야 할 함정에 빠지게 된다. 일반적으로 시민교육 활동가에게 나타나는 부정적인 모습은 누구든지 가르치려고 하고, 어떤 것이든지 정의 내리려 하며, 타인을 압도하려는 것이다. 이 경우 지역 구성원은 '똑똑하지만 사람 질리게 하는 시민교육 활동가'를 거부하고, 멀리 떠나게 된다. 끝으로, 자신이 비인간화되고 식민화될 수 있다. 시민교육 활동가가 시민교육을 통해 지역사회 구성원과 함께 구현하고자 하는 것은 인간화이다. 이 인간화는 생활세계라는 구체적 현장에서 자신과의 관계 맺기, 타인과의 관계 맺기, 다른 세계와의 관계 맺기를 기본으로 한다. 인간화를 위한 시민교육을 실시하는 과정에서 자칫하면 관계 맺기의 근원인 인간을 놓치고, 관계 맺기에만 매몰될 수 있다. 이 경우 자신의 생각과 활동에서 인간은 소멸되고 성과인 관계만 부각되는 시민교육 활동가의 비인간화와 식민화가 나타나게 된다. 이것을 해결하기 위해 시민교육 활동가는 끊임없이 공부를 해야 한다. 실무 지식뿐 아니라 자기 자신을 돌아보고, 스스로의 용량을 확대시키는 공부를 지속적으로, 깊고 넓게 해야 한다.

넷째, 시민교육 활동가는 한계를 모르는 호기심이 있어야 한다. 일정한 경향성을 띠고 나타나는 삶과 사회의 형태와 맥락에 대한 호기심, 생활세계에서 외관상의 차이점 속에 존재하는 유사성에 대한 호기심과 외관상의 유사성 속에 존재하는 차이점에 대한 호기심, 자신을 둘러싼 혼돈 속에 존재할 질서에 대한 호기심, 주변에 있는 지역사회 구성원의 인생사와 그 의미 그리고 그러한 인생사와 의미가 자신의 삶에 갖는 관계에 대한 호기심 등 호기심의 영역은 너르고 깊다. 이러한 시민교육 활동가의 호기심은 다음과 같이 작동된다. 우선, 시민교육 활동가는 지역사회와 구성원에게 호기심을 전염시키는 사람이 되어야 한다. 이는 지역사회의 문제와 갈등에 대해서 '왜'라고 짚어보는 구성원들이 생활세계의 구조와 운영원리를 인식하게 되고, 이러한 문제와 갈등을 일으키는 압축된 구성원과 이해세력에 대해 저항을 시작하기 때문이다. 지금까지 무의식적으로 인정되고 있던 방식과 가치에 대해 의문을 제기하는 것도 지역사회의 문제와 갈등을 해결하기 위해 반드시 필요한 단계이다. 문제와 갈등은 어느 날 생뚱맞게 나타나는 것이 아니고 기존의 방식과 가치의 결과로 드러나는 것이기 때문이다. 다음, 시민교육 활동가의 호기심은 지역사회에서 여론을 불러일으키고, 구성원들에게 기존의 사고나 행위 방식을 무너뜨릴 질문을 제기하는 토대가 된다. 시민교육 활동가가 호기심을 가지는 인생의 의미에 대해 계속해서 질문을 던지고, 인생에 대해 고찰하고, 관습적인 가치를 거부하는 것이 가능하다면, 이러한 호기심에 전염된 지역사회 구성원은 내면의 변화를 겪게 되고, 이는 곧 바깥으로 터져 나와 지역사회 발전에 영향을 미치게 된다.

다섯째, 시민교육 활동가는 불경(不敬)스러워야 한다.[3] 불경은 어떤 것을 존경하지 않는다는 범주로 제한되지 않는다. 어떤 것의 권위를 인정하되 절대적인 것으로 수용하지 않고, 이를 넘어서나 그것의 경계에 회의를 갖는 것을 의미한다. 이런 맥락에서 호기심은 불경과 서로 잘 어울린다. 불경은 호기심의 토대이다. 이는 호기심이 불경 없이 존재할 수 없기 때문이다. '이것은 정말인가?', '이것이 언제나 관습적 방식이었다는 것이 단지 그 이유 때문인가?', '이것이 살아가는 최선의 방식 혹은 올바른 방식인가?', '이것이 최선의 정치적이고 경제적인 가치와 도덕, 혹은 올바른 정치적이고 경제적인 가치와 도덕인가?', '이것의 바른 의미는 무엇인가?'. 지역사회 구성원의 더불어 두루 누리는 인간화를 위해 삶과 사회에 질문을 던지는 시민교육 활동가에게 신성불가침이란 없어야 한다. 독단적 교의를 혐오하고, 도덕성을 제한하려는 어떠한 개념 규정도 무시하고, 자유롭고 편견 없이 꿈꾸고 탐구하는 것을 억누르는 탄압에 대해 반항한다. 꿈꾸고 탐구하는 것이 어디에 이르게 되는가는 문제가 아니다. 시민교육 활동가는 기존의 가치와 감성에 대해 도발적이고, 불경하며, 사회적 갈등을 야기할 수 있어야 한다. 시민교육 활동가의 불경은 삶과 인간화에 대한 고민과 탐구, 그리고 그 인간화가 실현되는 지역사회에 대한 꿈꾸기에 기반을 둔다. 다른 지역사회 구성원들이 불의, 빈곤, 착취, 차별, 질병, 전쟁, 증오, 공포를 풀어내는 것에 대한 존경에 토대를 둔다. 이러한 고민과 탐구, 꿈꾸기와 존경은 시민교육 활동가에게서만 필요한 자질이 아니다. 시민교육 활동가와 함께 시민교육을 만드는 구성원 모두에게서 발견되어야만 할 자질이다.

---

3) 여기서의 불경스럽다는 다음의 글의 느낌과 같은 맥락에 있다; 생각과 공부가 뻗어나가다 보면 스승의 가르침이 가진 경계와 충돌할 때가 있다. 그 경계를 허물고 벗어나야 뻗어나갈 수 있다. "부처를 만나면 부처를 죽이고, 스승을 만나면 스승을 죽이고, 부모를 만나면 부모를 죽이라"는 말은 사람을 죽이라는 말이 아니다. 그들이 만든 경계를 허물고 벗어나라는 이야기이다. 어떤 것에도 집착하지 말고, 어떤 권위에도 주눅들지 말며, 오직 자신의 주인으로 당당하게 살며, 공부하고 실천하는 것이 필요하다.

여섯째, 시민교육 활동가는 상상력을 가져야 한다. 상상력은 불경과 호기심과는 떼려야 뗄 수 없는 동반자 관계에 있다. 상상력은 따로따로 경험한 요소들로부터 새로운 생각을 이끌어 내고, 정신적으로 종합해 내는 것이다. 시민교육 활동가는 현재의 지역사회 상황이 변하지 않을 것이라는 전제를 가지고 있으면 안 된다. 현 상황은 유동적이며, 목표를 이루기 위해서는 다양한 상황 변화를 수용해야 한다고 생각해야 한다. 즉, 강이 지나가는 지역사회를 안전하도록 둘러싸고 있는 강둑이 무너지는 상황이면 적과 동지가 협력해서 둑을 보강하고 다듬어야 하는 것이다. 적이기 때문에 절대 협력하지 못한다는 것은 있을 수 없다. 지역사회 시민교육 활동가는 적과 동지가 협력하는 상상력을 가질 수 있어야 한다. 그러나 시민교육 활동가에게 상상력의 의미는 단지 이것만이 아니다. 상상력은 시민교육 활동가가 그의 전 생애에 걸쳐 시민교육 활동을 하고, 자신을 유지하도록 만들어 준 원동력이다. 시민교육 활동가가 지역사회의 문제와 갈등을 해결하고 지역사회를 변화시키기 위해 구성원과 함께 시민교육을 실시하고, 이를 통해 시민조직을 만들도록 밀어붙이는 힘은, 처음에는 상상력에 의해 제공된다. 이 추진력은 상상력에 의해 계속 충전된다. 일반적으로 시민교육 활동가의 활동과 지향을 유지시켜 주는 근본적 힘은 불의에 대해 마음속으로부터 분노할 줄 아는 감각과 자존심이라고 생각할 수도 있다. 그러나 시민교육 활동가의 근본적인 힘은 지역사회 구성원 전체와 아주 긴밀하게 교감하도록 스스로를 몰아가고, 또한 비인간화되고 식민화된 구성원의 삶 속으로 시민교육 활동가를 밀어넣는 이 상상력이다. 시민교육 활동가는 삶과 사회, 인간에 대한 상상력을 가지고, 이를 토대로 지역사회에서 비인간화되고 식민화된 구성원의 현실에 고통스러워하고 힘들어하며, 불의에 대해 화를 내고 압축된 구성원과 이해집단에 대해 분노하며, 이러한 지역사회를 바로잡고 만들기 위해 시민교육을 시작한다. 상상력을 가지게 되면 다른 사람의 위치에 자신을 놓을 수 있고 감정이입을 할 수 있다. 이리 되면 지역사회의 현실에 분노하고, 지역사회 발전을 위해 시민교육을 조직하고 실행하는 것을 피할 수 없다. 상상력을 갖는 것은 공감할 수 있는 토대가 되므로, 언제나 약한 자, 고통받는 자, 가난한 자의 처지와 상황을 느낄 수 있다. 시민교육 활동가는 지역사회 구성원의 비인간화와 식민화, 고통과 슬픔을 공감하면서, 이러한 삶과 사회의 상황에서 구성원을 구제하려고 한다. 다른 맥락에서 보면, 이는 시민교육 활동가 자신이 비인간화의 상황에서 구제되도록 하는 길이기도 하다. 상상력은 시민교육 활동가들이 계속 활동을 할 수 있도록 유지시켜 주는 힘의 원천이며, 효과적인 수단과 활동의 토대이다.

일곱째, 시민교육 활동가는 유머 감각이 있어야 한다. 유머는 생각, 상황, 사건 또는 행동 속에서 부조리한 불의한 요소들을 발견하고, 이를 익살맞게 표현하며 음미할 수 있는 정신적 능력과 탄력적이고 유연한 마음의 상태를 가리킨다. 유머는 성공적인 시민교육 활동가에게 필수적이다. 우선, 유머 감각은 시민교육 활동가에게 자신의 시각을 유지할 수 있도록 해주며, 또한 자신이 누구인지 직시할 수 있도록 해준다. 다음, 유머 감각은 독단적 교리나 종교적, 정치적, 경제적 주장 어떤 것에라도 일방적으로, 완전히 매몰되는 것을 방지한다. 시민교육 활동가는 자신이 어느 시민조직에 속해있고, 그 조직의 규율을 수용한다고 해도, 놓아버릴 수 없고 획일화될 수 없는 자기 자신의 개인적 정체성을 가져야 한다. 유머 감각은 이러한 획일화를 배제하고 정체성을 유지하는 원동력이 된다.

또한 유머 감각은 활동을 효과적으로 하기 위해 필요하다. 인간은 살아가면서 누군가에게 어떤 제안을 했을 때 거절당하기도 하고 수락을 받기도 한다. 모두는 아니지만 대부분 어떤 내용을 진지하게 그리고 심각하게 제안했을 때는 거절당하지만, 재치 있고 유머 있게 제시하면 수락을 받을 수 있다. 즉, 시민교육 활동가가 지역사회 구성원에게 무엇인가를 심각하게 제안했을 때에는 많은 것을 거부당할 수 있지만, 이것을 유머 감각을 발휘하여 제안할 경우 받아들여질 가능성이 높아진다.

여덟째, 시민교육 활동가는 조직화된 인격체여야 한다. 시민교육 활동가는 그 자신이 인격적으로 잘 조직되어 있어야 한다. 이는 다음과 같은 이유 때문이다. 우선, 시민교육 활동가는 무질서한 상황 속에서도 흔들리지 않고 평온할 수 있어야 한다. 다음, 부조리한 사회에서도 합리적일 수 있어야 한다. 시민교육 활동가에게 절대적으로 필요한 것은 지역사회의 문제와 갈등을 해결하고 지역사회 발전을 가져오기 위해 때로 부조리한 것들을 인정하여 받아들이고, 이것을 변화시킬 활동의 대상으로 삼을 수 있어야 하는 것이다. 이는 시민교육 활동가들이 활동하는 자리는 조건과 상황이 바람직하게 갖추어진 곳이 아닌, 문제가 많고 구성원의 약점이 그대로 노출되는 현실이기 때문이다. 모두는 아니지만 많은 경우, 사람들이 올바른 행동을 하고, 이를 통해 바람직한 결과를 끌어내는 배경은 지금, 여기의 잘못된 현실이다. 인간에게 적절한 사회를 만들기 위해 적절한 행동을 하라는 것은 크게 호응을 얻지 못할 수 있다. 잘못된 것이 있으니 이를 바로잡기 위해 올바른 일을 하라고 해야 동의를 얻을 수 있다. 따라서 시민교육 활동가는 올바른 것을 만들기 위해 그릇된 것을 찾고, 이것을 사용해서 올바른 것을 만들어야 한다. 즉, 시민교육 활동가는 인간화된 지역사회를 만들고자 하는 구성원과의 노력 과정에서 지역사회의 부조리를 신중하되 능숙하게 사용할 수 있어야 한다. 그러나 이렇게 활동하는 과정에서 시민교육 활동가가 상처를 입거나 부조리에 오염될 가능성이 있다. 시민교육 활동가가 부정적인 현실을 받아들이고, 이를 기반으로 시민교육을 하기 위해서는 활동 과정에서 스스로 상처입고 변질되지 않는 조직화된 인격을 갖추어야 한다. 시민조직 활동가는 자기 주변에서 일어나는 모든 것에 주의를 기울여야 한다. 시민교육 활동가는 이를 통해 언제나, 어디서나 배우고 있으며, 지역사회 안의 모든 문제와 갈등은 시민교육 활동가에게 늘 무엇인가를 가르쳐 준다. 인간과 삶, 사회와 자기 자신에 대해 끊임없이 짚어보고 따져봄으로써 시민교육 활동가는 조직화된 인격체가 될 수 있다.

아홉째, 시민교육 활동가는 정치적으로 양면성을 이해하는 동시에 이를 잘 융합해야 한다. 시민교육 활동가는 특정한 입장과 주장에 대해 순진무구하고 일방적인 신봉자가 되지 말아야 한다. 양면성을 동시에 가지면서 이를 융합해야 한다. 지역사회의 문제와 갈등의 현장에서 구성원을 행동하도록 유인하기 위해서는 문제와 갈등의 범주를 극단적으로 구분해야 한다. 지역사회 구성원들은 자신들의 입장과 주장이 100% 옳고, 반대편에 있는 구성원의 주장은 100% 그릇되었다고 확신해야 행동한다. 시민교육 활동가는 지역사회의 문제와 갈등이 양극화되기 전까지는 구성원 사이에서 어떠한 행동이 이루어지는 것이 가능하지 않다는 것을 알 필요가 있다. 시민교육 활동가는 지역사회 발전을 위한 활동에서 자신을 두 가지 부분으로 나누어 자리하게 할 수 있어야 한다. 우선, 한 부분은 지역사회 구성원과의 행동의 장에 있다. 시민교육 활동가는 지역사회의 문제와 갈등에 대한 입장과 주장을 100%와 0%로 양분해서 지역사회 구성원에게 제시한다. 이를 기반으로 지역사회 구성원이 행동하도록 하고, 자신의 힘을 지역사회의 문제와 갈등을 해결하기 위해 행동하는 지역사회 구성원에게 힘을 더한다. 다음, 다른 한 부분은 다른 주장과 입장을 가진 구성원 집단과의 협상의 장에 있다. 시민교육 활동가는 지역사회의 문제와 갈등에 대해 서로 적대적 대척점에 있는 양측의 주장과 입장 차이가 사실상 크지 않을 수 있고, 충분히 타협될 수 있다는 것을 알 필요가 있다. 서로 반대 입장을 가진 양측이 서로 공존해야만 한다는 것을 파악해야 한다. 이는 양측이 지역사회를 구성하고 있기 때문이다. 그러나 자신의 입장과 주장을 선과 악으로 이분하는 것이 내면화된 구성원은 이러한 타협과 공존을 상상할 수도 없고, 수용할 수도 없다. 상대방을 배제하는 데 중점을 둔다. 정치적 양면성을 이해하고 융합하는, 잘 조직화된 인격체를 갖춘 시민교육 활동가만이 구성원의 대결을 만들면서 동시에 적절한 시점에 타협하고 공존하도록 하여 지역사회 발전을 만들 수 있다.

열째, 시민교육 활동가는 자존심이 있어야 한다. 시민교육 활동가에게는 위에서 언급한 바람직한 자질들 전체와 잘 결합된 강한 자존심이 형성되어 있어야 한다. 시민교육을 실현하는 시민교육 활동가를 견고하게 유지해 주는 것은 이 강한 자존심이다. 자존심은 자기중심주의(egotism)와 구분된다. 반드시 해야 한다고 믿는 것을 할 수 있는 자신의 능력에 대한 전적인 믿음, 자신의 판단과 행동의 가치가 정의롭다는 믿음이 바로 자존심이다. 시민교육 활동가는 지역사회 발전을 위한 행동 과정에서 압축된 구성원과 이해집단에게 높은 승산이 있다는 사실을 두려움이나 걱정 없이 받아들여야 한다. 승산이 낮음에도 불구하고, 지역사회의 문제와 갈등에 대해 옳고 바람직한 주장을 하는 것이 인간의 자존심을 지키는 첩경이라는 생각을 해야 한다. 시민교육 활동가는 어려운 상황과 낮은 승산 때문에 단념하겠다는 생각에 결코 사로잡히지 않는다. 인생은 자존심을 걸고 하는 행동의 집합으로 이루어진다. 이러한 자존심을 가지고 시민교육 활동가는 교육자가 되고, 조직가가 되며, 활동가가 되어 행동한다.

열한째, 시민교육 활동가는 자유롭고 편견 없는 마음을 가져야 한다. 호기심, 불경, 상상력, 유머 감각, 독단적 교리에 대한 불신, 조직화된 인격체, 인간 행위에서 나타나는 많은 부조리의 원인과 배경에 대한 이해 등을 가지고 있는 시민교육 활동가는 자기 방식대로, 유연하고 탄력적으로 살아간다. 시민교육 활동가는 예상하지 못한 일이 일어났을 때 부서지고, 멈춰서야만 하는 경직된 존재가 아니다. 자신의 정체성을 가지고 있기 때문에, 어떤 이데올로기나 규율 같은 보호물이 필요 없다. 시민교육 활동가는 모든 가치들이 상대적이라는 것을 알고 있어야 한다. 자유롭고 편견 없는 마음과 상대성 수용이 있어야 시민교육 활동가는 옳고 그름, 선과 악이 엇걸려 있는 지역사회에서 다양한 성향의 구성원과 함께 지역사회 발전을 위한 시민교육을 만들어 나가면서 냉소주의나 환멸 속으로 무너져 내리지 않을 수 있다. 이는 시민교육 활동가가 시민교육에 대한 환상, 지역사회 구성원에 대한 환상에 의존하지 않기 때문이다.

겸손, 사람을 움직이는 힘에 대한 이해, 성찰과 통찰 그리고 공부, 호기심, 불경스러움, 상상력, 유머 감각, 조직화된 인격체, 정치적 양면성 이해와 융합, 자존심, 자유롭고 편견 없는 마음 등 모든 것이 서로 융합되어 지역사회 발전과 구성원의 인간화를 위한 창조적 활동을 자신의 최대 기쁨으로 받아들이는 시민교육 활동가를 만든다. 이러한 시민교육 활동가가 갖추어야 할 자질을 정리하면 [그림 13-3]과 같다.

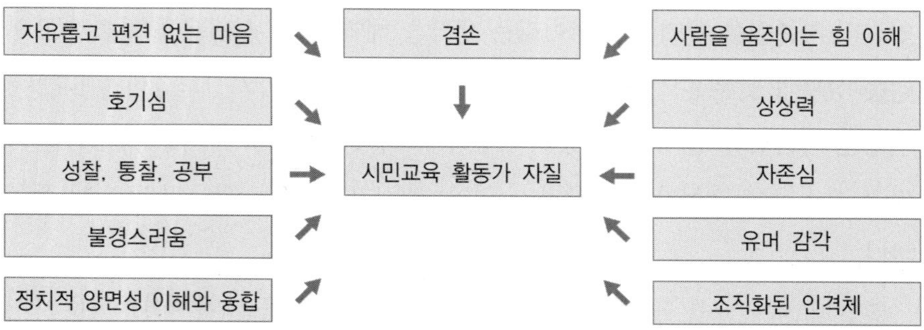

[그림 13-3] 지역사회 시민교육 활동가의 자질

2) 시민교육 활동가의 역량

지역사회 시민교육 활동가는 지역사회 구성원을 지역사회 문제와 갈등을 해결하기 위한 구체적인 활동으로 나서게 하고, 지역사회 구성원이 민주적 통제력과 지배력을 갖추도록 유인해야 한다. 이를 위해 다양한 방법을 사용하여 지역사회 구성원의 지각과 행동을 촉발시켜야 하고, 이 과정에서 지역사회 구성원이 드러낼 수 있는 부정적인 인식과 행동을 배제하고 바람직한 측면으로 유인할 수 있어야 한다. 이와 함께 지역사회 시민교육 활동가는 시민교육을 구현하기 위하여 일정한 역량을 갖추어야 한다. 시민교육 활동가가 갖추어야 할 능력을 살펴보면 다음과 같다.

첫째, 시민교육 활동가는 토론을 모르는 일방적 주장을 배제할 수 있어야 한다. 토론은 기본적으로 한 사람의 주장을 듣고, 이를 바탕으로 자신의 의견을 제시하는 것이다. 즉, 주고받는 의견과 주장을 통해 보다 완성되고 정확하며 전체적인 내용이 만들어지는 것이다. 그러나 토론 현장에서 상대방의 의견을 듣지 않거나 무시하고, 근거도 제시하지 않고 자신의 주장만을 내세우는 구성원이 있을 수 있다. 토론 없는 주장은 지역사회 구성원이 자신의 생각과 주장을 드러낼 기회가 드물었거나, 자신의 지적 우월성을 내세우고 싶을 때 종종 나타난다. 이런 주장은 의견의 축적과 융합을 가져오지 못할 뿐 아니라 토론 당사자들의 관계를 파괴할 수 있다. 토론 현장에서 토론 없는 주장만 존재하는 부정적 상황이 나타나면 시민교육 프로그램에서 토론을 안 하는 것이 나을 수 있다. 지역사회 시민교육 활동가는 지역사회 구성원의 토론 현장에서 토론 없이 일방적인 주장만 나타나는 경우 이를 적절히 제어하고 극복해야 한다.

둘째, 시민교육 활동가는 논의가 효과적일 수 있게 조율해야 한다. 예를 들어, 개혁은 기존의 제도나 조직 따위를 새롭게 바꾸는 것을 의미한다. 지역사회 구성원에게 복지와 자원이 공정하게 분배되고, 의사결정과 정책 수립 과정 등에 대한 민주적 통제력과 지배력을 확보하기 위해 필요한 경우 기존의 제도나 조직을 바꾸도록 요구할 필요가 있다. 이 개혁의 과정은 기존의 제도나 기구가 무엇이 문제이고, 왜 문제이며, 어떤 방향으로 개혁되어야 하고, 개혁을 추구하는 부분에 있어 현실적인 장애가 무엇인지를 구체적으로 명확하게 정리하고, 이를 토대로 개혁에 대한 실제적 내용을 구축해야 한다. 개혁의 실제적 내용을 만드는 과정에서 지역사회 구성원의 다양한 의견과 관점을 어떻게 수렴할 것인가에 대한 논의가 선행되어야 한다. 이러한 장치가 없으면 개혁에 대한 논쟁이 끝없이 진행된다. 지역사회 구성원의 지적 우월성 과시, 상대방에 대한 공격 등이 결합될 경우 논쟁 상황은 더욱 혼란스럽게 되고 상대방에 대한 무조건적인 공격성을 보이게 된다. 지역사회 시민교육 활동가는 논의가 이상한 방향으로 흘러 효과도 없이 부작용을 일으키지 않도록 보이지 않는 흐름을 만들어 논의를 조율해야 한다.

셋째, 시민교육 활동가는 중용을 실천할 수 있어야 한다. 지역사회 시민교육 현장에는 다양한 상황과 다채로운 구성원이 존재한다. 이것은 현장에서 서로의 가치관이 충돌하고, 상반되는 입장을 가진 반대편과 대결하는 상황이 일상적일 수 있다는 것을 의미한다. 시민교육 활동가와 구성원은 많은 경우 지역사회의 문제와 갈등 때문에 긴장이 고조되고 충돌이 일어나는 상황에서, 자칫 그 긴장과 충돌에 빠져들 수 있다. 이러한 매몰은 문제의 해결이나 극복에 도움이 되지 않는다. 지역사회 시민교육 활동가는 지역사회 구성원과 지방자치단체 관계 부서, 기업, 압축된 구성원과 이해집단 등 아주 강력한 조직과의 긴장된 대결 현장에서도 유머를 잃지 말고 평정심을 유지해야만 한다. 가장 흥분된 순간에도 언성을 높이지 않고 문제 해결과 승리를 위한 전술을 생각해야 한다.

지역사회의 문제가 자신들이 원하는 대로 해결되고, 강력한 조직과의 대결에서 성공하면 지역사회 구성원이 흥분하고 자신의 역량을 자랑할 수 있다. 이때 시민교육 활동가는 슬며시 몸을 낮추고, 지역사회 구성원에게 공을 돌려야 한다. 이를 통해 시민교육 활동가의 중용이 발휘될 수 있다.

넷째, 시민교육 활동가는 의사소통을 할 수 있어야 한다. 의사소통은 말로만 하는 것이 아니다. 의사소통은 생각과 뜻이 두루 미치고 오가지 못하도록 막고 있는 것을 트고, 뚫어 서로 되돌아 흘러 통하게 하는 것이다. 즉, 의사소통을 위해서는 서로의 뜻과 생각이 있어야 하며, 이것이 서로 통하지 못하게 하는 것이 무엇인가를 명확하게 확인하고, 이것을 트고 뚫는 것이 필요하다.

서로의 생각과 뜻이 오가지 못하게 막는 것은 여러 가지가 있다. 상대방에 대한 업신여김과 두려움, 자신에 대한 자신감 부족과 상대에 대한 가학성, 서로의 문화적 배경과 성장 환경에 대한 몰이해, 사용하는 언어와 경험의 차이 등이 될 수 있다. 따라서 의사소통을 잘 하기 위해서는 상대방의 문화적 배경 이해, 삶의 경험과 환경 이해, 감정이입과 공감이 전제되어야 한다. 시민교육 활동가가 구두선을 사용하거나 자신을 신화화하고 정형화하는 것은 상대방을 감동시킬 수 없다.

의사소통의 근본은 지역사회 구성원의 경험 안에서 대화가 이루어지는 것과, 지역사회 구성원의 가치관을 온전히 존중하는 것이다. 시민교육 활동가는 자신의 가치관과 주장을 지역사회 구성원에게 강요해서도 안 되고, 지역사회 구성원과 단순히 같이 있는 것으로 만족해서도 안 된다. 지역사회 구성원과의 연대는 진실한 의사소통을 요구한다. 인간의 삶이 의미를 가질 수 있는 길은 의사소통을 기반으로 닦여진다. 시민교육 활동가의 생각은 지역사회 구성원의 생각의 진정성을 거쳐야만 비로소 인증된다. 시민교육 활동가는 지역사회 구성원을 위해서 생각을 대신할 수 없고, 자기 생각을 강요할 수도 없다. 시민교육 활동가와 지역사회 구성원이 서로를 인정하고 신뢰하며 인간적 관계를 맺는 것은 의사소통을 통해 이루어진다.

다섯째, 시민교육 활동가는 마중물 역할을 할 수 있어야 한다. 시민교육 활동가는 지역사회 구성원의 가능성이 발현될 때까지 손 놓고 기다리면 안 된다. 지역사회 구성원이 비판적 사고와 상호 인간화를 위한 행동에 나서도록 이끌어야 하고, 열정과 헌신, 자율성과 주체성을 이끌어 내야 한다. 이를 위해 지역사회 구성원이 행동하도록 다양한 방법을 활용하고 관계를 만들어 촉진해야 한다. 즉, 마중물의 역할을 할 수 있어야 한다. 이러한 노력 속에 서로의 창의력과 진정성에 대한 신뢰가 스며들고, 지역사회 구성원과의 인간적 관계 속에서 동반자가 될 수 있다.

여섯째, 시민교육 활동가는 전문지식이 있어야 한다. 전문지식은 학술적 지식만을 의미하지 않는다. 지역사회 구성원을 이해하고, 이들을 움직이게 이끌고 이끌어 내며, 사업에 대한 깊은 고민과 살핌이 종합된 것이 전문지식이다. 전문지식과 구성원은 분리되어 있지 않다. 전문지식은 전문지식으로 독립되어 존재하는 것이 아니라 구성원을 전제로 존재한다. 전문지식과 구성원은 떨어져 존재하는 것이 아니므로 전문지식과 구성원을 구분하여 생각할 수 없다. 전문지식 속에 구성원이 들어 있고, 구성원 속에 전문지식이 자리하고 있다.

일곱째, 시민교육 활동가는 공감할 수 있어야 한다. 공감은 감정이입을 의미한다. 지역사회 구성원이 지역사회 내 문제 때문에 상처입고 힘들어한다면, 왜 상처를 입었고, 무엇이 잘못되었는가를 따지고, 어떻게 할 것인가를 논의하기 이전에 얼마나 힘들고 아픈지를 그냥 함께 느끼는 것이 중요하다. 시민교육 활동가가 자신의 경험과 논리만으로, 상처입어 힘들어하는 구성원을 대한다면, 구성원은 시민교육 활동가를 받아들이지 않고 배척하게 된다. 먼저 아픔을 공감해야 한다.

여덟째, 시민교육 활동가는 문화적 배경을 이해할 수 있어야 한다. 지역사회 구성원은 다양한 문화적 배경을 가지고 있다. 이 문화적 배경을 이해하고 수용할 수 있어야 한다. 예를 들어, 한대지방의 나뭇잎은 대부분 작고 뾰족하다. 열대지방의 나무는 상대적으로 넓적한 잎을 가지고 있다. 이는 식물들이 자신이 처한 기후와 상황에 적응하며 살기 때문이다. 나뭇잎은 넓적해야만 한다는 판단은 적절하지 못하다. 마찬가지로 지역사회 구성원은 다양한 문화적 환경에서 성장하였고, 경험을 축적하였다. 동일한 현상에 대해서도 다른 판단과 인식을 할 수 있다. 시민교육 활동가가 구성원의 이러한 문화적 배경을 이해하는 것은 시민교육 실시의 전제이다.

이러한 역량 외에도 시민교육 활동가가 지역사회에서 구성원과 더불어 활동하고 교육하며 학습하기 위해서는 지역사회 구성원과 함께 일할 때 그들을 감동시킬 정도의 열정과 헌신, 스스로 일을 즐겁게 신나게 하는 신명이 있어야 한다. 이와 같은 시민교육 활동가에게 요구되는 역량을 정리하면 [그림 13-4]와 같다.

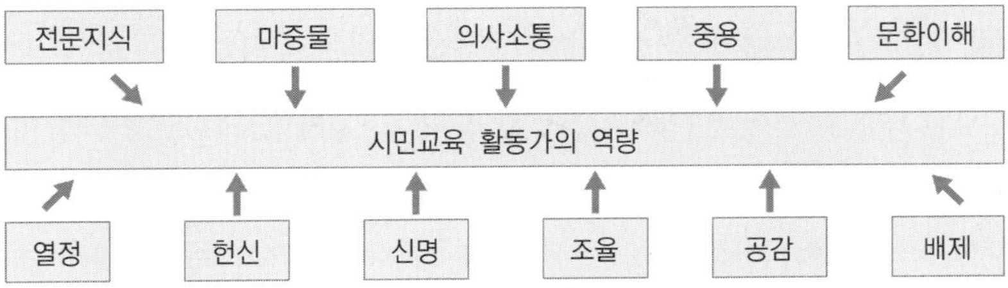

[그림 13-4] 시민교육 활동가에게 요구되는 능력

3. 지역사회 시민교육 활동가가 해야 할 것과 하지 말아야 할 것

시민교육은 지역사회 구성원을 위해 시민교육 활동가가 일방적으로 실시해서 되는 것이 아니다. 반대로 시민교육 활동가를 위해 지역사회 구성원이 시혜적으로 참여해서 이루어지는 것이 아니다. 지역사회 시민교육은 지역사회 구성원과 시민교육 활동가가 만나서 상호 이해와 신뢰를 바탕으로 한 인간관계를 구축하고, 이를 바탕으로 지역사회의 문제와 갈등을 해결하기 위한 행동으로 이어져야 한다. 시민교육 활동가가 시민교육 과정에서 지역사회 구성원과의 진정한 만남을 회피하고, 인간적 관계 맺기를 멀리한다면, 이는 지역사회 구성원을 단순한 시민교육의 대상 또는 시민교육 활동가의 활동 대상으로 취급하는 것이다. 시민교육 활동가는 지역사회 시민교육 현장에서 지역사회 구성원과 관계를 맺으며, 시민교육을 함께 만들어 나가기 위해 다음과 같이 가져야 할 부분과 버려야 할 부분을 살펴봐야 한다.

1) 시민교육 활동가가 해야 할 것

시민교육을 실시하는 데 있어 협력, 해방을 위한 일치, 조직, 문화 종합과 같이 다양한 지원과 굳건한 토대를 마련하는 것이 필요하다. 시민교육 활동가는 시민교육의 든든한 울타리가 될 수 있도록 이들 토대를 마련해야 한다.

첫째, 시민교육 활동가와 지역사회 구성원의 협력을 만들어야 한다. 시민교육은 시민교육 활동가 혼자서 할 수 없고, 반드시 지역사회 구성원과 더불어 두루 누리며 해야 한다. 이러한 협력을 만들기 위해 시민교육 활동가는 다음의 내용을 주목해야 한다. 우선, 시민교육 활동가의 가치관과 주장이 적절하다고 해도 일방적으로 구성원에게 주입하거나 강요하는 것은 부적절하다. 다음, 시민교육 활동가가 지역사회 구성원을 소유하고 있는 것이 아니며, 시민교육 활동가에게 지역사회 구성원을 무턱대고 자신의 가치관과 주장으로 몰아붙이는 권리가 있을 수 없다.

시민교육 활동가와 지역사회 구성원은 대화를 통해 협력의 기반을 구축해야 한다. 대화는 본질적으로 지역사회 구성원과 시민교육 활동가의 소통이며, 모든 협력의 기초이다. 시민교육 활동가가 지역사회 구성원과 대화를 할 때 다음의 내용을 주목해야 한다. 우선, 시민교육 활동가는 대화를 통해 지역사회 구성원에게 강요하지 않고, 조종하지 않으며, 길들이지 말아야 한다. 시민교육을 구호화하지 말아야 한다. 다음, 시민교육 활동가는 그럼에도 불구하고 대화를 통해 지역사회 구성원이 협력을 통해 나아가고 성취해야 할 방향을 제시해 주고, 목적을 분명히 알고 이를 보여주어야 한다.

시민교육 활동가와 지역사회 구성원의 협력은 상호 지지를 바탕으로 이루어진다. 이러한 상호 지지를 다음과 같이 짚어볼 수 있다. 우선, 시민교육 활동가의 가치관과 논리에 정복당한 지역사회 구성원이 시민교육 활동가에게 보내는 지지는 진실하지 못하고 건강하지 않다. 시민교육 활동가에게 정복당한 지역사회 구성원은 자신들에게 선택과 행동을 주지시키고 실질적으로 확정하는 시민교육 활동가에게 종속되는 경향이 나타날 수 있기 때문이다. 다음, 진정한 지지는 지역사회 구성원들의 자유로운 선택과 시민교육 활동가의 가치관과 행동이 일치될 때 나타난다. 진정한 지지는 시민교육 활동가와 지역사회 구성원 양자가 지역사회 현실을 매개로 서로 소통하면서 이루어지는 것이다. 이러한 상호 지지를 바탕으로 하는 협력을 만들기 위해 시민교육 활동가는 우선, 지역사회 구성원을 기본적으로 신뢰해야 하고, 다음, 지역사회 구성원의 참여와 행동만을 단순히 시민교육의 목적으로 규정하지 말아야 하며, 끝으로, 지역사회 구성원이 지역사회 발전을 추구하는 일에 참여할 수 있다는 믿음을 가져야 한다.

그러나 이러한 시민교육 활동가와 지역사회 구성원 사이에 만들어지는 협력에서 유의할 것이 있다. 시민교육 활동가는 현상을 기반으로 판단하되 그 이상을 간파해야 한다. 즉, 지역사회 구성원을 기본적으로 신뢰하되, 특정한 상황이나 시점에서 지역사회 구성원이 보이는 모호함을 항상 경계해야 하고, 지역사회 구성원이 내면화한, 비인간화시키고 식민화시키는 압축된 구성원과 이해집단의 속성이 드러나는지 여부를 늘 살펴야 한다. 지역사회 구성원은 자신의 내부에 있는 압축된 구성원과 이해집단의 속성이 자신들의 인간다운 본성보다 더 강하면 본능적으로 시민교육 활동가를 공격하고, 배반할 수 있기 때문이다.

둘째, 시민교육 활동가와 지역사회 구성원이 일치되어야 한다. 시민교육 활동가는 지역사회에서 시민교육을 펼치기 위해 지역사회 구성원들과 더불어 생각하고, 행동하기 위해 하나가 되어야 한다. 이것은 시민교육 활동가와 지역사회 구성원 간의 일치, 시민교육에 참여한 지역사회 구성원 간의 일치로 구체화된다. 이러한 일치를 위해 시민교육 활동가는 스스로 헌신하면서 부단히 노력해야만 한다.

그러나 시민교육 활동가들이 지역사회 구성원과의 일치 관계를 만드는 것은 매우 어렵다. 이는 일치 관계를 만들기 위한 방법과 수단이 일천하다는 것과 별개로 근본적인 문제가 있기 때문이다. 시민교육 활동가가 지역사회 구성원과 늘 함께 있지 못하면, 즉 지속적으로 지역사회 구성원의 눈에 보이고, 언제라도 말을 걸면 이야기할 수 있어야 일치 관계가 탄탄하게 형성될 수 있다. 이렇지 못하면 시민교육 활동가는 지역사회 구성원의 마음에서 존재하기 어렵고, 일치 관계 형성이 매끄럽지 못하게 된다. 현실에서는 시민교육 활동가가 늘 지역사회 구성원과 함께하는 것이 현실적으로 불가능하다. 이러한 상황이 시민교육 활동가가 지역사회 구성원과 일치관계를 만드는 데 장애가 된다.

시민교육 활동가와 지역사회 구성원의 일치를 위한 현실적 수단은 상호 친교이다. 상호 친교를 맺기 위해 다양한 친교 맺기 방법의 도움을 받을 수도 있지만, 가장 근본적인 것은 시민교육 활동가의 겸손과, 지역사회 구성원에 대한 존경과 사랑이다. 시민교육 활동가가 늘 지역사회 구성원과 함께하지 못하더라도, 만날 때마다 지역사회 구성원이 시민교육 활동가의 겸손과, 자신들에 대한 존경과 사랑을 느끼게 할 수 있다면 친교가 맺어질 수 있다. 이를 통해 상호 협력이 가능해지고, 일치가 이루어진다. 시민교육의 어느 단계, 어느 내용을 막론하고 지역사회 구성원과의 친교 없이는 시민교육이 이루어지지 않는다. 친교에서 협력이 도출되고, 이를 통해 일치가 이루어지기 때문이다. 그러나 이러한 일치는 시민교육 활동가가 지역사회 구성원에 대해 인간적으로 다가가고, 감정이입을 하며, 사랑하고 존중하고, 문화를 이해하며, 소통하고, 겸손해야 비로소 이루어진다는 것을 주목해야 한다. 다른 맥락에서 보면, 지역사회 구성원과의 친교는 단순한 이론적 정합성을 넘어서 시민교육에서 없어서는 안 될 부분이다. 지역사회 구성원과 시민교육 활동가의 친교가 이루어지면 그 순간부터 지역사회 구성원은 시민교육 활동가에게서 다양한 활동과 생각을 끌어내 주는 마중물이 되기 때문이다.

셋째, 시민교육을 통해 지역사회 구성원의 조직을 만들어야 한다. 시민교육을 통한 조직은 우선, 시민교육 활동가와 지역사회 구성원의 일치와 직결되고, 다음, 이러한 일치에서 비롯된 자연스러운 발전이며, 끝으로, 비인간화시키고 식민화시키는 압축된 구성원과 이해집단의 조종에 맞서기 위해 필요하다. 이 조직에서 지역사회 구성원은 스스로 자유를 실천하고, 인간화되기 위한 활동을 하며, 지역사회 구성원의 인간화라는 조직의 목적에 호응한다. 여기서 주목할 것은 다음과 같다. 우선, 조직을 유지하고 구성원이 활동하도록 하기 위해 반드시 규율이 있어야 한다. 그러나 이 규율은 조직의 목적 달성을 촉진하고 구성원을 인간화시키는 활동을 지원하기 위해 존재하는 것이다. 일반적인 통제와 혼동해서는 안 된다. 다음, 조직의 목적이 구성원의 인간화라는 것을 내면화해야 한다. 지역사회 구성원은 여러 가지 상황과 억압 때문에 비인간화되어 있다는 것을 잊어서는 안 된다. 시민교육 활동가들이 조직에 참여한 지역사회 구성원의 인간화를 위해 행동하지 않고, 지역사회 구성원을 자신들의 활동에 적합한 자원으로만 활용하는 것은 결코 있을 수 없다. 지역사회 구성원의 자원화는 조직 목적 자체를 부정하는 것이다. 이는 조직의 목적이 지역사회 구성원의 인간화이기 때문이다.

지역사회 구성원을 조직하는 것은 시민교육 활동가들이 시민활동에 대한 자신들의 학습체험을 체계적이고, 실천적으로 전수하는 과정으로 볼 수 있다. 이러한 학습체험은 철저하게 대화를 통해서 이루어져야 한다. 따라서 시민교육 활동가들은 학습주제에 대해서 혼자서 이야기를 주도하거나 일방적으로 주장하면 안 되고, 지역사회 구성원과 함께해야 한다. 시민교육 활동가들이 시민교육이나 지역사회 구성원 조직화를 대화를 통해 추진하지 않고, 자신의 결정사항을 지역사회 구성원에게 강요할 수 있다. 이 경우 시민교육 활동가는 지역사회 구성원을 인간화시키지도 못하고, 자신들도 인간화되지 못하므로 이것은 있을 수 없다. 이는 지역사회 구성원을 조직하는 것이 아니라 조종하는 것이 되고, 시민교육 활동가가 지역사회 구성원을 지배하게 되기 때문이다.

시민교육 활동가가 자신들의 주장을 지역사회 구성원에게 일방적으로 강요하면 안 된다는 것은, 이미 비인간화되고 식민화된 지역사회 구성원에게 방종을 조장한다는 의미가 아니다. 시민교육 활동가의 권위주의와 지역사회 구성원의 방종은 배제되어야 하지만, 시민교육 활동가의 권위와 지역사회 구성원의 자유는 인정되어야 한다. 시민교육 활동가의 권위는 권력을 양도받는 식으로는 인정받지 못한다. 지역사회 구성원의 마음에서 우러나는 지지를 통해서만 권위를 인정받을 수 있다. 다수에게 일방적으로 강요하는 권위는 권위주의로 타락해 버린 권위이다. 또한 시민교육 활동가의 권위가 비정상적으로 커지면 지역사회 구성원의 자발성과 자율성이 위축된다. 지역사회 구성원이 중심이 되어 만든 조직은 권위를 필요로 하지만, 권위주의는 배제해야만 한다. 조직은 구성원의 자유의지를 필요로 하지만, 방종을 수용해야 하는 것이 아니다. 진정한 권위와 자유의지는 시민교육 활동가와 지역사회 구성원이 서로의 협력과 일치를 기반으로 지역사회 발전을 만들어 나가는 과정에서 확보되는 것이다. 지역사회 구성원이 중심이 된 조직화는 시민교육 활동가와 지역사회 구성원이 이러한 권위와 자유의지를 함께 체험하는 차원 높은 시민교육 과정이기도 하다.

넷째, 시민교육 활동가와 지역사회 구성원의 문화를 종합시켜야 한다. 문화는 인간이 불확실한 미래를 꿈꾸고, 선택하여, 미래를 향하여 나아가는 행동과 사고의 총체이다. 따라서 지역사회 차원에서 문화는 현존하는 지역사회를 보존하거나 아니면 변혁시키려는 체계적이고 계획적인 행동 형태로 나타나게 되고, 지역사회 구성원 개인별로 다른 양상을 가지게 된다. 여기서 시민교육 활동가와 지역사회 구성원이 서로 다른, 독자적인 문화를 가지고 있다는 것을 주목해야 한다.

시민교육 활동가는 지역사회 구성원과의 문화종합을 위해 자신의 문화세계에서 나와 지역사회 구성원의 문화세계로 들어가야 한다. 이때 중요한 것은 시민교육 활동가가 가르치거나, 전하거나, 무엇을 주려고 지역사회 구성원의 문화세계로 들어가는 것이 아니라는 것이다. 지역사회 구성원과 더불어 함께 하면서 지역사회 구성원의 문화를 배우려고 들어가는 것이다. 지역사회 구성원의 문화세계에서 시민교육 활동가와 지역사회 구성원은 다음과 같이 상호 영향을 미친다. 우선, 시민교육 활동가의 이론적 지식은 지역사회 구성원의 체험적 삶의 지식과 부딪치며 정련된다. 다음, 지역사회 구성원의 체험적 삶의 지식은 시민교육 활동가의 이론적 지식을 통해 다듬어진다. 이 과정에서 시민교육 활동가와 지역사회 구성원은 서로의 문화를 이해하고 나누고, 서로를 동질화하며, 함께 자신들의 행동 방향과 내용을 만든다. 이러한 문화종합 과정에서 시민교육 활동가와 지역사회 구성원은 새로운 지식과 새로운 행동을 가지고 다시 태어날 수 있다. 이를 통해 시민교육 활동가의 가치관과 지역사회 구성원의 가치관 사이의 간격이 해소될 수 있다. 문화종합이 시민교육 활동가와 지역사회 구성원의 세계관과 가치의 상이점을 부정하지 않는다. 오히려 그러한 상이점을 토대로 유기적 결합이 나타나고 문화종합이 이루어진다.

이러한 시민교육 활동가가 해야 할 것을 정리하면 [그림 13−5]와 같다.

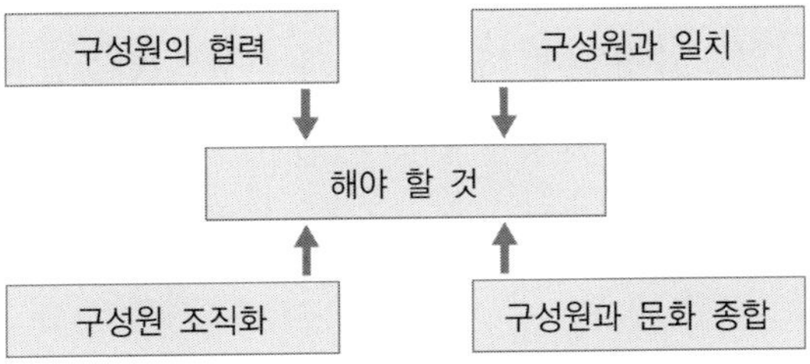

[그림 13-5] 시민교육 활동가가 해야 할 것

2) 시민교육 활동가가 하지 말아야 할 것

지역사회 시민교육에서 시민교육 활동가가 늘 긍정적이고 바람직한 모습을 보이는 것은 아니다. 지역사회 구성원에게 부담을 주고, 부정적인 언행을 하는 경우도 있다. 이러한 것들은 시민교육을 실패로 이끌고, 구성원을 억압하며, 비인간화하는 결과를 초래할 수 있다. 시민교육 활동가가 시민교육에서 하지 말아야 할 것을 다음과 같이 살펴볼 수 있다.

첫째, 시민교육 활동가는 은행저금식 활동을 배제해야 한다. 시민교육 활동가가 지역사회 구성원에게 자신이 가르쳐 준 가치관과 내용을 받아들이고, 채워넣고, 보관하도록 강제하는 것은 부적절하다. 지역사회 구성원이 창조력이 없고, 왜곡된 현실에 대한 변혁 의지가 없으며, 구체적 실천 지식이 없다고 낙인찍는 것은 적절하지 못하다. 시민교육 활동가 스스로 지역사회 구성원에게 필요한 존재로 자처하며, 지역사회 구성원의 무지가 당연하다고 자신을 정당화하는 것은 적절하지 못하다. 특히 시민교육 활동가가 자신은 가르치고, 모든 것을 알고 있으며, 생각하고, 말하며, 훈련시키고, 선택한 것을 강요하며, 행동하고, 지식의 권위를 자신의 권위와 혼동하며, 그 권위로 지역사회 구성원을 억압하고, 교육과 사고의 유일한 주체라고 규정할 수 있다. 반면에 지역사회 구성원은 가르침을 받아야 하고, 아무것도 모르며, 생각의 대상이고, 얌전하게 들어야 하며, 훈련받아야 하고, 시민교육 활동가의 선택에 동의해야 하며, 시민교육 활동가의 행동을 통해 행동한다는 환상을 가져야 하고, 시민교육 활동가의 권위를 수용해야 하며, 교육과 사고의 단순한 대상이라고 규정할 수 있다. 이것은 지역사회 구성원을 비인간화시키고, 식민화시키는 것들이다. 그러나 시민교육 활동가는 이러한 위험성을 인식하지 못하는 경우가 많다.

이러한 맥락에서 시민교육 활동가는 지역사회 구성원을 개조될 수 있고, 조종될 수 있는 존재로 간주한다. 시민교육 활동가의 이러한 생각과 행동에 길들여진 지역사회 구성원은 피동적 역할만을 수행하게 된다. 지역사회에 있는 그대로의 생활세계에 그저 순응하는 것으로 만족하는 경향을 보이고, 현실에 대한 단편적 이해만 존재하게 된다. 이는 지역사회 구성원의 창의력이 극도로 축소되고, 무력해지며, 시민교육 활동가에 대한 경박한 신뢰가 촉진될 수 있다.

둘째, 시민교육 활동가는 자신에 대한 무지를 배제해야 한다. 시민교육 활동가는 선의를 가지고 지역사회 구성원에게 교육을 실시한다. 그러나 자신이 인간에 대한 잘못된 인식과 교육 방식을 가지고 있을 경우, 지역사회 구성원의 비인간화를 초래하거나 악화시킬 수 있다는 것을 깨닫지 못할 수 있다. 지역사회에서 시민교육을 하는 과정에서 과도하게 인정되고 만들어진 자신의 역할 속에 지역사회 구성원을 인간화시키는 진정한 내용이 없다는 것을 모르고, 지역사회 발전과 구성원의 인간화라는 목표를 위해 전력을 다하지만, 스스로 주변의 구성원에게 녹아들지 못하고, 사람들은 연대 의식 속에서 다른 사람과 '더불어' 살 방도를 모색해야 한다는 것을 알지 못할 수 있다. 이러한 무지의 원인은 여러 가지이지만, 근본적으로 시민교육 활동가가 공부를 게을리해서 나타나는 현상이다. 스스로에 대한 성찰과 통찰, 인간과 삶에 대한 공부를 평소에 하지 않아서이다.

셋째, 시민교육 활동가들은 구성원들의 대화를 방해하면 안 된다. 시민교육 활동가의 입장에서 시민교육 과정에서 이루어지는 구성원들이 하는 대화는 수준 낮고 의미가 적으며, 맥락이 없을 수 있다. 따라서 시민교육 활동가는 대화에 개입하여 효율성과 효과성이 떨어진다고 판단하는 대화를 제지하고, 구성원끼리의 대화보다는 압축적이고 밀도 있게 자신이 가르치려고 하기 쉽다. 그러나 구성원의 대화는 구성원들이 자신들의 방식으로 현실을 폭로하고 인식하는 필수적인 행위이다. 구성원들의 대화를 방해하면 안 된다. 대화가 방해되면 구성원은 자율적이고 주체적인 인식행위를 못하게 된다.

넷째, 시민교육 활동가는 지역사회 구성원을 지원 대상으로만 생각해서는 안 된다. 지역사회 구성원들이 스스로 비판적 사고자가 되고, 실천적 행동가가 되도록 지원해야 한다. 구성원을 믿고 더불어 함께하는 동반자로 받아들여야 한다.

다섯째, 시민교육 활동가는 지역사회 구성원의 창의력을 억누르거나, 의식의 지향을 자신의 지향에 길들이려고 하면 안 된다[4]. 창의력에 바탕을 둔 생각과 행동을 촉진하고, 현실에 바탕을 둔 의식이 참되고 이상적인 지향을 스스로 만들도록 배려해야 한다.

일반적으로 지역사회 구성원을 위해 시민교육을 한다고 생각할 수 있다. 그러나 이것은 시민교육 활동가와 지역사회 구성원을 주체와 객체로 가르는 이분법이다. 지역사회 구성원과 함께하지 않으면서, 지역사회 구성원을 위한 지역사회 발전 활동을 하고자 하는 것과 같다. 이 경우 시민교육 활동가는 지역사회의 압축된 소수와 이해집단이 그동안 구성원을 비인간화시키고 식민화시키던 것과 똑같은 수법과 절차를 사용한다는 지적을 받을 수 있다. 이 경우 지역사회 구성원은 스스로 서지 못하고, 자율성과 자존성 없이, 도구적 수단으로서, 자원으로서 자리매김된다. 따라서 시민교육 활동가가 지역사회 구성원과 함께 시민교육을 만들어 나가기 위해서는 [그림 13-6]과 같이 정복, 분할과 통치, 조종, 문화 침해 등을 하지 말아야 한다.

---

4) 한편 지역사회 구성원을 논리나 지식, 또는 자신의 행동 결과로 억누르거나 자신을 추종하게 만드는 시민교육 활동가가 있을 수 있다. 이들은 시민교육을 지역사회 구성원의 인간화를 지향하기 위한 지역사회 발전으로 가는 과정으로 시민교육을 판단하기보다는 자신이 계획한 지역사회 발전을 위한 사업의 자원으로서 지역사회 구성원을 판단하고, 지역사회 구성원을 자신의 자원으로 소유하기 위해 구성원을 지배하는 수단으로 시민교육을 생각할 수 있다. 이러한 시민교육은 이미 지역사회 구성원을 비인간화시키고 식민화하는 지역사회의 압축된 구성원과 이해집단의 속성에 특성에 물들어 있다고 할 수 있다.

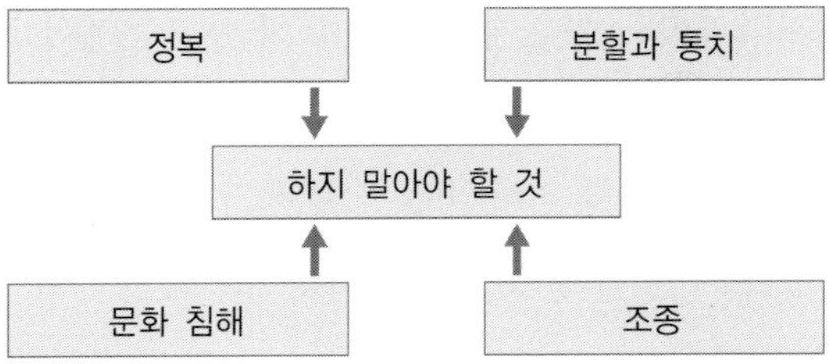

[그림 13-6] 시민교육 활동가가 하지 말아야 할 것

정복, 분할, 통치, 조종, 문화 침해 등은 시민교육 활동가가 지역사회 구성원과 상호 주관적이고 상호 주체적인 인간관계를 맺으며 시민교육을 함께 꾸려나가기 위해 배제해야 할 요인이다. 이러한 시민교육에서 시민교육 활동가가 배제해야 할 요인을 구체적으로 살펴보면 다음과 같다.

첫째, 시민교육 활동가는 시민교육을 통해 지역사회 구성원을 논리나 지식으로 정복하는 행위를 배제해야 한다. 시민교육 활동가가 지역사회 구성원보다 시민교육에서 다루는 내용에 대해 먼저, 많이 준비를 하는 것이 일반적이다. 따라서 시민교육 활동가가 의도하는 경우 지역사회 구성원을 논리나 지식으로 정복할 가능성이 높다. 시민교육 활동가가 지역사회 구성원을 논리나 지식으로 정복할 경우 다음과 같은 현상이 나타난다. 우선, 시민교육 활동가는 시민교육 대상으로 범주화된 지역사회 구성원에게 자기의 의도와 목표를 받아들이게 하고, 자신의 논리와 지식에 정복된 지역사회 구성원을 자기의 소유물로 하며, 구성원 위에 자신의 모습을 덧씌우려고 한다. 다음, 시민교육 활동가는 자신의 논리와 지식에 정복된 지역사회 구성원에게 자신의 생각을 내면화하게 한다. 지역사회 구성원은 줏대 없이 타자의 생각을 자기 속에 모셔 들여 살게 하는 숙주 노릇을 하게 된다.

의식적이든 무의식적이든 지역사회 구성원에 대한 정복을 시도하는 시민교육 활동가는 지역사회 구성원이 자신의 내부에 자리 잡은 세계에 대한 사고하는 존재로서의 자질을 말살하고, 시민교육 활동가가 제시한 세계를 신화로 받아들이게 한다. 지역사회 구성원에게 생각을 하는 부분에서 소외와 피동성을 부채질하게 되고, 다른 사람이 주입한 허위 세계에 살게 한다. 지역사회 구성원이 자신이 살아가는 세계를 하나의 문제로 제기하지 못하도록 막고, 시민교육 활동가에 의해 주어진 어떤 것만을 받아들이도록 강제한다. 이 경우 시민교육 활동가에게 정복된 지역사회 구성원은 피동적 존재로만 존재하게 되어, 시민교육 활동가가 지역사회 구성원과 더불어, 상호 주체적으로 존재하는 것이 아니게 된다. 시민교육 활동가와 지역사회 구성원 사이에 진실한 소통이 없게 되고, 지역사회 구성원에게 현상 유지에 필요한 신화를 주입시키는 것과 같게 된다. 이러한 상황은 시민교육 활동가가 압축된 구성원과 이해집단이 그동안 지역사회 구성원을 비인간화시키고 식민화시키던 것과 동일한 행위를 한다는 것을 가리킨다. 지역사회 구성원은 시민교육 활동가에 의해 비인간화되고 식민화되며, 시민교육 활동가 역시 억압적 구성원과 이해집단의 속성을 가지게 된다. 따라서 이러한 정복은 현실적이고 구체적인 지역사회 내 비인간화와 식민화를 가져오는 억압 상황과 동등한 의미가 된다.

둘째, 시민교육 활동가는 시민교육을 통해 지역사회 구성원을 분할하고 통치하는 것을 배제해야 한다. 분할과 통치는 압축적 소수가 다수를 지배하고 종속시키며 권력을 유지하기 위해서 취하는 행위이다. 다수가 뭉쳐 있으면 지배하기 어려우므로, 다수를 분할하고, 분할 상태를 대상으로 통치를 유지하는 것이다. 시민교육 활동가가 자신의 활동 편의와 권위 유지를 위해 지역사회 구성원을 분할하고 통치할 경우, 지역사회 구성원에게 지역사회의 문제와 갈등을 해결하기 위해 단결해야 할 필요성을 일깨워 줄 모든 것을 시작부터 제거하고, 구성원이 현상과 의미에 대한 각성을 차단하게 된다. 압축된 구성원과 이해집단, 사회구조 등 현실의 여러 가지 상황에 의해 억눌린 지역사회 구성원의 상태를 더욱 악화시키고, 지역사회 구성원을 고립시키며, 구성원 간의 상호 불화를 조장하게 된다. 시민교육 활동가가 지역사회 구성원에게 도움을 주고 있다는 인상을 심어주면서, 실제로는 지역사회 구성원을 조종하고 통치하는 문화적 행동 양태로 나타나게 된다. 시민교육 활동가가 사용하는 분할과 통치는 초점이 맞춰진 생활양식과 행동방식을 지역사회 구성원에게 강제하고 고착화함으로써 현실에 대한 비판적 의식을 방해하고, 지역사회 구성원을 비인간화되고 식민화된 다른 구성원의 문제에서 분리한다.

셋째, 시민교육 활동가는 시민교육을 통해 지역사회 구성원을 자신의 목표에 순응하도록 만들려고 하는 조종을 배제해야 한다. 가끔 시민교육 활동가는 지역사회 구성원이 자신의 목표에 순응하도록 조종하고자 하는 유혹에 빠질 수 있다. 또는 교육의 의미에 천착하지 않고, 시민교육을 자원동원의 수단으로 활용하고자 조종하는 경우가 있다. 이러한 조종을 다음과 같이 살펴볼 수 있다. 우선, 시민교육 활동가가 지역사회 문제와 갈등 해결을 위해 행동하고 있는 자신을 본보기로 내세운다. 다음, 지역사회 구성원에게 자신과 동일하게 생각하고 활동해야 한다고 강제한다. 끝으로, 여러 가지 상황 때문에 이런 행동에 참여하지 못하는 구성원에게 죄의식 또는 부채의식을 주입한다. 이와 같은 과정을 거쳐 시민교육 활동가는 지역사회 구성원을 자신의 목표와 활동을 수용하고 순응하도록 조종할 수 있다. 이러한 조종은 지역사회 구성원의 자발적이고 주체적인 상황 인식을 마비시키고, 생활세계의 현상과 이를 강제하는 배경을 생각하지 않게 유도하는 결과를 가져온다.

넷째, 시민교육 활동가는 시민교육을 통해 자신의 문화를 지역사회 구성원에게 주입하는 것을 배제해야 한다. 문화주입은 시민교육 활동가들이 지역사회 구성원의 문화의 맥락 속으로 침투해 들어가서, 지역사회 구성원의 잠재력을 경시하고, 창의력을 억제하며, 자신의 세계관과 삶의 방식을 강요하는 것을 의미한다. 문화주입은 어떤 종류와 방식으로 발생하든 간에, 문화주입 당한 지역사회 구성원에게 가하는 폭력적 행위이다. 문화침해를 당한 지역사회 구성원은 독창성을 상실하고 주체성을 잃게 된다. 문화주입이라는 맥락에서 보면 시민교육 활동가는 문화주입의 틀을 짜고, 선택하고, 행동한다. 지역사회 구성원들은 그 문화주입의 틀 속에서 형성되고, 선택에 따르고, 시민교육 활동가의 행동에 따라 움직이게 된다. 모든 억압과 지배는 문화주입을 내재하고 있다. 문화주입은 눈에 띄게 노골적으로 등장하기도 하고, 지역사회 구성원을 지원한다는 구실 아래 숨어서 실행되기도 한다.

문화주입은 이질적 사회가 공존하는 영역에서는 지배사회가 종속사회를 상대로 이루어지며, 동질적 사회에서는 한 계급이 다른 계급을 지배하는 형태로 등장한다. 문화주입이 이루어지면 지역사회 구성원은 시민교육 활동가의 가치관과 기준, 목표를 자신의 것으로 받아들이고 이를 토대로 자신의 삶을 영위한다. 즉, 문화주입을 받은 지역사회 구성원은 문화적 허위성을 나타내게 된다. 이렇게 문화침해를 받은 구성원에게는 다음과 같은 현상이 나타난다. 우선, 필연적으로 지역사회 현실을 지역사회 구성원 자신의 관점보다 시민교육 활동가의 시각으로 보게 된다. 이를 통해 시민교육 활동가에 대한 모방이 심해지고, 시민교육 활동가의 지위가 확고해진다. 다음, 지역사회 구성원은 시민교육 활동가에 대해 본능적 열등감을 느낀다. 사소한 어려움에 봉착해도 시민교육 활동가의 우위를 인정하게 되고, 시민교육 활동가의 가치가 지역사회 구성원의 지침이 된다. 끝으로, 자신의 문화정신과 자신으로부터 소원해지고, 시민교육 활동가처럼 되고 싶어 한다.

시민교육 활동가가 문화주입의 유혹을 받는 것은 지역사회 구성원에게 자신의 지식과 가치관을 전수해야 한다는 사명의식, 지역사회 구성원이 완전하게 무지하다는 인식, 지역사회 구성원은 전문가이며 활동가인 자신의 가르침을 받는 것 외에 다른 것은 부적절하다는 판단 등이 배경이 될 수 있다. 또한 은연중에 시민교육 활동가의 내부에 자리 잡은 우월의식과 지배의식이 작동될 수 있고, 이를 포기할 경우 자신의 본질과 지위가 위협받을 수 있다는 두려움이 발동할 수도 있다.

시민교육 활동가는 지역사회 시민교육에서 지역사회 구성원의 자발적 지지와 신뢰가 필요하다는 것을 인식해야 한다. 그러나 평소 지역사회 구성원과 인간적인 부분을 멀리하고 등을 돌리고 있다가 막상 지지를 구하려 하면, 지역사회 구성원이 냉담하거나 무관심할 수 있다. 이 경우 시민교육 활동가는 이런 냉담과 무관심이 오랫동안 이어져 온 지역사회 구성원의 결함 때문이라고 단정하기 쉽다. 따라서 지역사회 구성원을 보다 효과적으로 동원하고, 의도한 대로 움직이게 하기 위해서는 현존 억압기제의 방식을 똑같이 하는 것이 효율적이고 효과적이라고 판단하기 쉽다. 이것이 구체화되면 지역사회 구성원을 정복하는 것이 된다. 이 정복 과정에서 시민교육 활동가는 지역사회 구성원을 비인간화와 식민화에서 탈출시키는 구원자가 되어 가고, 이를 명분으로 지역사회 구성원을 조종하며, 문화를 주입할 수 있다. 그러나 이러한 방식으로는 지역사회의 문제와 갈등을 해결할 수 없다. 시민교육 활동가는 지역사회 구성원이 어째서 자신을 불신하는 자세를 보이게 되는가를 진지하게 검토하고, 친교를 맺을 수 있는 길을 모색하며, 지역사회 구성원들이 자신들을 억압하는 현실을 비판적으로 인식할 수 있도록 해야 한다.

참고문헌

강대현(2001). 한국시민사회의 성장과정에 대한 분석과 시민교육적 함의. 서울대학교 일반대학원 박사학위논문.

강상욱(2001). 우리나라 NGO의 성장에 관한 연구. 서울대학교 행정대학원 박사학위논문.

강순원(2016). EU 민주시민교육 민족을 넘어 세계시민으로!. **통일한국, 통권385호**, 60-61.

김병용(2016). 독일 중세 도시민 교육의 전개과정과 사회변화. **역사교육논집, 제58집**, 309-339.

강지혜(2014). 루소의 교육사상에서 시민교육의 의미. 동국대학교 대학원 석사학위논문.

권창은 외(2005). **소크라테스는 악법도 법이라고 말하지 않았다**. 서울 : 고려대학교출판부.

김기현・민주시민교육포럼 공편(2002). **지방자치 시민교육, 현황과 과제, 민주시민교육길잡이**. 서울 : 콘라드아데나워재단.

김동엽(2012). 로컬 거버넌스적 참여와 시민교육의 유용성 연구. **정치와 정책 연구, 제6집**, 89-118.

김동춘(2000). 시민교육(Civic Education). 김동춘 외 공편. **NGO란 무엇인가**. 서울 : 아르케.

김상곤・홍성태 공편(2004). 시민운동, 민중운동, 진보정당 그리고 참여연대. **참여와 민주로 연 민주주의의 새 지평**. 서울 : 아르케.

김영인(2003). 정치참여에 대한 두 가지 관점 고찰. **시민교육연구**, 35(1), 39-68.

김영인・설규주(2009). **시민교육론**. 서울 : 한국방송대학교출판부.

김용민(2000). 시민단체의 목적 전치에 관한 연구 : 시민없는 시민운동과 대안적 시민공동체 문화의 모색. 연세대학교 대학원 석사학위논문.

김은경(2016). 생활자치의 실천력, 민주시민교육 : 삶과 밀착된 평생학습으로 시민성 함양. **지방자치 이슈와 포럼**, 1, 34-37.

김준모 외(2002). 한국 NGO의 활동실태와 과제. 한국행정연구원.

김창엽(2000). 시민운동단체의 사회교육에 대한 고찰. 서강대학교 대학원 석사학위논문.

______(2004). 평생교육 관점에서 본 시민교육 실천과제. **한국교육문제연구소논문집**, 19, 137-154.

______(2005). 시민단체와 시민교육의 지향성에 대한 논의. **한국교육문제연구소논문집**, 21, 31-48.

______(2006). 시민사회 분화기의 시민단체 시민교육 연구-참여연대 사례를 중심으로. 중앙대학교 일반대학원 박사학위논문.

______(2010). 민주시민교육의 쟁점과 발전방향. 한국형 민주시민교육 모형탐색에 관한 토론. 제4차 평생교육정책포럼. 서울 : 평생교육진흥원 · 국민권익위원회 · 선거연수원.

______(2011). 평생교육방법론 - T · P · O에 맞춰 사용하는 12가지 방법. 서울 : 청목출판사.

______(2012). 평생교육경영 - 평생교육기관의 경영과 전략. 서울 : 청목출판사.

______(2014). 평생교육실무론. 서울 : 동문사.

______(2016). 역동적 생애주기 관점 구성과 시민교육의 연리지. 100세시대, 새로운 생애주기를 맞는 중년의 인생 설계. 인천평생학습포럼 자료집, pp. 62-78.

______(2016). 근대학교 성립의 역사적 배경과 평생교육. 삶과 사람을 되살리는 평생교육. 서울시민대학 자료집.

______(2016). 시민성과 시민교육의 연리지. 삶과 사람을 되살리는 평생교육. 서울시민대학 자료집.

______(2019). 바보야, 중요한 건 학습이 아니야. 경기 : 공동체.

______(2019). teaching과 learning의 어울림을 위한 성인교수학습의 이론과 실제. 경기 : 공동체.

______(2020). 생각과 실천의 어울림을 위한 평생교육 프로그램 개발. 경기 : 공동체.

______(2020). 평생교육을 논(論)하다. 경기 : 공동체.

김창엽 · 성낙돈(2006). 시민단체 시민교육의 성격에 관한 연구. 평생교육학연구, 12(3), 97-123.

____________(2008). 헤게모니론 관점에서 본 시민단체 시민교육의 성격 : 참여연대 사례를 중심으로. 한국교육, 35(1), 125-150.

____________(2009). 평생교육의 목적으로서 삶의 질의 개념에 대한 시론적 접근. 평생학습사회, 5(1), 123-146.

김혜성(2000). 자유주의 국가의 중립성과 시민교육. 시민교육연구, 제30집.

김홍운(2009). 다문화적 시민성 교육 프로그램 개발에 관한 연구. 충남대학교 대학원 박사학위논문.

김희은(2002). 정치교육사전. 서울 : 여성사회교육원.

김희은 외(2010). 시민교육 현장 지침서. 서울 : 민주화운동기념사업회.

남궁승태 · 이철호(2014). 헌법입문. 경기 : 21세기사.

데릭 히터 저, 김해성 역(2007). 시민교육의 역사. 서울 : 한울.

도경은(2014). 다문화가족의 사회적응을 위한 시민교육 방안. 인문사회과학연구, 제42집, 5-45.

라이트 밀스 저, 정명진 역(2013). 파워 엘리트 : 돈과 권력과 명성은 왜 소수의 사람에게로 집중되는 것일까. 서울 : 부글북스.

레스터 샐러만 저, 이형직 역(2000). NPO란 무엇인가. 서울 : 아르케.

민주시민교육센터 편(2001). 생활 속의 민주시민교육. 서울 : 원미사.

민주시민교육원나락한알 편(2013). 부산 시민의제사전 2014. 부산 : 소요-유.

민주화운동기념사업회(2002). 민주시민교육의 개념과 쟁점. 2002년 민주시민교육 기초조사분석연구사업보고서. 서울 : 민주화운동기념사업회.

__________(2003). 지금, 시민운동에는 어떤 시민교육이 필요한가. 시민교육 미래 만들기 워크숍 자료집. 서울 : 민주화운동기념사업회.

__________(2005). 대한민국을 위한 3대 논쟁. 광복60주년종합학술대회(제9차) 자료집. 서울 : 민주화운동기념사업회.

박남수(2014). 일본 초기사회과에서의 시민성 교육의 논리. 사회과교육연구, 21(1), 67-80.

박성우(2010). 변론과 크리톤에 나타난 소크라테스적 시민성의 재해석. 아시아연구, 53(2), 133-165.

박영신(2012). 교육의 체제화에 대하여 : '시민 기르기'에서 '기능인 만들기'로. 현상과 인식, 36(4), 17-40.

박원순(2002). 한국의 시민운동, 프로크루스테스의 침대. 서울 : 당대.

박재창. B. J. 젤리거 공편(2007). 민주시민교육의 전략과 과제. 서울 : 오름.

박진영(2015). 마을만들기 시민역량모델 개발 및 교육요구도. 평생교육학연구, 21(4), 77-110.

배영민(2015). 영국의 사회적 쟁점 수업 연구의 최근 동향과 시사점. 사회과교육연구, 22(2), 23-42.

백명수 · 주선희 · 유정길(2002). 우리나라 사회환경교육의 현황. 민주시민 길잡이. 서울 : 아데나워재단.

변종임(2003). 시민교육의 현황과 전망, 평생교육 : 이론과 현장. 평생교육 전문가 포럼 결과 보고서. 서울 : 한국교육개발원.

변종헌(2014). 시민교육의 성찰 : 시티즌십논의를 위한 이론과 실제. 제주 : 제주대학교출판부.

사울 D. 알린스키 저, 박순성 · 박지우 공역(2008). 급진주의자를 위한 규칙-현실적 급진주의자를 위한 실천적 입문서. 서울 : 아르케.

서용선(2010). 존 듀이 철학에 나타난 시민성 개념의 교육적 재해석. 한국교원대학교 대학원 박사학위논문.

______(2011). 듀이의 프래그마티즘과 사회과교육에서 시민성 개념의 재구성 : 인간성, 도덕성, 사회성, 정치성의 유기적 결합. **사회과교육연구**, 18(2), 21-32.

______(2013). 하버마스 사상에 근거한 시민교육의 방향 : 인식관심, 공론장, 의사소통 합리성의 맥락과 의미. **한국초등교육**, 24(2), 25-43.

설규주(2001). 탈국가적 시민성의 대두와 시민교육의 새로운 방향. **시민교육연구**, 제32집.

성낙돈(2000). 한국 민주주의 시민교육 평가. **평생교육학연구**, 6(1), 185-212.

______(2001). 시민단체 민주시민교육의 발전과제. **안드라고지투데이**, 4(1), 79-106.

손경애·이혁규·옥일남·박윤경(2010). **한국의 민주시민 교육**. 서울 : 동문사.

손경원(2003). 청소년의 시민단체 참여를 통한 시민교육에 대한 비판적 연구. **국민윤리연구**, 52, 275-297.

손윤락(2015). 아리스토텔레스에 있어서 시민교육과 그 대상의 문제. **서양고전학연구**, 54(1), 65-86.

송성민(2016). 정치·법교육에서의 대안적 학습 경험 제안 : 자유와 자유권을 중심으로. **시민교육연구**, 48(1), 83-106.

송태수(2015). 시민성 함양의 평생교육 : 영국과 독일의 노동교육 사례. **우리교육**, **통권 262호**, 56-67.

송현정(2001). 시민사회의 개념 변화와 현대 시민교육의 방향 모색. **시민교육연구**, 제32집, 203-225.

______(2003). 사회과교육의 목표로서 시민성의 의미에 대한 연구. **시민교육연구**, 35(2), 45-70.

신두철·허영식(2010). **민주시민교육의 정석 지음**. 경기 : 오름.

심성보(2011). **인간과 사회의 진보를 위한 민주시민교육 : 평화 인권 참여의 학습을 통한 민주적 시민 되기의 길잡이**. 경기 : 살림터.

심익섭(2001). 시민참여와 민주시민교육. **한독사회과학논총**, 11(2), 51-79.

안정시 편(2004). **비살생정치학과 지구평화운동**. 경기 : 집문당.

양삼석(2015). 프랑스의 다문화 시민교육을 통해 본 한국의 시민교육 방안. **대한정치학회보**, 23(3), 195-215.

양희준(2002). 시민운동단체 교육활동 사례 연구. 서울대학교 일반대학원 석사학위논문.

엄판호(2001). 민주시민교육의 발전방안. **교육이론과실천**, 11(2), 463-510.

에이미 크루즈 로젠탈 저, 탐 리히텐헬드 그림, 서 연 역(2010). **오리야 토끼야(생각쟁이 그림책 1)**. 경기 : 아이맘.

여성사회교육원 역(2002). **정치교육사전**. 서울 : 민주시민교육포럼.

오수웅(2015). 루소의 시민교육 : 개념, 역량 그리고 교육. **한국정치연구**, 24(1), 277-302.

우메네 사토루 저, 김정환・심성보 공역(1990). **세계교육사**. 서울 : 풀빛.

우기동(2013). 대학 시민교육, 그 철학적 토대. **시대와 철학**, 24(3), 237－267.

원유미(2002). 시민단체의 재정자립화 방안 연구 : 연대회의 주요단체를 중심으로. 경희대학교 NGO대학원 석사학위논문.

유성상(2016). 아시아에서의 세계시민교육 : 탐색과 가능성. **아시아교육연구**, 17(1), 1－9.

유영달(2002). 시민단체와 정부 및 시민간의 발전관계에 관한 연구. 대전대학교 일반대학원 박사학위논문.

유팔무(2004). 비정부사회운동단체(NGO)의 역사와 사회적 역할. **시민사회와 시민운동2**. 서울 : 한울.

윤선인(2014). 영국의 시민교육 내용과 시사점. **교육정책포럼**, 251, 27－31.

윤인진(2012). 민족교육, 시민교육, 세계시민교육. **민족연구**, 통권 제50호, 4－22.

윤평중(2016). 정치적 실천과 시민정신. **월간교육**, 통권 제1호, 28－41.

음선필(2013). 한국 민주시민교육의 제도화 시론. **제도와 경제**, 7(3), 67－95.

이강빈(2012). 한국인의 정치의식에 기초한 시민성 연구 : 8・15광복과 민주화운동 시기의 시민성과 도덕교육의 관계를 중심으로. 서울대학교 대학원 박사학위논문.

이광호 외(2011). 민주적 의사 결정과 의사소통. **시민교육 현장 지침서 02**. 서울 : 민주화운동기념사업회.

이기라(2015). 프랑스 교양교육의 역사와 이념 : 인문교양에서 시민교육으로. **한국교육**, 42(4), 5－28.

이병천(2002). **시티즌쉽이란 무엇인가**. 서울 : 시민과 세계.

이성회・김미숙・정바울・박영희(2015). **세계시민교육의 실태와 실천과제**. 서울 : 한국교육개발원.

이윤주(2016). 세계시민성 함양과 세계시민교육의 실천방안 : 청소년 참여교육의 활성화를 중심으로. **사회과학연구**, 27(1), 225－245.

이윤주・유혜영(2016). 소셜미디어를 이용한 사회 연결망이 청소년 정치사회 참여에 미치는 구조 분석 : 정치사회 관심과 사회적 자본의 매개효과를 중심으로. **시민교육연구**, 48(1), 139－166.

이은미(2015). 시흥시 시민교육에 대한 사례연구 : 지역사회기반 시민교육. 중앙대학교 대학원 석사학위논문.

이해주(2002). NGO와 사회교육의 연계를 위한 탐색. **평생교육학연구**, 8(2), 219－241.

이희수(2005). 평생교육 관점에서의 시민교육위원회법 제정의 발전과제. 시민교육법 제정을 위한 토론회. 제11차 한국NGO포럼 자료집. 한국NGO학회・국무총리 자문사회발전위원회.

이홍우(2002). 교육의 개념. 서울 : 문음사.

임희숙(2000). 참여 민주적 시민사회의 형성을 위한 시민교육의 방향. 숙명여자대학교 일반대학원 박사학위논문.

장원순(2015). 동북아의 지역 갈등과 지구촌 시민교육의 과제. 사회과교육연구, 22(1), 33-47.

전득주 편(2006). 민주시민교육의 이론과 실제. 경기 : 엠-애드.

전득주 외(2004). 정치문화와 민주시민교육 – 한국, 대만, 독일, 일본, 미국의 비교분석. 서울 : 유풍출판사.

전득주 · 페터 마싱 · 허영식 공편(2006). 민주시민교육의 이론과 실제. 서울 : 엠-애드.

정선애(2003). 민주시민교육 활성화를 위한 논의의 현황. 평생교육현장전문가 포럼 자료집. 서울 : 한국교육개발원.

정소민 · 김영순(2015). 시민교육 패러다임 모색을 위한 프락시스 개념 탐구. 시민교육연구, 47(4), 241-271.

정수복(2002). 시민의식과 시민참여-문명전환을 꿈꾸는 새로운 시민운동. 서울 : 아르케.

정용교(2012). SNS시대 시민교육의 도전과 방향. 윤리연구, 85, 263-290.

______(2015). 세계시민교육 : 국민을 넘어 세계시민으로. 경기 : 교육과학사.

정유성 · 김찬호 · 김창엽 · 천규승(2001). 지식기반사회에 적합한 민주시민 육성 방안. 교육부 정책 연구과제.

정재원(2013). 영국의 시민교육 거버넌스 분석과 시사점. 한국시민윤리학회보, 26(1), 1-23.

정태석(2000). 시민사회와 NGO. 김동춘 외 공편. NGO란 무엇인가. 서울 : 아르케.

조규연(2015). 흥사단의 시민교육. 도산학연구, 제14 · 15집, 55-86.

조남억(2010). 청소년기 제도적 사회자본 형성과 청소년 시민성 개발 : 공공성을 중심으로. 미래청소년학회지, 7(2), 67-85.

조대훈(2015). 글로벌 · 다문화 한국의 '시민'과 '시민교육' : 새로운 쟁점과 과제. 교육과학연구, 17(1), 1-18.

조한혜정(2016). 시민적 공공성을 위한 교육의 전환. 민들레, 통권 103호, 36-47.

조희연(2000). 한국 시민사회단체(NGO)의 역사, 현황과 전망. 김동춘 외 공편. NGO란 무엇인가. 서울 : 아르케.

______(2004). 종합적 시민운동의 구조적 성격과 변화전망에 대한 연구. 시민사회와 시민운동2. 서울 : 한울.

주성수(2004). NGO와 시민사회. 서울 : 한양대학교출판부.

주은경(2014). 모든 시민은 교사, 예술가, 정치가다 : 참여연대 아카데미 느티나무를 통해 본 시민교육의 흐름과 방향. **시민과 세계, 24**, 192-211.

지그프리드 프레쉬·한스-베르너 쿤·페터 마싱 공저, 신두철·임종헌·이경민 공역(2007). **시민교육방법 트레이닝**. 서울 : 엠-애드.

진 샤프 저, 백지은 역(2015). **독재에서 민주주의로**. 서울 : 현실문화.

차명제(2000). NGO들의 활동 분야와 유형. 김동춘 외 공편. **NGO란 무엇인가**. 서울 : 아르케.

차병직 외(2004). **짜고 치나 봅시다-참여연대 권력감시운동 10년**. 서울 : 시금치.

차승렬(2002). 시민통일교육의 현황과 과제, 모델. **민주시민교육길잡이**. 서울 : 아데나워재단.

차조일(2012). **사회과 교육과 공민교육 : 한·미·일 공민교육의 역사적 기원**. 경기 : 한국학술정보.

참여사회연구소(2003). 시민권(citizenship). **시민정치포럼제1세미나 자료집**.

최치원(2013). 간문화적 성찰과 시민교육 그리고 정체성 문제 고찰. **인문과학연구, 제36집**, 375-407.

칼 보그 저, 강문구 편(2005). **다시 그람시에게로**. 서울 : 한울.

캐서린 아이작 저, 조희연 역(2002). **우리는 참여와 행동을 통해 민주주의로 간다**. 서울 : 아르케.

게이트 크리언 저, 김우영 역(2004). **그람시·문화·인류학**. 서울 : 도서출판 길.

파울로 프레이리 저, 성찬성 역(1997). **페다고지-억눌린 자를 위한 교육**. 서울 : 한마당.

하승창(2000). 시민운동 10년이 낳은 문제, 시민없는 시민운동의 극복을 위한 작은 생각. 시민운동, 이대로 좋은가?. 연세대학교 동서문제연구원 제1차 동서정책포럼 자료집.

______(2001). **하승창의 NGO 이야기**. 서울 : 역사넷.

한국YMCA 전국연맹(2002). **시민정치교육 길잡이**. 서울 : 콘라드아데나워재단.

한숭희(2001). **민중교육의 형성과 전개**. 서울 : 교육과학사.

한숭희 외(2002). **민주시민교육 : 과거, 현재, 그리고 미래. 민주시민교육 길잡이**. 서울 : 콘라드아데나워재단.

________(2002). 민주시민교육의 개념과 쟁점 : 민주시민교육 기초조사분석연구사업보고서. 서울 : 민주화운동기념사업회.

________(2003). 민주시민교육 현황 및 활동가 인식 조사. 민주시민교육포럼. 지금, 시민운동에는 어떤, 시민교육이 필요한가?. **시민교육미래만들기워크숍 자료집**.

허영식(2003). **현대사회의 변동과 시민교육**. 서울 : 원미사.

______(2006). **현대사회의 시민교육 이론과 실제**. 서울 : 원미사.

______(2007). **민주주의와 시민교육**. 서울 : 원미사.

허종렬 · 이용률(2015). 법치국가의 가치 실현과 시민교육. **교육법학연구**, 27(3), 363-391.

허 준(2001). 도시빈민 학습자의 비판적 성인학습과정 연구. 서울대학교 일반대학원 석사학위논문.

홍윤기(2004). 시민적 실존의 철학적 소묘-시민적 불만, 참여, 연대, 그리고 시민민주주의. **참여와 연대로 여는 민주주의의 새 지평**. 서울 : 아르케.

황윤주(2001). 시민교육 학습자의 참여동기 유형과 시민의식에 관한 연구. 이화여자대학교 일반대학원 석사학위논문.

Agulnik, P., et al.(2002), *Understanding Social Exclusion*. London : Oxford University Press.

Alec Manley(2013). *Youth civic engagement as a challenge to the modern democracy : a participatory approach to civics education as a policy response in Canada*. Saarbrücken : LAP Lambert Academic Publishing.

Allison M. Martens, & Jason Gainous(2013). Civic Education and Democratic Capacity : How Do Teachers Teach and What Works?. *Social Science Quarterly, 94*(4), 956-976.

Allyn Fives(2013). Non-coercive promotion of values in civic education for democracy. *Philosophy and Social Criticism, 39*(6), 577-590.

Andrew Peterson(2011). *Civic republicanism and civic education : the education of citizens*. NY : Palgrave Macmillan.

Ben Berger(2015). Experience And (Civic) Education. *Political Science and Politics : PS. 48*(1), 61-64.

Beth C. Rubin, & James M. Giarelli(Eds.)(2011). *Civic education for diverse citizens in global times : rethinking theory and practice*. NY : Lawrence Erlbaum Associates.

Borg, C., Buttigieg, J., & Mayo, P.(2002). *Gramsci and Education*. Lanham : Rowman & Littlefield Publishers, INC.

Brookfield, S. D.(2005). *The Power of Critical Theory : liberting adult learning and teaching*. San Francisco : JOSSEY-BASS.

Carolyn Medel-Anonuevo & Gordon Mitchell(Eds.)(2003). *Citizenship, Democracy and Lifelong Learning*. Hamburg : UIE.

Cassie L. Barnhardt(2015). Campus Educational Contexts and Civic Participation : Organizational Links to Collective Action. *The Journal of Higher Education, 86*(1), 38-70.

Chris McInerney, & Maura Adshead(2013). Problem－Based Learning and Civic Engagement : Shifting the Focus of Learning in Public Policy Education. *Political Science & Politics, 46*(3), 630－636.

Christine Kozlowski, Joseph R. Ferrari, & Charlynn Odahl(2014). Social Justice and Faith Maturity : Exploring Whether Religious Beliefs Impact Civic Engagement. *Education, 134*(4), 427－432.

Dave, R. H.(1973). *Lifelong education and school curriculum.* Paris : UIE.

__________(1976). *Foundations of lifelong education.* Hamburg : UIE.

David, Mathews(2015). Putting the Public Back into Public Education : An Old－Fashioned Remedy for a Troubled Relationship. *National Civic Review, 104*(2), 3－10.

Donald Alexander Downs, & Ilia Murtazashvili(2012). *Arms and the university : military presence and the civic education of non－military students.* NY : Cambridge University Press.

Elizabeth Kaufer Busch & Jonathon W. White(Eds.)(2013). *Civic education and the future of American citizenship.* Plymouth : Lexington Books.

Faure, Edgar, et al.(1972). *Learning to be : the world of education today and tomorrow.* Paris : UNESCO.

Fisher, Robert., & Kling, Joseph(Eds.)(1993). *Mobilizing the community.* CF : SAGE.

Geoffrey Hinchliffe(2015). *Liberty and education : a civic republican approach.* NY : Routledge.

Jacques, Delors, et al.(1996). *Learning : the treasure within.* Paris : UNESCO.

John J. Cogan & Ray Derricott(2000). *Citizenship for the 21st century－An International Perspective on education.* London : Kogan Page.

John Saltmarsh & Edward Zlotkowski(2011). *Higher education and democracy : essays on service－learning and civic engagement.* Philadelphia : Temple University Press.

Jonathan Horowitz(2015). Doing Less with More : Cohorts, Education and Civic Participation in America. *Social Forces, 94*(2), 747－774.

Kathleen Hall Jamieson(2013). The Challenges Facing Civic Education in the 21st Century. *Journal of the American Academy of Arts and Sciences, 142*(2), 65－83.

Lee Holcombe(2015). Building Civic Capital : Texas Higher Education, 2030 and Beyond. *Change, 47*(3), 14－19.

Lorraine McIlrath, Ann Lyons, & Ronaldo Munck(Eds.)(2012). *Higher education and civic engagement : comparative perspectives.* NY : Palgrave Macmillan.

Marybeth Gasman, Dorsey Spencer, & Cecilia Orphan(2015). Building Bridges, Not Fences : A History of Civic Engagement at Private Black Colleges and Universities, 1944-1965. *History of Education Quarterly, 55*(3), 346–379.

Medel–Anonuevo, C., & Mitchell, G.(Eds.)(2003). *Citizenship, Democracy and Lifelong learning.* Hamburg : UIE.

Mezirow, J., et al.(2000). *Learning as Transformation : Critical Perspectives on a Theory in progress.* San Francisco : Jossey–Bass.

Michael T. Rogers., & Donald M. Gooch(Eds.)(2015). *Civic education in the twenty–first century : a multidimensional inquiry.* Maryland : Lexington Books.

Milner, H.(2002). *Civic Literacy : How Informed Citizens Make Democracy Work.* Hanover : University Press of New England.

Peter, Mayo(1999). *Gramsci, Freire and Adult Education : Possibilities for Transformative Action.* NY : Zed Books.

Reinhold Hedtke & Tatjana Zimenkova(Eds.)(2013). *Education for civic and political participation : a critical approach.* NY : Routledge.

Sharp, Gene(1973). *Power and Struggle – part one of : The Politics of Nonviolent Action.* Boston, MA : Porter Sargent.

__________(1973). *The Methods of Nonviolent Action – part two of : The Politics of Nonviolent Action.* Boston, MA : Porter Sargent.

__________(1973). *The Dynamics of Nonviolent Action – part three of : The Politics of Nonviolent Action. Boston,* MA : Porter Sargent.

Steven E. Finkel(2014). The Impact of Adult Civic Education Programmes in Developing Democracies. *Public Administration & Development, 34*(3), 168–180.

Yvonne Haigh, Karen Murcia, & Lindy Norris(2014). Citizenship, civic education and politics : the education policy context for young Australian citizens. *Journal of Education Policy, 29*(5), 598–616.

찾아보기

기타

저/자/약/력

■ **김창엽**

저자는 고려대학교에서 학사, 서강대학교 석사, 중앙대학교에서 박사 학위를 받았다. 영원무역, 진도 등의 기업에서 근무하였다. 한국방송통신대학교 연구원과 서울제일대학원대학교 교수를 지냈고, 가톨릭대・덕성여대・서강대・성공회대・중앙대 등에서 강의하였다. 국제합기도협회, 대안교육연대 등 다양한 분야에서 활동하였고, 평생학습타임즈 편집국장을 역임하였다. 현재는 한국시민교육협회 회장, 한국평생교육실천전략연구소 소장, 아주대학교 교수 등으로 구실을 하고 있다.

'바보야 중요한 건 학습이 아니야(2019)', '지역사회와 시민교육(2016)', '평생교육실무론(2014)' 등 다수의 저서가 있다. 그중 '마케팅 이론으로 풀어보는 평생교육프로그램개발론(2010)'은 문화체육관광부 우수학술도서(2011)에, '성인교수학습의 이론과 실제(2019)'는 세종도서 우수학술도서(2020)에 선정된 바 있다.

그동안의 경험과 공부, 관계를 바탕으로 교육의 이념, 사상, 철학을 새롭게 들여다보고 있다. 동양사상과 철학을 근간으로 교육을 짚어보고 글로 정리하는 일을 하고 있다. 시민교육의 이론과 방법 개발, 실천에 관심을 가지고 있다. 텃밭 가꾸기와 사람들과의 어울림, 수다에서 즐거움을 만들고 있다.

시민이 활동으로 함께 만드는

지역사회 시민교육론

|저자| 김창엽

|1판 1쇄| 발행 2021년 1월 20일

|발행인| 김 동 훈
|발행처| 공 동 체

|주소| 경기도 고양시 일산동구 호수로 358-39, 동문타워 I 905호(백석동)
|전화| 031) 920-8305(대표)
|팩스| 031) 920-8308
|홈페이지| http://www.compub.co.kr
|전자우편| compub@naver.com
|출판등록| 2005년 10월 6일
|등록번호| 제396-2005-36호

|ISBN| 979-11-6105-925-9
정가 19,000원

MEMO

MEMO